Siegfried Schmidt

"2000 Jahre katholisches Schrifttum"

Libelli Rhenani

Schriften der Erzbischöflichen Diözesan- und Dombibliothek zur rheinischen Kirchen- und Landesgeschichte sowie zur Buch- und Bibliotheksgeschichte

Herausgegeben von Heinz Finger

Band 52

Siegfried Schmidt

"2000 Jahre katholisches Schrifttum"

Die Katholische Sonderschau auf der Kölner PRESSA 1928

Erzbischöfliche Diözesan- und Dombibliothek
mit Bibliothek St. Albertus Magnus
Köln 2014

Lay-out:
Michael Schiffer

ISSN 1861-7271
ISBN 978-3-939160-50-2

Inhalt

Vorwort des Herausgebers

Wenn eine wissenschaftliche Bibliothek sich entschließt, selbst eine Schriftenreihe herauszugeben – bei der Erzbischöflichen Diözesan- und Dombibliothek Köln geschah dies im Jahre 2001 –, so ist der Hauptgrund wohl immer die Absicht, über den eigenen Bestand zu publizieren, d.h. in erster Linie seiner Erschließung zu dienen. (Ein Beispiel dafür stellen die bislang fünf Bände der Symposien über Domhandschriften unserer Bibliothek dar.) Man wird sich darauf aber nicht beschränken und auch in weiteren, sonstigen Veröffentlichungen dem Zweck dienen wollen, dem die Bibliothek als Institution im Auftrag des Erzbistums dient. Dies gilt für unsere Ausstellungskataloge und -begleithefte, genau so aber auch für die bearbeiteten Themen des kirchlichen Buch- und Bibliothekswesens und der rheinischen Kirchen- und Landesgeschichte. Bei der Begründung einer solchen Schriftenreihe durch eine Bibliothek besteht aber wohl auch immer die Vorstellung, dass ein nicht geringer Teil der Autoren aus dem eigenen Kollegium kommen wird. Im Falle unserer Bibliothek war diese Vorstellung, die ja auch eine Hoffnung war, keine Täuschung.

Dies belegt erneut sehr eindrucksvoll das vorliegende Buch von unserem Kollegen Prof. Dr. Siegfried Schmidt, das die Zahl der Kollegenpublikationen um einen inhaltlich gewichtigen Band vermehrt. Es sind bislang 51 Bände der Hauptreihe der "Libelli Rhenani" und fünf der Nebenreihe der kleineren Schriften ("Series minor") erschienen. Etwa ein Drittel wurde von den Kolleginnen und Kollegen aus der Bibliothek verfasst, aber deren Texte sind in den weitaus meisten Fällen einzelne Beiträge in Bänden mit thematisch bestimmten Sammlungen von Aufsätzen. Verfasserschriften – insbesondere mit nur einem Autor wie die vorliegende – sind unter den Kollegenpublikationen nur sehr wenige, bisher nur fünf von drei Autoren. (Es sind dies die Bände 2, 28 und 32 der Hauptreihe und die Hefte 2 und 3 der "Series minor".) Die nun vorgelegte sechste eines vierten Verfassers ist auch die bisher bei weitem umfangreichste.

Auch unter anderen, zumal inhaltlichen Aspekten kommt der nun vorgelegten Arbeit ganz besondere Bedeutung zu. Dies betrifft ihre Qualität und ebenso ihr historisch wichtiges, aber kaum bearbeitetes Thema, die im Untertitel genannte "Katholische Sonderschau auf der Kölner PRESSA 1928". Der "PRESSA" insgesamt wurde in der seit 1985 in Lieferungen erschienenen 2. neubearb. Aufl. des "Lexikons des gesamten Buchwesens" (*LGB*^{2}) in Band VI (2003) ein Artikel von gerademal 14 Zeilen gewidmet. Die "Katholische Sonderschau" wird, wie bei 14 Zeilen zu erwarten, im *LGB*^{2} gar nicht erwähnt.

Abgesehen von einigen Betrachtungen zur innenarchitektonischen Gestaltung der Ausstellungsräume hat sich bislang niemand eingehend mit der Katholischen Sonderschau beschäftigt oder diese gar wissenschaftlich erforscht. Mit großem Engagement hat sich nun Professor Siegfried Schmidt, der durch seine frühere Tätigkeit als Studienleiter der Fachhochschule des Borromäusvereins dafür hervorragend vorbereitet, ja prädestiniert war, dieser Aufgabe gewidmet und in Kölner Archiven sehr erfolgreich nach Quellenmaterial gesucht. Die vielleicht wichtigste Quelle fand er aber in der eigenen Bibliothek, ein von ihm hier auf S. 17 in der Anm. 15 sehr ausführlich und mit echter bibliographischer Professionalität beschriebenes Fotoalbum, das 1971 vom Kölner Generalvikariat der Diözesanbibliothek übergeben wurde. Siegfried Schmidt hat mit der ihm eigenen Sorgfalt die Entstehung dieses Albums und die Identität der daran beteiligten Personen soweit möglich erforscht.

Mit großer Akribie hat der Verfasser das Beziehungsgeflecht der Personen, die am Zustandekommen der Katholischen Sonderschau beteiligt waren, sichtbar gemacht. Unter der vermeintlich glatten Oberfläche einer schließlich gelungenen Ausstellung konnte der Autor ein intensives Ringen um die Konzeption der Ausstellung im Vorfeld, abenteuerliche Finanzierungspläne und eine lange Zeit völlig unzureichende Finanzausstattung und die das Gelingen beeinträchtigenden Querelen unter den Verantwortlichen sichtbar machen. Umfassend beschreibt er das innenarchitektonische Schaffen des damals noch am Anfang seiner Karriere stehenden Kirchenbaumeisters Dominikus Böhm für die Ausstellung. Dass zudem die Vorgängerinstitutionen der Diözesan- und Dombibliothek, die Kölner Dombibliothek, als der wichtigste Leihgeber von Handschriften für den umfangreichen buchkundlichen Teil der Ausstellung, und die Bibliothek des Priesterseminars als möglicher Abnehmer der in der Sonderschau gezeigten Katholischen Musterbücherei in das Geschehen involviert waren, gehört ebenfalls zu den überraschenden Ergebnissen dieser Untersuchung.

Mit großer Freude habe ich die so ertragreiche Publikation eines in jeder Bibliotheksarbeit bewährten Kollegen für die Veröffentlichung in der Schriftenreihe unserer Bibliothek entgegengenommen. Sie entspricht dem inhaltlichen Rahmen der "Libelli Rhenani" in vollständigster Weise und ich wünsche ihr aufmerksame Leser und ihren Ergebnissen eine baldige Rezeption in der Forschung.

Köln, im Juli 2014

Heinz Finger

Vorwort des Autors

Am 21. und 22. September 2011 fand in der Katholischen Universität Eichstätt-Ingolstadt eine Tagung unter dem Thema "Zur Geschichte des Katholischen Buch-, Bücherei-, Buchhandels- und Verlagswesens" statt. Zu dieser hatte ein neu gegründeter "Arbeitskreis Katholisches Buch-, Bücherei-, Buchhandels- und Verlagswesen", in dem BuchwissenschaftlerInnen, BibliothekarInnen und LiteraturwissenschaftlerInnen interdisziplinär zusammen arbeiten, eingeladen. Die Mitglieder und Gäste referierten während der Tagung über ihre aktuellen Untersuchungen und Forschungsergebnisse und diskutierten abschließend über mögliche künftige Fragestellungen zur Rahmenthematik "Die Katholiken und das Buch" (vgl. den Tagungsbericht im Leipziger Jahrbuch für Buchgeschichte 21(2013), S. 175ff).

In diesem Kontext gab Herr Domvikar Hermann-Josef Reudenbach, der frühere Direktor der Diözesanbibliothek Aachen, die wertvolle Anregung, man solle sich einmal mit der 'Katholischen Sonderschau' befassen, die 1928 in Köln im Rahmen der auf Betreiben des damaligen Kölner Oberbürgermeisters Konrad Adenauer veranstalteten PRESSA gezeigt worden war. Herr Reudenbach verband diesen Gedanken mit dem Hinweis, dies könne sinnvollerweise nur ein Kölner tun, da Quellenmaterial zu dieser Ausstellung am ehesten in der Domstadt zu erwarten sei.

Der Autor dieses Buches griff diese Anregung gerne auf und begann mit ersten Literaturrecherchen zur PRESSA und zur Katholischen Sonderschau im eigenen Bibliothekskatalog der Diözesan- und Dombibliothek Köln, in weiteren Bibliothekskatalogen sowie in einschlägigen Bibliographien wie etwa der des Jahrbuchs des Kölnischen Geschichtsvereins und in der Nordrhein-Westfälischen Bibliographie.

Zwei Beobachtungen weckten dabei rasch das Interesse und motivierten den Verfasser zu einer tiefer gehenden Auseinandersetzung mit der Thematik: Dies war erstens der große Kontrast zwischen der zeitgenössisch außerordentlich hohen Resonanz und dem heute nur sehr geringen Bekanntheitsgrad einer der größten und publikumswirksamsten Ausstellungen der Weimarer Jahre. Dabei erwies sich die singuläre, historisch für die Presse- und Mediengeschichte außerordentlich bedeutsame PRESSA als bis heute allenfalls punktuell untersucht und wissenschaftlich aufgearbeitet. Mit der Katholischen Sonderschau hatte sich sogar noch nie jemand intensiver beschäftigt (vgl. Kapitel 1). Und zweitens fanden sich bereits nach ersten Recherchen im Bestand der Diözesan- und Dombibliothek einige wichtige Materialien zur PRESSA und zur Katholischen Sonderschau. Dazu zählten etwa der Gesamtführer 'Die Pressa' und der 'Führer durch die Katholische Sonderschau der Pressa' (vgl. das Literatur- und Quellenverzeichnis). Ein besonderes Interesse weckte dabei ein unikales Fotoalbum mit einer bildlichen Dokumentation der

Räume der Katholischen Sonderschau auf teils großformatigen Schwarz-Weiß-Fotographien, die sich später als Originalabzüge von Aufnahmen des weltberühmten Kölner Fotographen August Sander (1876-1964) herausstellten (vgl. Fußnote 15).

Weitere Recherchen nach archivalischem Material, zunächst im Historischen Archiv des Erzbistums Köln, schlossen sich an. Hier fand sich ein kleines, insgesamt aber sehr aufschlussreiches Konvolut zur Katholischen Sonderschau. Die Suche nach Quellenmaterial wurde in anderen Archiven fortgesetzt. Als aussagekräftig besonders im Hinblick auf die frühen Planungen für eine Katholische Sonderschau erwiesen sich dabei einige Schriftstücke, die im Archiv des Katholischen Deutschen Frauenbundes aufgefunden wurden. Auch das hier vorliegende Werk wurde dabei durch die Katastrophe des Einsturzes des Historischen Archivs der Stadt Köln im Jahre 2009 beeinträchtigt; trotz aller verdienstvoller Bemühungen der Mitarbeiterinnen und Mitarbeiter des Archivs, die noch vorhandenen und dank inzwischen erfolgter Digitalisierung benutzbaren Bestände transparent und zugänglich zu machen.

Wenn der Verfasser nun nach einer rund zweijährigen Beschäftigung mit dieser Thematik, die natürlich nur neben der beruflichen Tätigkeit der stellvertretenden Leitung der Diözesan- und Dombibliothek erfolgen konnte und phasenweise immer wieder durch andere dringlichere Arbeiten, Publikationsvorhaben, Lehrverpflichtungen und Vorträge unterbrochen wurde, dieses Buch zur Katholischen Sonderschau auf der PRESSA vorlegt, so ist er sich durchaus bewusst, dass der Untersuchungsgegenstand noch nicht in all seinen Facetten, Teilaspekten und Beziehungen durchdrungen werden konnte. Gleichwohl ist er der Auffassung, dass er durch seine Ausarbeitungen auf der Basis der vorliegenden Materialien erstmals einer interessierten Fachöffentlichkeit einen detaillierten Überblick sowohl über die Planung und die Vorbereitung der Katholischen Sonderschau als auch über die Gliederung, die museumsdidaktische Aufbereitung und künstlerische Ausgestaltung dieser schließlich mit dem anspruchsvollen Titel "2000 Jahre Katholisches Schrifttum" belegten Ausstellung anbieten kann. Zugleich leistet er somit einen Beitrag zur wissenschaftlichen Aufarbeitung der PRESSA insgesamt. Diesen Darstellungen geht ein kurzer Blick auf die Geschichte des Medienereignisses PRESSA als Ganzes sowie auf die anderen Sonderschauen im Rahmen dieser Gesamtausstellung voran. Natürlich stellt sich am Schluss auch die Frage einer Bewertung der Katholischen Sonderschau aus heutiger Perspektive.

Für die Erstellung dieses Buches war es fast ein Privileg, in der Erzbischöflichen Diözesan- und Dombibliothek Köln arbeiten zu dürfen, da sich die allermeisten für die Bearbeitung herangezogenen anderen Publikationen im reichhaltigen Bestand dieser wissenschaftlichen Spezialbibliothek befinden und somit unmittelbar verfügbar waren. Trotzdem ist die Erstellung eines Buches nicht ohne die Unterstützung und Hilfe anderer möglich. Deshalb möchte ich an dieser Stelle zunächst und ganz besonders Herrn Domvikar Hermann-Josef Reudenbach, Aachen, für die Anregung zu diesem Thema und Herrn Professor Dr. Thomas Pittrof, Eichstätt, der als Sprecher des Arbeitskreises das Zustandekommen des Werkes mit großem Interesse begleitet hat, ganz herzlich danken. Mein Dank gilt auch vielen Kolleginnen und Kollegen der Diözesanbibliothek, die mich durch die Beschaffung einzelner Veröffentlichungen über die Online-Fernleihe, durch Hinweise auf neue und vielleicht ebenfalls relevante Publikationen, die Reproduktion der Abbildungen, und die Aufbereitung der Vorlage für die Drucklegung unterstützten. Meiner Frau Brigitte und meinem Sohn Dominik danke ich dafür, dass sie sich den Mühen des Korrekturlesens unterzogen haben. Weiterhin gilt mein Dank den Mitarbeiterinnen und Mitarbeitern der erwähnten Archive, die mir den Weg zu Quellenmaterialien zur PRESSA wiesen. Und last but not least möchte ich den Direktor der Erzbischöflichen Dom- und Diözesanbibliothek Köln, Herrn Prof. Dr. Heinz Finger, für die Aufnahme des Werkes in die bibliothekseigene Schriftenreihe Libelli Rhenani in diese Danksagung mit einschließen.

Köln, im Frühjahr 2014 Siegfried Schmidt

1. Einleitung

1.1. Die PRESSA – ein fast vergessenes mediengeschichtliches Grossereignis

Es ist schon sehr merkwürdig, dass eine der größten und publikumswirksamsten Ausstellungen der Weimarer Zeit heutigen Zeitgenossen weithin unbekannt oder keiner besonderen Beachtung wert ist. So sucht man beispielsweise in der neuesten Ausgabe der 30bändigen Brockhaus-Enzyklopädie[1] vergeblich nach einem Eintrag zu diesem gleichermaßen für die Medien- und Zeitungsgeschichte wie für die rheinische Metropole Köln stadthistorisch bedeutsamen Ereignis, das 1928 zwischen Mitte Mai und Mitte Oktober immerhin fünf Millionen Besucher auf das Ausstellungsgelände rund um die Deutzer Messehallen zog. Selbst das außerordentlich voluminöse Internetlexikon Wikipedia bietet bislang lediglich einen zwar die wichtigsten Fakten benennenden, vom Umfang her aber ziemlich knappen und nur mit einem Literaturhinweis aus dem Jahre 1958 versehenen Eintrag an.[2]

Die 50jährige und die 75jährige Wiederkehr dieses Großereignisses als übliche und von der Forschung gerne aufgegriffene Erinnerungsanlässe blieben für die PRESSA ohne Resonanz. Erst zum 80jährigen Jubiläum der PRESSA führte die Universität Bremen eine internationale interdisziplinäre Konferenz durch. Der wissenschaftliche Ertrag dieser vom Institut 'Deutsche Presseforschung' gemeinsam mit der ‚Gesellschaft für Deutsche Presseforschung zu Bremen und dem 'Centre for European

---

[1] Vgl.: Brockhaus Enzyklopädie in 30 Bänden. 21., völlig neu bearbeitete Aufl. Bd. 22 POT-RENS. Leipzig, Mannheim: Brockhaus 2006.

[2] "*Die **Internationale Presse-Ausstellung**, auch kurz **Pressa** genannt, war eine sechs Monate dauernde Ausstellung in Köln im Jahr 1928. Sie wurde am 12. Mai 1928 eröffnet und sollte der wachsenden kulturellen und ökonomischen Bedeutung des Zeitungswesens und der Kommunikationstechnik Rechnung tragen. Die damals erst vier Jahre bestehenden uneinheitlichen Ausstellungsbauten wurde* [!] *nach den Entwürfen des Architekten Adolf Abel durch eine Randbebauung mit Turm eingefasst und mit dem sogenannten 'Staatenhaus' erweitert, in dem die 450 ausländischen Aussteller ihre Exponate präsentierten. Insgesamt nahmen 1.500 Aussteller aus 43 Ländern an der Pressa teil. Im Anschluss an die große Eröffnungsveranstaltung, zu der Regierungsmitglieder und 200 ausländische Diplomaten erschienen, zählte die Messe fünf Millionen Besucher aus aller Welt. Neben rund 300 Fachveranstaltungen fand im August 1928 der erste internationale zeitungswissenschaftliche Kongress statt. Die Pressa belebte die Kölner Wirtschaft und war damit auch für den damaligen Oberbürgermeister Konrad Adenauer ein Erfolg, der die Entwicklung Kölns zum Ausstellungs- und Messestandort maßgeblich mit vorangetrieben hat. Aus heutiger Perspektive kann die Messe auch als erster Schritt der Stadt Köln auf dem Weg zum Medienstandort betrachtet werden.*" – Vgl.: http://de.wikipedia.org/wiki/Pressa [zuletzt aufgerufen am 4.5. 2014].

and International Studies Research' der University of Portsmouth durchgeführten Konferenz ist in einer kürzlich erschienenen zweibändigen Kongressschrift dokumentiert.[3] Auch hier resümieren die Herausgeber in ihrer Einführung, dass die PRESSA trotz ihrer zeitgeschichtlichen und mediengeschichtlichen Bedeutung im Nachhinein kaum untersucht worden ist. "*Sie ist so kann man sagen, in Vergessenheit geraten.*" Der Konferenzband "[...] *möchte einen ersten umfassenderen Beitrag zur wissenschaftlichen Aufarbeitung dieses pressegeschichtlich bedeutsamen Großereignisses liefern.*"[4] Allerdings fokussierten die Veranstalter ihre Zusammenkunft auf zwei sicherlich sehr interessante Teilaspekte, den Sowjetischen Pavillon als Publikumsmagnet und Sinnbild der Moderne sowie die jüdische Sonderschau auf der PRESSA.[5] Neben einer sehr verdienstvollen umfangreichen Bibliographie zur PRESSA sind nur drei Beiträge des Tagungsbandes der PRESSA als Ganzes, als politisches und mediales Ereignis gewidmet.[6]

Der Blick in diese Bibliographie zeigt auch, wie viel im Umfeld der PRESSA 1928 über diese Zeitungsausstellung und wie wenig zu dieser Thematik in jüngerer Zeit publiziert worden ist. Das Jahrbuch des Kölnischen Geschichtsvereins hat in seiner zeitgenössischen Bücher- und Zeitschriftenschau für das Jahr 1928 rund 160 Publikationen aller Art verzeichnet. Eine Nachlese im darauffolgenden Jahr listet 23

---

[3] Die Pressa. Internationale Medienausstellung Köln 1928 und der jüdische Beitrag zum modernen Journalismus = The Pressa. International Press Exhibition Cologne 1928 and the Jewish Contribution to Modern Journalism. Hrsg. von Susanne Marten-Finnis u. Michael Nagel. Bd. 1-2. (Presse und Geschichte – Neue Beiträge; 64-65 / Die jüdische Presse – Kommunikationsgeschichte im Europäischen Raum; 12-13.) Bremen: edition lumière 2012. 734 S.

[4] Ebd., S. 4.

[5] Hier ist insbesondere die detaillierte quellengestützte Untersuchung von Johannes Valentin Schwarz hervorzuheben: Johannes Valentin Schwarz: 'Zur Wahrung der Würde des Judentums'. Die Jüdische Sonderschau (ISOP) auf der PRESSA im Spannungsfeld der religiösen Weltanschauungsgruppen. In: Ebd., S. 229-280. – Zahlreiche weitere Beiträge im zweiten Band dieser Publikation, die unter den Rubriken "Jüdische Beiträge zum modernen Journalismus", "Zwischen Tradition und Erneuerung: Die jüdische Presse" sowie "Text und Bild: Illustration-Fotografie-Film" geführt werden, handeln überhaupt nicht von der PRESSA.

[6] Es sind dies die Beiträge von: Stephanie Seul: 'Trägerin des europäischen Gemeinschaftsdenkens – lebendige Magna Charta des Friedens': Die politische Dimension der PRESSA Köln 1928 und ihr Widerhall in der zeitgenössischen deutschen und internationalen Presse. In: Ebd., S. 57-104. Ferner: Ute Lemke: Ein Beitrag zur 'Entgiftung der öffentlichen Meinung der Welt' – Völkerbund, Presse und PRESSA. In: Ebd., S. 105-117. Sowie: Harald Lönnecker: Die Fortsetzung des Krieges mit anderen Mitteln. Die Internationale Presseausstellung PRESSA (Köln 1928) als Frontabschnitt im Kampf gegen Frankreich. In: Ebd., S. 119-149. – Die Bibliographie findet sich am Ende des zweiten Bandes: Johann Valentin Schwarz, Stephanie Seul: Materialien zur PRESSA, Köln 12.5.-14.10.1928. in: Ebd., S. 673-716.

weitere Titel auf, im Folgeband werden noch zwei weitere 1929 bzw. 1930 erschienene Publikationen zur PRESSA benannt.[7] Dagegen bietet die Nordrhein-Westfälische Bibliographie, die immerhin inzwischen das regionalkundliche Schrifttum der letzten drei Jahrzehnte mit großer Zuverlässigkeit und Vollständigkeit erfasst, ganze vier Aufsätze zur PRESSA an.[8]

Einer dieser Aufsätze trägt dabei einen Titelzusatz, der scheinbar deckungsgleich mit der Thematik dieses Beitrages ist: *Die Katholische Sonderschau auf der PRESSA in Köln, 1928*. In diesem im Jahre 2005 publizierten Aufsatz thematisiert Ulrich Pantle[9] allerdings lediglich einen Teilaspekt dieser Sonderschau, nämlich die architektonische und künstlerische Ausgestaltung der Ausstellungsräume, die unter der Gesamtleitung des aufstrebenden Architekten und Kirchenbauers Dominikus Böhm stand (vgl. Kap. 3.2.2.) Pantle stellt das Konzept Böhms zugleich der spektakulären Lösung gegenüber, die die Evangelische Kirche durch die temporäre Errichtung einer Stahlkirche den Ausstellungsbesuchern bot.

Auch Johannes Valentin Schwarz geht in seinem für den Bremer PRESSA-Kongress verfassten Beitrag über die Jüdische Sonderschau näher auf die Katholische Sonderschau ein, da er die Organisationsform, die Ausstellungsarchitektur und das Präsentationskonzept der ISOP mit denen der Katholischen und Evangelischen Sonderschauen vergleicht.[10] Da Schwarz sein Wissen zur Katholischen Son-

---

[7] Jahrbuch des Kölnischen Geschichtsvereins 11(1930), S. 233-245; 12(1931), S. 253-254 u. 13(1932), S. 190.

[8] Die Online-Ausgabe (http://www.hbz-nrw.de/recherche/nw_bib/) verzeichnet auf Nordrhein-Westfalen bezogene Literatur ab Erscheinungsjahr 1982/83. Die Eingabe des Stichwortes "Pressa" in der Rubrik "Alle Felder" ergibt folgende Treffer [zuletzt aufgerufen am 10.2.2012]: Ekkehard Mai: Düsseldorf, Köln und Aspekte rheinischer Ausstellungskultur. In: Kunst, Sport und Körper. 1926-2004, Ge So Lei. [Bd. 1, Begleitbuch zur Ausstellungsstellung]. Hrsg. von Hans Körner. Ostfildern-Ruit: Cantz 2002, S. 124-132. – Hans-Georg Klose: Die Kölner Pressa 1928 im Spannungsfeld von politischer Repräsentation und fachwissenschaftlicher Institutionalisierung. In: Von der Zeitungskunde zur Publizistik. Biographisch-institutionelle Stationen der deutschen Zeitungswissenschaft in der ersten Hälfte des 20. Jahrhunderts. Hrsg. von Rüdiger vom Bruch u. Otto B. Roegele. Frankfurt a.M.: Haag u. Herchen 1986, S. 197-233. – Ekkehard Mai: GESOLEI und PRESSA. Zu Programm und Architektur rheinischen Ausstellungswesens in den zwanziger Jahren. In: Rheinland-Westfalen im Industriezeitalter. Bd. 4: Zur Geschichte von Wissenschaft, Kunst und Bildung an Rhein-Ruhr nebst Resümees der Historiker- und Kunsthistoriker-Tagung in Essen vom Juni 1982. Im Auftrag des Kultusministers des Landes Nordrhein-Westfalen hrsg. von Kurt Düwell und Wolfgang Köllmann. (Beiträge zur Landesgeschichte des 19. und 20. Jahrhunderts in vier Bänden.) Wuppertal: Hammer 1985, S. 271-287 sowie Ulrich Pantle (vgl. Anm. 9).

[9] Ulrich Pantle: Dominikus Böhm. Die Katholische Sonderschau auf der PRESSA in Köln, 1928. In: Das Münster. Zeitschrift für christliche Kunst und Kunstwissenschaft 58(2005), S. 33-37.

derschau allerdings auf die offiziellen Veröffentlichungen zur PRESSA und die bislang wenig zahlreiche Sekundärliteratur zur Katholischen Sonderschau stützen musste, werden durch die hier vorgelegte Untersuchung manche von ihm vorgenommenen Bewertungen und Einordnungen der Katholischen Sonderschau im Lichte von Schriftstücken zur PRESSA, die im Historischen Archiv des Erzbistums Köln aufgefunden wurden, zu modifizieren und zu revidieren sein.

Daneben haben sich auch Hans-Georg Klose [11] und Dieter Haite [12] im Rahmen ihrer Dissertationen mit der PRESSA bzw. mit der Katholischen Sonderschau beschäftigt. Für Klose, der die Anfänge der Kölner Zeitungswissenschaft bis 1933 in den Blick nahm, war die angemessene Berücksichtigung der PRESSA im Rahmen seiner Darstellungen natürlich ein absolutes Muss. Bemerkenswerter ist dagegen, dass Haite geradezu konträr zur sonstigen Nichtbeachtung der Kölner Ausstellung in einer Arbeit, die die Beteiligungs- und Präsentationsmöglichkeiten der christlichen Kirchen auf verschiedenen Weltausstellungen – beginnend mit London 1851 und endend mit der EXPO 2000 in Hannover – untersucht, die PRESSA mitberücksichtigt hat und ihr damit eine sehr hohe Bedeutung hat zukommen lassen. Zwar war für Haite die PRESSA keine Weltausstellung im direkten Sinne. Doch "[...] *bot die Universalität der Teilnehmer und die Presse als internationales Kommunikationsforum dennoch genügend Konturen einer Weltschau.*" [13] Im Mittelpunkt der rund 8 Textseiten, die durch 5 Bildseiten unterstützt werden, steht ein knapper Abriss der jeweiligen, unterschiedlichen Ausstellungskonzepte der Katholischen und der Evangelischen Sonderschauen.

Insgesamt bietet die PRESSA 1928 also nach wie vor viele Optionen für mediengeschichtliche Erkundungen und Forschungsarbeiten. Dieses Buch will mit einer eingehenderen Analyse der Vorgeschichte und der Konzeption der Katholischen Sonderschau zumindest *einen* vieler denkbarer Forschungsaspekte zur PRESSA klären helfen. Dabei soll die Art und Weise, wie sich Katholizismus und Katholische Kirche damals im Kontext der säkularen Printmedien präsentierten, auch einer kritischen Bewertung unterzogen werden.

Da wie dargelegt die Katholische Sonderschau auf der PRESSA in der Fachliteratur noch nicht eingehender behandelt worden ist, wurden für diese Untersuchung nicht nur die verfügbare Sekundärliteratur, beispielsweise der offizielle Katalog zur

---

[10] Johannes Valentin Schwarz: 'Zur Wahrung der Würde des Judentums' [...] (wie Anm. 5).

[11] Hans-Georg Klose: Zeitungswissenschaft in Köln. Ein Beitrag zur Professionalisierung der deutschen Zeitungswissenschaft in der ersten Hälfte des 20. Jahrhunderts. (Dortmunder Beiträge zur Zeitungsforschung; 45). München [u.a.]: Saur 1989. 239 S.

[12] Dieter W. Haite: Der achte Tag. Welthafter Fortschrittsglaube und christlicher Gottesglaube im Spannungsfeld der Weltausstellungen. (Religion in der Moderne; 18). Würzburg: Echter 2007. 491 S., Ill. – Hier S. 172-185.

[13] Haite ebd., S. 172.

Katholischen Sonderschau[14], sondern auch bislang unbekannte Quellen herangezogen. Ein in den Bestand der Diözesanbibliothek Köln eingearbeitetes Fotoalbum, das auf 70, darunter 25 großformatigen, von August Sander aufgenommenen Schwarz-weiß-Fotographien die Ausstellungsräume dokumentiert, bietet über den offiziellen Ausstellungskatalog und die dort gedruckten Abbildungen hinaus eine gute visuelle Verstehenshilfe für die schließlich realisierte Konzeption der Schau.[15] Auch wenn das Erzbistum Köln nicht Träger dieser Präsentation war, so schlägt sich diese Kölner Großveranstaltung doch im Altaktenbestand des Kölner General-

---

[14] Führer durch die Katholische Sonderschau der Pressa. Im Auftrage des Internationalen katholischen Comités für die Pressa herausgegeben von Bernhard Marschall, Direktor des Zentralbildungsausschusses. Köln: Verlag des IKC, 1928. 112 S., Ill.

[15] Katholische Sonderschau auf der Pressa Köln 1928. o.O. u. J. [57 ungez.] Bl., nur Ill. Das Fotoalbum (Signatur 'Df 8') ist in blaues Leinen eingebunden und trägt den Titel in Goldprägeschrift. Auf dem letzten Blatt findet sich der handschriftliche Eintrag "*Von M. Weber und ZBA 25. XII 1930*" und gelangte im Juli 1971 als Geschenk aus dem Erzbischöflichen Generalvikariat in den Bestand der Diözesanbibliothek. Angesichts der Ausstattung des Albums und dieses Eintrags liegt die Vermutung nahe, dass das Album ein Weihnachtsgeschenk an Bernhard Marschall war, das ihm seine Sekretärin 1930 im Auftrag der katholischen Organisationen des ZBA zur Erinnerung an die Katholische Sonderschau und Dank für seine Arbeit überreichte. Der Eintrag trägt Webers Handschrift. Fräulein Weber, von der wir weder den Vornamen noch ihre Lebensdaten kennen, war 1929 Sekretärin Marschalls und ist auch noch im Frühjahr 1934 in dieser Funktion bezeugt (vgl. Fußnoten 545 und 578). – 25 Aufnahmen in den Formaten 16,5-17 x 22-23 cm im Album tragen den Prägestempel "Aug. Sander, Köln Lindenthal". Sie sind also mit Sicherheit Originalabzüge des weltberühmten Kölner Fotographen August Sander (1876-1964). Dieser lebte und arbeitete von 1911 bis 1944 im Haus Dürener Straße 201 in Köln-Lindenthal. Die restlichen 45 Aufnahmen in kleineren Formaten (10-12,5 x 15-18 cm) stammen höchst wahrscheinlich aus anderer Quelle. Hier fehlt nicht nur der Prägestempel Sanders, sondern sie unterscheiden sich auch hinsichtlich der fotokünstlerischen Qualität und der Motivwahl. Während Sander Außenaufnahmen, große Ausstellungsräume und einzelne Großobjekte im Bild festhielt, dokumentieren letztere, abgesehen von einigen Ausnahmen, vor allem den Inhalt einzelner im Obergeschoß der Abtei aufgestellter Schauvitrinen. Etliche der Abzüge im Album sind identisch mit Bildern im Führer durch die katholische Sonderschau (vgl. Anm. 14) und zwei davon finden sich auch im umfangreichen Abbildungsteil des offiziellen Pressabandes (Pressa. Kulturschau am Rhein. Hrsg. von der internationalen Presse-Ausstellung Köln 1928. Berlin: Schröder 1928. 167, 134 S., hier Abbildungsteil 'Die Pressa im Bilde', S. 88-89). August Sander hatte wohl im Auftrag der Stadt Köln, der Kölner Messegesellschaft oder der Ausstellungsleitung die gesamte PRESSA umfassend fotografisch dokumentiert. – Zu August Sander vgl. u.a.: Menschen des 20. Jahrhunderts. August Sander. Studienband. Hrsg. von der Photographischen Sammlung, SK Stiftung Kultur, Köln. Konzipiert von Susanne Lange; Gabriele Conrath-Scholl. Mit Beitr. von Gabriele Conrath-Scholl [u.a.] und einem Vorw. von Hans-Georg Bögner. München: Schirmer / Mosel 2001. 208 S., zahlr. Ill. sowie: August Sander: Köln wie es war. [Vom 28. November 2009 bis 7. Februar 2010 zeigt das Kölnische Stadtmuseum eine Auswahl der Sammlung, ergänzt um weitere Arbeiten Sanders]. Köln: Emons 2009. 447 S., überwiegend Ill.

vikariates nieder, der im Historischen Archiv des Erzbistums Köln (AEK) aufbewahrt wird. Insbesondere die Akte CR I 27,24 Miscellanea enthält manch aufschlussreiches Schriftstück. Interessante ergänzende Bestände bot das gut erschlossene Archiv des Katholischen Deutschen Frauenbundes in Köln (AKDFB). Diese Organisation war Mitglied im Zentralbildungsausschuss und somit in die Planungen der Sonderschau involviert. Außerdem engagierte sich der Katholische Frauenbund sowohl mit eigenen Beiträgen zur Katholischen Sonderschau als auch zum allgemeinen Ausstellungsteil "Frau und PRESSA".

Trotz des Einsturzes des Kölner Stadtarchivs (HAStK) standen glücklicherweise auch Teile der PRESSA-Akten der Stadt Köln zur Einsicht zur Verfügung, da die Handakten des Büros des berühmten Kölner Oberbürgermeisters Dr. Konrad Adenauer schon zu einem früheren Zeitpunkt mikroverfilmt worden waren und inzwischen auch in digitaler Form vorliegen. Die Bestände 902/134/1-4 wurden vor allem im Hinblick auf die ideelle und finanzielle Unterstützung der Katholischen Sonderschau durch die Stadt Köln gesichtet. Der ebenfalls im Kölner Stadtarchiv aufbewahrte Nachlass des Architekten Dominikus Böhm, der vielleicht noch manche zusätzliche Informationen zur raumkünstlerischen Gestaltung der Ausstellung geboten hätte, ist dagegen aufgrund eines Sperrvermerkes bis zum Jahre 2050 unzugänglich.

Akten des eigens für die Katholische Sonderschau auf der PRESSA gegründeten und nach Abschluss der Ausstellung wieder aufgelösten Internationalen Katholischen Comités (IKC) konnten dagegen nicht aufgespürt werden. Falls sich diese zunächst erhalten haben sollten, dürften sie sich mit großer Wahrscheinlichkeit in der Hand des damaligen Direktors des Zentralbildungsausschusses der katholischen Verbände Deutschlands (ZBA), Bernhard Marschall, befunden haben. Marschall hatte im IKC das Amt des für die Organisation der Ausstellung zuständigen stellvertretenden Präsidenten inne. Er selbst berichtete nach dem Zweiten Weltkrieg über das Schicksal des ZBA: "*Im Jahre 1938 wurde der Zentralbildungsausschuß (ZBA genannt) in Düsseldorf, wohin er 1933 verlegt worden war, aufgelöst, und die Akten wurden beschlagnahmt.*" [16]

---

[16] Bernhard Marschall: Der Zentralbildungsausschuß der katholischen Verbände Deutschlands. In: Im Dienste der Erwachsenenbildung. Festgabe für Rudolf Reuter zur Vollendung seines 70. Lebensjahres am 29. Juli 1961. Hrsg. von Franz Pöggeler [u.a.]. Osnabrück: Fromm 1961, S. 106-109. – Zitat S. 106. – Zu Bernhard Marschall vgl. Kap. 2.

1.2. Übersicht über die Ereignisgeschichte der Kölner PRESSA 1928

Die Ereignisgeschichte der Kölner PRESSA bildet den Rahmen für das hier eigentlich zu behandelnde Thema der Katholischen Sonderschau. Der Journalist Peter Fuchs hat 1958, also 30 Jahre nach der Presseausstellung, in 24 Fortsetzungsartikeln, die zwischen dem 17.9. und dem 18.10.1958 in der Kölner Ausgabe der NRZ Neue Rhein Zeitung publiziert worden sind, erstmals und bis heute als einziger so etwas wie eine allgemeine Geschichte der PRESSA geschrieben. Journalistisch aufbereitet zeichnete er darin ein farbiges, detailliertes und reich illustriertes Bild der PRESSA, das teils aus gedruckten Quellen erstellt wurde, teils wegen der relativen zeitlichen Nähe zum Geschehen aber auch auf 'Oral History' in Form von Erlebnisschilderungen unmittelbar beteiligter Zeitzeugen beruhte. Wegen ihres dokumentarischen Wertes wurde die Artikelserie auch in gekürzter Form als Broschüre gedruckt und hat so Eingang in den Bestand einiger wissenschaftlicher Bibliotheken gefunden.[17]

Der seit 1917 amtierende Kölner Oberbürgermeister Konrad Adenauer[18] fällte 1926 die Entscheidung zugunsten einer internationalen Presseausstellung in der Stadt. Es war keineswegs die erste Ausstellung dieser Art, doch in der Größenordnung, wie sie alsbald für Köln geplant wurde, hatte es noch keine Präsentation des Pressewesens gegeben.[19] Am 20. Oktober 1926 fand im Sitzungssaal der Stadtverordneten des Kölner Rathauses die konstituierende Sitzung der Internationalen Presseausstellung Köln 1928 statt, zu der auch der Kölner Erzbischof eingeladen wurde, welcher sich aber durch seinen Domprobst vertreten ließ.[20] Auf dieser Sit-

---

[17] Peter Fuchs: Pressa Köln. Rückblick nach 30 Jahren auf die 1. Internationale Presseausstellung 1928 in Köln. [Köln]: Druckhaus Deutz [1958], 24 ungez. S.

[18] Der spätere erste Bundeskanzler der Bundesrepublik Deutschland, Dr. h.c. Konrad Adenauer (1875-1967), war von 1917 bis zu seiner Absetzung durch die Nationalsozialisten im März 1933 und noch einmal für einige Monate im Jahr 1945 unter der britischen Militärverwaltung Oberbürgermeister von Köln. – Zu Adenauer grundlegend: Hans-Peter Schwarz: Adenauer. Der Aufstieg: 1872-1952. Stuttgart: Deutsche Verlags-Anstalt 1986. 1021 S. sowie ders.: Adenauer. Der Staatsmann: 1952-1967. Stuttgart: Deutsche Verlags-Anstalt 1991. 1083 S.

[19] Hans-Georg Klose nennt beginnend mit einer Ausstellung in Nizza 1885 verschiedene Vorläufer der PRESSA, so auch die 'Ausstellung für Buchgewerbe und Graphik (BUGRA)', die im Sommer 1914 in Leipzig gezeigt wurde und deren Internationalität durch den Ausbruch des Ersten Weltkrieges Schaden nahm. – Hans-Georg Klose: Die Kölner Pressa 1928 [...] (wie Anm. 8), S. 201-204.

[20] AEK CR I 26,4,2 Presse. Die in der Akte erhaltene Einladungskarte an den Kölner Erzbischof Kardinal Schulte trägt einen Eingangsstempel vom 16.10.1926 und führt auf der Innenseite folgende Tagesordnung auf "*1. Eröffnung durch den Herrn Oberbürgermeister Dr. h.c. Adenauer. 2. Bericht des Generaldirektors Dr. Esch über die bisherigen Vorarbei-*

zung wurde ein "Verein zur Veranstaltung der Presse-Ausstellung Köln 1928" gegründet. Nur einen Tag später, am 21. Oktober 1926, verhandelte der Rat der Stadt Köln über eine Bewilligung von 9,1 Millionen Reichsmark, um den Baubestand der Kölner Messe im Hinblick auf die geplante PRESSA umfänglich zu erweitern.[21] Dieser auch zeitlich sehr enge Zusammenhang zwischen Vereinsgründung und Erweiterung der Messehallen verdeutlicht die primäre Interessenlage der Stadtspitze an der Presseausstellung: Für Adenauer war die PRESSA eine willkommende Gelegenheit, die Kölner Messe, deren Neubauten am Deutzer Ufer am 11. Mai 1924 im Beisein von Reichskanzler Friedrich Ebert eingeweiht worden waren und die 1925 mit der großen "Jahrtausendausstellung"[22] 1,4 Millionen Besucher angelockt hatte, gegenüber Konkurrenzstandorten, allem voran Düsseldorf, weiter zu stärken.[23] Außerdem gab es ein hohes Interesse daran, die Stadt Köln

---

ten zur 'Pressa'. 3. Festlegung des Ausstellungsprogramms. 4. Die Organe der Ausstellung. 5. Ehrenpräsidium und Ehrenausschuss. 6. Bildung von Sonderausschüssen. 7. Organisation der Auslandsbeteiligung. 8. Internationale Kongresse während der Ausstellung. 9. Verschiedenes. Mittagspause. Nachmittags Einzelberatung der Sonderausschüsse." Die Karte trägt einen handschriftlichen Vermerk der erzbischöflichen Kanzlei: "*Erzbischof dankt für die freundliche Einladung zur konstituierenden Sitzung der Internationalen Presseausstellung Pressa und teilt mit, daß er H. Domprobst Middendorf mit der Teilnahme beauftragt hat.*"

[21] Peter Fuchs: Pressa Köln [...] (wie Anm. 17), [S. 5].

[22] Die Unterwerfung des lothringischen Herzogs Giselbert unter die Gewalt des ostfränkischen Königs Heinrich I. im Jahre 925 wurde als historischer Beginn einer tausendjährigen Zugehörigkeit der Rheinlande zum Deutschen Reich genommen und in der Jahrtausendausstellung politisch auch gegenüber den aktuellen Herrschaftsansprüchen Frankreichs auf die linksseitigen Rheinlande manifestiert. "Von Mai bis August [1925] wurden dem Besucher neben der historischen, politischen und kunstgeschichtlichen Entwicklung der Rheinlande seit 925 auch die modernen kommunalpolitischen und wirtschaftlichen Gesichtspunkte der Region dargelegt. 1,4 Millionen Besucher sahen die Ausstellung [...]." – Vgl.: Hans-Georg Klose: Die Kölner Pressa 1928 [...] (wie Anm. 8), S. 200. – Zur Jahrtausendausstellung siehe auch: Katalog der Jahrtausend-Ausstellung der Rheinlande in Köln. 1925. Hrsg. von W[ilhelm] Ewald und B[runo] Kuske. Köln: Dumont Schauberg 1925. XXXIX, 738, 104 S.

[23] 1926 fand in Düsseldorf die GESOLEI statt. Die Ausstellung für Gesundheitspflege, soziale Fürsorge und Leibesübungen war die größte und erfolgreichste Ausstellung der Weimarer Republik. "*In der unfaßbar kurzen Zeit von nur 18 Monaten konzipiert, organisiert, aufgebaut und eingerichtet, zählte die Gesolei etwa 7.500.000 Ausstellungsbesucher. Durchschnittlich etwa 47.000 Besucher am Tag trugen zum überragenden wirtschaftlichen Erfolg bei. Über das Ereignis selbst hinaus war es der wohl wichtigste wirtschaftliche und mental-psychologische Katalysator dieser Jahre für Düsseldorf.*" – Jürgen Wiener: Einführung. In: Die Gesolei und die Düsseldorfer Architektur der 20er Jahre. Hrsg. von Jürgen Wiener. Köln: Bachem 2001, S. 8-20. – Zitat S. 8. – Wie die GESOLEI stellte auch die PRESSA einen neuen Ausstellungstyp dar, der einer wichtigen Kulturtechnik der Gegenwart, ihrer Vorgeschichte, ihrer Entwicklung und ihrem Entwurf für die Zukunft gewidmet war. Beiden Ausstellungen war zudem der Wille zum Aufbau in magerer Zeit nach Jahren

nach dem Abzug der britischen Besatzungstruppen am 31. Januar 1926 im In- und Ausland als die rheinische Metropole und Weltstadt des Deutschen Reiches zu präsentieren und damit mittelbar auch den Wirtschaftsstandort Köln zu fördern. Ein spezifisches Interesse an den Thematiken Presse und Zeitungswesen kann man Adenauer dagegen wohl kaum nachsagen.[24] Mit sicherem Instinkt erkannte er aber, dass eine internationale Ausstellung zur Presse, die als Idee zunächst in Kreisen der Kölner Messeverwaltung kursierte, eine hervorragende Gelegenheit zur Realisierung der beiden genannten Ziele war, zumal einer groß angelegten Presseschau auf jeden Fall eine hinreichende mediale Publizität gewiss war.[25]

Insbesondere in den Kölner Linksparteien stießen die Pläne für die PRESSA und den Ausbau der Messehallen auf erhebliche Widerstände. Man verwies auf die defizitäre Lage der Stadtfinanzen, die hohe Arbeitslosigkeit und große Wohnungsnot und forderte stattdessen die Gelder für verstärkte Anstrengungen im sozialen Wohnungsbau zu verwenden. Die Aus- und Erweiterungspläne der Messehallen ließen sich zwischen Oktober 1926 und Frühjahr 1927 nur in einzelnen Etappen durchsetzen.[26] In der Summe handelte es sich dabei schließlich um ein ambitioniertes städtebauliches Gesamtpaket, für das der Kölner Stadtbaudirektor Adolf Abel[27] die Pläne lieferte. Im Zentrum standen die Ummantelung der bis dahin eher unansehnlichen, hufeisenförmigen Messehallen nördlich der Hohenzollernbrücke durch eine einheitliche rippenförmig strukturierte Backsteinfassade samt vertikaler und

---

des Krieges, der Besatzung, der politischen Demütigung und der Wirtschaftsdepression gemeinsam. – Vgl. Ekkehard Mai: GESOLEI und PRESSA [...] (wie Anm. 8), S. 272 u. S. 283.

[24] Vgl. Ekkhard Häusermann: Konrad Adenauer und die Presse vor 1933. In: Konrad Adenauer. Oberbürgermeister von Köln. Festgabe der Stadt Köln zum 100. Geburtstag ihres Ehrenbürgers am 5. Januar 1976. Hrsg. von Hugo Stehkämper. Köln: Rheinland-Verl. 1976, S. 207-247.

[25] Es ging also zunächst auch darum, die neuen Kölner Messehallen neben den fest terminierten Wirtschaftsschauen, den Frühjahrs- und Herbstmessen, besser auszulasten. Nachdem man seitens Messeleitung und Stadt im Herbst/Winter 1925/26 ein halbes Jahr vergeblich versucht hatte, die Industrie für eine Internationale Verkehrsausstellung in Köln zu gewinnen, hatte ein Mitarbeiter des Messeamtes, Hermann Josef Taepper, als erster die Idee, alternativ eine Presseausstellung zu planen. Es gelang ihm, den Kölner Oberbürgermeister für diesen Gedanken zu begeistern. Im Juni 1926 stellte Adenauer dieses Vorhaben erstmals der Öffentlichkeit vor und ließ sich als dessen Urheber feiern. – Der 1892 in Bochum geborene Wirtschaftsjournalist Taepper kam 1922 von der Kölnischen Volkszeitung als Abteilungsleiter und Prokurist zur Kölner Messe und wurde später Direktor der Messe GmbH. – Vgl. Hans-Georg Klose: Die Kölner Pressa 1928 [...] (wie Anm. 8), S. 200-201 sowie Peter Fuchs: Pressa Köln [...] (wie Anm. 17), [S. 2-3].

[26] Peter Fuchs: Pressa Köln [...] (wie Anm. 17), [S. 4-8].

[27] Zu Adolf Abel (1882-1968) vgl.: W. Nerdinger: Abel, Adolf. In: Allgemeines Künstler-Lexikon. Die Bildenden Künstler aller Völker und Zeiten. Bd. 1 A-Alanson. München, Leipzig: Saur 1992, S. 113-114.

horizontaler Erweiterung der dahinter liegenden Gebäude, die Errichtung eines 86 Meter hohen Messeturmes als neuem Wahrzeichen und touristischer Attraktion der Gesamtanlage auf der Nordwestecke am Rheinufer, der nördliche Abschluss der Messebauten durch einen im gleichen Stil gehaltenen neuen repräsentativen Zugang, die ostseitige Bebauung eines sich nördlich anschließenden, kreisförmigen großen Freigeländes durch den mit Kolonaden versehenen Rondellbau (heute östlich des sogenannten Tanzbrunnens gelegen)[28] und die Gestaltung des Übergangs zum das gesamte Terrain im Norden abschließenden Messepark, dem heutigen Rheinpark, hin, der ebenfalls für Ausstellungszwecke vorgesehen war.[29] Auch dieser wurde aus Anlass der PRESSA teilweise neu gestaltet.[30] Temporär wurden aber auch die Bauten des südlich am Rheinufer zwischen Hohenzollernbrücke und Deutzer Brücke gelegenen Areals in die Ausstellungsflächen der Kölner Messe einbezogen: Hier galt es den wuchtigen Baukomplex der ehemaligen preußischen Kürassierkaserne und das sich daran anschließende Geviert der 1803 aufgehobenen Benediktinerabtei St. Heribert samt Klosterkirche zu sanieren und für die PRESSA herzurichten.[31] Zudem musste die gesamte Uferpromenade zwischen Deutzer Brücke und Messepark auf einer Länge von rund 2,5 Kilometern gestaltet und bepflanzt werden. Um die zu erwartenden Besucherströme lenken zu können, waren schließlich noch verschiedene weitere Verkehrsinfrastrukturmaßnahmen erforderlich, die insbesondere den Vorplatz des linksrheinisch gelegenen Kölner Hauptbahnhofes, die Zuwege zur Hohenzollernbrücke, damals eine kombinierte Eisenbahn- und Straßenbrücke, sowie den Bereich des östlich des Messegeländes gelegenen Deutzer Bahnhofes betrafen.[32] Gegenüber der Kölner Altstadt entstand so am rechten Rheinufer eine neue, moderne und in Stil und Formensprache den

[28] Dieser trägt auch die Bezeichnung Staatenhaus, da während der PRESSA in seiner Nachbarschaft die Pavillons und temporären Bauten der verschiedenen Länder, die sich an der Ausstellung beteiligten, errichtet wurden.

[29] Peter Fuchs: Pressa Köln [...] (wie Anm. 17), [S. 5-7 sowie S. 10-11]. Ferner: Ekkehard Mai: GESOLEI und PRESSA [...] (wie Anm. 8), S. 274-283.

[30] Vgl.: Viola Brixius: Der Rheinpark in Köln. Geschichte einer Gartenanlage von 1914 bis heute. Inaugural-Dissertation zur Erlangung des Doktorgrades der Philosophischen Fakultät der Universität zu Köln. Köln 1984. Bd. 1-2. – Hier Bd. 1, S. 56-60.

[31] Vgl. Hubert Kruppa: Deutz. Ein Kölner Stadtteil mit großer Geschichte. Neu bearb. und aktualisiert von Carl Dietmar. Köln: Bachem 2001. 155 S. – Hier S. 41-45. – Die ehemalige Kaserne wurde in einem ganz erheblichen Ausmaße umgebaut und umgestaltet. Während der PRESSA fand hier die sogenannte 'Kulturhistorische Abteilung' ihren Platz. – Vgl. Peter Fuchs: Pressa Köln [...], (wie Anm. 17), [S. 11-12].

[32] Ebd., [S. 10]. – Ferner: Thomas Goege: Das Deutzer Rheinufer. Von der Kürassierkaserne zum Landeshaus. In: Im Mittelpunkt die Denkmalpflege. Jörg Schulze zum Abschied. Hrsg.: Frank Kretzschmar, Octavia Zander und Rheinischer Verein für Denkmalpflege und Landschaftsschutz. Köln: Rheinischer Verein für Denkmalpflege und Landschaftsschutz 2001, S. 20-29.

kleinteiligen Baubestand der Kölner Altstadt kontrastierende Silhouette, die in Teilen auch heute noch bestimmend für das Kölner Stadtbild ist.[33]

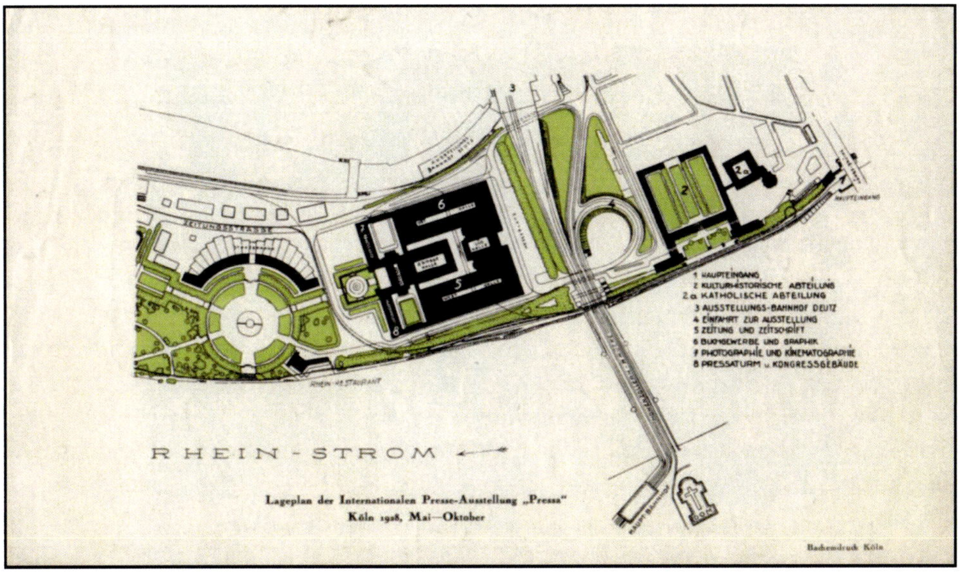

Abb. 1: Lageplan der PRESSA (AEK NL Lohmann, 26).
Die Freiflächen des Messeparks sind nur teilweise abgebildet.

Parallel zu diesen ambitionierten Arbeiten an den neuen Messebauten, an der Umgestaltung des Rheinufers und des alten Deutzer Kasernengeländes sowie den diversen Verkehrsinfrastrukturmaßnahmen wurde die PRESSA in der Öffentlichkeit intensiv beworben. Zahlreiche Artikel in der deutschen und ausländischen Tagespresse sowie in zeitungswissenschaftlichen Fachpublikationen, der Druck von 80.000 Werbebroschüren in fünf Sprachen im Januar 1927, Reisen des Ausstellungsleiters Ernst Esch in die USA und in mehrere europäische Länder, um persönlich für die PRESSA zu werben, Werbebanner im öffentlichen Raum und manch unkonventionelle und spektakuläre Maßnahme sollten dem Vorhaben die erforderliche Publizität verschaffen.[34] In Köln selbst war insbesondere in der Karnevalsses-

[33] Nachdem sich 2005 die KoelnMesse von diesem Gebäudekomplex getrennt hatte, wurde in den Folgejahren der gesamte Gebäudebestand bis auf die auf Adolf Abel zurückgehenden und unter Denkmalschutz stehenden Backsteinfassaden und den Messeturm abgerissen und durch moderne Bürogebäude ersetzt, so dass die heute vorwiegend von der Mediengruppe RTL genutzten Baulichkeiten von außen und von der Rheinseite betrachtet immer noch dem Bild der für die PRESSA errichteten Messehallen entsprechen.

sion 1927/28 die PRESSA das beherrschende Thema und ein außergewöhnlich dankbares Motiv für den Rosenmontagszug des Jahres 1928.[35] Es gelang wohl so, bereits im Vorfeld eine publikumswirksame Begeisterung und eine positive Stimmung in der Bevölkerung für die kommende Großausstellung zu bewirken: "[...] *An den Osterfeiertagen des Jahres 1928 waren allein 15.000 Spaziergänger auf der 'Schäl Sick' im Messegelände gewesen, um zu sehen, was hier für die große Presse-Schau vorbereitet wurde.*"[36]

Der zeitliche Vorlauf für die Organisation der PRESSA war mit rund 18 Monaten ausgesprochen knapp, wenn man die Gründung des Vereins zur Veranstaltung der Presse-Ausstellung Ende Oktober 1926 als eigentlichen Startschuss für die konzeptionelle und inhaltliche Vorbereitung der am 12. Mai 1928 eröffneten Ausstellung nimmt, an der sich schließlich rund 1.500 Aussteller beteiligten. Zur offiziellen Eröffnung der Pressa waren große Teile der Ausstellung noch nicht fertiggestellt: "*Kaum ein Pavillon war vollständig aufgebaut, viele Ausstellungsgegenstände noch in Kisten verpackt und das Staatenhaus noch im 'babylonischen Urzustand'.*"[37] Einige Ausstellungsteile wurden erst in der zweiten Maihälfte für das Publikum freigegeben; die feierliche Eröffnung der Katholischen Sonderschau fand beispielsweise 18 Tage später, am Mittwoch, 30. April 1928 in der Deutzer Abteikirche statt.[38] Eingebunden in die Arbeiten war zunächst einmal die Messegesellschaft, deren Belegschaft zwar im Zuge der Pressavorbereitungen verstärkt wurde, die aber auch noch die sonstigen Messeveranstaltungen organisieren musste.[39] Innerhalb der Stadtverwaltung wurden unterhalb des Präsidiums für die PRESSA zahlreiche Fachausschüsse (z.B. Finanzen, Bau, Verkehr, Presse, Werbung, Festausschuss) gebildet: "*In Summa: Alles in Köln war eingespannt für die große Aufgabe 'Pressa'.*"[40] Da es sich um ein Vorhaben von nationaler Bedeutung handelte, war auch die Reichsregierung unmittelbar in die Vorbereitung der PRESSA invol-

---

[34] Stefanie Seul: 'Trägerin des europäischen Gemeinschaftsdenkens' [...] (wie Anm. 6), S. 62-64.

[35] Peter Fuchs: Pressa Köln [...] (wie Anm. 17), [S. 13-14]. – Ein Motivwagen griff die hohen Kosten für die PRESSA auf: 'Die Narren zahlen alles, was aus den Adeneiern ausschlüpft', vgl. ebd. [S. 14].

[36] Ebd., [S. 13].

[37] Hans-Georg Klose: Zeitungswissenschaft in Köln [...] (wie Anm. 12), S. 138.

[38] Vgl.: Heimat und Welt Jg. 4 Nr. 24 vom 10. Juni 1928, S. 371. – Die illustrierte katholische Wochenschrift berichtet in dieser Ausgabe schwerpunktmäßig über die PRESSA und die Katholische Sonderschau. – Ein Exemplar erhalten in AEK, Nachlass Lohmann, 26.

[39] Peter Fuchs: Pressa Köln [...] (Anm. 17), [S. 10]. – So gab es 1927 in Köln vier Messetermine: 20.-25.3. Frühjahrsmesse mit Möbel-, Haus- und Wohnbedarfsbranche, 20.-31.5. Internationale Automobilausstellung für Lastwagen und Spezialfahrzeuge, 9.-18.9. Zweite Westdeutsche Gastwirtsmesse, 2.-5.10. Herbstmesse. Auch 1928 wurde die Frühjahrsmesse, zeitlich allerdings um einen Monat vorverlegt, vom 12.-17.2. durchgeführt; ebd.

[40] Ebd., [S. 9].

viert; das Amt eines Reichskommissars für die Internationale Presseausstellung Köln hatte der ehemalige Reichsinnenminister Dr. Wilhelm Külz[41] übernommen. Im Auswärtigen Amt oblag es einem Mitarbeiter der Presseabteilung, Walther Heide, die unmittelbare Verbindung zum Reichskommissar und zur Ausstellungsleitung aufrechtzuerhalten sowie Kontakte zu ausländischen Regierungen zu pflegen.[42] Für Preußen hatte der Oberpräsident der Rheinprovinz, Dr. Johannes Fuchs[43], aus Koblenz die Aufgabe des Kommissars der preußischen Regierung übernommen.

An der Gründungsversammlung der PRESSA im Oktober 1926 nahmen auch sämtliche deutsche Pressevereinigungen teil.[44] Insgesamt war so sichergestellt, dass an der inhaltlichen Konzeption der Ausstellung zahlreiche Zeitungswissenschaftler, Kulturwissenschaftler, Historiker sowie Verbände des Pressewesens, des Druckgewerbes, des graphischen Gewerbes in einzelnen, die jeweiligen Ausstellungsteile organisierenden Ausschüssen beteiligt waren. Dies belegt auch eindrucksvoll der offizielle Ausstellungskatalog der PRESSA.[45]

Greift man als Beispiel die 'Kulturhistorische Abteilung' heraus, die der Zielsetzung folgte, die Presse einschließlich des Nachrichtenwesens und der Drucktechnik in ihren historischen Dimensionen von den allerersten Anfängen bis in die Jetztzeit zu visualisieren, so wurde die Ausstellungsorganisation vom Münchner Zeitungswissenschaftler Karl d'Ester[46] geleitet, dem ein 'Historisch-wissenschaftlicher Ausschuss' zur Seite stand. Schon im Sommer 1926 hatte die Messeleitung Kon-

---

[41] Wilhelm Külz (1875-1948) hatte seine politische Karriere bereits in der wilhelminischen Ära begonnen und trat 1918 der Deutschen Demokratischen Partei (DDP) bei. Külz war 1920-1933 Landesvorsitzender der Partei in Sachsen und hatte ein Reichstagsmandat inne. Von Januar bis Dezember 1926 war er Reichsinnenminister im Kabinett des Kanzler Hans Luther. Spätere wichtige Stationen seiner politischen Karriere sind u.a. von 1931 bis März 1933 das Amt des Oberbürgermeisters von Dresden und 1945 die Gründung der Liberal-Demokratischen Partei Deutschlands (LDP) in Berlin und in der Sowjetischen Besatzungszone. "*Sein Tod im Jahre 1948 bewahrt ihn vor weiterer Kompromittierung durch Zusammenarbeit mit der SED.*" – Hans-Peter Schwarz: Adenauer. Der Aufstieg [...] (Anm. 18), S. 298. – Zur Vita von Wilhelm Külz vgl. die Online-Version des Lexikons 'Wer war wer in der DDR' der 'Bundesstiftung Aufarbeitung der SED-Diktatur', http://www.stiftung-aufarbeitung.de/wer-war-wer-in-der-ddr-%2363%3B-1424.html, [zuletzt aufgerufen am 4.5.2014].

[42] Hans-Georg Klose: Die Kölner Pressa 1928 [...] (wie Anm. 8), S. 207-208.

[43] Der Jurist und Zentrumspolitiker Johannes Fuchs (1874-1956) hatte das Amt des Oberpräsidenten von 1922 bis 1933 inne.

[44] Hans-Georg Klose: Zeitungswissenschaft in Köln [...] (wie Anm. 12), S. 137.

[45] Amtlicher Katalog. Pressa, Internationale Presse-Ausstellung Köln 1928. – Berlin [u.a.]: Mosse, 1928. 400, XII, 252 S. – Die an den verschiedenen Ausstellungsteilen beteiligten Personen und Institutionen werden im Katalog bei der Beschreibung dieser Abteilungen jeweils genannt; zur 'Kulturhistorischen Abteilung' vgl. S. 93-94.

takt mit d'Ester aufgenommen. Konkret ging es in der Vorbereitungsphase darum, ausstellungswürdiges Material zur Geschichte des Zeitungswesens in einem sehr umfassenden Sinne von auswärtigen Leihgebern zu beschaffen, zu sammeln, zu sichten, zu strukturieren und so aufzubereiten, dass eine auf der einen Seite fachwissenschaftlichen Ansprüchen genügende, auf der anderen Seite aber auch publikumswirksame Gesamtschau daraus entstand. Schon d'Ester war dabei klar, dass "*der größte Feind der Ausstellung* [...] *das Papier* [war]", dass also die 'Flachware' Zeitung und ihre Vorläufer einer klugen museumsdidaktischen Aufbereitung bedurften, damit die Ausstellungsbetrachter nicht von einer stereotyp wirkenden Papiermasse gelangweilt würden.[47] Insgesamt ließ man sich in der Bearbeitung der kulturhistorischen Abteilung von dem Grundsatz leiten, ein 'Bilderbuch für die Masse' schaffen zu wollen. Der Spagat zwischen Allgemeinverständlichkeit und Fachinteresse folgte dem Leitsatz: "*So wissenschaftlich wie nötig, so volkstümlich wie möglich.*"[48]

Die Kulturhistorische Abteilung, die in der umgebauten ehemaligen preußischen Kürassierkaserne untergebracht war, bildete aber nur einen von drei thematischen Schwerpunkten der PRESSA: Die moderne Tagespresse und das Nachrichtenwesen wurde in den Messebauten gezeigt. Hier hatten u.a. zahlreiche deutsche Zeitungsverlage, Organisationen des deutschen Buchgewerbes und Hersteller von Druckmaschinen und Zubehör für das graphische Gewerbe ihre Stände.[49] "*Dargestellt wurden das moderne (deutsche) Pressewesen, der Entstehungsprozess einer Tageszeitung, die Nachrichtenübermittlung und alle sonstigen technischen und wirtschaftlichen Aspekte der Presse (Redaktion, Anzeigenwesen, Verlag, Vertrieb), Verbandswesen der Presse, Papier und Fotografie, Drucktechnik und Hilfsmaschinen, Kommunikationsmittel wie Reichsbahn und Reichspost usw. Daneben gab es eine umfassende Darstellung des deutschen Zeitschriftenwesens.*"[50] Um das neu erbaute Rondellgebäude im Übergang zum Messepark im sogenannten Staatenhaus konzentrierten sich die ausländischen Aussteller. Insgesamt 43 Staaten und der Völkerbund präsentierten hier auf unterschiedliche Weise ihre nationale Presse.

---

[46] Der aus einer Adelsfamilie am Mittelrhein stammende Zeitungswissenschaftler Karl d'Ester (1881-1960) war Gründer und drei Jahrzehnte lang Leiter des Instituts für Zeitungswissenschaft an der Universität zu München. – Vgl.: Karl d'Ester: Schwarz auf Weiss. Ein Leben für die Jugend, die Wissenschaft und die Presse. München: Pohl 1951, 287 S. sowie ders.: Der Traum eines Lebens. Ein deutsches Institut für internationale Presseforschung und ein Weltpressemuseum. Ein Beitrag zur Geschichte der internationalen Zeitungswissenschaft. Ingolstadt: Verl. Donau Kurier, 1957. XIV, 237 S.

[47] Vgl. Hans-Georg Klose: Die Kölner Pressa 1928 [...] (wie Anm. 8), S. 210-212.

[48] Ebd.

[49] Vgl.: Amtlicher Katalog [...] (wie Anm. 45), S. 54-55.

[50] Stefanie Seul: 'Trägerin des europäischen Gemeinschaftsdenkens' [...] (wie Anm. 6), S. 59.

Besonderes Aufsehen erregte dabei u.a., sowohl was die Präsentation als auch die vermittelten Botschaften anbelangte, der Pavillon der kommunistischen Sowjetunion.[51] Ergänzt wurde die PRESSA durch zahlreiche Sonderausstellungen. Hierzu zählten gemäß Ausstellungskatalog neben den vier "weltanschaulichen" Sonderschauen zur katholischen, evangelischen und jüdischen Presse sowie zur Arbeiterpresse, zielgruppenorientierte Ausstellungen (z.B. Frau und Presse, Akademiker und Presse), Präsentationen einzelner Behörden (Reichsregierung, Reichsverwaltung, Preußische Regierung, Städtetag) und andere thematisch orientierte Zusammenstellungen (z.B. Wetterdienst und Presse, Westdeutsche Geschichtsvereine).[52]

Die Evangelische Sonderschau, die Jüdische Sonderschau sowie das Haus der Arbeiterpresse hatten ihren Platz in jeweils eigenen temporär errichteten Bauwerken auf der Freifläche östlich des internationalen Ausstellungsbereiches entlang des Auenweges gefunden. Hier waren noch weitere Sonderbauten einzelner Zeitungsverlage und Verlagsgruppen errichtet worden. Im Görreshaus der Kölnischen Volkszeitung konnte man die technische Herstellung einer Tageszeitung miterleben. Auch der amerikanische 'Christian Science Monitor' war mit einem eigenen Sonderbau vertreten. Diese Pavillons einzelner Aussteller, die zum Teil von renommierten Architekten entworfen worden waren, präsentierten sich mehrheitlich als individualistisches architektonisches Experimentierfeld in der Formensprache einer sehr modernen Architektur.[53] Die Gesamtheit der Evangelischen Landeskirchen ließ für ihre Sonderschau nach einem Entwurf von Otto Bartning[54] eine von der Öffentlichkeit viel beachtete transportable Stahlkirche innerhalb einer Bauzeit von weniger als drei Monaten errichten.[55]

---

[51] Der eingangs erwähnte Bremer Kongress zur PRESSA (vgl. Anm. 3) stellte seinen Themenblock zum sowjetischen Pavillon unter die Überschrift: Publikumsmagnet und Sinnbild der Moderne. – Eine ganz andere Sichtweise bot dieser Pavillon zeitgenössischen katholischen Betrachtern. Unter der Überschrift 'Der Antichrist auf der Pressa' schrieb hier ein als "Dr. T—n" anonymisierter Autor im Kölner Kirchenblatt: "[...] *Die Ausstellung soll ja für den Kommunismus werben, und – man muß gestehen, daß ihr dies gelingt. Allerdings nur bei dem oberflächlichen Zuschauer. Den seelisch eingestellten Menschen ergreift im Hause der Sowjets das Grauen.* [...] *Überall fieberhaftes, von der Leidenschaft gehetztes Leben – ohne Seele. Eine zermalmende Maschine. Ein schillerndes, betäubendes Blendwerk reiner Diesseitskultur und dahinter – die Hölle.*" – Der Artikel wurde auch abgedruckt in der Düsseldorfer Zeitschrift: Jugendführung 15(1928) Nr. 11 – AEK CR I 27,4.

[52] Vgl.: Amtlicher Katalog [...] (wie Anm. 45), S. 12 u. S. 211-243.

[53] Vgl.: Ekkehard Mai: GESOLEI und PRESSA [...] (wie Anm. 8), S. 282-283.

[54] Zu Otto Bartning (1883-1959) vgl.: J. Bredow: Bartning, Otto. In: Allgemeines Künstler-Lexikon. Die Bildenden Künstler aller Völker und Zeiten. Bd. 7 Barbieri – Bayona. Leipzig: Saur 1993, S. 252-253.

[55] Ulrich Pantle: Dominikus Böhm [...] (wie Anm. 9), S. 33-34.

Schließlich darf auch nicht übersehen werden, dass der gesamte Messepark als großes Freizeit- und Vergnügungsgelände genutzt wurde. Am Rheinufer war eine Hansekogge vor Anker gegangen und es gab u.a. ein Freilichtkino, einen Tanzsaal, ein Alpendorf, zahlreiche Jahrmarktattraktionen und gastronomische Betriebe. Entlang einer Ladenstraße standen 20 Kioske von Gewerbetreibenden, die nichts mit der PRESSA zu tun hatten. Auf der 'Opelbahn' wurden wohl vor allem männliche Besucher von einem hochmodernen Automobil, dem 'Raketenwagen', angelockt.[56] "*Kritischen Zungen zufolge lag die Hauptanziehungskraft der PRESSA dann auch im Vergnügungspark, der 'räumlich ein Drittel, geistig neun Zehntel der Ausstellung' umfasse.*"[57]

Zusätzlich zur Ausstellung lockte ein umfangreiches Begleitprogramm viele Fachleute und Gäste nach Köln. In der Literatur schwanken die Angaben der Anzahl der Fachkongresse während der PRESSA zwischen mehr als 200 und 300.[58] Für die junge Zeitungswissenschaft war wohl der 'Internationale Zeitungswissenschaftliche Kongreß', der vom 8. bis 10. August durchgeführt wurde, die wichtigste Veranstaltung. Erstmals kamen hier Wissenschaftler und Zeitungsverleger verschiedener Länder zusammen.[59] Das von der Besucherzahl größte Ereignis während des Pressajahres in Köln war das 14. Deutsche Turnerfest, das vom 24. bis 26. Juli stattfand, und dessen nichtsportliche Veranstaltungen alle auf dem Messegelände platziert waren. Am Turnerfest nahmen 110.000 Sportler teil und zur Abschlussveranstaltung "[...] *wurden Fackeln und Lampions ausgegeben und im großen Zuge durch den festlich beleuchteten Rheinpark getragen.*"[60] Für katholische Kulturschaffende und Besucher war die vom 16. bis 21. Juni durchgeführte 'Internationale Katholische Woche' ein wichtiger Grund in die Domstadt zu kommen.[61] Der 1878 gegründete Dachverband der katholischen Zeitungspresse, der Augustinus-

---

[56] Vgl.: Amtlicher Katalog [...] (wie Anm. 45), S. 6-7 sowie Peter Fuchs: Pressa Köln [...] (wie Anm. 17), [S. 17-18].

[57] Stefanie Seul: 'Trägerin des europäischen Gemeinschaftsdenkens' [...] (wie Anm. 6), S. 60.

[58] Peter Fuchs nennt die Zahl "über zweihundert Kongresse" während Stefanie Seul von "mehr als 300 Fachkongresse[n] und wissenschaftlichen[n] Tagungen im Rahmen der PRESSA" ausgeht. – Vgl.: Peter Fuchs: Pressa Köln [...] (wie Anm. 17), [S. 21] sowie Stefanie Seul: 'Trägerin des europäischen Gemeinschaftsdenkens' [...] (wie Anm. 6), S. 59.

[59] Vgl.: Hans-Georg Klose: Die Kölner Pressa 1928 [...] (wie Anm. 8), S. 213-215. – "*Der Zweck des Treffens war die 'Förderung und Entwicklung der Zeitungswissenschaft', das gesteckt*[e] *Ziel war eine 'internationale Annäherung der Zeitungswissenschaftler und der zeitungswissenschaftlichen Institute'*", ebd. S. 213.

[60] Vgl.: Peter Fuchs: Pressa Köln [...] (wie Anm. 17), [S. 22].

[61] Vgl. verschiedene Schriftstücke, so einen Programmentwurf und ein gedrucktes Programm der 'Internationalen Katholischen Woche' in: AEK CR I 27,24. – Zur Internationalen Katholischen Woche siehe Kap. 3.3.

verein, beging sein 50jähriges Gründungsjubiläum natürlich im Rahmen der PRESSA und der Internationalen Katholischen Woche.[62]

Die PRESSA erwies sich somit für die Stadt Köln als der erhoffte Publikumsmagnet. Am 9. August, also knapp drei Monate nach der Eröffnung, hatte man den dreimillionsten Besucher begrüßt. Aber der Zuspruch hielt auch weiterhin an: Insgesamt wurden zwischen der Eröffnung der PRESSA am 12. Mai und der Schließung am 14. Oktober rund 5 Millionen Messebesucher gezählt. Allein an den letzten beiden Messetagen kam noch einmal eine Viertelmillion Gäste zur PRESSA.[63] Für viele Gruppen und Veranstaltungen auch im Umland von Köln gehörte es 1928 einfach dazu, der PRESSA einen Tagesbesuch abzustatten.[64] Bei so vielen

Abb. 2: Zeitungsannonce, die für eine Reise nach Köln aus Anlass der PRESSA warb (Quelle: Privatbesitz).

---

[62] Vgl.: Wilhelm Kisky: Der Augustinus-Verein zur Pflege der katholischen Presse von 1878 bis 1928. Festschrift zum goldenen Jubelfest. Düsseldorf: Augustinus-Verein, 1928. XVIII, 256 S. – Ein Hinweis auf den Festakt findet sich auf S. 238. – Die Neue Vossische Zeitung berichtete am 4.7.1928 kurz über beide Ereignisse: "*In diesen Tagen wird in Köln in Verbindung mit der 'Pressa' eine 'Internationale Katholische Woche' veranstaltet zur Erörterung aller Fragen, die das katholische Geistesleben und seine Beziehungen zur Allgemeinheit betreffen. Zu Beginn der Woche hatte der 'Augustinusverein', die große katholische Presseorganisation gleichzeitig zur Feier seines fünfzigjährigen Bestehens eine Kundgebung angesetzt, zu der auch der Papst ein Begrüßungsschreiben gesandt hatte. Chefredakteur Dr. Hoeber hielt die Festrede.* [...]" – Zitiert nach einem Zeitungsausschnitt in: AEK CR I 27,24.

[63] Vgl.: Peter Fuchs: Pressa Köln [...] (wie Anm. 17), [S. 17-18 u. S. 22].

[64] Die Studierenden der Bonner Bibliotheksschule besuchten im Sommersemester 1928 im Rahmen einer eintägigen Studienfahrt die PRESSA. – Käthe Kaeuffer: Studienfahrt

Gästen profitierte das Hotelgewerbe in der Stadt natürlich von dieser sehr guten Resonanz; erstmals konnte wieder an die Zeit vor dem Ersten Weltkrieg angeknüpft werden: "*Die Gesamtzahl der registrierten Fremdenbesuche wurde gegenüber dem letzten Friedensjahr 1913* [...] *auf eine halbe Million verdoppelt – die Zahl der Ausländer (1913 = 76.000) wurde mit 74.000 noch nicht ganz erreicht. Ein Drittel aller Ausländer waren Amerikaner, ein Fünftel Holländer. Aus England kamen 10.000 Besucher*; [...]."[65] Besonders das abendliche Köln zeigte sich seinen in- und ausländischen Gästen in Feststimmung: Beflaggung und nächtliche Beleuchtung der Rheinbrücken sowie des Altstadtufers sorgten für ein entsprechendes Ambiente. Dass selbst der Kölner Dom in diese Zurschaustellung mit einbezogen wurde, stieß damals bei manchen Katholiken auf Missfallen.[66]

Für Oberbürgermeister Konrad Adenauer und die Verantwortlichen der Stadt Köln waren natürlich die feierliche Eröffnung der PRESSA am 12. Mai 1928, die Schlussveranstaltung am 14. Oktober 1928 sowie zwischenzeitliche Teileröffnungen, Besuche von in- und ausländischen Ehrengästen und die Möglichkeiten, Grußadressen und Begrüßungsansprachen an die zahlreichen Kongresse im Rahmen der Presseschau zu richten, günstige Gelegenheiten zur Repräsentation im Dienste und zum Wohle der Stadt. Adenauer selbst ließ sich dabei immer wieder von dem Gedanken leiten, die PRESSA und das Pressewesen in den Dienst der Völkerverständigung zu stellen. Mit diesem Gedanken schloss er seine Eröffnungsansprache[67] und dies ist der Tenor des Geleitwortes, das im Ausstellungskatalog abgedruckt ist.[68] Als der französische Erziehungsminister Edouard Herriot Anfang August

---

der Bonner Bibliotheksschule. In: Die Bücherwelt 25(1928), S. 377-378. – Das Programm des jeweils von mehreren hundert Teilnehmerinnen und Teilnehmern besuchten sogenannten "Herbstkurses" sah für Mittwochnachmittag alleinig eine Fahrt zur PRESSA vor. – Vgl.: 16. Kursus für Leiter und Mitarbeiter von Volksbüchereien in Bonn in der Zentrale des Borromäusvereins vom 8. bis 12. Oktober 1928. In: Die Bücherwelt 25 (1928) S. 379.

[65] Vgl.: Peter Fuchs: Pressa Köln [...] (wie Anm. 17), [S. 22].

[66] In den Akten des Generalvikariates (AEK CR I 27,24, Nr. 1884[1]/28) befindet sich ein Schreiben eines katholischen Anwohners des Kölner Doms vom 14.5.1928, in dem dieser sich über die Festbeflaggung und das Läuten der Domglocken aus Anlass der Eröffnung der PRESSA zwei Tage zuvor aufregte: "*Ich traute meinen Augen nicht, als ich Samstag mittag sah, dass am Dom die Fahnen heraushingen, jedenfalls doch nur aus Anlass der Pressen-Ausstellung. Obendrein läuteten auch noch am Samstag abend ½11 Uhr die Domglocken. Ist denn die Domkirche ein Reklame- oder Vergnügungsgebäude oder ein Haus Gottes* [...]." Der maschinenschriftliche Brief trägt außerdem einen handschriftlichen Vermerk: "*Verschiedene glaubten am Samstag abend, der Herr Kardinal sei gestorben. Merethalben äussert man sich abfällig!*"

[67] Vgl.: Peter Fuchs: Pressa Köln [...] (wie Anm. 17), [S. 20].

[68] "*Eine internationale Kulturschau ist diese Ausstellung, auf der fast alle Nationen vertreten sind. Möge sie der Schauplatz geistigen Austausches unter den Kulturvölkern werden:*

1928 die PRESSA besuchte, bekannte sich Adenauer selbst mit größtem Nachdruck als Verständigungspolitiker.[69] Dass die einheimische Presse fast stiefmütterlich behandelt wurde, ausländische Journalisten dagegen ausgesucht freundlich mit kostenlosen Theaterkarten, ausgedehnten Stadtrundfahrten und erlesener Bewirtung bei Laune gehalten wurden[70], mag ursächlich auch mit dem Bemühen zusammenhängen, den als wichtige Multiplikatoren angesehenen Vertretern der internationalen Presse Köln als weltoffene Großstadt zu präsentieren.

Abb. 3: Brücken- und Dom-Beleuchtung. Offizielle Postkarte der Pressa Köln 1928. [Druck:] Kölner Görres-Haus GmbH. (Quelle: Privatbesitz)

Fragt man nach der Wirkung und Nachwirkung der PRESSA, so steht der große Publikumserfolg der Schau in einem offenkundigen Gegensatz zu der geringen Nachhaltigkeit und Resonanz, die diesem mediengeschichtlichen Großereignis längerfristig beschieden war. Fast scheint es so, als hätten die Kölner im letzten der sogenannten "Goldenen Zwanziger Jahre" ein rauschendes Fest gefeiert: Angesichts der Not der ab Oktober 1929 einsetzenden Weltwirtschaftskrise, den zunehmenden innenpolitischen Spannungen und der Radikalisierung der letzten Jahre der

---

ein Werkzeug des Friedens." – Geleitwort von Adenauer in: Pressa. Amtlicher Katalog [...] (wie Anm. 45), S. 13.

[69] Hans-Peter Schwarz: Adenauer. Der Aufstieg [...] (wie Anm.18), S. 297-298.

[70] Hans-Georg Klose: Zeitungswissenschaft in Köln [...] (wie Anm. 12), S. 134.

Weimarer Republik verblasste die Erinnerung an dieses Ereignis rasch und man konnte nicht mehr daran anknüpfen. Jedenfalls scheiterte in Köln bereits im Vorfeld der Versuch, 1932 mit der großen Werkbund-Ausstellung "Die Neue Zeit" den Erfolg der PRESSA durch eine weitere kulturell geprägte Großveranstaltung zu wiederholen: "*Die Zeit war nicht mehr reif für neue Zeiten.*" [71]

Zeitgenössisch haben jedenfalls viele Interessensgruppen ein positives Urteil über die PRESSA gefällt: "*Nach der Eröffnung der PRESSA gingen bei Oberbürgermeister Adenauer zahlreiche begeisterte Zuschriften ein. Darunter waren auch eine Reihe von Gedichten, die zeigen, wie stark beeindruckt manche Besucher von der Ausstellung waren.*" [72] Für die Begeisterung zahlreicher Besucherinnen und Besucher werden sicherlich unterschiedliche Aspekte rund um die PRESSA, die mit ihren vielfältigen Angeboten einen bunten Strauß der Möglichkeiten anbot, eine Rolle gespielt haben. In der Summe wird dabei für den allergrößten Teil der Messebesucher die Unterhaltung, das Vergnügen und das eher oberflächliche Schauen von und Staunen über technische Errungenschaften der modernen Zeitungsproduktion und nicht eine vertiefte Auseinandersetzung mit kulturhistorischen Aspekten des Zeitungswesens oder gar mit Fragen der Zeitungswissenschaft im Mittelpunkt gestanden haben.

Der Blick und das Urteil der zahlenmäßig sicher kleineren aber für die Öffentliche Meinung bedeutsameren Fachbesucher auf die PRESSA war naturgemäß ein anderer: Trotz aller Schwierigkeiten, das Wesentliche der Presse in Schaubildern und Vitrinen mit dem Ziel vorzuführen, einem breiten Publikum die Presse als geistige Leistung zu vermitteln[73], war die PRESSA für die deutsche Pressewissenschaft unzweifelhaft von besonderer Bedeutung.[74] So war die PRESSA auch ein Motor, die sich langsam an verschiedenen deutschen Hochschulen in Form einzelner Lehrstühle etablierende Zeitungswissenschaft zu organisieren und erste Kontakte zu Fachkollegen anderer Länder, im Rahmen des während der PRESSA stattfindenden 'Internationalen zeitungswissenschaftlichen Kongresses' zu knüpfen.[75] Schließlich stand die Gründung eines an der Universität zu Köln angesiedelten und von Oberbürgermeister Adenauer mit initiierten 'Forschungsinstituts für Internationales Pressewesen' im kausalen Zusammenhang mit der PRESSA. Die Gründung erfolgte u.a. mit der Intention, dass das Institut das zahlreich für die PRESSA zusam-

---

[71] Ekkehard Mai: GESOLEI und PRESSA [...] (wie Anm. 8), S. 283.

[72] 50 Jahre Kölner Messe 1924-1974. Ausstellung, Historisches Archiv der Stadt Köln, 20. September-8. November 1974. Zusammenstellung der Ausstellung und Bearbeitung des Katalogs: Dr. Gertrud Wegener. Köln: Historisches Archiv der Stadt Köln, 1974. 95 S., [8 Bl.] Ill. – Hier S. 54.

[73] Hans-Georg Klose: Die Kölner Pressa 1928 [...] (wie Anm. 8), S. 206-208.

[74] Ebd., S. 210.

[75] Ebd., S. 213-218.

mengetragene zeitungswissenschaftliche Material sichten, auswerten und für künftige Arbeiten bereithalten solle und dass die während der PRESSA geknüpften internationalen Kontakte zu einer Reihe von Staaten weiter gepflegt werden sollten.[76]

Innerhalb der Zeitungsberichterstattung stieß die PRESSA auf eine sehr breite und ebenfalls ganz überwiegend positive Resonanz im In- und Ausland: "*Schon während der Planungsphase 1926-28 zeigte die in- und ausländische Presse* [...] *ein ungewöhnlich starkes Interesse. Neben der deutschen, insbesondere der Kölner Lokalpresse, brachten vor allem britische und amerikanische Tageszeitungen immer wieder Artikel über die PRESSA*."[77] Zu den Eröffnungsfeierlichkeiten hatten die Veranstalter hunderte in- und ausländische Journalisten eingeladen, die eine breite Berichterstattung nicht nur in den Printmedien sondern auch im noch jungen Rundfunk sicherstellten. Das große Medieninteresse blieb während der gesamten Dauer der Ausstellung erhalten. Immer wieder erschienen in der deutschen und internationalen Presse längere oder kürzere Artikel zur Kölner Presseschau.[78] In der wohlwollenden Berichterstattung deutscher Tageszeitungen wurden oftmals einzelne Abteilungen der PRESSA näher vorgestellt und die Ausstellung als nationale Großtat gelobt. Die Auslandspresse beschäftigte sich ebenfalls mit Inhalten und Zielsetzungen der PRESSA und berichtete ausführlich, "[...] *welche diplomatischen oder sonstigen offiziellen Vertreter ihr jeweiliges Land zu den Eröffnungs- und Schlussfeierlichkeiten entsandt hatte bzw. was der Pavillon des eigenen Landes in Köln zur Schau stellte*."[79]

Das von den Veranstaltern lancierte Thema des Beitrages der PRESSA zur Völkerverständigung und zum Frieden durchzog dabei die Artikel gleichsam wie ein roter Faden: "*Die PRESSA wurde einhellig als 'Friedenswerk', als 'Trägerin des europäischen Gemeinschaftsgedankens' und als 'Magna Charta des Friedens' gewürdigt* [...]."[80] Insofern konnten sich Oberbürgermeister Adenauer und die anderen Veranstalter und Initiatoren der PRESSA eine sehr erfolgreiche, den Nerv der Zeit treffende Kommunikation ihrer mit der Zeitungsschau verbundenen politischen Ziele zu Gute halten.[81]

---

[76] Hans-Georg Klose: Zeitungswissenschaft in Köln [...] (wie Anm. 12), S. 153-181, hier insbesondere S. 153 u. 157.

[77] Stephanie Seul: 'Trägerin des europäischen Gemeinschaftsgedankens' [...] (wie Anm. 6), S. 70.

[78] Ebd., S. 71.

[79] Ebd., S. 73-75; Zitat s. S. 75.

[80] Ebd., S. 76. – "*Im Einzelnen kristallisierten sich dazu drei thematische Schwerpunkte heraus: 1) Die Friedensmission der Presse und ihre zentrale Rolle in den internationalen Beziehungen; 2) Die PRESSA als Zeichen des demokratischen Erfolgs in Deutschland und als Erfolg für Stresemanns Friedenspolitik; und 3) Die Zukunftsbedeutung der PRESSA und ihrer Friedensmission*." – Ebd.

Abgesehen von gelegentlichen Störfeuern der 1928 noch eher unbedeutenden rechtsradikalen Presse kritisierten zeitnah lediglich einige deutsche Intellektuelle und Publizisten in kulturellen, politischen und satirischen Wochen- und Monatsschriften die PRESSA. Diese Kritik entzündete sich vor allem daran, dass auf der PRESSA die Schattenseiten des Pressewesens, wie z.B. Einschränkungen der Pressefreiheit, staatliche Zensur und Missbrauch der Presse für staatliche Propaganda und für wirtschaftliche Interessen kaum angesprochen wurde und dass eine Darstellung, wie denn die Presse positiv zum Frieden und zur Völkerverständigung beitragen könne, kaum zu finden sei.[82] So bemängelte die *Frankfurter Zeitung* in einem Bericht über das Staatenhaus, dass jedes Land unkritisch seiner eigenen Presse huldige. Nur der Völkerbund befasse sich in seinem Pavillon mit der Bedeutung der Presse für die internationalen Beziehungen und die Völkerverständigung.[83]

Latent virulent blieb daneben die Kritik, die Stadt Köln verschulde sich mit der PRESSA immer weiter und die Stadt lebe einmal mehr über ihre Verhältnisse. Im Vorfeld der Ausstellung und während der PRESSA wurde dieser Vorwurf vor allem von den im Kölner Rat vertretenen Linksparteien und der den Sozialdemokraten nahe stehenden *Rheinischen Zeitung* getragen.[84] Hier prallten einfach zwei von unterschiedlichen Koordinatensystemen geprägte Sichtweisen aufeinander: Die Kritiker im Rat verwiesen stets darauf, dass das kommunale Defizit, das 1925 noch 6,5 Millionen Mark betragen hatte, Ende 1927 bereits auf 30 Millionen Mark angewachsen sei und wiesen immer wieder auf die Notwendigkeit der Bekämpfung der hohen Arbeitslosigkeit in der damals mit 700.000 Einwohnern drittgrößten deutschen Stadt, der Milderung sozialer Missstände und der Erfordernis verstärkter

---

[81] Auch der Zeitungswissenschaftler Karl d'Ester erinnerte sich in seiner kurz nach Ende des Zweiten Weltkriegs verfassten Autobiografie mit Wehmut an die friedliche und völkerverbindende Stimmung während der PRESSA in Köln: "*So bleibt nur die von Wehmut überschattete Erinnerung an die Zeit eines friedlichen Aufstiegs Deutschlands, das sich schon bald nach dem ersten Weltkrieg eine geachtete Stellung in der Völkerfamilie erobert hatte. In lebhafter Erinnerung stehen mir noch alle der Völkerverständigung dienenden Versammlungen und Reden im Zusammenhang mit der Presseschau.* [...] *Wer die Pressa erlebt hat, wer in der dort herrschenden internationalen Stimmung wirken durfte, der nahm die frohe Hoffnung mit, die Gespenster eines neuen Krieges seien für immer gebannt. Hatten sich doch in Köln die Angehörigen der verschiedensten Staaten ein Stelldichein zu friedlicher Arbeit gegeben, schien doch eine der Hauptmächte, nämlich die Presse, für die Friedensidee gewonnen.*" Karl d'Ester: Schwarz auf Weiss [...] (wie Anm. 46), S. 248-249.

[82] Stephanie Seul: 'Trägerin des europäischen Gemeinschaftsgedankens' [...] (wie Anm. 6), S. 88-89 und S. 103.

[83] Ebd., S. 96. – Auch der mit einem eigenen Pavillon vertretene *Christian Science Monitor* betonte in seiner Selbstdarstellung im 'Amtlichen Katalog', dass sich seine Berichterstattung bewusst für die Völkerverständigung einsetze (ebd., S. 98).

[84] Vgl. Hans-Georg Klose: Zeitungswissenschaft in Köln [...] (wie Anm. 12), S. 134.

Hilfen für die Armen und die Kleinbürger. Sie prangerten zugleich an, dass Adenauer und die Verantwortlichen für die Ausstellung stattdessen mit der 100 Millionen Mark teuren Presseschau besonders dem Ausland ein ganz anderes Bild von Köln zeichne.[85] Adenauer hingegen argumentierte in seinen Repliken auf solche Kritiken gerne mit ideellen, nicht mit Geld aufrechenbaren Gewinnen für die Stadt Köln, etwa mit dem verbesserten Ansehen, das sich Köln durch die PRESSA im Ausland erworben habe.[86]

Eine abschließende exakte Bilanz, wie viel die PRESSA Köln letztlich gekostet hat – im August 1928 war in der kritischen *Rheinischen Zeitung* von einem riesigen "Pressa-Defizit" die Rede[87], gibt es nicht. Es dürfte aber auch nahezu unmöglich gewesen sein, eine solche zu erstellen, da viele Infrastrukturmaßnahmen in Köln, die aufgrund der PRESSA initiiert wurden (z.B. Ausbau der Messehallen, Umgestaltung der Deutzer Kürassierkaserne und des Deutzer Rheinufers), über die PRESSA hinaus Bestand hatten.[88] Der Vorwurf, Adenauer habe einen übermäßigen

---

[85] Ebd. sowie: Peter Fuchs: Pressa Köln [...] (wie Anm. 17), [S. 4]. – Es ist letztlich eine Auseinandersetzung, die auch in der Gegenwart immer wieder akut wird, wenn beispielsweise ein Schwellenland zum Ausrichter eines sportlichen Großereignisses wie der Olympischen Spiele oder der Fußballweltmeisterschaft ausersehen wird.

[86] Ebd., S. 135. – Eine spannende, bislang wohl nicht erörterte und vielleicht auch gar nicht zu klärende Frage ist, ob nicht Adenauers Argumentation berechtigt war und das positive Image Kölns, das mit der PRESSA im Ausland aufgebaut worden war, tatsächlich konkrete Auswirkungen auf den Wirtschaftsstandort Köln hatte. In diesem Zusammenhang wäre auch zu klären, welche "weichen", über konkrete Standortfaktoren wie die Lage am Rhein als wichtigem Transportweg hinausgehenden Gründe 1929 bei den Konzern-Verantwortlichen zu der Entscheidung führten, die Ford-Werke in Köln-Niehl anzusiedeln und den Firmensitz des deutschen Ablegers der Ford Motor Company Aktiengesellschaft ein Jahr später von Berlin an den Rhein zu verlegen.

[87] Ebd., S. 134.

[88] Auch Fuchs spricht in seiner Rückschau davon, dass die PRESSA "[...] im Stadtsäckel eine Passiva von fünfzehn Millionen Mark hinterließ", vgl.: Peter Fuchs: Pressa Köln [...] (Anm. 17), [S. 3]. – Eine im Digitalen Historischen Archiv Köln aus den Pressa-Akten (Bestand HAStK 902/134, fol. 111) eingestellte Bilanz ergibt dagegen ein ganz anderes Bild: Diese unter der Überschrift *Einnahmen und Ausgaben der Internationalen Presseausstellung Köln 1928* mit dem Stand 22. Oktober 1928 erstellte, eine Seite umfassende, auf Tausender gerundete Zusammenstellung listet auf: *1. Einnahmen* aus Eintrittsgeldern, Mieten, aus dem Vergnügungspark, aus sonstigen Quellen wie dem Katalogverkauf, einer Lotterie, der Liliputbahn und Zuschüssen aus Reichs- und Staatsmitteln *7.080.000,-, 2. Ausgaben* (Aufbau-, Betriebs-, Reklame- und Werbekosten) *7.538.000,-, 3. Schulden: Vorliegende, noch nicht bezahlte Rechnungen am 22.10.28 RM 181.000,-*. Addiert man diese drei Positionen auf, so ergäbe sich damit ein eher bescheidenes Defizit von 639.000 Reichsmark. – Bilanztechnisch ist dieses in der Zusammenstellung allerdings sogar in einen deutlichen Gewinn umgewandelt worden, da unter Position 4 *Vermögen (nach dem Anschaffungswert)* in Höhe von *RM 1.121.000,-* und unter Ziffer 5 *Aussenstände am 22.10.28* (verbuchte Rechnungen und Rückstände der Wirtschaftsbetriebe) in Höhe von insgesamt *RM 403.000,-*

Aufwand bei der PRESSA 1928 getrieben, wurde von seinen politischen Gegnern jedoch auch später gerne aufgegriffen. Er war einer der zehn Punkte, mit denen nach der nationalsozialistischen Machtergreifung der Kölner Regierungspräsident im April 1933 ein förmliches Dienststrafverfahren mit dem Ziel der Dienstentlassung gegen den bereits suspendierten Oberbürgermeister begründete.[89]

Aus heutiger Sicht überwiegen in der Beurteilung der PRESSA für die Stadt Köln sicherlich positive Aspekte: der unmittelbare Publikumserfolg der Presseschau, die Realisierung einer Reihe wichtiger Maßnahmen für die Stadtentwicklung, insbesondere für das Deutzer Rheinufer, die Aufwertung der Kölner Messe und der Imagegewinn für die rheinische Großstadt sind nicht zu unterschätzende längerfristige Effekte, die auf Dauer mit der PRESSA verbunden bleiben. Aber auch in einem größeren politischen Kontext muss man den Leitgedanken der PRESSA heute geradezu als visionär bezeichnen: Auch wenn sich der Gedanke von der Friedens- und Völkerverständigungsmission der PRESSA in den Jahren nach 1928 erst einmal als Illusion erwies und sich herausstellte, dass durch die PRESSA allenfalls nur der Schein einer stabilen Demokratie in Deutschland vorgespiegelt werden konnte[90] – langfristig haben zumindest in den westlichen Demokratien nach dem Zweiten Weltkrieg die Zeitungspresse und die modernen Massenmedien sehr wohl vieles zur Stärkung demokratischer Prozesse und zur friedvollen Verständigung und Versöhnung unter den Völkern beigetragen.

---

bilanziert werden. – Als Vermögenswerte werden neben nicht näher spezifizierten Einzelposten *lt. Inventarliste* aufgezählt: *Postamt, Liliputbahn und Wagenhalle, Staatenhaus-Anbau, Ringleitung, Konturenbeleuchtung, Modellbildnerei.* – Vgl.: http://historischesarchivkoeln.de/de/dokument/1323/Best.+902+Nr.134+Einnahmen+und+Ausgaben+der+Internationalen+Pressa [zuletzt aufgerufen am 4.5.2014].

[89] Hans-Peter Schwarz: Konrad Adenauer. Der Aufstieg [...] (wie Anm. 18), S. 352.

[90] Vgl. Stefanie Seul: 'Trägerin des europäischen Gemeinschaftsgedankens' [...] (wie Anm. 6), S. 103-104.

1.3. SONDERSCHAUEN AUF DER KÖLNER PRESSA

Liest man heute, dass mit der PRESSA eine ganze Reihe von Sonderschauen verbunden waren, so erscheint dies zunächst einmal als etwas ganz Natürliches, gilt doch allgemein für die Weimarer Zeit, dass die Kultur- und Bildungsarbeit von verschiedenen gesellschaftlichen Gruppen getragen wurde, wobei neben den sogenannten weltanschaulich ungebundenen, freien Trägern ein besonderes Gewicht den Bemühungen der organisierten Arbeiterschaft und den beiden großen christlichen Konfessionen zukam. Dies galt beispielsweise für das Volksbüchereiwesen, das sich damals als integraler Teil der Volksbildung sah. Auf katholischer Seite war auf diesem Feld der 1845 in Bonn gegründete Borromäusverein der wichtigste Akteur, der mit seiner Büchereiarbeit den Anstrengungen anderer Bildungsträger etwas auf der Höhe der Zeit Befindliches, Gleichwertiges auf katholischer Grundlage entgegensetzen wollte.[91]

Kirchlicherseits wollte man mit der eigenen Bildungs-, Kultur- und Medienarbeit zunächst einmal das eigene Klientel erreichen, um die Katholiken vor den Gefahren und den Verführungen der "Moderne" zu bewahren und sie zugleich zu gefestigten katholischen Persönlichkeiten heranzubilden. Diese letztlich selbst gewählte Fokussierung auf das eigene, katholische Milieu[92], das in der Spätzeit der Weima-

---

[91] Vgl. Siegfried Schmidt: Der Bildungsbegriff in der katholischen Büchereiarbeit des Borromäusvereins in der ersten Hälfte des 20. Jahrhunderts. In: Leipziger Jahrbuch für Buchgeschichte 21(2013), S. 273-304.

[92] Grundlegend zur katholischen Bildungs-, Kultur- und Medienarbeit ist das Werk von Margaret Stieg-Dalton: Catholicism, Culture and the Arts in Germany 1880-1933. Notre Dame <Ind.>: University of Notre Dame Press, 2005. 378 S. – Im zweiten Kapitel ihres Buches diskutiert Stieg-Dalton intensiv die Problematik des katholischen Milieus, denn '*Catholic culture is unthinkable without the Catholic milieu*' (S. 14). Sie verweist dabei auf die unterschiedlichen konkreten Ausprägungen dieses Milieus und liefert zugleich eine sehr treffende Charakterisierung dieser Strukturen, die durchaus als Subkultur einer Glaubensgemeinschaft begriffen werden können, die ihren Mitgliedern Halt und Stabilität in Zeiten gesellschaftlich-technologischer Umbrüche bieten wollte (S. 16). Kernelemente dieses Milieus waren u.a. das verbindende Band eines festen, lehramtlich geprägten katholischen Glaubens, der den konkreten Lebensalltag durch viele Normen und Rituale gestaltete, zahlreiche das Milieu stabilisierende katholische Verbände und eine starke katholische Presse. In kultureller und wirtschaftlicher Hinsicht wurde dieses Milieu von Zeitgenossen als rückständig wahrgenommen (S. 15). Zugleich betont Stieg-Dalton die prinzipielle Durchlässigkeit dieses Milieus: '*Its boundaries, geographic, social, economic, and cultural, were permeable; the term 'osmotic' has been used*' (ebd.). – Michael Klöckner hat sich jüngst ebenfalls resümierend mit dem Begriff des katholischen Milieus als historischer Forschungsperspektive auseinandergesetzt (vgl.: Michael Klöckner: Das 'katholische Milieu' als historische Forschungsperspektive – mit besonderer Berücksichtigung der Rheinlande. In: Kirche und Gesellschaft im Wandel der Zeiten. Festschrift für Gabriel Adriányi zum 75. Geburts-

rer Republik einen seiner Kulminationspunkte fand, korreliert eigentlich gut mit dem Konzept einer Sonderschau, hätte die Kirche nicht stets zugleich auch einen universalen Anspruch erhoben. Aus diesem Blickwinkel heraus muss es den Verantwortlichen eher als eine Zumutung erschienen sein, nicht integraler Bestandteil der PRESSA zu sein, sondern in die 'Nische' einer Sonderschau verwiesen zu werden. Damit wurde das Katholische zugleich auf eine Stufe mit anderen Glaubensgemeinschaften und weltanschaulichen Gruppen gestellt. Folgerichtig heißt es in der Einleitung zum Katalog der Katholischen Sonderschau: "*Die Bezeichnung 'Katholische Sonderschau' ist nicht von uns geprägt worden. Sie kann leicht Mißverständnisse wecken.*" [93]

Andererseits bot das Konzept Sonderschau aber auch die Gelegenheit, als Katholische Kirche in der geistigen Auseinandersetzung mit anderen Religionen und Weltanschauungen durch eine eigene, möglichst großartige und aufwändig gestaltete Sonderschau auf der PRESSA präsent zu sein. Tatsächlich scheint dieser Wettstreit der Weltanschauungen ein zentraler Grund dafür gewesen zu sein, auch eine katholische Sonderschau zu organisieren. So heißt es etwa in einer Denkschrift des Internationalen Katholischen Comités für die PRESSA an die Mitglieder des Zentralkomitees der Deutschen Katholiken vom 21. August 1927 unter der Überschrift "*Weshalb muß sich der Katholizismus an dieser Ausstellung beteiligen?*" [94]:

---

tag. Hrsg. u. eingel. von Hermann-Josef Scheidgen [u.a.]. Nordhausen: Bautz 2012, S. 145-168). Als Gemeinsamkeit der zahlreichen Milieustudien hebt er hervor: "*Bei den Studien zum 'katholischen Milieu' dominiert die Einsicht, es 'als ein in erster Linie religiös fundiertes Milieu' zu begreifen, in das also sozial, ökonomisch, kulturell, politisch, räumlich unterschiedliche Gruppen / Lebensweisen integriert sind, bei allen Unterschieden durch gemeinsame Kirchenzugehörigkeit verbunden, zu den typischen* [lies: der typische, Anm. des Verf.] *Formen der religiösen Sozialisation, der kirchlichen Hierarchie, der Frömmigkeitsformen gehören und damit mentale Eigenarten, die allerdings intern und individuell unterschiedlich ausgeprägt sind*" (S. 151). Klöckner verweist außerdem auf etliche Studien, die die auffällige Janusköpfigkeit dieses Milieus betonen, "*nämlich einerseits wird auf den mächtigen Druck ideell verdächtiger und schwer zu bewältigender Modernisierungen kulturell sehr defensiv reagiert, andererseits werden bestimmte Elemente und Medien der Moderne modellartig vorexerziert und angesichts drohender Vereinzelung und Verunsicherungen in modernen Zeiten orientierungssichere*[r] *Zusammenhalt, ja paradiesische Ewigkeit geboten*" (S. 149).

[93] Vgl.: Führer durch die Katholische Sonderschau der PRESSA [...] (wie Anm. 14), S. 5.

[94] Katholizismus und Internationale Presse-Ausstellung in Köln 1928. 4 Bl. – Die Denkschrift trägt den Nachsatz: *Vorstehende Denkschrift ist mir von dem Internationalen Katholischen Comité für die Pressa 1928, dessen Vorsitz ich übernommen habe, zur Mitteilung an die verehrten Mitglieder des Zentralcomités zugegangen. Ich bitte um gefällige Kenntnisnahme. Kleinheubach, Bayern, den 21. August 1927. Alois Fürst von Löwenstein.* (Vgl. AEK CR I 27,24). – Der aus einer unterfränkischen Adelsfamilie stammende Aloys Fürst zu Löwenstein-Wertheim-Rosenberg (1871-1952) war von 1920 bis 1948 Präsident des Zentralkomitees der Deutschen Katholiken; vgl.: LThK, Bd. 11, Freiburg 2001, Sp. 1432.

"[...] *Alle geistigen Richtungen und Strömungen, weltanschauliche und politische, in allen Formen der Propaganda und Literatur, werden als treibende Kräfte im Geistesleben der Völker praktisch hervortreten, besonders wo sie organisatorisch gebunden als Weltanschauungsgruppen wirkten und wirken. Die Reihe Subjektivismus, Protestantismus, Aufklärung wird hier klar erkennbar sein. Der Protestantismus wird auch als internationale Organisation selbständig in einer Sonder-Ausstellung auftreten, desgleichen das Judentum, der Sozialismus und auch der Bolschewismus* [!].

Alle diese Abteilungen der Pressa werden aufdringlich reden zum modernen Menschen: sie werden als Alleinherrscher im Reiche der Kultur erscheinen, als Endpunkt einer Entwicklungsreihe, -- wenn der Katholizismus es versäumt, seine über Welt und Zeit erhabene, Menschen und Kulturepochen immer durchdringende, heute noch lebende Macht zu zeigen.

Wenn der Katholizismus sich an der Ausstellung nicht beteiligt, hat er keine Möglichkeit hässliche Propaganda-Erscheinungen in Illustration und Wort auf der Pressa zurückzudämmen, ihnen entgegen zu wirken und sich selbst zur Geltung zu bringen."

Und positiv gewendet heißt es in der Denkschrift weiter [95]:

"*Die Gelegenheit, den internationalen Katholizismus als Geistesmacht in die*[!] *Erscheinung treten zu lassen, ist so günstig wie nie.* [...]

Es wird sich kaum je wieder eine Gelegenheit bieten, den Katholizismus derart apologetisch und missionierend auftreten zu lassen. Die anzustrebende Beteiligung des katholischen Auslandes wird in hervorragendem Masse dem Weltfrieden dienen. Es wird hier deutlich gemacht werden können, wie in allen Zeiten und allen Ländern, in allen Beziehungen des Kulturlebens die katholische Kirche wirkt und lebt."

Den Verantwortlichen im Internationalen Katholischen Comité scheint somit schon zu Beginn ihrer Planungen klar gewesen zu sein, dass es im Rahmen einer internationalen Presseausstellung nicht primäres Ziel sein konnte, mit einer Katholischen Sonderschau das Klientel des eigenen Milieus affirmativ zu bestätigen, sondern dass es die erste Aufgabe war, das angestammte Milieu zu verlassen und das Pressewesen im Raum der Katholischen Kirche nach außen so offen zu präsentieren, dass das Katholische sich als überzeugend und überlegen gegenüber anderen Glaubensrichtungen und politischen Ideologien erwies. Die Schlagwörter 'Apologie' und 'Mission' geben damit aber noch keine Antwort auf die Frage, wie die Sonderschau konkret inhaltlich ausgestaltet werden musste, um diese Überzeugungsarbeit gegenüber Anderen bestmöglich zu leisten. Zu einem späteren Zeitpunkt wird anhand der Rezeption auch die Frage zu stellen sein, ob und inwieweit die Schau tatsächlich ihren Ansprüchen genügen konnte.

Allerdings hatten die Veranstalter der PRESSA offensichtlich nicht von Anfang an beabsichtigt, die Pressearbeit der Kirchen und der Arbeiterschaft in Sonder-

[95] Ebd., Bl. 1-2.

schauen zu verweisen. In der großen "Jahrtausendausstellung" in Köln 1925 waren die historischen und kulturellen Leistungen der beiden christlichen Kirchen in die Gesamtausstellung integriert und auch den Juden und dem Judentum im Rheinland waren drei Räume gewidmet.[96] Im Rahmen der PRESSA war anfangs geplant, "[...] *die 'religiöse Presse' – wie es zunächst noch hieß – in die Hauptabteilung II (Die Zeitschrift) einzugliedern, als jedoch 'die ungeheure Fülle des Stoffes* [...] *den Rahmen der Untergruppe weit überschritt' muss im Mai 1927 der Entschluss gefasst worden sein, das katholische, evangelische und jüdische Schrifttum in getrennten Sonderschauen zu präsentieren. Diese wurden später zusammen mit der 'Arbeiterpresse' dem Oberbegriff Weltanschauungsgruppen zugeordnet.*"[97] Maßgeblich für die sich im Laufe der Zeit konkretisierende Idee, Sonderschauen zu organisieren, war somit wohl primär die Intention, einem nationalen und internationalen Publikum eine möglichst große Vielfalt der Ausdrucksformen der nationalen Presse zu zeigen. Dass die Organisatoren der jeweiligen Sonderschauen sich ihrerseits dann nicht nur auf das Zeigen von Druckerzeugnissen ihres Pressewesens beschränkten, machte die Sonderschauen schließlich zu je eigenen Kulturschauen innerhalb des Gesamtrahmens der PRESSA, die ja ebenfalls den kulturhistorischen Aspekten des Nachrichten- und Zeitungswesens breiten Raum beimaß und sich von dem Gedanken leiten ließ, technische und wirtschaftliche Gesichtspunkte des Pressewesens dem Primat des 'Geistigen' unterzuordnen.[98]

Insgesamt gab es auf der PRESSA neben etlichen Ausstellungen zu Sonderthemen[99] mit der Katholischen Sonderschau, der Evangelischen Sonderschau, der

---

[96] Vgl. Katalog der Jahrtausend-Ausstellung der Rheinlande [...] (wie Anm. 22), S. XXIII-XXV. – Insbesondere die Leistungen der katholischen Kirche wurden differenziert und ausführlich dargestellt.

[97] Johannes Valentin Schwarz: 'Zur Wahrung der Würde des Judentums' [...] (wie Anm. 5), S. 229-276. – Zitat S. 236. – Vgl. auch: Amtlicher Katalog [...] (wie Anm. 45), S. 228-237. – Tatsächlich lässt sich belegen, dass die Idee der konfessionellen Sonderschauen schon Ende März/Anfang April 1927 im Raum stand (vgl. Kap. 2.1., FN 136 u. 172).

[98] Johannes Valentin Schwarz: 'Zur Wahrung der Würde des Judentums' [...] (wie Anm. 5), S. 234.

[99] Der Amtliche Katalog zur PRESSA (Anm. 45) listet unter den Sonderausstellungen auf (S. 211ff.): Die Ausstellung der Reichsregierung und Reichsverwaltung; Die Ausstellung der Preußischen Regierung; Frau und Presse, Akademiker und Presse; Wetterdienst und Presse; Westdeutsche Geschichtsvereine; Presse und Städte sowie Presse und Familienkunde. – Sogar eine 'koloniale Sonderschau', die unter dem höchst problematischen Titel 'Raum ohne Volk und Volk ohne Raum' stand, gehörte zur PRESSA. Hierin sahen Vertreter der kolonialrevisionistischen Bewegung, die sich 1922 unter dem Dachverband der Kolonialen Arbeitsgemeinschaft (Korag) organisiert hatten, eine Chance, ihren Anliegen eine große öffentliche Aufmerksamkeit zu verschaffen. – Vgl.: Marianne Bechhaus-Gerst: "Raum ohne Volk und Volk ohne Raum". Die "Koloniale Sonderschau" auf der Pressa

Jüdischen Sonderschau und dem Haus der Arbeiterpresse vier weltanschaulich intendierte Sonderschauen.[100] Neben der in der weiteren Untersuchung näher zu behandelnden Katholischen Sonderschau sollen die übrigen drei offiziellen Sonderschauen hier wenigstens kurz vorgestellt werden.

Gemeinsam war diesen drei Sonderschauen, dass sie alle ihren Platz in eigens errichtetem Sonderbauten am Auenweg, der sogenannten Zeitungsstraße östlich des Staatenhauses und damit in enger Nachbarschaft zueinander fanden; Jüdische und Evangelische Sonderschau lagen sogar unmittelbar nebeneinander. Die übrigen Sonderbauten am Auenweg beherbergten einzelne deutsche Zeitungen und Zeitungsverlage sowie den amerikanischen Christian Science Monitor.

Am wenigsten untersucht und beschrieben worden ist bislang der PAVILLON DER ARBEITERPRESSE. Peter Fuchs charakterisierte diesen in seiner Rückschau wie folgt: "*Mittelpunkt im Ausstellungsbau der Arbeiterpresse, Haus Nr. 27 im Auenweg, war ein Film. Er hieß 'Im Anfang war das Wort' und zeigte in 30 Minuten in Industrieaufnahmen, Spielszenen und Trickzeichnungen ein stark zusammengedrängtes Bild der Geschichte, der Bedeutung und des Umfanges der sozialdemokratischen Presse vom Jahre 1848 ab durch die Periode des Sozialistengesetzes bis zum damals neuesten Stand. Der Arbeiterdichter Max Barthel hatte dazu die Texte verfaßt. Im Leseraum des Hauses der Arbeiterpresse wurden sämtliche 191 Parteizeitungen in täglich neuesten Nummern den Besuchern bereitgehalten.*"[101] Weiterhin gab es hier eine Ausstellung wichtiger Dokumente, Autographen, Flugblätter und Zeitungen, die die Geschichte der sozialdemokratischen Partei und Presse dokumentierten sowie eine Buchausstellung sozialdemokratischer Verlage. Ein kleinerer Teil der Ausstellungsflächen war dem Allgemeinen Deutschen Gewerkschaftsbund vorbehalten, der ebenfalls in einer historischen Abteilung einen Überblick über die Geschichte der Gewerkschaftspresse gab, die zeitgenössische Gewerkschaftspresse in einem Leseraum vorhielt sowie die gewerkschaftsnahe Buchproduktion präsentierte.[102]

1928. In: Köln und der deutsche Kolonialismus. Marianne Bechhaus-Gerst u. Anna-Kathrin Horstmann (Hg.). Köln: Böhlau 2013, S. 211-214.

[100] Wenn man den Begriff Sonderschau sehr weit fasst, müssten eigentlich auch der sowjetische und der italienische Pavillon im Staatenhaus als weltanschauliche Sonderschauen gewertet werden: "*So nutzten* [...] *die Sowjetunion und Italien das internationale Forum der PRESSA, um für ihre sozialistische bzw. faschistische Staatsform zu werben. Vor allem die Sowjetunion investierte große Summen in ihren spektakulären Pavillon, um ihre Propagandabotschaft zu verbreiten.*" Vgl.: Stephanie Seul: 'Trägerin des europäischen Gemeinschaftsgedankens' [...] (wie Anm. 6), S. 98.

[101] Peter Fuchs: Pressa Köln [...] (wie Anm. 17), [S. 17].

[102] Vgl. Amtlicher Katalog [...] (wie Anm. 45), S. 236-237.

Auch die jüdische Glaubensgemeinschaft war auf der PRESSA mit einer eigenen Sonderschau vertreten. Aus Sicht der Verantwortlichen waren die Abwehr antisemitischer Tendenzen, die Festigung einer bürgerlichen, staatstragenden Rolle der Juden in der deutschen Gesellschaft und die Wahrung der Würde des Judentums wesentliche Intentionen für die Organisation einer JÜDISCHEN SONDERSCHAU. Allein aus Gründen der Parität und Gleichrangigkeit konnte und wollte man nicht hinter den Aktivitäten der beiden christlichen Konfessionen zurückstehen.[103]

Die Idee zu einer solchen Ausstellung wurde erstmals Anfang 1927 von der Jüdischen Telegraphen-Agentur (ITA) in Berlin, einer Nachrichtenagentur, an die Kölner PRESSA-Leitung herangetragen.[104] Somit musste die Aufgabe, eine Ausstellung zu präsentieren, in noch kürzerer Zeit als die Gesamt-PRESSA, nämlich binnen eines Jahres gestemmt werden. Tatsächlich ist sogar noch von einer viel knapperen konkreten Vorbereitungsphase auszugehen, denn die Jüdische Sonderschau hatte von allen drei Zeitungsausstellungen konfessioneller Träger wohl die größten organisatorischen Hürden zu überwinden. Die religiös-politische Zersplitterung der jüdischen Gemeinden und Vereine und das Fehlen eines organisatorischen Überbaues, eines Dachverbandes der jüdischen Presse in Deutschland, ließen das Zustandekommen einer solchen Kulturschau kaum erwarten.[105]

Auf Bitten der PRESSA-Leitung wurden die Kölner Synagogengemeinde und insbesondere der Kölner Rechtsanwalt Max Bodenheimer [106], eine führende Persönlichkeit der zionistischen Bewegung, treibende Kräfte für die Organisation der Jüdischen Sonderschau. Erste Appelle der Kölner Synagogengemeinde zur Mitarbeit verhallten bei den jüdischen Adressaten ziemlich erfolglos, da die nationale und internationale Bedeutung der PRESSA zunächst lange unterschätzt wurde. Erst im November 1927 formierte sich ein Arbeitsausschuss, aus dem heraus am 9. Dezember 1927, fünf Monate vor Ausstellungsbeginn und nur sechs Tage vor dem offiziellen Anmeldeschluss, ein "Geschäftsführender Ausschuß" zur Vorbereitung der Jüdischen Sonderschau auf der PRESSA (ISOP) gegründet wurde. Den Vorsitz dieses Ausschusses, der wie das Internationale Katholische Comité die Rechtsform eines "e.V." trug, übernahm Max Bodenheimer.[107] Die Organisatoren der Jüdischen Sonderschau hatten mit erheblichen Schwierigkeiten zu kämpfen, die für die Ausstellung erforderlichen Finanzmittel aufzutreiben. Noch im Oktober 1928, also bei Abschluss der Schau, drohte die ISOP ein finanzielles Desaster für die Kölner

---

[103] Johannes Valentin Schwarz: 'Zur Wahrung der Würde des Judentums' [...] (wie Anm. 5), S.232, S. 269 u. S. 276.

[104] Ebd., S. 231.

[105] Ebd., S. 241-242.

[106] Zu Justizrat Dr. jur. Max Isidor Bodenheimer (1865-1940) finden sich detaillierte biobibliographische Angaben in: Ebd., S. 230, Fußnote 6.

[107] Ebd., S. 230 u. S. 244.

Synagogengemeinde zu werden, da Finanzierungszusagen anderer jüdischer Verbände und Gemeinden aus Berlin immer noch nicht eingelöst worden waren.[108]

Die Jüdische Sonderschau wurde ebenfalls in einem eigens für diese Zwecke am Auenweg (Nr. 23) errichteten Pavillon gezeigt. Dieser wurde ab Februar 1928 nach den Plänen des Kölner Architekten Robert Stern errichtet, welcher sich bereits 1927 durch den Bau der Synagoge in Köln-Ehrenfeld einen Namen gemacht hatte.[109] Die Basis des Pavillons bildete eine rechtwinklige, vier Meter hohe Halle, deren oberer Teil durch bandartig umlaufende Fensterflächen der Ausstellung ausreichend Tageslicht spendete. In der Mitte erhob sich eine ca. doppelt so hohe sechseckige Halle, die an der Stirnseite von einem schlanken quergestellten rechteckigen Turm gekrönt wurde, auf dessen Spitze ein Davidstern stand. Die Turmhöhe dürfte etwa 15 Meter betragen haben. Links und rechts des Turmes gab es zwei schlanke, hohe Portaltüren, auf die symbolisch jeweils eine Menora, als eines der wichtigsten religiösen Symbole des Judentums, gestellt war. Im oberen Teil der Fassade war gut sichtbar in Goldbuchstaben in drei Sprachen (deutsch, jiddisch, hebräisch) der Schriftzug 'Jüdische Sonderschau' angebracht.[110]

Im Unterschied zur Evangelischen und Katholischen Sonderschau konnte die jüdische Ausstellung fast zeitgleich mit der Gesamt-PRESSA, nämlich bereits am Dienstag, 15. Mai 1928 vormittags im Beisein von Oberbürgermeister Adenauer eröffnet werden. Allerdings mussten auch hier einzelne Teile der Schau während der Ausstellungszeit noch einmal nachgebessert werden.[111] Analog zur Katholischen Sonderschau setzten die Organisatoren dabei inhaltlich das weiter gefasste Konzept einer Kulturschau um, "[...] *die von den religiösen Quellen des Judentums ausging und die gesamte Entwicklung des 'jüdischen Schrifttums' nachzuzeichnen versuchte. Neben die jüdische Presse im engeren Sinne traten daher auch die Handschrift, das Buch und die (moderne) Kunst als wichtige Träger jüdischer Kultur und Tradition.*"[112] Ein wesentlicher Streitpunkt für das Konzept der Ausstellung war die Frage, ob denn die jüdische Presse überhaupt unter die religiöse Presse falle und somit mit den anderen weltanschaulichen Sonderschauen vergleichbar sei.[113] Der Begleittext im offiziellen PRESSA-Katalog negierte diese Sichtweise: "*Diese jüdische Presse ist nicht, wie Außenstehende annehmen möchten, ausschließlich religiöser Natur. Sie zeigt vielmehr alle Richtungen, alle Strömungen, alle Farben der großen Weltpresse. Sie ist religiös, national, politisch, soziologisch, kulturell, literarisch, ästhetisch, wissenschaftlich, wie die Forderung*

[108] Ebd., S. 244, S. 255 u. S. 271.
[109] Ebd., S. 255.
[110] Vgl. ebd., S. 256.
[111] Ebd., S. 247.
[112] Ebd., S. 261.
[113] Ebd.

des Tages es verlangt."[114] Der ursprüngliche, noch bei Redaktionsschluss des Amtlichen Katalogs am 1. April 1928 verfolgte Ausstellungsplan sah für die zentrale Halle die Präsentation kulturhistorischen Materials vor, an die sich an der Ostseite ein Lesesaal mit einer Ideal-Bibliothek und mit jüdischen Zeitschriften anschließen sollte. Die beiden rechts der Zentralhalle gelegenen Räume sollten die jüdische Presse der Vergangenheit, die beiden linken Räume die jüdische Presse der Gegenwart aufnehmen.[115] Tatsächlich konnte aber die intendierte Trennung zwischen einem historischen und einem gegenwartsbezogenen Teil nur bedingt umgesetzt werden[116]: Zwar blieb die zentrale Halle, der 'Ehrensaal', der kulturhistorischen Ausstellung vorbehalten; 'Mittel- und Ausgangspunkt' bildete hier eine prominent platzierte mittelalterliche Thorarolle aus der Synagogengemeinde in Worms. In der Galerie über dem Ehrensaal und dem Eingangsbereich wurde in einer Wechselausstellung zeitgenössische jüdische Kunst gezeigt. In den vier seitlich gelegenen Räumen gab es aber neben der Fortsetzung der kulturhistorischen Ausstellung unter anderem Präsentationen der hebräischen Sektion, eine Sonderabteilung der Zionistischen Organisation und eine jiddische Sektion zu sehen, die alle die ursprüngliche historische Konzeption durchbrachen. Weiterhin fanden sich Ausstellungsteile der deutschen Sektion, eine Schau jüdischer Auslandspresse, Stände einzelner jüdischer Zeitungs- und Buchverlage und der die Sonderschau mit initiierenden Jüdischen Telegraphen-Agentur.[117] Insgesamt muss diese verschiedenen Konzeptionen folgende Darbietung bei dem Betrachter einen eher ungeordneten Eindruck hinterlassen haben.

Die Organisation der EVANGELISCHEN SONDERSCHAU hatte ebenfalls unter einem enormen Zeitdruck gestanden. Erst im November 1927 hatten sich unter Leitung von August Hinderer[118], dem Direktor des 'Evangelischen Preßverbandes für Deutschland' die verschiedenen beteiligten Gruppen[119] zu einer grundlegenden Besprechung in Weimar zusammengefunden. Als Träger der Evangelischen Son-

[114] Amtlicher Katalog [...] (wie Anm. 45), S. 234.
[115] Ebd., S. 235.
[116] Johannes Valentin Schwarz: 'Zur Wahrung der Würde des Judentums' [...] (wie Anm. 5), S. 262.
[117] Ebd., S. 262-265.
[118] Zu Prof. Dr. August Hinderer (1877-1945) vgl. ausführlich ebd., S. 239, Fußnote 32. – Neben seinen publizistischen Aktivitäten nahm Hinderer als Begründer des 'Deutschen Evangelischen Volksbildungsausschuß' (1920) und durch sein engagiertes Eintreten für den Ausbau der Presse-, Rundfunk- und Filmarbeit des EPD in den zwanziger Jahren ähnliche Aufgaben war wie auf katholischer Seite Bernhard Marschall (siehe Kap. 2).
[119] Schwarz (ebd., S. 239) nennt neben dem 'Evangelischen Preßverband für Deutschland' folgende Beteiligte: Der 'Deutsche Evangelische Kirchenausschuß', die Synode Köln, der 'Verband der Evangelischen Sonntagspresse', die 'Vereinigung Evangelischer Buchhändler', die 'Innere Mission', der 'Deutsch-Evangelische Frauenbund', der 'Evangelische Missionsausschuß' und die Stadtverwaltung Köln.

derschau fungierte eine GmbH, der 'Evangelische Dienst 1928' mit Sitz in Berlin und Soest. Diese ließ sich einen Bauplatz am Auenweg reservieren, wo ab März 1928 mit der Errichtung der Ausstellungsbauten begonnen wurde. Die kurze Vorbereitungszeit hatte zur Folge, dass diese Sonderschau erst knapp drei Wochen nach der PRESSA-Eröffnung am 31. Mai 1928 ebenfalls im Beisein von Oberbürgermeister Adenauer eingeweiht werden konnte.[120]

Auch für das Zustandekommen der Evangelischen Sonderschau war der Wille, nicht hinter den weit reichenden Plänen anderer, konkurrierender Glaubensgemeinschaften zurückzustehen, maßgeblich. Man beschloss die Teilnahme an der PRESSA, da die "[...] *weltanschaulichen Gruppen, insbesondere von katholischer Seite* [...] *weit über die im Namen bezeichnete Bestimmung hinaus zur Werbung für ihre Weltanschauungszwecke gestaltet werden sollen*" und glaubte, dass man "[...] *trotz mancherlei Gründen, die gegen das Überhandnehmen des Ausstellungswesen sprechen, ein Fernbleiben von der Veranstaltung nicht verantworten könne, weil es als ein Zeichen der Schwäche gedeutet würde und in einer Zeit, in der alles hindrängt auf die Entwicklung evangelischen Selbstbehauptungswillens, der Öffentlichkeitsgeltung der evangelischen Sache schweren Eintrag tun müsste.*"[121]

Die Evangelische Sonderschau erzielte durch ihre spektakuläre Architektur eine breite öffentliche Beachtung auf der PRESSA: "*Die Gesamtheit der evangelischen Landeskirchen Deutschlands hatte sich in der Vorbereitung entschlossen, eine mustergültige evangelische Kirche zu präsentieren, die im Anschluss an die Ausstellung demontiert und an einem anderen Standort wieder errichtet werden sollte. In Auftrag gegeben vom Kunst-Dienst Berlin und ermöglicht durch Spenden protestantischer Gemeinden aus ganz Deutschland wurde nach einem Entwurf von Otto Bartning, zum damaligen Zeitpunkt Direktor der Staatlichen Bauhochschule Weimar, in weniger als drei Monaten Bauzeit inmitten des Ausstellungsgeländes die 'Stahlkirche' errichtet.*"[122] Der Name 'Stahlkirche' rührte dabei von der Verwendung industriell gefertigter Stahlträger für den zentralen, parabelförmigen Kir-

---

[120] Ebd., S. 239-240.

[121] Unadressiertes Schreiben des Evangelischen Preßverbandes für Deutschland i.A. Hinderer, vom 25.10.1927. In: Landeskirchliches Archiv Bielefeld, Nachlass Girkon, Bestand 3,1. – Zitiert nach: Martina Raetz: Elisabeth Coester. Eine evangelische Glasmalerin des Expressionismus. Univ. Trier, Phil-Fak., Diss. Trier 1994. 190 S., Abb. – Zitat auf S. 86.

[122] Ulrich Pantle: Dominikus Böhm [...] (wie Anm. 9), S. 33-34. – Der Architekt Otto Bartning (1883-1959) leitete von 1926 bis 1930 nach dem Weggang des Bauhauses aus Dessau die Nachfolgeinstitution Staatliche Bauhochschule Weimar. Bartning, der in vielen Fachgremien und Berufsverbänden aktiv mitwirkte, war in der ersten Hälfte des 20. Jh.s ein wichtiger Repräsentant des protestantischen Kirchenbaus; insgesamt ist aber sein architektonisches Werk mit rund 270 ausgeführten Bauten breit gestreut. Vgl.: J. Bredow: Bartning. In: Allgemeines Künstlerlexikon. Die Bildenden Künstler aller Zeiten und Völker. Bd. 7 BARBIERI-BAYONA. München: Saur 1993. S. 252-253.

chenraum her, "[...] *dessen Umfassungswand durch etwa zwanzig Meter hohe Stahlstützen ausgebildet war. [...] Dazwischen spannten sich großflächige, von Elisabeth Coester gestaltete Glasfenster.*"[123] Der Kirchenraum war mit einem ca. 30 Grad geneigtem Dachstuhl versehen, das Dach war mit Kupferplatten bedeckt. Dem Kirchenraum vorgelagert war ein kubischer Eingangsbau mit stumpfen Doppeltürmen, in dessen Mitte ein einfaches Kreuz gesetzt war. Damit erreichte das am Auenweg errichtete Gebäude eine Gesamthöhe von etwa 30 Metern und war weithin sichtbar.[124] Der Kirchenraum im Obergeschoss der Stahlkirche wurde für Andacht, Gottesdienst und Konzerte genutzt. Außerdem fanden hier Vorträge und Verbandstagungen, wie etwa im August 1928 die 'Evangelische Pressewoche', der 'Deutsche Evangelische Pressetag' und die erste Konferenz der 'Internationalen Christlichen Pressekommission' statt.[125] Unterhalb des Kirchenraumes befand sich ein weiterer großer Raum, der Gemeinderaum.

Die wegen der verwandten Materialien dunkel erscheinende, kompakte Kirche wurde von einem weiß getünchten, rechteckig umlaufenden, links und rechts der Kirche jeweils einen Innenhof umfassenden Flachbau eingefasst. In diesem Geviert befand sich die Mehrzahl der Ausstellungsräume der Evangelischen Sonderschau. Inhaltlich präsentierte sich die Evangelische Kirche als "[...] *die Kirche des Wortes. Dieses Wort wird aber nicht nur als Sprachwort, sondern ebenso als Tatwort verkündet.*"[126] Die Ausstellung hatte daher einen starken Gegenwartsbezug. In etlichen Räumen wurden als eigene Unterabteilungen Schriften gezeigt, die die Aktivitäten der Evangelischen Kirche auf verschiedenen gesellschaftlichen Gebieten widerspiegelten.[127] Ansonsten ergab sich im Wesentlichen eine Zweiteilung der Ausstellung dadurch, dass der zentrale Gemeindesaal ausgehend von der Bibel sich vor allem auf die Liturgie, die Seelsorge und die Gemeindearbeit fokussierte, während im äußeren Raumgeviert auch die einschlägigen evangelischen Verlage, Organisationen und Druckereien ihren Platz fanden.[128] Als wichtigstes Kunstwerk war im rechten Innenhof, den die Besucherinnen und Besucher als erstes betraten,

---

[123] Ulrich Pantle: Dominikus Böhm [...] (wie Anm. 9), S. 34. – Zu Elisabeth Coester (1900-1941) vgl.: Martina Reetz: Elisabeth Coester [...] (wie Anm. 121); dort auch eine detaillierte Beschreibung der teils gegenständlich, teils in Ornamentik ausgeführten, 800 m² großen Glasflächen der Stahlkirche (S. 89ff.). – Ferner: Elisabeth Wynhoff: Elisabeth Coester – eine Expressionistin im Kontext religiöser Kunst der 1920er Jahre. In: Christus. Zur Wiederentdeckung des Sakralen in der Moderne. Hrsg. von Anne-Marie Bonnet [u.a.]. Düsseldorf: Düsseldorf University Press 2012, S. 335-355.

[124] Vgl. Reetz (ebd.) und Abb. 35, S. 33.

[125] Johannes Valentin Schwarz: 'Zur Wahrung der Würde des Judentums' [...] (wie Anm. 5), S. 260.

[126] Amtlicher Katalog [...] (wie Anm. 45), S. 231.

[127] Ebd., S. 231-232. Z.B.: Raum II Evang. Schulbewegung, Raum III Volksbildung, Raum V Soziale Arbeit, Raum XVII Jugendarbeit und Raum XVIII Liebesarbeit.

eine moderne Luther-Statue des Kölner Kunstprofessors Hans Wissel aufgestellt worden, der auch die Metallarbeiten (Altar, Kruzifix und Kanzel) für den Kirchenraum ausgeführt hatte.[129]

Die Stahlkirche sollte nach der PRESSA eine andere Verwendung finden. Tatsächlich war sie einer der wenigen temporären Bauten, der noch eine ganze Zeit lang auf dem Ausstellungsgelände an die große Zeitungsschau erinnerte, da sich eine Nachnutzung zunächst als schwierig erwies. Erst am 16. Juli 1930, also mehr als anderthalb Jahre nach Schließung der PRESSA, wurde mit dem Abbau begonnen, nachdem die Wiedererrichtung des Bauwerkes als künftige Melanchthonkirche in Essen-Holsterhausen beschlossen worden war. Im März 1931 in Essen erneut eingeweiht, fiel diese wohl bereits am 9. März 1942 als erste Essener Kirche einem Bombenangriff zum Opfer und wurde später verschrottet.[130]

Im katholischen Urteil stieß allenfalls das Architekturkonzept, nicht jedoch die inhaltliche Ausrichtung der Evangelischen Sonderschau auf Gefallen. So urteilte ein Redakteur der Reichspost aus Wien anlässlich eines längeren Berichtes über die katholische Kulturwoche auf der PRESSA über die Ausstellung der anderen großen christlichen Glaubensgemeinschaft[131]:

> "*Drüben* [...] *die protestantische Sonderschau in Gestalt einer nicht unschönen modernen Kirche, gepanzert mit Kupferplatten, der Betsaal umwölbt von einem ungeheuren unruhigen Glasmosaik, dazu einige Säle mit zahlenhaften und bildmäßigen Darstellungen, in ihrer Dürftigkeit, da sie nur das Wirken der evangelischen Kirche in der Mission und etwa noch die Buchausweise der Bibelgesellschaft darstellen, eine schmerzliche Bekundung der sektiererischen Zerrissenheit, die hier ein gemeinsames Auftreten der unter dem Namen des Protestantismus segelnden Kirchengemeinden verhinderte.*"

---

[128] Die Beschreibung orientiert sich vor allem am 'Plan der Ausstellung [der Evangelischen Sonderschau]', in: ebd., S. 231. – Schwarz (Anm. 5, S. 259-260) liefert eine etwas abweichende Beschreibung des Ausstellungsaufbaus.

[129] Johannes Valentin Schwarz: 'Zur Wahrung der Würde des Judentums' [...] (wie Anm. 5), S. 260 u. S. 254. – Hans Wissel (1897-1948) war Professor an den Kölner Werkschulen (ebd., S. 260).

[130] Martina Reetz: Elisabeth Coester [...] (wie Anm. 121), S. 94 sowie: 'Liste Essener Sakralbauten' auf: http://de.wikipedia.org/wiki/Liste_Essener_Sakralbauten [zuletzt aufgerufen am 5.5.2014].

[131] [N.N.]: Bilder von der Kölner katholischen Kulturwoche. Aufzug der Gesellenvereine. – Eine Reisedebatte und ihr Beschluß. – Der Film. – Im Kölner Dom. In: Reichspost: unabhängiges Tageblatt für das christliche Volk vom 26. Juni 1928, S. 9. – Als elektronischer Volltext verfügbar unter http://anno.onb.ac.at/cgi-content/anno?aid=rpt&datum=19280624 & seite=9&zoom=33 [zuletzt aufgerufen am 10.1.2014].

2. Die Planung und Vorbereitung der Katholischen Sonderschau

2.1. Bernhard Marschall, der Zentralbildungsausschuss für die katholischen Verbände Deutschlands und das Internationale Katholische Comité

Die Aufgabe der Vorbereitung und Planung der Katholischen Sonderschau auf der PRESSA wurde durch das Internationale Katholische Comité (IKC) wahrgenommen. Folgt man den publizierten Quellen zur katholischen Sonderschau, so vollzog sich die Gründung des IKC wohl in mehreren Schritten unter maßgeblicher Beteiligung des Zentralbildungsausschusses für die katholischen Verbände Deutschlands,

> "[...] *als zuerst ein kleiner Kreis und dann der Zentralbildungsausschuß der katholischen Verbände Deutschlands als die berufene Arbeitsgemeinschaft sich mit dem Gedanken einer Beteiligung an der Pressa befassten. Mit dem Auftrag des Zentralbildungsausschusses wuchs uns auch bald ein größerer Kreis von fachkundigen Mitarbeitern zu, die wiederum ihrerseits hilfsbereite Kräfte in allen Ländern fanden. Wir gründeten unter der ehrenvollen Schutzherrschaft Sr. Eminenz Kardinal Schulte, unseres Hochwürdigsten Herrn Erzbischofs, das Internationale Katholische Comité für die Pressa 1928 (IKC) und fanden in Sr. Durchlaucht Fürst Alois zu Löwenstein den fördernden Präsidenten für diese Sonderaufgabe.*" [132]

In ähnlicher Weise erläuterte der Verfasser dieses Vorwortes, Bernhard Marschall, auch in der zur Eröffnung der PRESSA erschienenen Sondernummer der Kölnischen Volkszeitung, das Zustandekommen der katholischen Sonderschau[133]:

> "*In dieser Benediktiner-Abtei ist die Katholische Abteilung der Pressa aufgebaut. Dieser Arbeit gingen Erwägungen im Kreise des Zentralbildungsausschusses der katholischen Verbände Deutschlands voraus, da die geschlossene Beteiligung katholischer Kräfte zunächst etwas ungewöhnlich war. Nicht die katholische Kirche als solche stellt hier aus, sie hat heiligere Aufgaben. Auch wird nicht der Katholizismus in seinem Wesen gezeigt. Man kann Religiöses nicht in den Rahmen einer Ausstellungsschau binden. Der Anteil katholischer Menschen an der allgemeinen Kultur- und Erziehungsarbeit soll gezeigt werden, insbesondere der schriftliche Niederschlag der mühevollen Arbeit um die Lösung der großen Zeitfragen und Zeitaufgaben vom Wesensgrund des katholischen Glaubens her. Deshalb wurde als besondere Zweckorganisation das Internationale Katholische Komitee*[!] *für die Pressa 1928 gegründet.*"

Die zunächst und maßgeblich handelnden Personen bleiben jedoch bei diesen verallgemeinernden Floskeln eines "wir", eines "kleinen Kreises" oder eines "im

---

[132] Führer durch die Katholische Sonderschau der PRESSA [...] (wie Anm. 14), S. 5-7.

Kreise des Zentralbildungsausschusses" bis auf den Verfasser dieser beiden Publikationen, Bernhard Marschall, den geschäftsführenden Vorsitzenden und späteren Direktor des Zentralbildungsausschusses, verborgen. Nach den vorliegenden Quellen und Aktenstücken spricht tatsächlich vieles dafür, dass Marschall, der umtriebige erste Mann des ZBA, im Frühjahr 1927 die treibende Kraft bei der Initiierung der Sonderschau und der dazu erforderlichen Organisation gewesen ist. So schrieb er z.B. am 10. April 1927 in einem Brief an die Generalsekretärin des Katholischen Deutschen Frauenbundes, Antonie Hopmann[134]:

> *"In der 'Pressa' Angelegenheit habe ich schon in dieser Woche den Apostolischen Nuntius orientiert und unser Kardinal hat bereits das Ehrenprotektorat übernommen. Ein Arbeitsausschuß* [...] *hat die Vorschläge der letzten Besprechung durchzuarbeiten und zum Teil auszuführen.* [...] *Wir wollen nämlich im grösstem Ausmass einen katholischen Pavillon mit einer internationalen katholischen Schau errichten. Darüber werden Sie bei der nächsten Zusammenkunft des ZBA Näheres hören, weshalb ich bitte, dieser Einladung besondere Aufmerksamkeit zu schenken. Aus der Wintertagung des ZBA wird eine Frühjahrstagung und zwar wird sie im Monat Mai sein müssen."*[135]

Von wem erstmals die Initiative ausging, einen eigenen Verein für die Katholische Sonderschau zu gründen und ob diese Idee zunächst innerkirchlich entstand oder aber von außen kam, ist unbekannt. Da aber Bernhard Marschall bereits Anfang April 1927, wie obiges Schreiben zeigt, mitten in den Planungen für eine internationale katholische Schau steckte, ist der Auffassung von SCHWARZ zu widersprechen, die Organisatoren der PRESSA hätten überhaupt erst im Mai 1927 den Entschluss gefasst, das katholische, evangelische und jüdische Schrifttum nicht in die Gesamtausstellung zu integrieren sondern in eigenen Sonderschauen zu präsentieren.[136] Der Gedanke eigener Schauen für verschiedene weltanschauliche Gruppen muss schon einige Zeit früher zur Debatte gestanden haben.

---

[133] Bernhard Marschall: Sinn und Aufgabe der Katholischen Sonderschau. In: Kölnische Volkszeitung Sonderausgabe Pressa Köln 1928. – [Köln]: [Kölner Görres Haus], 1928, S. 5. – Ein Exemplar dieser Sondernummer (vgl. auch Abb. 22) findet sich in der Diözesanbibliothek Köln unter der Einzelsignatur De 431.

[134] Antonie Hopmann (1882-1941) war von 1926 bis 1941 Generalsekretärin des 1903 gegründeten Katholischen Deutschen Frauenbundes (KDFB), eines der Gründungsmitglieder des ZBA. Zuvor war sie von 1918 an als Leiterin der Abteilung Frauen im Kölner Arbeitsamt tätig gewesen. Hopmann starb in der Nacht vom 1. auf den 2. März 1941 bei einem der ersten großen Bombenangriffe auf Köln. – Elisabeth Prégardier, Anne Mohr: Antonie Hopmann (1882-1941). Wege zum Wesentlichen. Ein Leben für Frauenbewegung und Sozialpolitik. (Zeugen der Zeitgeschichte; 1). Annweiler, Essen: Plöger 1991. 107 S. – Hier S. 7 und 50.

[135] Schreiben von B[ernhard] Marschall, ZBA, an Generalsekretärin A[ntonie] Hopmann, Katholischer Deutscher Frauenbund vom 10. April 1927, 2 Bl. (AKDFB, 2-5-1).

Das Internationale Katholische Comité für die Pressa 1928 (IKC) wurde am 1. Juni 1927 gegründet. Im Historischen Archiv des Erzbistums befindet sich die gedruckte Satzung, die auf diesen Tag datiert ist (vgl. Abb. 4a und 4b). Eine Bestätigung dieses Gründungsdatums und des sich daran anschließenden Eintrags des IKC in das Kölner Vereinsregister ergibt sich aus einem Schreiben des ersten Geschäftsführers dieses Vereins.[137] Eine weitere gedruckte Satzung befindet sich in den Akten des Büros des Kölner Oberbürgermeisters Adenauer, die im Kölner Stadtarchiv aufbewahrt werden. Dieser Text weicht allerdings von der im Bistumsarchiv vorliegenden Fassung in einigen, die Vereinsgremien betreffenden Punkten ab. Alle übrigen Paragrafen sind in beiden Druckfassungen textidentisch. So heißt es abweichend in der Satzung des IKC aus dem Stadtarchiv[138]:

"*§ 5. Der Gesamt-Vorstand besteht aus*
1. *dem Präsidenten*
2. *dem Kommissar als stellvertretenden Präsidenten*
3. *dem geschäftsführenden Direktor und Schriftführer*
4. *dem Schatzmeister.*

Den engeren Vorstand im Sinne des § 26 B.G.B. bilden:
1. *Der Kommissar und stellvertretende Präsident*
2. *Der geschäftsführende Direktor und Schriftführer.*

§ 6. Der Vorstand wird von der Mitgliederversammlung auf Widerruf gewählt. Ihm obliegt es, durch den geschäftsführenden Direktor die Arbeiten für die Ausstellungen auszuführen. Er wählt zu seiner Unterstützung einen Arbeitsausschuß. [...]"

Im Unterschied zu dem gedruckten Satzungstext, der im Bistumsarchiv aufgefunden wurde, nennt die Fassung aus dem Kölner Stadtarchiv einen (hauptamtlichen) geschäftsführenden Direktor. Dieser war zugleich Schriftführer im Vorstand und wurde von einem Arbeitsausschuss unterstützt. Die Fassung des Bistumsarchivs kennt dagegen einen solchen geschäftsführenden Direktor nicht. Der Vorstand ließ die Arbeiten durch ein mehrköpfiges Direktorium ausführen und verfügte zusätzlich über zwei Beisitzer.

Es ist evident, dass der Text aus dem Kölner Stadtarchiv die ältere Fassung der Statuten des IKC wiedergibt, wie sie zunächst am 1. Juni 1927 bei der Vereinsgründung beschlossen wurden. Denn das IKC hatte, wie noch näher dargestellt werden wird, in der Person des Oberarchivrates Dr. Wilhelm Kisky zunächst einen

---

[136] Vgl. Kap. 1.3., Anm. 97.

[137] Schreiben von Oberarchivrat Dr. Kisky, Köln, Niederichstraße 36, Internationales Katholisches Comité für die Pressa 1928 (I.K.C.) an Oberbürgermeister Adenauer vom 16. Okt. [19]27, maschinenschriftl., 2 Bl. (HAStK 902/134/1, S. 363f.).

[138] Satzung des Internationalen Katholischen Comités für die Pressa 1928 I.K.C. Köln, den 1. Juni 1927. [2 S., gedr.]. – Anlage zum Schreiben von Oberarchivrat Dr. Kisky [...] (wie Anm. 137). – HAStK 902/134/1, S. 365f.

SATZUNGEN

des Internationalen Katholischen Comités für die Pressa 1928

IKC

§ 1. Der Verein führt den Namen „Internationales Katholisches Comité für die Pressa 1928" (I K C). Sein Sitz ist Köln; er soll in das Vereinsregister des Amtsgerichts in Köln eingetragen werden.

§ 2. Der Verein hat den Zweck, im Rahmen der Internationalen Presse-Ausstellung Köln 1928 (Pressa) eine internationale Ausstellung von katholischer Arbeit auf dem einschlägigen Gebiet durchzuführen.

§ 3. Mitglieder des Vereins können katholische Organisationen und Einzelpersönlichkeiten werden, die sich an der Ausstellung beteiligen oder sie fördern wollen. Die Anmeldung zur Aufnahme ist an den Vorstand zu richten, der über die Aufnahme entscheidet. Die Mitgliedschaft erlischt durch Austritt, Tod oder Ausschluß durch die Mitgliederversammlung. Der Beitrag beträgt mindestens 20 Goldmark oder ein Pfund Sterling oder fünf Dollar.

§ 4. Organe des Vereins sind:
I. der Vorstand
II. die Mitgliederversammlung.

§ 5. Der Gesamtvorstand besteht aus dem Präsidenten, dem stellvertretenden Präsidenten, dem Schriftführer, dem Schatzmeister und zwei Beisitzern. Den engeren Vorstand im Sinne des § 26 des B.G.B. bilden:
I. der stellvertretende Präsident
II. der Schriftführer.

§ 6. Der Vorstand wird von der Mitgliederversammlung auf Widerruf gewählt. Ihm liegt ob, durch ein geschäftsführendes Direktorium die Arbeiten für die Ausstellung durchzuführen. Das Direktorium wird vom Vorstand auf Widerruf ernannt. Den Vorsitz im Direktorium führt der stellvertretende Präsident. Zur Unterstützung des Direktoriums ernennt der Vorstand im Einverständnis mit dem Direktorium einen Arbeitsausschuß aus den Mitarbeitern in der Katholischen Abteilung der Pressa. Der Vorstand beruft nach Bedarf, mindestens aber einmal vor Ablauf des

Abb. 4a: Vorderseite der gedruckten Satzung des IKC (AEK, CR I 27,24).

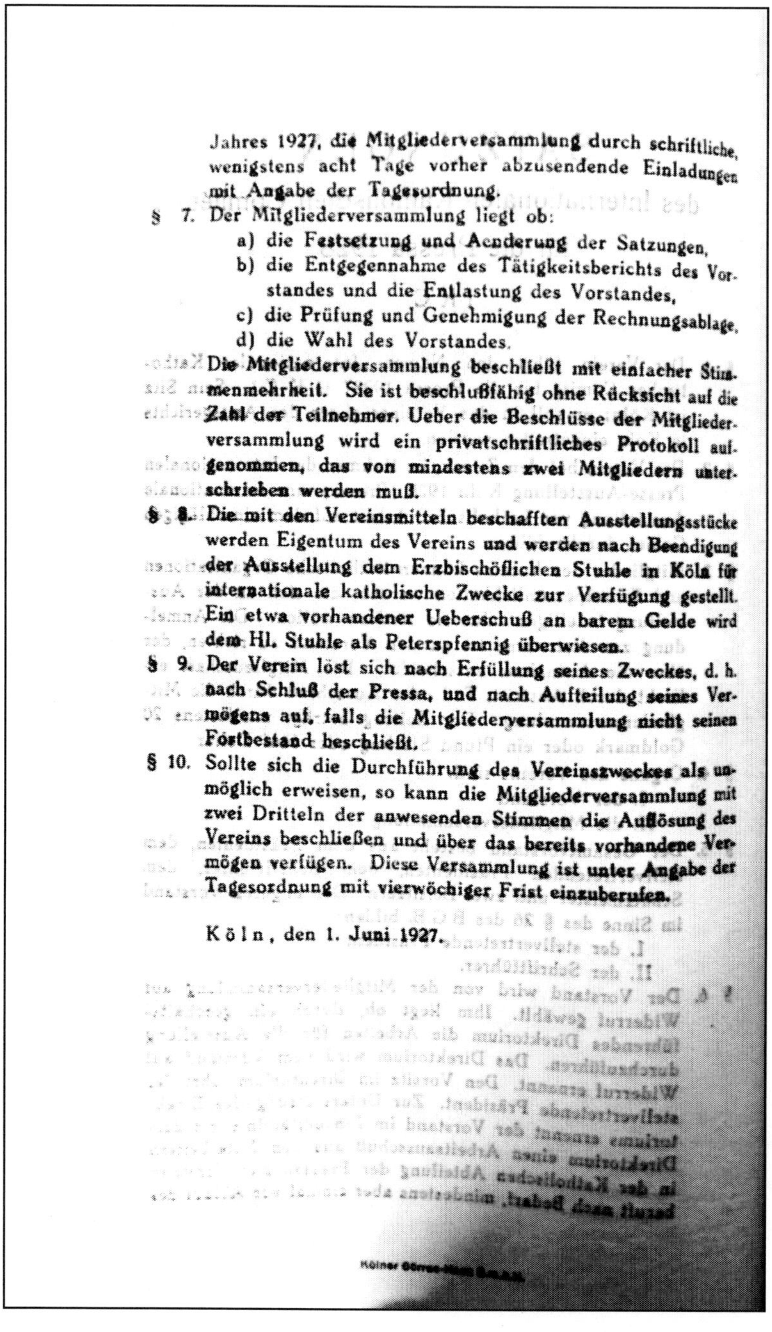

Jahres 1927, die Mitgliederversammlung durch schriftliche, wenigstens acht Tage vorher abzusendende Einladungen mit Angabe der Tagesordnung.

§ 7. Der Mitgliederversammlung liegt ob:

a) die Festsetzung und Aenderung der Satzungen,
b) die Entgegennahme des Tätigkeitsberichts des Vorstandes und die Entlastung des Vorstandes,
c) die Prüfung und Genehmigung der Rechnungsablage,
d) die Wahl des Vorstandes.

Die Mitgliederversammlung beschließt mit einfacher Stimmenmehrheit. Sie ist beschlußfähig ohne Rücksicht auf die Zahl der Teilnehmer. Ueber die Beschlüsse der Mitgliederversammlung wird ein privatschriftliches Protokoll aufgenommen, das von mindestens zwei Mitgliedern unterschrieben werden muß.

§ 8. Die mit den Vereinsmitteln beschafften Ausstellungsstücke werden Eigentum des Vereins und werden nach Beendigung der Ausstellung dem Erzbischöflichen Stuhle in Köln für internationale katholische Zwecke zur Verfügung gestellt. Ein etwa vorhandener Ueberschuß an barem Gelde wird dem Hl. Stuhle als Peterspfennig überwiesen.

§ 9. Der Verein löst sich nach Erfüllung seines Zweckes, d. h. nach Schluß der Pressa, und nach Aufteilung seines Vermögens auf, falls die Mitgliederversammlung nicht seinen Fortbestand beschließt.

§ 10. Sollte sich die Durchführung des Vereinszweckes als unmöglich erweisen, so kann die Mitgliederversammlung mit zwei Dritteln der anwesenden Stimmen die Auflösung des Vereins beschließen und über das bereits vorhandene Vermögen verfügen. Diese Versammlung ist unter Angabe der Tagesordnung mit vierwöchiger Frist einzuberufen.

Köln, den 1. Juni 1927.

Kölner Görres-Haus G.m.b.H.

Abb. 4 b: Rückseite der gedruckten Satzung des IKC (AEK, CR I 27,24).

solchen hauptamtlichen geschäftsführenden Direktor. Nach dessen Ausscheiden Ende Oktober 1927 kam es dann zu einer Satzungsänderung und zu einer Umbildung des Vorstandes. Nun wurden zwei Beisitzer und ein zwölfköpfiges Ausstellungsdirektorium berufen, wie es der Fassung der Statuten des IKC entspricht, die im Historischen Archiv des Erzbistums Köln aufbewahrt wird. Diese spätere Fassung der Satzung deckt sich im Übrigen auch mit der Darstellung des Vorstandes des IKC im gedruckten 'Führer durch die katholische Sonderschau' (vgl. Abb. 5).

Mit der Person des das IKC dominierenden katholischen Priesters Bernhard Marschall ist als bleibendes Lebenswerk allerdings nicht die Katholische Sonderschau auf der PRESSA sondern vor allem sein Engagement für die katholische Rundfunkarbeit verbunden. Marschall setzte sich bereits 1925 für eine Beteiligung der Katholischen Kirche an dem sich gerade erst etablierenden neuen Medium ein und stand in den Spätjahren der Weimarer Republik an der Spitze der von katholischen Kreisen betriebenen Rundfunkarbeit in Deutschland. Nach zwangsweiser Unterbrechung während der Jahre des Nationalsozialismus nahm Marschall diesen Einsatz unmittelbar nach Kriegsende wieder auf und führte ihn bis 1957 fort, verlor aber in den letzten Jahren zunehmend seinen Führungsanspruch in Rundfunkfragen.[139] Marschall nutzte den Zentralbildungsausschuss im Laufe der Jahre zunehmend als Plattform für seine Rundfunkarbeit.[140]

Zur sicherlich durchsetzungsstarken und mit organisatorischen Kompetenzen ausgestatteten Persönlichkeit Marschalls gibt es unterschiedliche Einschätzungen: Der große katholische Publizist und Prediger Friedrich Muckermann[141] charakterisiert in seinen Lebenserinnerungen Marschall als eine Persönlichkeit,

[139] Zu Bernhard Marschall (1888-1963) siehe: Birgit Bernard: MARSCHALL, Bernard, in: Biographisch-Bibliographisches Kirchenlexikon (BBKL). Bd. 31. Nordhausen 2010, Sp. 843-849. – Die wichtige Rolle Marschalls für die katholische Rundfunkarbeit war bereits früh anerkannt: "*Mit bemerkenswerter Aufgeschlossenheit hat der Zentralbildungsausschuß unter der Führung von Bernhard Marschall die klare Wendung von der negativen Haltung zur positiven gefunden.*" – Vgl.: Heinz Monzel: Die Katholiken und der Rundfunk. In: Stimmen der Zeit 61 Jg., Bd. 120(1931), S. 123-134. – Zitat S. 123.

[140] 1926 war im ZBA eine eigene Rundfunkarbeitsgemeinschaft gegründet worden. Ihre Richtlinien zogen eine erste Stellungnahme der Fuldaer Bischofskonferenz zum Thema Rundfunk nach sich. Deren Quintessenz war eine vorsichtige Öffnung zum Thema Rundfunk, in deren Folge sich Bernhard Marschall für die Gründung örtlicher Radioarbeitsgemeinschaften innerhalb des ZBA einsetzte. Diese nannte sich ab 1927 bzw. ab 1929 'Rundfunkarbeitsgemeinschaft der deutschen Katholiken (RDK) im ZBA'. Bernhard Marschall übernahm das Amt des Vorsitzenden in Personalunion mit seiner Aufgabe als Direktor des ZBA. – Vgl. Birgit Bernard: MARSCHALL, Bernard [...] (wie Anm. 139), Sp. 844 sowie: Wilhelm Niggemann: Das Selbstverständnis katholischer Erwachsenenbildung bis 1933. (Beiträge zur Erwachsenenbildung; 15). Osnabrück: Fromm, 1967, 384 S. – Hier S. 169.

[141] P. Friedrich Muckermann SJ (1888-1946) war lange Jahre der Herausgeber der katholischen Kulturzeitschrift 'Der Gral' und entschiedener Gegner des Nationalsozialismus. –

"[...] *deren geistiges Ausmaß nicht überwältigend war, die aber dennoch eine für den deutschen Katholizismus außerordentlich segensreiche Tätigkeit entwickelt hat* [...]. *In seiner äußeren Erscheinung war diese Persönlichkeit imponierend, lag auch in dem grünen Auge manchmal etwas Lauerndes, manchmal gar etwas Falsches. Man durfte seine Kreise nicht stören, sein Ansehen nicht anfechten, einen gewissen gesunden Egoismus bei ihm nicht vergessen. Alles in allem aber war er ein sympathischer Mensch, ein Organisator, ein auf seinem Gebiet weitblickender Führer.*" [142]

Außerdem bescheinigte Muckermann Marschall, dass dieser die Sitzungen des Zentralbildungsausschusses vorbildlich geleitet habe: "*Alles war darauf abgelegt, den Verbänden Anregungen zu geben, ihr inneres Leben mit zu gestalten, eine gemeinsame Front zu sichern. Autoritative Entscheidungen konnten freilich nicht gefällt werden, das blieb Sache der einzelnen Zentralen.*" [143] Kritischer fiel das Urteil über Marschall allerdings in jenen Kreisen aus, die innerhalb des deutschen Katholizismus dem Zentralbildungsausschuss ablehnend gegenüber standen. Im Umfeld des 'Volksvereins für das katholische Deutschland' wurde Marschall abwertend als 'Bildungsmarschall' tituliert und Anton Heinen [144], die führende Persönlichkeit des Volksvereins in der Weimarer Zeit, beschrieb seinen Rivalen Marschall 1930 mit folgenden Worten: "*Er hemmt bloß durch Lärm und Dilettantismus.*" [145]

Auch wenn Marschall zum Zeitpunkt der Planung der PRESSA im Jahre 1927 als geschäftsführender Vorsitzender führender Kopf des Zentralbildungsausschusses gewesen ist, so ist doch die bis dahin noch junge Geschichte dieses katholischen Dachverbandes komplexer und keineswegs von Anfang an auf diese Person hin fokussiert gewesen.

Vgl.: Franz Kroos: Friedrich Muckermann (1833-1946). In: Rudolf Morsey (Hrsg.): Zeitgeschichte in Lebensbildern. Aus dem deutschen Katholizismus des 20. Jahrhunderts. Band 2. Mainz 1975, S. 48-63.

[142] Friedrich Muckermann: Im Kampf zwischen zwei Fronten. Lebenserinnerungen. Bearbeitet und eingel. von Nikolaus Junk. (Veröffentlichungen der Kommission für Zeitgeschichte. Reihe A: Quellen; 15). Mainz: Grünewald 1973. 665 S. – Zitat S. 310.

[143] Ebd. S. 322.

[144] Der katholische Priester und Volksbildner Anton Heinen (1869-1934) war seit 1899 Mitglied der Zentrale des Volksvereins und leitete seit 1914 die Abteilung Volksbildung. – Vgl.: HEINEN, Anton, in: Biographisch-Bibliographisches Kirchenlexikon (BBKL). Bd. 2. Faustus von Mileve – Jeanne d'Arc. Nordhausen 1990, Sp. 665-666.

[145] Vgl.: Horstwalter Heitzer: Die soziale und staatsbürgerliche Bildungs- und Schulungsarbeit des Volksvereins für das katholische Deutschland 1890-1933 – Zustimmung und Kritik im sozialen und politischen Katholizismus. In: Katholizismus, Bildung und Wissenschaft im 19. und 20. Jahrhundert. Hrsg. von Anton Rauscher. (Beiträge zur Katholizismusforschung. Reihe B: Abhandlungen). Paderborn [u.a.]: Schöningh 1987, S. 119-156. – Hier S. 144-145. – Margaret Stieg-Dalton schreibt diese Aussage irrtümlicherweise dem 1921 verstorbenen Franz Hitze zu. – Vgl. Margaret Stieg-Dalton: Catholicism, popular culture and the arts in Germany [...] (wie Anm. 92), S. 53.

Dessen Gründung ging nämlich vielmehr auf den seit 1845 für die katholische Buch- und Büchereiarbeit tätigen und in Bonn ansässigen 'Verein vom heiligen Karl Borromäus', kurz Borromäusverein und dessen umtriebigen Direktor Johannes Braun[146] zurück, der bei der Neuorientierung der katholischen Erwachsenenbildung nach 1918 eine führende Rolle spielte. Braun hatte bereits ein knappes Jahr zuvor, während einer Tagung in Rothenburg o.T., bei der die verschiedenen gesellschaftlichen Träger der Volksbildung nach einem künftigen gemeinsamen Vorgehen suchten, die baldige Gründung einer solchen Plattform der konfessionell-katholischen Bildungsvereine angekündigt. Nach einer ersten Vorbesprechung am 11. Juli 1919 und einer weiteren größeren Besprechung in Bonn achtzehn Tage später, die der Vorbereitung der Gründung diente, fand die Gründungsversammlung des *Zentral-Bildungsausschuß der katholischen Gesamtverbände Deutschlands (ZBA)* am 5. September 1919 im Kölner Ursulinenkloster statt.[147]

Zur Gründungsversammlung des ZBA waren von 22 eingeladenen katholischen Organisationen 14 erschienen. Als erster Vorsitzender des neuen Vereins wurde als namhafte katholische Persönlichkeit der Bonner Philosophieprofessor Adolf Dyroff (1866-1943) gewählt, der u.a. den *Verband der Vereine katholischer Akademiker zur Pflege der katholischen Weltanschauung* vertrat und der persönlich in enger Verbindung zum Borromäusverein stand.[148] Das Amt des Geschäftsführers übernahm Johannes Braun. Im fünfköpfigen Arbeitsausschuss[149] wirkte mit Albert Rumpf eine weitere Führungspersönlichkeit des Borromäusvereins mit.[150] Ein

[146] Prälat Johannes Braun (1879-1958) wurde nach Kaplansjahren an der Saar 1909 in den Dienst des Borromäusvereins berufen, wo er 47 Jahre lang, zunächst als Sekretär, dann 1912 als Generalsekretär, 1924 als Direktor des Generalsekretariats und von 1934 an als geschäftsführender Direktor tätig war. Fast 78jährig schied er Mitte 1956 aus den Diensten des Vereins aus. – Vgl. Mitteilungen aus der Zentrale des Borromäusvereins (1958) S. 60-61.

[147] Vgl. Wilhelm Niggemann: Das Selbstverständnis katholischer Erwachsenenbildung [...] (wie Anm. 140), S. 133-139. – Zu den Motiven Brauns, die Gründung des Zentralbildungsausschusses zu forcieren und zu seinem Wirken in der Anfangszeit des ZBA vgl. auch ausführlich: Bertold Uphoff: Auf der Suche nach einem eigenen Profil. Katholische Erwachsenenbildung in der Weimarer Republik. In: Mit demokratischem Auftrag. Deutsche Erwachsenenbildung seit der Kaiserzeit. Hrsg. von Ekkehard Nuissl u. Hans Tietgens. (Theorie und Praxis der Erwachsenenbildung.). Bad Heilbrunn, Klinkhardt 1995, S. 16-60. – Hier S. 28-30.

[148] Adolf Dyroff gehörte seit 1906 der Mitgliederversammlung des Borromäusvereins an, wurde 1920 erneut in dieses beratende Gremium gewählt und trat verschiedentlich als Redner auf den Fortbildungskursen des Vereins auf. – Vgl. Wilhelm Spael: Das Buch im Geisteskampf. 100 Jahre Borromäusverein. Bonn: Borromäusverein 1950. 403 S. – Vgl. S. 200, 249, 282, 287, 289 u. S. 310.

[149] Zur Zusammensetzung des ersten Vorstandes und Arbeitsausschusses siehe: Wilhelm Niggemann: Das Selbstverständnis katholischer Erwachsenenbildung [...] (wie Anm. 140), S. 137.

[150] Der aus Bühl-Kappelwindeck stammende Msgr. Dr. Albert Rumpf (1884-1978) hatte 1909 in St. Peter im Schwarzwald die Priesterweihe empfangen. 1912 trat er als 28jähriger in den Verein als Sekretär ein. Von 1922 bis zu seinem Ruhestand 1958 hatte er das Amt

weiteres prominentes Mitglied des Arbeitsausschusses war Emil Ritter (1881-1968), der zu diesem Zeitpunkt im Volksverein für das katholische Deutschland tätig war und die Schriftleitung der Zeitschrift *Volkskunst* inne hatte.[151]

Der ZBA sollte nach dem Willen seiner Initiatoren "[...] *die Theorie einer spezifisch katholischen Volksbildung herausarbeiten, eine geistige Zentrale in Volksbildungsangelegenheiten sein und die gesamte katholische Volksbildung nach außen vertreten.*"[152] Der Zentralbildungsausschuss, der für eine intensive, den Einzelnen individuell erreichende und fördernde Bildungsarbeit eintrat, stand somit in einer spannungsreichen Rivalität zum älteren, 1890 gegründeten und in Mönchengladbach ansässigen *Volksverein für das katholische Deutschland.* Dieser hatte sich um eine extensive Bildungsarbeit für untere gesellschaftliche Schichten bemüht und sich bis zum Ersten Weltkrieg Verdienste vor allem auf dem Gebiet der Vermittlung der katholischen Soziallehre erworben.[153] Dass die geistige Führerschaft für eine kurze Anfangsperiode beim Borromäusverein lag, mag man auch daran erkennen, dass Johannes Braun auf der ersten Generalversammlung des ein Jahr zuvor gegründeten Dachverbandes im August 1920 in Paderborn eine programmatische Rede unter dem Titel *Organisationsfragen der Katholischen Volksbildungsarbeit* hielt.[154] Die konkrete Bildungsarbeit sollte durch die Bildung von regionalen

---

des Generalsekretärs inne. Rumpf war in der Weimarer Zeit der maßgebliche Autor, wenn es um das Selbstverständnis und die Bildungsarbeit katholischer Volksbüchereien ging.

[151] Zu Emil Ritter ausführlich: Martin Dust: "Unser Ja zum neuen Deutschland". Katholische Erwachsenenbildung von der Weimarer Republik zur Nazi-Diktatur. Frankfurt a.M.: Lang 2007. (Studien zur Bildungsreform; 49) 631 S. Vgl. insbesondere S. 337ff. und S. 555f. – Ferner: Margaret Stieg-Dalton: Catholicism, popular culture and the arts in Germany [...] (wie Anm. 92), S. 52, Anm. 87 sowie Wilhelm Niggemann: Das Selbstverständnis katholischer Erwachsenenbildung [...] (wie Anm. 140), S. 142. – Weitere Mitglieder des Arbeitsausschusses waren: "*Fräulein Doll, Köln, vom Katholischen Deutschen Frauenbund, Kaplan Mohnen, Düsseldorf, als Vertreter der Jugendvereine, Fräulein Dr. Riefenstahl vom Verein Katholischer Lehrerinnen* [...]" (Niggemann ebd., S. 137).

[152] Vgl.: Geschichte der Erwachsenenbildung. Hrsg. von Franz Pöggeler. (Handbuch der Erwachsenenbildung; 4.) Stuttgart [u.a.]: Kohlhammer 1975. 391 S.; hier S. 339.

[153] Margret Fell: Mündig durch Bildung. Zur Geschichte katholischer Erwachsenenbildung in der Bundesrepublik Deutschland. (Beiträge zur Erwachsenenbildung). München: Lexika-Verl. 1983. 351 S. – Hier S. 42-47 sowie Bertold Uphoff: Auf der Suche nach einem eigenen Profil [...] (wie Anm. 147), S. 23-28.

[154] Johannes Braun: Organisationsfragen der katholischen Volksbildungsarbeit. Vortrag gehalten auf der Tagung des Zentralbildungs-Ausschusses zu Paderborn im August 1920. Elberfeld [1920]. 23 S. – Anwesend waren: Verband der Vereine katholischer Akademiker zur Pflege der katholischen Weltanschauung; Gesamtverband der katholischen Arbeitervereine Westdeutschlands, Mönchengladbach; Augustinusverein zur Pflege der katholischen Presse, Düsseldorf; Verband der katholischen Beamtenvereine Deutschlands, Köln; Verein vom hl. Karl Borromäus; Bühnenvolksbund Frankfurt/Main; Katholischer Frauenbund Deutschlands, Köln; Zentralverband der katholischen Jungfrauenvereinigungen Deutsch-

Ortsausschüssen geleistet werden. Ab 1925 entstanden unter dem Dach des ZBA auch fachlich orientierte Arbeitsgemeinschaften zu den verschiedenen kulturellen Gebieten, wie etwa Film, Rundfunk und Buch- und Büchereiwesen.[155]

Bernhard Marschall, der 1919 hauptberuflich als Religionslehrer in Köln tätig war, spielte bei der Gründung des ZBA zunächst nur eine Nebenrolle. Als erster Diözesanpräses der *Borromäus-Vereine für den Aufbau der Pfarrbüchereien sowie der Förderung des guten Buches im Erzbistum Köln*[156] stand er sicher in enger Verbindung mit Braun und regte in dieser Funktion auch den Zusammenschluss der katholischen Verbände mit an.[157] 1920 nahm er als Vertreter der weithin unbekannten *Organisation der Katholiken Deutschlands zur Verteidigung und Förderung der christlichen Schule und Erziehung, Düsseldorf* an der ersten Generalversammlung des ZBA in Paderborn teil.[158] Außerdem war er im Kölner Ortsbildungsausschuss aktiv, der vom 4. bis 8. Oktober 1920 die Rheinische Volksbildungswoche veranstaltete, "[...] *auf der repräsentativ und wegweisend die Grundgedanken für katholische Volksbildung erarbeitet wurden.*"[159]

Marschalls Weg an die Spitze des ZBA wurde erst frei, nachdem sich 1922 Adolf Dyroff vom Posten des Vereinsvorsitzenden zurückzog und offensichtlich auch beim Borromäusverein das Interesse an einer aktiven Rolle in dem neuen Dachverband erlahmt war. Nun wurden Emil Ritter und Bernhard Marschall, letzterer vielleicht auch auf Brauns Fürsprache hin, mit der Geschäftsführung beauftragt. Da

lands, Bochum; Verband der katholischen Jünglingsvereinigungen; Bochum; Verband der katholischen kaufmännischen Vereinigungen, Essen; Katholischer Lehrerverband des Deutschen Reiches, Bochum; Verein katholischer deutscher Lehrerinnen, Aachen; Verband der katholischen Oberlehrerinnen Deutschlands, Münster; Diözesanpriesterverband der katholischen Geistlichen Bayerns; Organisation der Katholiken Deutschlands zur Verteidigung und Förderung der christlichen Schule und Erziehung, Düsseldorf; Verein katholischer Sozialbeamtinnen Deutschlands, Köln; Volksverein für das katholische Deutschland, Mönchengladbach sowie der Bonner Vortragsverband, Bonn – Vgl.: Wilhelm Niggemann: Das Selbstverständnis katholischer Erwachsenenbildung [...] (wie Anm. 140), S. 140.

[155] Margret Fell: Mündig durch Bildung [...] (wie Anm. 153), S. 45 sowie Wilhelm Niggemann: Das Selbstverständnis katholischer Erwachsenenbildung [...] (wie Anm. 140), S. 144-148.

[156] Vgl.: Birgit Bernard: MARSCHALL, Bernard [...] (wie Anm. 139). Marschall war vom 31.10.1918 bis zum 2.5.1924 Kölner Diözesanpräses der Borromäus-Vereine (ebd., Sp. 843-844).

[157] Die katholischen Vereine im damals zum Erzbistum Köln gehörenden Essen suchten nach einem Trägerverein für ihre Volksbildungsarbeit, da "*die Stadt Essen* [...] *mit ihrem Oberbürgermeister Hans Luther das 'Essener System' auf*[baute]*, das den verschiedenen weltanschaulichen Gruppen Bildungsarbeit ermöglichte*." Vgl.: Wilhelm Niggemann: Das Selbstverständnis katholischer Erwachsenenbildung [...] (wie Anm. 140), S. 136.

[158] Ebd., S. 140.

[159] Ebd., S. 142.

Ritter 1926 als Geschäftsführer ausschied, war Marschall zum Zeitpunkt, als die Vorbereitungen der Katholischen Sonderschau anliefen [160], alleiniger Geschäftsführer des ZBA und führte den Titel eines Direktors des ZBA. Damals war er jedoch allenfalls nebenamtlich von seiner Wohnung in der Kölner Dagobertstraße aus, nicht jedoch hauptberuflich für den ZBA tätig: Denn er übte weiterhin auch eine Tätigkeit als Religionslehrer an einer städtischen Schule in Köln aus. Von dieser wurde er erst zum 1.4.1930 entpflichtet.[161] Zu diesem Zeitpunkt gehörten dem Zentralbildungsausschuss 34 katholische Vereine an.[162]

Auf dem Hintergrund dieser Vorgeschichte ist Marschalls Aussage, der Zentralbildungsausschuss sei die 'berufene Arbeitsgemeinschaft' für die Organisation der Katholischen Sonderschau gewesen, kritisch zu hinterfragen. Man könnte diese Ansicht auch als eine nachträgliche Legitimierung des Faktischen betrachten.[163] Natürlich war der ZBA so etwas wie ein Dachverband katholischer Laienvereine, allerdings nur solcher, die sich mit Volks- und Jugendbildung befassten. Nach der 1923 geänderten Geschäftsordnung verstand sich der ZBA als eine Interessen- und Arbeitsgemeinschaft, mit dem Zweck der geschlossenen Vertretung der katholischen Bildungsorganisationen nach außen und der gegenseitigen Förderung.[164] Somit gehörte die Vorbereitung einer katholischen Presseausstellung nicht unbe-

---

[160] Ebd., S. 148-149. – Emil Ritter hatte schon am 6.12.1926 mitgeteilt, dass er die Mitgeschäftsführung des ZBA niederlege. Auf der darauf folgenden Versammlung des ZBA am 11.5.1927 stand unter Tagesordnungspunkt 2 eine Satzungsänderung zur Abstimmung, die anstelle der bislang zwei ehrenamtlichen Geschäftsführer nunmehr die Wahl eines geschäftsführenden Vorsitzenden vorsah. – Einladung zur Frühjahrstagung des ZBA am Mittwoch, den 11. Mai 1927 [...], Köln, den 26. April 1927, [gez.] B. Marschall. [1 Bl.] nebst Anlagen [8 Bl.] (AKDFB 2-5-2).

[161] "*Der Leiter des ZBA, Direktor Marschall, ist auf einstimmigen Beschluss des ZBA und im Einvernehmen mit Sr. Eminenz Kardinal Schulte und der Erzbischöflichen Behörde zum 1. April 1930 aus dem Städtischen Schuldienst ausgetreten, um sich ganz der Volksbildungsbewegung widmen zu können. Demzufolge mußte er auch die Dienstwohnung aufgeben.* [...] *Erstmalig sind jetzt Wohnung des Direktors und Büro des ZBA getrennt.*" – Bernhard Marschall: Bericht des ZBA. In: Volkstum und Volksbildung. Neue Folge der Volkskunst 2(1930 = 18. Jg. der Volkskunst), S. 313-318. – Zitat S. 313-314.

[162] Bernhard Marschall: Zehn Jahre Zentralbildungsausschuß. In: Volkstum und Volksbildung. Neue Folge der Volkskunst 1(1929 = 17. Jg. der Volkskunst), S. 218-220. – Vgl. S. 220. – In diesem Bericht gibt Marschall übrigens an, er habe bereits seit der Gründungsversammlung 1919 zum Arbeitsausschuß des ZBA gehört, was der Darstellung von Niggemann widerspricht (vgl. Anm. 151).

[163] Innerhalb der von Marschall selbst verfassten Bilanz der Arbeit des ZBA während der ersten zehn Jahre nimmt die Katholische Sonderschau auf der PRESSA nur einen nachrangigen Platz in der Aufzählung der Verdienste des ZBA ein: "*Er* [Der ZBA] *hat wesentlich mitgeholfen am Werden der Rheinischen Buchwoche, der Jahrtausendausstellung und der Katholischen Sonderschau auf der Pressa.*" – Bernhard Marschall: Zehn Jahre Zentralbildungsausschuß [...] (wie Anm. 162), S. 220.

dingt zu den originären Zielsetzungen eines solchen Verbandes, zumal der ZBA im Unterschied zum Volksverein eher um Abgrenzung von den anderen gesellschaftlichen Bildungsträgern bemüht war.[165]

Wenn der Episkopat aus guten Gründen eine solche Aufgabe nicht anpacken wollte, so hätte es doch nahe gelegen, dass das Zentralkomitee der Deutschen Katholiken als oberste Instanz aller katholischen Laienorganisationen und Vereine eine Initiative ergriffen hätte. Dieses scheint aber, genauso wie die Fuldaer Bischofskonferenz[166], tatsächlich erst Monate später vom bereits bestehenden IKC um konkrete Unterstützung für die katholische Sonderschau ersucht worden zu sein. Denn die an die Mitglieder des Zentralkomitees gerichtete Denkschrift "Katholizismus und Internationale Presse-Ausstellung in Köln 1928", in der genau dieses Ansinnen formuliert wurde, datiert auf den 21. August 1927.[167] Auch der ZDK-Präsident, Fürst zu Löwenstein, der im IKC ja die Funktion eines repräsentative Aufgaben wahrnehmenden Präsidenten übernommen hatte, machte in einem Brief zu seiner Ernennung deutlich, dass er sich nicht in diese Aufgabe gedrängt hatte: "*Ich mußte den Posten eines Vorsitzenden des I.K.C. ohne jede Kenntnis der Personen übernehmen, mit denen ich zusammenzuarbeiten hatte, war in der kurzen Zeit meiner Amtsführung auch nicht in der Lage mir ein eigenes Urteil über persönliche Eignungen zu verschaffen* [...]."[168]

---

[164] Wilhelm Niggemann: Das Selbstverständnis katholischer Erwachsenenbildung [...] (wie Anm. 140), S. 149.

[165] So schreibt z.B. Margret Fell: "*Im historischen Rückblick kann der Zentralbildungsausschuß für die katholischen Verbände (ZBA) als eine Einrichtung gelten, die die bisher im Volksverein noch nicht engagierten erwachsenenbildnerischen Aktivitäten so völlig absorbierte, daß die Mitarbeit von Katholiken in überkonfessionellen Volkshochschulen nicht mehr als Ziel erschien.*" – Margret Fell: Mündig durch Bildung [...] (wie Anm. 153), S. 44-45.

[166] Adolf Kardinal Bertram, Vorsitzender der Fuldaer Bischofskonferenz, teilte in einem Schreiben vom 22. August 1927 an das IKC mit, "[...] *dass die Fuldaer Bischofskonferenz am 11. d.M.* [= 11. August 1927, Anm. d. Verf.] *zu der dortseitigen geschätzten Mitteilung und Anregung folgende Entschliessung gefasst hat: Die Konferenz begrüsst es sehr warm, dass auf der Internationalen Presse-Ausstellung in Köln eine katholische Abteilung eingerichtet ist, und empfiehlt das Gesuch um Bewilligung einer Beihilfe den einzelnen Bischöfen zu wohlwollender Berücksichtigung.*" Der Fürstbischof von Breslau an Herrn Oberarchivrat Dr. Kisky, Köln, Breslau, den 22. August 1927. Abschrift (Copie) eines Schreibens, in: AEK, CR I 27,24; Tagebuchnr. 3201/27. Kardinal Bertram (1859-1945) war seit 1914 Bischof der (Erz-)Diözese Breslau und hatte das Amt des Vorsitzenden der Fuldaer Bischofskonferenz seit 1919 inne.

[167] Vgl. Anm. 94. – Die Denkschrift endet mit den Sätzen: "*Das grosse apologetische Ziel kann nur erreicht werden, wenn der Katholizismus sich geschlossen erhebt und die nötigen Mittel dazu bereitstellt. Für die dazu notwendige Propaganda wird die Unterstützung des Zentralkomités der Katholiken Deutschlands erbeten.*"

Dass das IKC im Sommer 1927 bei seinen Planungen für die Sonderschau die Nähe zum Zentralkomitee suchte, zeigt eine auf "Köln, im August 1927" datierte Einladung der Geschäftsstelle des IKC an die ZDK-Mitglieder: "*Im Anschluss an die Katholiken-Versammlung findet am Mittwoch, den 7. Sept. vorm. 11 Uhr in Dortmund im Gewerbeverein (Klubzimmer) – Mitte der Stadt, bei der Probsteikirche – eine Sitzung des I.K.C. statt, zu der hiermit ergebenst eingeladen wird. Tagesordnung: Plan und Finanzierung der katholischen Abteilung auf der Internationalen Presse-Ausstellung in Köln 1928.*" [169]

Schließlich darf auch nicht übersehen werden, dass es mit dem 1878 gegründeten und in Düsseldorf ansässigen 'Augustinus-Verein zur Pflege der katholischen Presse' eigentlich einen einschlägigen katholischen Verein gab, der eine führende Rolle bei der Organisation und Vorbereitung der katholischen Sonderschau hätte spielen können.[170] Die Inanspruchnahme einer solchen Führungsrolle ist aus den Akten heraus jedoch nicht ersichtlich. Es scheint vielmehr so zu sein, dass der Augustinus-Verein im Hinblick auf die Gesamtorganisation der Katholischen Sonderschau schon früh das Feld zu Gunsten des Zentralbildungsausschusses geräumt hatte, da der ZBA-Vorsitzende in einem Bericht über seine frühen Aktivitäten zur Organisation der Ausstellung eine "[...] *Aussprache zwischen Generalsekretär Dr. Weilbächer und Religionslehrer Marschall*" ganz an den Anfang stellte.[171] Gleichwohl gibt es manche Indizien, die dafür sprechen, dass Mitglieder oder Beauftragte dieses Vereins sich vor allem auch in der Anfangsphase stärker für die Sonderschau engagierten als andere katholische Vereinigungen. Allerdings war der Augustinus-Verein auch eines der Gründungsmitglieder des ZBA.[172] Somit lässt sich nicht abschätzen, ob dieses stärkere Engagement für die Sonderschau unter dem Dach des ZBA oder aufgrund einer besonderen Absprache zwischen den geschäftsführenden Vorsitzenden des ZBA und dem Generalsekretär des Augustinus-Vereins geschah.

---

[168] Schreiben von Fürst Aloys zu Löwenstein an Oberarchivrat Dr. Kisky vom 21. Oktober 1927, 2 Bl. (AEK CR I 27,24).

[169] [Einladungsschreiben]: Internationales Katholisches Comitée für die Pressa 1928 (I.K.C.), Geschäftsstelle: Oberarchivrat Dr. Kisky Köln Niederichstr. 36, 1 Bl. (AEK CR I 27,24, Tagebuchnr. 3220/27). Das Schreiben trägt einen Eingangsstempel des Erzbischöfl. Generalvikariates vom 1. Sept. 1927.

[170] Vgl. Wilhelm Kisky: Der Augustinus-Verein zur Pflege der katholischen Presse [...] (wie Anm. 62).

[171] Vgl. Einladung zur Frühjahrstagung des ZBA am Mittwoch, den 11. Mai 1927 [...] (wie Anm. 160), Anlage 5, [Bl. 1]. – Dr. Paul Weilbächer (1860-1927) hatte das Amt des Generalsekretärs des Augustinus-Vereins im Jahre 1900 übernommen und bis zu seinem Tode inne. Er verstarb am 14.7.1927 in Düsseldorf. Vgl.: Wilhelm Kisky: Der Augustinus-Verein [...] (wie Anm. 62) sowie: http://www.duesseldorf.de/stadtarchiv/stadtgeschichte/chronik/1927.shtml [zuletzt aufgerufen am 6.5.2014].

[172] Vgl. Wilhelm Niggemann: Das Selbstverständnis katholischer Erwachsenenbildung [...] (wie Anm. 140), S. 140.

Auf der Frühjahrsversammlung des ZBA am 11. Mai 1927 in Köln wurde "*Die Beteiligung der Katholiken an der Internationalen Presseausstellung 'Pressa' 1928 in Köln*" unter TOP 5 breit behandelt.[173] Zur Vorbereitung auf diesen Gesprächspunkt, über den "*Oberarchivrat Dr. Kisky*" referieren sollte, war der Einladung unter der Überschrift "*JKC – 'Internationales Katholisches Comitee für die Pressa 1928'*" eine sechsseitige, von Bernhard Marschall verfasste Anlage beigefügt, die einen detaillierten Einblick in die Vorüberlegungen zu dieser Beteiligung noch vor der Gründung des IKC gibt, sowie erste Überlegungen zu dem geplanten Inhalt der Schau und zu deren Finanzierung bietet. Beschränken wir uns an dieser Stelle zunächst auf die frühen Planungen:

> "*Nach einer Aussprache zwischen Generalsekretär Dr. Weilbächer und Religionslehrer Marschall fand eine grundlegende Besprechung am 18. März 1927 zwischen Vorgenannten und Generaldirektor Dr. Esch (Messeamt Köln), Oberarchivrat Dr. Kisky und Redakteur W. Spael statt. Als Ergebnis ist festzustellen, dass wir Katholiken uns in grosszügigster Weise an der 'Pressa' (Internationale Pressausstellung 1928 in Köln) beteiligen müssen, da die Protestanten, Juden, Sozialisten und Bolschewisten einen eigenen grossen Pavillon mit ihrer Internationalen Kulturarbeit ausstellen. Bei dieser Sachlage fallen unsere Bedenken gegenüber allzuvielen Ausstellungen der letzten Zeit, die viel Arbeitskraft und Geld verschlingen, und deren kulturelle Erfolge doch sehr zweifelhaft erscheinen können.*
>
> *Der Geschäftsführer des ZBA rief Vertreter der grossen kath. Organisationen und kath. Fachleute zusammen und legte diese Gedanken vor. Nach eingehender Aussprache entschlossen sich die Anwesenden für den kath. Pavillon, der dann allerdings in grösstem Ausmasse eine Kulturschau des Katholizismus werden müsse, wie es der internationalen Bedeutung der Kirche entspreche.*
>
> *Mit den Vorarbeiten wurde ein vorläufiger Arbeitsausschuss beauftragt, der die Anregungen weiter durcharbeitete und sie Sr. Eminenz zur Begutachtung vorlegte. Eminenz billigten freudig den Plan und erklärten sich zur Unterstützung bereit.*
>
> *Sr. Eminenz übernahmen auch das Ehrenprotektorat. Mit Gutheissung seiner Eminenz wurde der Apostolische Nuntius von dem Ausstellungsplan in Kenntnis gesetzt.*
>
> [...]
>
> *Leiter der gesamten Vorarbeiten und des Ausstellungsbüros soll Oberarchivrat Dr. Kisky sein. Ihm werden zur Seite gegeben ein hauptamtl. Wissenschaftl. Mitarbeiter und ein oder zwei zur gelegentlichen Mitarbeit. Diese Fachleute werden in Verbindung mit dem Arbeitsausschuss zu überwachen haben, dass unsere katholischen Verleger genügend und zweckentsprechend in den verschiedenen Ausstellungsabteilungen (Zeitschriftenwesen, Buchwesen, Zeitungswesen) und in den Ländergruppen vertreten sind. Besonders wird es aber seine Aufgabe sein, die Ausstellung im*

[173] Vgl. Einladung zur Frühjahrstagung des ZBA am Mittwoch, den 11. Mai 1927 [...] (wie Anm. 160). – Das Thema bildete den einzigen Tagesordnungspunkt für die Sitzung am Nachmittag.

'Katholischen Haus' (so wollen wir zur Unterscheidung von Pavillon und Kulturtempel unsere Abteilung nennen) zweckentsprechend und würdig zu gestalten. [...]"[174]

Was also später Bernhard Marschall und die offiziellen Publikationen zur Katholischen Sonderschau auf der PRESSA geflissentlich verschwiegen haben, ist, dass mit dem Historiker Wilhelm Kisky[175] zunächst eine der rheinischen Geschichte, dem katholischen Pressewesen und dem Augustinus-Verein nahe stehende Persönlichkeit[176] auf Initiative Bernhard Marschalls mit der hauptamtlichen Geschäftsführung des Internationalen Katholischen Comités und damit federführend mit der Organisation der Sonderschau beauftragt gewesen war. Ende Oktober 1927 legte Kisky dann aber im Streit mit Marschall diese Geschäftsführung nieder und schied auch aus dem Vorstand des IKC aus. Ausführlich begründet er in einem Schreiben vom 31. Oktober 1927 an den Kölner Erzbischof Kardinal Schulte als Protektor des IKC seine Entscheidung, da er glaubte, über die Gründe, die ihn zu diesem Schritt bewogen haben, Rechenschaft geben zu müssen:

"*Zur Übernahme der Aufgabe hatte ich mich in keiner Weise gedrängt und mit keinem Wort empfohlen, ich bin vielmehr von Herrn Religionslehrer Marschall dazu gedrängt worden. Nachdem ich aber mit der – durchaus nicht einfachen – Arbeit begonnen hatte, mußte ich alsbald erkennen, dass ich mit Hrn. Marschall in wesent-*

---

[174] Vgl. ebd., Anlage zu Punkt 5, Bl. 1-2. – Zu Wilhelm Spael (1894-1966), einem katholischen Journalisten, der allerdings bei der weiteren Vorbereitung der Katholischen Sonderschau allerdings keine Rolle mehr gespielt hat, vgl.: Thomas Pittrof: Wilhelm Spael (1894-1966). Eine biobibliographische Notiz. In: Leipziger Jahrbuch für Buchgeschichte 21(2013), S. 305-315.

[175] Der in Köln geborene Historiker und Archivar Dr. Wilhelm Kisky (1881-1953) wurde nach einem Studium der Geschichte und der historischen Hilfswissenschaften an den Universitäten Freiburg, Berlin und Bonn 1906 an der Universität Bonn promoviert. Nach der Promotion bearbeitete er zunächst im Auftrag der Gesellschaft für Rheinische Geschichtskunde die Regesten der Erzbischöfe zu Köln im Mittelalter und schlug daraufhin eine Archivlaufbahn ein, die ihn – unterbrochen durch eine Verwaltungstätigkeit im Rahmen seines Kriegsdienstes ab 1915 – zunächst in das Stadtarchiv Köln, das Privatarchiv der Fürsten von Salm in Anholt und in das Reichsarchiv nach Berlin führte. 1924 schied er dort freiwillig aus und kehrte ins Rheinland zurück, "[...] *um sich seinen Studien zur rheinischen Geschichte und zum katholischen Pressewesen widmen zu können.*" 1928 wurde Kisky zum Leiter der neu errichteten Archivberatungsstelle der Provinzialverwaltung der Rheinlande ernannt, ein Amt, das er bis zum 31.1.1951 inne hatte. (Die Archivberatungsstelle war im neu errichteten Land Nordrhein-Westfalen zur Landesarchivverwaltung erhoben worden.) – Klaus Wisotzy: Wilhelm Kisky (1881-1953), Historiker und Archivar. – http://www.rheinische-geschichte.lvr.de/persoenlichkeiten/K/Seiten/WilhelmKisky.aspx [zuletzt aufgerufen am 7.5.2014].

[176] Kisky ist Autor der 1928 publizierten Festschrift zum 50jährigen Bestehen dieses katholischen Pressevereins. Vgl.: Wilhelm Kisky: Der Augustinus-Verein zur Pflege der katholischen Presse [...] (wie Anm. 62).

lichen Punkten nicht übereinstimmen konnte und auf Schritt und Tritt seiner versteckten und offenen Gegnerschaft begegnete, ja nach kurzer Zeit schon gewann ich den Eindruck, dass Hr. Marschall aus Opposition gegen mich fast mehr Gegner als Förderer der Sache war. Wie mir schien, glaubte er, dass ich den besonderen Zwecken, die er mit dem ganzen Plane verfolgte, im Wege sei, eine Annahme, die, wenn sie bestand, völlig unberechtigt war. Hr. Marschall widersprach allem und jedem, was von mir ausging, und oft ist es vorgekommen, dass er, nur um mir zu widersprechen, heute etwas vorwarf, was er gestern befürwortet hatte und umgekehrt, und immer deutlicher konnte ich erkennen, dass er überall Stimmung gegen mich zu machen suchte. Am peinlichsten berührte es mich, dass er mir die Schuld dafür zuschieben wollte, dass die Gelder nicht in dem von ihm erhofften Maasse aus dem Jnland und Ausland eingingen. Der von ihm entworfene und in Hunderten von Exemplaren bereits im April d.J., also lange vor Gründung des J.K.C., versandte Finanzplan war aber so phantastisch, dass er eigentlich allgemein nur Kopfschütteln erregte, und kein Mensch wundert sich darüber, dass er nicht verwirklicht werden konnte. Jn der Sitzung des J.K.C. in Dortmund am 7. September d.J. kam Hr. Marschall dann mit einem neuen phantastischen Vorschlage, nämlich einen, wie er sagte, geniemässig begabten Finanzmann, den er auch schon gefunden zu haben behauptete, mit der Beschaffung des Geldes zu beauftragen. Dieser Versuch schlug natürlich fehl. Statt dessen übernahm nun Hr. Konsul Stocky die Finanzgeschäfte, der sich schon vorher stark in den Vordergrund zu drängen gesucht hatte und nun bald die gesamte Geschäftsführung an sich riss, so dass ich es im Jnteresse der Sache für geboten hielt zurückzutreten, weil mir unter diesen Umständen ein gedeihliches Zusammenarbeiten nicht mehr möglich zu sein schien." [177]

Abgesehen davon, dass dieses Schreiben auf erhebliche Schwierigkeiten und Divergenzen bei der konzeptionellen Ausrichtung und bei der Finanzierung der Katholischen Sonderschau verweist (vgl. Kap. 2.2 und Kap. 2.3), bestätigen diese Zeilen ein starkes persönliches Engagement Bernhard Marschalls für die Organisation der Katholischen Sonderschau bereits von einem sehr frühen Zeitpunkt an. Kisky bringt Marschalls Engagement allerdings nicht mit dem Zentralbildungsausschuss in Verbindung, da er Marschall nicht als 'Direktor des ZBA' sondern als 'Religionslehrer' tituliert.[178] Eine solche Titulierung und die Aussage, dass Marschall 'besondere Zwecke' mit dem Plan einer Ausstellung verfolgte, sind Indizien dafür, dass der ZBA für Marschall im Hinblick auf die Katholische Sonderschau eher Mittel zum Zweck war und es vor allem sein wie auch immer motivierter persönlicher Ehrgeiz war, der ihn für die Durchführung einer solchen Sonderschau kämpfen ließ, ein Ehrgeiz, dem letztlich dann auch der aus einem anderen Holz

[177] Maschinenschriftl. Schreiben von Wilhelm Kisky an den Kölner Erzbischof Kardinal Schulte vom 31. Oktober 1927, 3 Bl. – (AEK, CR I 27,24, Tagebuchnr. 4004/27). Auf dem ersten Blatt findet sich der handschriftliche Vermerk: "*Ein gleichlautendes Schreiben mit gleicher Anlage an den Herrn Generalvikar wurde nicht beigeheftet u. vernichtet. 18/7. 28 W.*"

[178] Diese 'Herabsetzung' kann natürlich auch aus dem persönlichen Ärger Kiskys mit seinem Kontrahenten heraus formuliert worden sein.

geschnitzte Kisky zum Opfer fiel. Muckermanns Charakterisierung, dass man Marschalls Kreise nicht stören durfte, findet hier eine Bestätigung.[179]

Während seiner Zeit als Geschäftsführer des IKC war Kisky auch beratend in der Frage tätig, ob sich der Vatikan an der PRESSA beteiligen solle. Der Apostolischen Nuntius in Berlin, Eugenio Pacelli, der spätere Papst Pius XII., fragte mit Schreiben vom 28.5.1927 beim Kölner Erzbischof Kardinal Schulte auf dem Hintergrund einer möglichen Beteiligung des Vatikans nach, was von der Ausstellung zu halten sei. In seinem Antwortschreiben äußerte sich Kardinal Schulte positiv zur PRESSA und empfahl zugleich, in dieser Angelegenheit den amtierenden Geschäftsführer des IKC, Herrn Oberarchivrat Dr. Kisky zu empfangen. Pacelli war, wie aus einem weiteren Brief vom 18.6.1927 hervorgeht, bereit, diesen in Berlin vor seiner Abreise nach Rom zu empfangen.[180]

Die Meinungsverschiedenheiten zwischen Kisky und Marschall müssen unüberwindlich gewesen sein. In einem Dankschreiben, dass der Präsident des IKC, Aloys Fürst zu Löwenstein, an Kisky anlässlich dessen Ausscheidens aus dem IKC verfasst hat, betonte dieser, dass er die "[...] *Zusammenarbeit mit Euer Hochwohlgeboren als eine durchaus angenehme und sachliche empfunden* [habe], *musste aber den persönlichen Meinungsverschiedenheiten gegenüber mich absolut neutral verhalten.*" Und fuhr fort[181]:

> "*Nun hätte ich es sehr gern gesehen, dass Euer Hochwohlgeboren wenigstens als Leiter einer der Abteilungen der Ausstellungen weiter hätten mitwirken können. Ihr Fernbleiben von der gestrigen Sitzung des Arbeitsausschusses, das ich im übrigen sehr gut verstehe, hat aber ihren schon am Vormittag ausgesprochenen Entschluss, sich ganz zurückzuziehen, als einen endgültigen erscheinen lassen.*"

Bis zum Ausscheiden Kiskys gehörten dem Vorstand des IKC also gemäß der älteren Fassung der Satzung an: Fürst Aloys zu Löwenstein als Präsident, Bernhard Marschall als Kommissar und stellvertretender Präsident, Dr. Wilhelm Kisky als geschäftsführender Direktor und Schriftführer und Bankdirektor Peter Leber als Schatzmeister.[182] Die genaue Zusammensetzung des ersten Arbeitsausschusses ist nicht bekannt. Sollte diese aber dem Personenkreis entsprochen haben, den Bernhard Marschall in seiner Einladung zur Frühjahrsversammlung des ZBA Ende April oder Anfang Mai benannte, so hatten wir es hier mit einer Gruppe von Hono-

---

[179] Vgl. Anm. 140.

[180] Vgl. AEK CR 27,24. – Nach diesen Sondierungen muss seitens des Vatikans eine Entscheidung gegen eine Beteiligung an der PRESSA gefallen sein, da der Vatikan schließlich nicht zu den im Staatenhaus vertretenen ausländischen Ausstellern gehörte.

[181] Beide Zitate siehe: Schreiben von Fürst Aloys zu Löwenstein an Oberarchivrat Dr. Kisky vom 21. Oktober 1927 [...] (wie Anm. 168).

[182] Dies geht aus handschriftlichen Notizen Kiskys auf der im Stadtarchiv Köln aufbewahrten Fassung der Statuten des IKC hervor. – Vgl.: Satzung des Internationalen Katholischen Comités für die Pressa 1928 [...] (wie Anm. 138).

ratioren zu tun, die man wohl kaum in die konkrete Sacharbeit der Ausstellungsvorbereitung einbinden konnte.[183] Diese lag damit zunächst ganz in den Händen Kiskys.

Nach dem Ausscheiden Kiskys wurde dieses Gremium, wie Bernhard Marschall in einem undatierten, aber nach dem 18. November 1927 verfassten Bericht[184] an den Kölner Erzbischof mitteilte, umgebildet, nachdem die Satzung zuvor entsprechend abgeändert worden war:

> "*Das Ausscheiden des Oberarchivrats Dr. Kisky aus der Arbeit und die Erkenntnis unangenehmer Hemmungen in den Vorbereitungsarbeiten machten eine Satzungsänderung und ein organisatorisches Umformen notwendig. Demzufolge fand am 20. Oktober unter Leitung Sr. Durchlaucht Fürst Alois zu Löwenstein eine Vorstandssitzung und eine Beratung im Arbeitsausschuss statt. Die beiliegenden Satzungen wurden auf Vorschlag des Unterzeichneten angenommen und der Vollversammlung des IKC am 18. November 1927 vorgelegt und von ihr genehmigt.*
> *Der Vorstand setzt sich jetzt wie folgt zusammen:*"[185]

Mit dem Verzicht auf einen hauptamtlichen geschäftsführenden Direktor und der Berufung zweier Beisitzer hatte der Vorstand des IKC nun seine endgültige Zusammensetzung gefunden, die auch im Katalog zur Katholischen Sonderschau dokumentiert ist. Genannt wurden[186]:

---

[183] In der Einladung zur Frühjahrsversammlung des ZBA wurde von Marschall folgende Zusammensetzung des Arbeitsausschusses benannt (siehe: Einladung zur Frühjahrstagung des ZBA am Mittwoch, den 11. Mai 1927 [...] [wie Anm. 160], Anlage 5, Bl. 2): "*1. Vorsitzender: Fürst Alois zu Löwenstein, Stellvertr. Vorsitzender: Religionslehrer Bernhard Marschall, Geschäftsführender Vorsitzender und Direktor des Büros: Oberarchivrat Dr. Kisky. Mitglieder: Weibischof Dr. Hammels, Generaldirektor Hohn, Prof. Dr. Ebers, Beigeordneter Leo Schwering, Bankdirektor Leber, Dr. Scharmitzel, Graf Metternich, Dr. J.C. Bachem.*" – An dieser Stelle mögen Hinweise genügen: Joseph Hammels (1868-1944) erhielt, aus dem Kölner Pfarrklerus stammend, 1924 die Bischofsweihe in Köln; zu dieser Zeit gab es nur einen Weihbischof im großen Erzbistum Köln. Der Katholik Dr. Leo Schwering (1883-1971), ursprünglich Kölner Gymnasiallehrer, war während der zwanziger Jahre Abgeordneter der Zentrumspartei im preußischen Landtag. Vgl.: Eduard Hegel: Das Erzbistum Köln zwischen der Restauration des 19. Jahrhunderts und der Restauration des 20. Jahrhunderts, 1815-1962. (Geschichte des Erzbistums Köln; 5). Köln: Bachem 1987. 672 S., hier S. 151 u. 653 sowie Winfried Herbers: Schwering, Leo. In: NDB Bd. 24, Berlin 2010, S. 80-81. – Zu Bachem, Hohn und Leber siehe außerdem im Folgenden.

[184] Bericht über den Stand der Arbeiten des IKC Internationalen kath. Comitées für die Pressa 1928 in Köln, gez. Marschall, Direktor des Zentralbildungsausschusses [maschinenschriftl., 5 Bl., undatiert = nach dem 18.11.1927]. – AEK CR I 27,24.

[185] Ebd., Bl. 1.

[186] Ebd., sowie: Führer durch die Katholische Sonderschau der PRESSA [...] (wie Anm. 14), S. 6.

Präsident:	*Fürst Alois zu Löwenstein, Klein-Heubach*
Stellv. Präsident:	*Marschall Bernhard, Direktor des Zentralbildungsausschusses, Köln*
Schriftführer:	*Stocky Julius, Köln*
Schatzmeister:	*Leber Peter, Bankdirektor, Köln*
Beisitzer:	*Hohn Dr. Wilh., Generaldirektor, M.-Gladbach*
	Witte Prof. Dr. Museumsdirektor, Köln

Welche Personen arbeiteten nun also nach der Neugruppierung mit Bernhard Marschall im Vorstand des IKC gemeinsam an der Vorbereitung der Katholischen Sonderschau zusammen? Dass der Präsident des IKC, Fürst Aloys zu Löwenstein, in seiner Eigenschaft als Präsident des Zentralkomitees der Deutschen Katholiken hauptsächlich aus repräsentativen Gründen und vielleicht auch in der Absicht als Verbindungsmann zum organisierten Laienkatholizismus zu fungieren, in den Vorstand berufen wurde, wurde bereits dargelegt. Löwenstein wird sich kaum um das Alltagsgeschäft der konkreten Vorbereitung der Ausstellung gekümmert haben. Zum Kölner Bankdirektor Peter Leber, der schließlich das Amt des Schatzmeisters des IKC inne hatte, konnten keine näheren biographischen Daten ermittelt werden.

Mit dem aus Düsseldorf stammenden Rechtsanwalt Konsul Julius Stocky (1878-1952), der als Schriftführer den Platz von Wilhelm Kisky im Vorstand einnahm, gehörte nun auch einer der Miteigentümer der traditionsreichen, 1860 gegründeten Kölnischen Volkszeitung als großer, überregional bedeutsamer katholischer Tageszeitung im Rheinland zum Vorstand des IKC. Stocky, den man wohl als eine sehr umtriebige und schillernde Persönlichkeit beschreiben kann, war nicht unumstritten. Muckermann urteilte über ihn: "*In Köln habe ich noch miterlebt, daß die 'Kölnische Volkszeitung' aus den Händen der Familie Bachem in die eines Düsseldorfer Rechtsanwaltes, des Konsul Stocky, überging. Er und seine zwei Mitaktionäre, die in den Besitz dieses alten berühmten rheinischen Organs eintraten, hatten nicht alle den besten Ruf. Der Konsul Maus konnte noch hingehen, aber Stocky selbst war in Düsseldorf so angesehen, daß manche das Lokal verließen, in das er eintrat. [...] Stocky kam mit einem gewissen Elan, freilich auch mit Geschäftsmethoden, deren hochstaplerischer Charakter später tragisch genug hervortrat.*" [187]

[187] Friedrich Muckermann: Im Kampf zwischen zwei Fronten [...] (wie Anm. 142) S. 274. – Franz X. Bachem (1857-1936) verkaufte am 1.7.1920 die 'Kölnische Volkszeitung' an

Abb. 5: Die Mitglieder des Vorstands des Internationalen Katholischen Comités. – Aus: Führer durch die Katholische Sonderschau der PRESSA [...] (wie Anm. 14), S. 6.

Andererseits hatte Stocky hervorragende Verbindungen zum politischen Köln, die für die Vorbereitung der Katholischen Sonderschau nützlich waren. So erinnerte sich der Journalist Josef Hofmann (1897-1973), der 1929 in die Redaktion der Kölnischen Volkszeitung eintrat, trotz seiner kritischen Bemerkungen zur wirtschaftlichen Lage der Kölnischen Volkszeitung [188] in seiner Autobiographie gerne daran, dass Stocky ihn dem Kölner Oberbürgermeister vorstellte: "*Mir aber unvergessen blieb die Stunde, in der mich Stocky im ersten Jahr meiner Zugehörigkeit zur Redaktion der 'Kölnischen Volkszeitung' ins Rathaus mitnahm und mich Adenauer vorstellte.*" [189]

Stockys Engagement für die Katholische Sonderschau verstärkte sich merklich, als er zusammen mit Bernhard Marschall und dem Generalsekretär des Augustinusvereins, Franz Weber [190], in den Finanzausschuss gewählt wurde, der auf der Versammlung des IKC am 7.9.1927 gebildet worden war.

Julius Stocky. Seit 1923 war der Kölner Kaufmann Heinrich Maus (1872-1955) Mitverleger der Zeitung (ebd. S. 274, Fußnoten 30, 31 und 34). Dritter Mitinhaber der Zeitung war der Justizrat Hugo Mönnig (ebd., S. 266, Fußnote 12). – "*Durch Ausdehnung des Unternehmens geriet die Görreshaus G.m.b.H. in wachsende finanzielle Schwierigkeiten, die auch durch die Umwandlung in eine A.G. im Jahre 1930 nicht behoben werden konnten. Nachdem der Konkurs angemeldet worden war, wurden die Inhaber Ende April 1933 verhaftet und im November/Dezember 1933 gerichtlich verurteilt*" (ebd., S. 275, Fußnote 35). – Vgl. hierzu auch: Heinz-Dietrich Fischer: Die 'Kölnische Volkszeitung' im Jahre 1932/33. In: Communicatio Socialis 6(1973), S. 27-37. – Stocky, der im Anschluss an den Prozess eine längere Haftstrafe verbüßte, erwarb nach 1945 eine Druckerei in Opladen und war 1948 wieder in Düsseldorf ansässig. – Vgl.: Friedrich Muckermann: Im Kampf zwischen zwei Fronten [...] (wie Anm. 142) S. 266, Fußnote 12 sowie: Neue Kriege zu verhindern. Natürlich nur step by step. In: Der Spiegel, 3. April 1948, S. 6-7. – In diesem Artikel wird über Stockys politisches Engagement für eine 'Liga für Weltregierung' in der britischen Besatzungszone berichtet.

[188] "*Hätte ich damals gewußt, was im August 1933 in dem Görreshaus-Prozeß offenkundig wurde, nämlich, daß die Görreshaus GmbH schon 1929 den Bankrott hätte anmelden müssen, hätte ich mich sicher entschieden, in Osnabrück zu bleiben.*" – Josef Hofmann: Journalist in Republik, Diktatur und Besatzungszeit. Erinnerungen 1916-1947. Bearb. u. eingel. von Rudolf Morsey. Mainz: Grünewald 1977. (Veröffentlichungen der Kommission für Zeitgeschichte. Reihe A: Quellen, Bd. 23). 236 S. – Zitat S. 39.

[189] Ebd., S. 51.

[190] Franz Weber (1876-?) war 1927 zum Generalsekretär des Augustinus-Vereins ernannt worden, gehörte aber schon früher dem Beirat des Vereins an und wurde seit 1924 als Vertrauensmann der Redakteursvereinigung zu den Vorstandssitzungen hinzugezogen. Der gebürtige Krefelder hatte bei der Niederrheinischen Volkszeitung das journalistische Handwerk gelernt. "*Nach kurzer Tätigkeit bei der Niederrheinischen Landeszeitung in Geldern* [kam] *er an die Germania in Berlin, wo er 14 Jahre tätig war, dann als Chefredakteur an das Düsseldorfer Tageblatt und schließlich 1924 an das städtische Presse- und Verkehrsamt in Düsseldorf.*" – Wilhelm Kisky: Der Augustinus-Verein zur Pflege der katholischen Presse [...] (wie Anm. 62), S. 126-127, Fußnote 2.

Dieser Finanzausschuss hatte die dringliche Aufgabe, die für die Durchführung der Ausstellung erforderlichen Gelder in schriftlichen Zusagen oder in Barzahlungen bis Mitte Oktober 1927 sicherzustellen, denn Kiskys Bemühungen um die notwendigen Mittel waren bis dahin wohl ziemlich erfolglos geblieben.[191] Diese Aktivitäten empfand Kisky als Einmischung in seine Tätigkeit als geschäftsführender Direktor des IKC und sie trugen nicht unerheblich zum endgültigen Bruch mit Bernhard Marschall bei. Denn Kisky sprach ja in seinem Rücktrittsschreiben davon, dass Stocky, als er die Finanzgeschäfte übernommen hatte, "[...] *nun bald die gesamte Geschäftsführung an sich riss* [...]." [192]

Der eskalierende Kompetenzstreit zwischen Kisky und Stocky erreichte selbst Oberbürgermeister Adenauer. Nachdem Adenauer seinen Freund im Benediktinerkloster Maria Laach, Abt Ildefons Herwegen[193], in der Frage der Beteiligung des Benediktinerordens an der Katholischen Sonderschau an Stocky verwiesen hatte, erhielt der Kölner Oberbürgermeister am 16. Oktober 1927, also wenige Tage vor Kiskys Rücktritt, von diesem einen langen Beschwerdebrief, mit dem er noch einmal auf der Basis der IKC-Satzung seine Aufgabe und Funktion klarzustellen versuchte.[194] Irritiert von diesem Kompetenzgerangel erbat Adenauer daraufhin Stocky um Aufklärung, denn der Oberbürgermeister "[...] *war bisher der Auffassung, daß Sie* [Stocky] *der Organisator der katholischen Abteilung seien.*" [195] Stocky konnte sogleich ein aus seiner Sicht günstiges, die Sache aus der Welt räu-

---

[191] Maschinenschriftl. Schreiben von B[ernhard] Marschall an die Herren Bischöfe der Fuldaer Bischofskonferenz vom 21.9.1927 [Briefkopf: ZBA, Dagobertstr. 79 [...] (AEK, CR I 27,24). – Im Namen des Finanzausschusses bat Marschall die Bischöfe mit Nachdruck um eine finanzielle Unterstützung für die Katholische Sonderschau.

[192] Vgl. Fußnote 177.

[193] Ildefons Herwegen OSB (1874-1946) war von 1913 an bis zu seinem Tode Abt der bedeutenden Benediktinerabtei Maria Laach und einer der führenden Köpfe der Liturgischen Bewegung. Herwegen, der zeitweilig von der Möglichkeit einer Annäherung zwischen Christentum und Nationalsozialismus überzeugt war, nahm 1933 seinen einstigen Kölner Mitschüler, nachdem dieser unter den braunen Machthabern das Amt des Oberbürgermeisters verloren hatte und seine Verhaftung befürchten musste, für etwa ein Jahr als Gast in seiner Abtei auf. – Vgl.: Marcel Albert: Ildefons Herwegen. In: Kölner Theologen. Von Rupert von Deutz bis Wilhelm Nyssen. Hrsg. von Sebastian Cüppers. Köln: Marzellen-Verl. 2004, S. 356-387.

[194] "*Zur Aufklärung darf ich ergebendst bemerken, dass die fragliche Korrespondenz mit dem Herrn Abt durchaus zu meiner Obliegenheit gehört. Da ich der Geschäftsführer des Internationalen katholischen Comitées seit dessen Gründung (1.6.27) bin und die gesamte wissenschaftliche und propagandistische Vorarbeit geleistet habe. Dazu gehört auch die Korrespondenz mit denjenigen Stellen, die wir für den Plan interessieren und deren Mitwirkung wir gewinnen wollen.*" – Schreiben von Oberarchivrat Dr. Kisky, Köln [...] an Oberbürgermeister Adenauer vom 16. Okt. [19]27 (wie Anm. 137).

[195] Schreiben von Oberbürgermeister Adenauer an Herrn Konsul Stocky vom 19. Oktober 1927, maschinenschriftl., 1 Bl. (HAStK 902/134/1, S. 361).

mendes Ergebnis vermelden. Bereits einen Tag nachdem Kisky vom Amt des geschäftsführenden Direktors des IKC zurückgetreten war, schrieb Stocky an Adenauer[196]:

> "*Herr Dr. Kisky hat in der gestrigen Vorstandssitzung des Internationalen katholischen Comitée für die Pressa 1928 sein Amt als Schrift- und Geschäftsführer des IKC niedergelegt, somit sich wohl eine weitere Erörterung der Angelegenheit erübrigt. Ich möchte unter diesen Umständen mich nicht mit Herrn Dr. Kisky über Kompetenzen auseinandersetzen. Die Leitung der Geschäftsstelle befindet sich nunmehr in den Händen des Herrn Diözesanpräses Dr. Marschall und mir. Es ist ein zwölfgliedriges Direktorium eingesetzt worden, dem Herr Dr. Marschall und ich angehören. Herr Dr. Kisky ist ganz ausgeschieden. Die katholische Abteilung ist jetzt im besten Fluss und wird aller Voraussicht nach eine besondere Zierde der 'Pressa' werden.*"

Nach dem Rücktritt Kiskys vom Amt des Geschäftsführers saß die Geschäftsstelle des IKC im Görreshaus am Neumarkt. Stocky hatte also dem Komitee Räumlichkeiten in seinem Verlagshaus verschafft.[197] Während der Ausstellungszeit der PRESSA trat Stocky in den Korrespondenzen neben Bernhard Marschall immer wieder als Verantwortlicher und Mitorganisator der Katholischen Sonderschau auf. Schließlich besorgte der Kölner Verleger mit großer Cleverness und Geschmeidigkeit die finanzielle Abwicklung der Katholischen Sonderschau nach der Schließung der Ausstellung im Oktober 1928.

> Die Kölnische Volkszeitung war übrigens im Rahmen der PRESSA auch außerhalb der Katholischen Sonderschau vertreten. Die Eigentümer des Görreshauses hatten es sich nicht nehmen lassen, zusammen mit der Maschinenfabrik Augsburg-Nürnberg eine große Eisenhalle als Sonderbau am Auenweg errichten zu lassen: "*Dieser, mit grauschwarzen Platten getäfelte, vornehme und gedrungene Bau zeigt in seinem Inneren eine neuzeitliche Musterdruckerei im vollen Betriebe.*"[198]

Durch den aus dem Westerwald stammenden katholischen Priester Dr. Wilfried Hohn (1871-1954) war eine weitere, der Volksbildung verpflichtete Persönlichkeit im Vorstand des IKC vertreten. Hohn stand nach einem Zweitstudium der Nationalökonomie von 1901 an bis 1928 in den Diensten des Volksvereins für das katholische Deutschland und hatte dort zuletzt das Amt eines Generaldirektors inne.[199] Über Hohn war somit auch der in einer Konkurrenz zum Zentralbildungs-

---

[196] Schreiben von Konsul Stocky, Kölnische Volkszeitung, an Herrn Oberbürgermeister Dr. h.c. Adenauer vom 21. Oktober 1927, maschinenschriftl., 1 Bl. (HAStK 902/134/1, S. 367).

[197] Im Unterschied dazu hatte Kisky noch am 16. Oktober 1927 als Anschrift der Geschäftsstelle des IKC seine Privatadresse (Niederichstr. 36) angegeben (vgl. Anm. 137).

[198] Amtlicher Katalog. Pressa [...] (wie Anm. 45), S. 245.

[199] Biographische Daten entnommen dem vom Deutschen Institut für Erwachsenenbildung gepflegten Meta-Archiv für Erwachsenenbildung: http://www.die-bonn.de/weiterbildung/Archive/Meta-Archiv/personen.aspx [zuletzt aufgerufen am 6.5.2014].

ausschuss stehende Mönchengladbacher Volksverein in einem gewissen Maße in die Arbeit des IKC eingebunden.

Fachlichen Sachverstand im Hinblick auf museumsdidaktische Fragen und auf die Auswahl kulturhistorisch bedeutsamer Objekte für die Katholische Sonderschau konnte in den Vorstand des IKC vor allem Professor Dr. Fritz Witte (1876-1937) einbringen. Witte stammte aus Dorsten und war nach seinem Theologiestudium 1900 im Bistum Münster zum katholischen Priester geweiht worden. Einige Jahre später schloss er ein kunsthistorisches Studium in Münster mit der Promotion ab. Nachdem 1906 der Kölner Domkapitular Alexander Schnütgen seine umfangreiche Sammlung christlicher Sakralkunst der Stadt Köln mit der Auflage geschenkt hatte, zur Unterbringung der Sammlung einen eigenen Anbau am Kunstgewerbemuseum zu errichten, wurde Witte, Schnütgens ehemaliger Assistent, erster Kustos und Direktor dieser nun unter der Bezeichnung 'Sammlung Schnütgen' aufgenommenen Schenkung.[200]

Dem Vorstand war ein 16-köpfiges Ausstellungsdirektorium zur Seite gestellt, zu dem außer dem Präsidenten und dem Schatzmeister auch die vier vorgenannten Vorstandsmitglieder gehörten. Vorsitzender dieses Gremiums war ebenfalls Bernhard Marschall, der damit eine Schlüsselstellung innerhalb des IKC inne hatte. Zusätzlich gehörten diesem Direktorium an[201]:

Ewald Dr. Museumsdirektor, Köln-Lindenthal
Kallen Prof. Dr., Köln, Hohenzollernring 90
Kuckhoff, Josef Professor, Köln, Sudermannstr. 1
Lenz Dr. Seminarprofessor, Trier, Priesterseminar
Weber Generalsekretär, Düsseldorf, Talstr. 55
Bachem F.C. Verelger[!]*, Köln, Marzellenstr. 35*
Lemacher Heinrich, Prof. Dr. Köln, Ursulagartenstr.
Böhm Dominikus Professor, Köln, Ubierring 40
Lange, Eduard Maria Dr., Leiter der Bücherstube Düsseldorf
Schöllgen Peter, Maler, Kunstwart des Volksvereins, Düsseldorf
Lohmann Dr. Archivdirektor, Köln, Sachsenring
Wingerath Dr. Köln

Nach diesem Bericht sollten die Mitglieder des Direktoriums auch als Abteilungsleiter für die geplante Ausstellung fungieren.[202] Im Unterschied zum Vorstand ist der hier genannte Personenkreis allerdings nicht ganz identisch mit denjenigen Frau-

---

200 Vgl. Einträge "Fritz Witte" und "Museum Schnütgen" auf www.wikipedia.de [zuletzt aufgerufen am 6.5.2014] sowie: Heinrich Lützeler: Fritz Witte zum Gedächtnis. In: Vestische Zeitschrift 44(1937), S. 59-62.
201 Bericht über den Stand der Arbeiten des IKC [...] (wie Anm. 184), Bl. 1-2.
202 Ebd., Bl. 2 (vgl. auch Kap. 2.2.).

en und Männern, die im Ausstellungskatalog als Mitglieder des Direktoriums genannt werden; es muss also bis zur Ausstellungseröffnung noch zu kleineren Umbesetzungen gekommen sein. Es fehlt im Katalog Dr. Wingerath, stattdessen werden hier zusätzlich Dr. Busley, Dr. Elisabeth Cosack und Pfarrer Strauß erwähnt.[203]

Mit dem erweiterten Personenkreis des Ausstellungsdirektoriums sollten wohl unterschiedliche Kompetenzen in die Vorbereitung der Sonderschau eingebunden werden. Als auf ihrem Fachgebiet bereits anerkannte, insgesamt aber eher noch am Anfang ihres beruflichen Wirkens stehende katholische Wissenschaftler sind z.B. der am Trierer Priesterseminar für die Lehrgebiete Fundamentaltheologie, Religionswissenschaft und Missionswissenschaft verantwortliche Hochschullehrer Prof. Dr. Johann Lenz[204] und der Kölner Kirchenmusiker und Komponist Prof. Dr. Heinrich Lemacher[205] zu nennen. Auch der nach 1933 nationalsozialistischem Gedankengut nahe stehende Kölner Mediävist Prof. Dr. Gerhard Kallen[206] ist die-

---

[203] Führer durch die Katholische Sonderschau der PRESSA [...] (wie Anm. 14), S. 8. – Vgl. auch Kap. 3.2.

[204] Prof. Dr. phil. et theol. Johann Lenz (1888-1979) war seit 1918 Dozent am Priesterseminar in Trier und vertrat ab 1922 als Professor die Lehrgebiete Fundamentaltheologie, Religionswissenschaft und Missionswissenschaft. Vgl.: Kürschners Deutscher Gelehrten-Kalender, 3. Ausg. 1928/29, Sp. 1379 und Deutsche Universitäts-Zeitung, Jg. 1979, S. 232.

[205] Prof. Dr. Heinrich Lemacher (1891-1966) stammte aus Solingen und studierte zunächst am Kölner Konservatorium und anschließend an der Universität Bonn Musikwissenschaften, die Promotion erfolgte im Jahr 1916. Nach dem Ersten Weltkrieg war er zunächst als Privatmusiklehrer und Musikschriftsteller in Köln tätig, u.a. arbeitete er auch bei der 'Kölnischen Volkszeitung' mit. Ab 1925 war er Dozent an der Hochschule für Musik in Köln, 1928 erhielt er dort eine Professur, die er bis zu seiner Emeritierung im Jahre 1956 inne hatte. Lemacher war Mitbegründer der 'Gesellschaft für neue Musik, Köln' (1921) und der 'Internationalen Gesellschaft für Neue katholische Kirchenmusik' (1927). Er gilt von den 20er bis in die 60er Jahre als ein führender Komponist katholischer Kirchenmusik. Lemachers Wirken steht für eine Modernisierung der Kirchenmusik, denn er verfolgte mit seinen Kompositionen das Ziel, "[...] *die stilistische Einengung der 'musica intra muros' des 'Cäcilianismus' zu überwinden und den Anschluss der 'musica sacra' an die 'musica profana' durch gute Gebrauchsmusik zurückzugewinnen.*" – Franz Klein, Adam Lenart: Lemacher, Heinrich. Vgl.: http://hermann-schroeder.de/biografie/whoswho/lemacherheinrich.html [zuletzt aufgerufen am 7.5.2015]. – Vgl. auch: Karl Gustav Fellerer: Lemacher, Heinrich. In: Neue Deutsche Biographie, Bd. 14 LAVARRENZ – LOCHER-FREULER. Berlin: Duncker u. Humblot 1985, S. 180-181.

[206] Prof. Dr. Gerhard Kallen (1884-1973) stammte vom Kallenhof am Stadtrand von Neuss und gehörte damit wie die Frings und die Werhahns zum großbürgerlichen katholischen Establishment der Stadt. 1909 schloss er in Bonn sein Studium der Geschichte, Philosophie und Geographie ab. In den Jahren vor dem Ersten Weltkrieg edierte er zum einen im Auftrag der Gesellschaft für Rheinische Geschichtskunde die Statuten des Kölner Domkapitels vom 12. bis zum 18. Jahrhundert und erwarb zugleich die Berechtigung zu einer Anstellung an einer höheren Schule. Kallen nahm als Kriegsfreiwilliger am Ersten Weltkrieg teil

ser Personengruppe zuzurechnen. Die Mitarbeit des im Laufe seiner Berufskarriere zu großem Ansehen gelangenden Architekten Professor Dominikus Böhm[207] sollte sich insbesondere für die Gestaltung der Ausstellungsräume und für die raumkünstlerische Präsentation der Schau als sehr segensreich erweisen (vgl. Kap. 3.2.). Die Mitarbeit des am traditionsreichen Kölner Dreikönigsgymnasium tätigen Altphilologen Professor Josef Kuckhoff im Ausstellungsdirektorium resultierte möglicherweise aus einer persönlichen Nähe Bernhard Marschalls zu Kuckhoff. Denn dieser war wie Marschall in den 20er Jahren in der Rundfunkarbeit aktiv.[208]

---

und kehrte erst im Sommer 1919 nach vierjähriger französischer Kriegsgefangenschaft nach Deutschland zurück. Zunächst bis 1925 als Studienrat an der Neusser Oberrealschule tätig, erhielt Kallen im Sommer 1927 nach einem längeren Berufungsverfahren eine Professur am Historischen Seminar der Universität zu Köln. Wegen seiner im Dritten Reich erschienenen Schriften wurde Kallen im Oktober 1946 von der britischen Militärverwaltung seines Amtes enthoben; 1948 jedoch vom Kultusministerium des Landes Nordrhein-Westfalen wieder in sein früheres Ordinariat eingesetzt. 1952 wurde Kallen dann emeritiert und beendete zwei Jahre später endgültig seine Lehrtätigkeit an der Kölner Universität, als sein Nachfolger berufen worden war. – Zu Leben und Werk von Kallen ausführlich: Klaus Pabst: 'Blut und Boden' auf rheinische Art. Gerhard Kallen, der Nationalsozialismus und der Westraum. In: Griff nach Westen. Die 'Westforschung' der völkisch-nationalen Wissenschaften zum nordwesteuropäischen Raum (1919-1960). Hrsg. von Burkhard Dietz [u.a.]. Bd. 1-2. (Studien zur Geschichte und Kultur Nordwesteuropas; 6). Münster: Waxmann 2003, S. [945]-978; hier insbesondere S. 947-948, 950-953 und 976-977. – Pabst sieht in Kallen keinen eigentlichen Nationalsozialisten sondern charakterisiert ihn "*eher als politisch konservativer Katholik mit starken deutschnationalen Zügen*". Gleichwohl tat er nach 1933 "[...] *teils aus Überzeugung, vielleicht aber auch aus Opportunismus sehr viel mehr, als unumgänglich war, um das Regime zu feiern und seine außen- und rassenpolitischen Ziele zu unterstützen*", (ebd., S. 977).

[207] Dominikus Böhm (1880-1955) wurde in Jettingen an der Mindel geboren und entstammte einer alten bayerisch-schwäbischen Baumeisterfamilie. Als Verfechter eines zeiteigenen modernen katholischen Kirchenbaus gilt Böhm als einer der bedeutendsten Kirchenarchitekten der ersten Hälfte des 20. Jahrhunderts, auch wenn längst nicht alle seine Pläne und Vorhaben aufgrund der Zeitumstände realisiert werden konnten. 1926 als Leiter der Abteilung für kirchliche Kunst an die Kölner Werkschulen berufen (vgl. Kap. 3.2.2.), übte Böhm diese Lehrtätigkeit zunächst bis 1934 aus, ehe er sein Lehramt unter den Nationalsozialisten verlor. Nach dem Zweiten Weltkrieg kehrte er noch einmal von 1947 bis 1953 an die Kölner Werkschulen zurück. Zu Dominikus Böhm siehe: Dominikus Böhm. Mit Beiträgen von August Hoff [u.a.]. München: Schnell u. Steiner 1962. 541 S. sowie: Dominikus Böhm 1880-1955 [anlässlich der Ausstellung: 'Raum ist Sehnsucht'. Der Kirchenbaumeister Dominikus Böhm 1880-1955, vom 16. April bis 19. Juni 2005 veranstaltet vom Deutschen Architektur-Museum (...) Frankfurt a.M., vom 24. September bis 11. Dezember 2005 im Museum für Angewandte Kunst, Köln]. Tübingen: Wasmuth 2005, 200 S.

[208] Prof. Josef Kuckhoff (1878-1944) studierte Philologie in Bonn und übte nach dem Staatsexamen zunächst Lehrtätigkeiten in Bonn, Münstereifel und Wipperfürth aus. Ab 1907 war er am Burggymnasium in Essen tätig. 1916 wurde er unter Verleihung des Titels Professor an das Kölner Dreikönigsgymnasium berufen, wo er in den Fächern Latein, Griechisch, Deutsch und Geschichte unterrichtete. In seiner wichtigsten Publikation hat Kuckhoff

Dem Ausstellungsdirektorium gehörten neben Fritz Witte mit Dr. Friedrich Lohmann[209] und Dr. Wilhelm Ewald[210] zwei weitere mit historischen Sammlungen in Köln betraute Direktoren an. Lohmann leitete damals das erst wenige Jahre zuvor begründete Historische Archiv des Erzbistums Köln und Ewald hatte 1925 die Leitung des 'Historischen Museums' in Köln, des heutigen Kölnischen Stadtmuseums übernommen. Er brachte sicherlich neben Witte die größte Ausstellungserfahrung ein, da er zusammen mit dem Wirtschaftshistoriker Bruno Kuske die große Kölner "Jahrtausendausstellung" vorbereitet und durchgeführt hatte.[211]

---

eine ausführliche historische Würdigung zu dieser auf eine mittelalterliche Burse der Artistenfakultät zurückgehenden Bildungsstätte verfasst (Die Geschichte des Gymnasium Tricoronatum. Köln: Bachem 1931, 672 S.). Sein politisches Engagement, Kuckhoff war u.a. zwischen 1912 und 1918 Mitglied des Deutschen Reichstages gewesen, hatte unter den Nationalsozialisten ein Berufsverbot zur Folge: Kuckhoff wurde bereits Pfingsten 1933 beurlaubt und 1934 ganz aus dem Schuldienst entlassen. Seine letzten beiden Lebensjahre verbrachte Kuckhoff in Hildesheim bei seinem zweiten Sohn, der dort als Militärpfarrer tätig war. – Vgl. Nestor Kuckhoff: In Memoriam J. Kuckhoff. In: Tricoronatum. Festschrift zur 400-Jahr-Feier des Dreikönigsgymnasiums. Köln: Kölner Universitätsverlag 1952, S. 155-158.

[209] Der katholische Priester Dr. Friedrich Lohmann (1875-1952) war zunächst als Pfarrer in Zündorf tätig und wurde 1921 erster Direktor des Historischen Archivs des Erzbistums Köln. Vgl.: Toni Diederich: Zur Geschichte des Historischen Archivs des Erzbistums Köln. In: Das Historische Archiv des Erzbistums Köln. Übersicht über seine Aufgaben, Geschichte und Bestände. (Studien zur Kölner Kirchengeschichte; 31). Siegburg: Schmitt 1998, S. 17-64. – Hier insbesondere S. 30 und S. 53.

[210] Prof. Dr. Wilhelm Ewald (1878-1955) studierte zunächst Theologie in Bonn, danach Kunstgeschichte, Archäologie und Geschichte in Innsbruck. Nach etlichen Jahren wissenschaftlicher Tätigkeit, Ewald erarbeitete u.a. im Auftrag der Gesellschaft für Rheinische Geschichtskunde das ab 1906 publizierte sechsbändige Werk "Rheinische Siegel" und war Mitautor des 1921 publizierten Werkes "Kunstdenkmäler zwischen Maas und Mosel", war er ab 1924 in den Diensten der Stadt Köln tätig, nachdem er bereits etliche Jahre zuvor das Städtische Museum in Neuss, das heutige Clemens-Sels-Museum, aufgebaut hatte. Neben der Vorbereitung der Jahrtausendausstellung übernahm er zum Jahresbeginn 1925 die Leitung des damals unter der Bezeichnung "Historisches Museum" geführten Kölnischen Stadtmuseum. Nach der PRESSA erhielt er eine Lehrtätigkeit an der Universität Köln und wurde beauftragt, das von Oberbürgermeister Adenauer initiierte Rheinische Museum aufzubauen. Dieses erst 1936 eröffnete Museum sollte als ein rheinisches Zentralmuseum ab dem Jahre 800 fungieren und erhielt seinen Standort in der alten Deutzer Kürassierkaserne, in der während der PRESSA die kulturhistorische Abteilung untergebracht war (vgl. Kap. 1.1.). Somit war auch für diese Immobilie, ähnlich wie im Falle der alten Deutzer Abtei, nach dem Ende der Presseschau eine sinnvolle Nachnutzung sicher gestellt. – Vgl. Eintrag "Wilhelm Ewald" in: http://de.wikipedia.org [zuletzt aufgerufen am 6.5.2014]. – Ferner: Kürschners Deutscher Gelehrten-Kalender 1940/41. Hrsg. v. Gerhard Lüdtke. 6. Ausg. Bd. 1. Berlin: DeGruyter 1941, Sp. 391.

[211] Vgl.: Katalog der Jahrtausend-Ausstellung der Rheinlande in Köln [...] (wie Anm. 22). Ewald gehörte dem geschäftsführenden Vorstand der Ausstellung an, war neben Kuske

Die übrigen Mitglieder des Ausstellungsdirektoriums fallen wohl am ehesten unter die Rubrik "Verbandsfunktionäre". Unter diesem Etikett ist die Mitwirkung eines Sprosses der Kölner Verlegerfamilie Bachem[212], die Berufung des Düsseldorfer Malers "Peter" Schöllgen, der in der Liste als Kunstwart des Volksvereins[213] tituliert wird sowie des die Geschäfte des Augustinus-Vereins führenden "Generalsekretär Weber"[214] einzuordnen. War hierdurch ein Kontakt zur katholischen Zeitungspresse gegeben, so konnte über den ebenfalls berufenen Leiter der Düsseldorfer Bücherstube, Dr. Eduard Maria Lange[215], ein solcher zum Buchhandel gepflegt werden. Auch die auf der Liste an letzter Stelle genannte und später durch andere Personen ersetzte einzige Frau auf der Liste, "Dr. Wingerath", dürfte wegen ihrer Verbindung zu katholischen Vereinen und zur Politik für eine Mitarbeit an der

---

Mitherausgeber des Amtlichen Katalogs und für die fachmännisch-wissenschaftliche Leitung der Ausstellung verantwortlich (ebd., S. V).

[212] Hier handelt es sich wohl um den in der Öffentlichkeit weniger bekannten, zur vierten Generation der Verlegerfamilie gehörenden Dr. Franz Carl Bachem (*1898). Dieser trat 1920, also in dem gleichen Jahr als sein Vater Franz Xaver Bachem die Kölnische Volkszeitung verkaufte (vgl. Anm. 179), in die Firma ein und gehörte auch 1949 noch zu den Mitteilhabern des Verlags. Franz Carl Bachem wurde 1922 an der Fakultät der Wirtschafts- und Sozialwissenschaften der neu begründeten Kölner Universität mit einem für ihn naheliegenden aktuellen Thema zum Verlagsbuchhandel promoviert, die genaue Themenformulierung lautet: *Die Lage des deutschen Buchverlags in der gegenwärtigen Krise des deutschen Gesamtbuchhandels, unter besonderer Berücksichtigung der Schwierigkeiten zwischen dem Verlag, der Autorenschaft und dem Sortiment,* ein maschinenschriftliches Exemplar der Dissertation bewahrt die Universitäts- und Stadtbibliothek Köln auf. – Siehe auch: Josef Peter Bachem: Zur Geschichte der Firma J.P.Bachem in Köln 1943-1949. Köln 1949. [10 ungez. Bl.]. Hier Bl. 6^{r}.

[213] Gemeint ist wohl der Volksverein für das katholische Deutschland. Zu Peter Schöllgen konnten keine näheren biographischen Angaben ermittelt werden. Der Vorname wurde in der protokollierten Liste sehr wahrscheinlich falsch wiedergegeben, denn tatsächlich war hier wohl der Düsseldorfer Maler Hubert Schöllgen (1897-1978) gemeint: Im 'Führer durch die katholische Sonderschau' [...] (wie Anm. 14) wird auf S. 91 ein Werk eines H. Schöllgen kurz beschrieben. – Vgl. auch: http://de.wikipedia.org/wiki/Hubert_Sch%C3%B6llgen [zuletzt aufgerufen am 6.5.2014].

[214] Zu Franz Weber vgl. Fußnote 190.

[215] Zu Dr. Eduard Maria Lange und seiner Tätigkeit in der Düsseldorfer Bücherstube liegen dem Verf. nur wenige Informationen vor. Jedenfalls wurde er 1924 an der Universität zu Köln mit einer Arbeit zum sozialen Katholizismus im Frankreich des 19. Jahrhunderts promoviert (der Titel seiner maschinenschriftlichen Dissertation lautet: *Frédéric Le Play und die katholisch-soziale Bewegung in Frankreich*). Im September 1928 war Lange, der sich selbst als ein gebürtiger Kölner bezeichnete, bei der Landes- und Stadtbibliothek Düsseldorf, einer Vorgängereinrichtung der heutigen Universitäts- und Landesbibliothek Düsseldorf, tätig. – Vgl. Schreiben von Dr. phil. et rer. pol. Eduard M. Lange an Oberbürgermeister Adenauer vom 19.9.1928, handschriftl., 3 Bl. (HAStK 902/134/3, S. 355ff.). – Eduard M. Lange ist nicht identisch mit einem 1895 geborenen Philosophen und Staatswissenschaftler gleichen Namens.

Ausstellung benannt worden sein: Elisabeth (Emmy) Wingerath war nach einer mehrjährigen Tätigkeit als Dezernentin für Staatsbürgerliche Schulung in der Zentrale des Katholischen Deutschen Frauenbundes seit 1925 Sozialreferentin beim Wohlfahrtsamt der Stadt Köln.[216] Dass sie schließlich doch nicht im Ausstellungsdirektorium der Katholischen Sonderschau mitwirkte, mag auch damit zusammenhängen, dass Wingerath in der Gesamtpressa die Geschäftsführung der umfangreichen Sonderausstellung 'Frau und Presse' oblag.[217]

Ohne Zweifel war es Bernhard Marschall somit durch diese Umbesetzungen nach dem Ausscheiden Kiskys letztendlich gelungen, zur Vorbereitung der katholischen Sonderschau einen qualifizierten Kreis katholischer, in den Rheinlanden beheimateter Kleriker und Laien um sich zu scharen. Aus rein pragmatischen Gründen mag es sicher für die konkrete Vorbereitung der Ausstellung vorteilhaft gewesen sein, in der letztgenannten Gruppe ausschließlich Personen zusammen zu bringen, die im Raum Köln und Düsseldorf oder aber in der weiteren Rheinschiene beheimatet waren.

Der Anspruch einer Internationalität, der programmatisch in der Bezeichnung des zu diesem Zwecke gegründeten Vereins, des Internationalen katholischen Comités, erhoben wurde und der anfangs durchaus ernsthaft angedacht worden war, konnte dagegen nicht eingelöst werden. Wenige Jahre nach Ende des Ersten Weltkrieges fehlten aber vermutlich auch einfach die persönlichen Kontakte, um katholische Fachleute aus dem Ausland, etwa aus den Niederlanden oder aus den frankophonen Nachbarländern, für eine Mitarbeit an der Sonderschau zu gewinnen, so wie Bernhard Marschall es sich im April 1927 in seinen ersten Überlegungen für ein solches "*Internationales Katholisches Comitee für die Pressa 1928*" noch vorgestellt hatte[218]:

---

[216] Die aus Essen stammende Professorin Dr. Elisabeth (Emmy) Wingerath (1894-1975) schloss ihr Studium der Nationalökonomie in München und Heidelberg 1919 mit der Promotion ab. Nach der Tätigkeit bei der Stadt Köln wurde sie 1931 zur Professorin für Staatsrecht und Sozialpädagogik am Berufspädagogischen Institut in Köln und Frankfurt am Main berufen. Außerdem war sie ab 1928 Beisitzerin im geschäftsführenden Reichsparteivorstand der Zentrumspartei. Nach dem Zweiten Weltkrieg war sie zunächst als Lehrerin tätig und trat 1949 in den Dienst des Kultusministeriums des Landes Nordrhein-Westfalen ein. Bei ihrer Pensionierung im Jahre 1960 schied sie als Ministerialrätin aus. – Wingerath war in den 20er Jahren als freie Mitarbeiterin der Frauenstunde des Westdeutschen Rundfunks und der Frauenbeilage der Kölnischen Volkszeitung auch publizistisch tätig. – Vgl.: Birgit Sack: Zwischen religiöser Bindung und moderner Gesellschaft. Katholische Frauenbewegung und politische Kultur in der Weimarer Republik (1918/19-1933). (Internationale Hochschulschriften; 266). Münster [u.a.]: Waxmann 1998. 519 S. – Hier biographische Angaben zu Elisabeth Wingerath auf S. 464.

[217] Vgl.: Amtlicher Katalog. Pressa [...] (wie Anm. 45), S. 220.

"Für die Sammlung der Finanzen und des Materials müssen in allen Ländern Vertrauensleute gewonnen werden, natürlich Persönlichkeiten mit bekannten und einflussreichen Namen. Neben den Vertrauensleuten in den einzelnen Ländern muss sich ein kleines Comitee von ca. 3-5 Persönlichkeiten bilden, mit dem das Büro zu arbeiten hat. Diese kleinen Länder-Comitees würden mit einem Deutschen Comitee von ca. 5 Persönlichkeiten das "Internationale Katholische Comitee (IKC) für die Pressa 1928" bilden. Dieses Comitee soll erstmalig nach dem Katholikentag in Dortmund zusammentreten."

---

[218] Einladung zur Frühjahrstagung des ZBA [...] (wie Anm. 160), Anlage zu Punkt 5, Bl. 6.

2.2. Konzeptionelle Planungen für die Katholische Sonderschau

Ein wesentlicher Impuls für die Planer der Katholischen Sonderschau, sich an der PRESSA zu beteiligen, bestand darin – wie bereits dargestellt wurde – in einen Wettstreit mit anderen Glaubensgemeinschaften und säkularen Weltanschauungen zu treten. Man glaubte, dieser Konkurrenz selbstbewusst durch eine großartige Kulturschau die Stirn bieten zu können. Doch wie sollte diese Zielsetzung nun konkret in eine Ausstellung umgesetzt werden?

Erste, noch sehr vage inhaltliche Überlegungen zur katholischen Schau enthält die vor dem 26. April 1927 entstandene Anlage, die Bernhard Marschall zusammen mit der Einladung zur Frühjahrstagung des ZBA verschickte. Hier hieß es:

> *"Im 'Katholischen Haus' soll eine internationale katholische Kulturschau gezeigt werden. Dargestellt müsste z.B. werden: Die Hierarchie auf der ganzen Welt, die Missionsstationen auf der ganzen Welt, ferner das kath. Schulwesen der Welt, dieses alles illustriert durch die besonderen Baudenkmäler in den verschiedenen Ländern (als Modelle), alles stark typisiert. So z.B. die kath. Volksbibel vor und nach Martin Luther, die Form der kath. Mitteilungen des Apostolischen Stuhles und der Bischöfe, auch in den Missionsländern, die kath. Sonntagsblätter, illustrierte Beilagen usw. Rom als Mittelpunkt soll besonders hervortreten. Zur Belebung der ganzen Kulturschau werden hervorragende Archivstücke (päpstliche Bullen usw.) und bedeutende Kunstwerke im Original oder guter Nachbildung eingefügt.*
>
> *Es muss durch Umfrage bei deutschen und ausserdeutschen Verlegern und Zeitungen festgestellt werden, wie weit sie sich schon zu einer Beteiligung in anderen Gruppen entschlossen haben, und sie müssen alle gebeten werden, trotzdem ihr Hauptaugenmerk auf 'Das Katholische Haus' zu richten (an die deutschen Verleger ist bereits ein solches Rundschreiben ergangen)."* [219]

Ein gegliedertes Ausstellungskonzept existierte zu diesem frühen Zeitpunkt also noch nicht. Der Autor des Textes ließ sich aber von dem Gedanken leiten, die Internationalität einer katholischen Kirche, die hierarchisch verfasst und auf Rom und das Papsttum hin zentriert ist, darzustellen.

Konkretere und bereits inhaltlich differenziertere Gedanken, wie der Katholizismus unter Beteiligung des katholischen Auslandes apologetisch und missionierend präsentiert und das Wirken und Leben der Katholischen Kirche in allen Beziehungen des Kulturlebens verdeutlicht werden könne, wurden rund vier Monate später, im August 1927, im dritten Abschnitt einer für die Mitglieder des Zentralkomitees der Deutschen Katholiken verfassten Denkschrift[220], dargelegt. Der Abschnitt stand unter der Überschrift "*Wie ist eine solche Weltschau des Katholizismus möglich?*"

---

[219] Einladung zur Frühjahrstagung des ZBA am Mittwoch, den 11. Mai 1927 [...] (wie Anm. 160), Anlage 5, Bl. 3.

[220] [Denkschrift] Katholizismus und Internationale Presse-Ausstellung [...] (wie Anm. 94).

Auch dieses Konzept spiegelt einen noch vorläufigen Planungsstand wider und unterscheidet sich ziemlich deutlich von der später tatsächlich realisierten Katholischen Sonderschau. Daher sollen diese Darlegungen ausführlich dokumentiert werden[221]:

Schon das Leitmotiv für die gesamte Sonderschau wich von der späteren Konzeption ab. Es sollte "*Das geschriebene und gedruckte Wort im Dienste der katholischen Kirche*" sein.[222] Dies war quasi eine institutionelle Vereinnahmung der geschriebenen und gedruckten Kommunikationsmedien und eine deutliche Engführung gegenüber der später gewählten, allgemeineren Formulierung "*2000 Jahre Katholisches Schrifttum*". In diesen frühen Überlegungen rückten kirchliche Lehrautoritäten, das Papsttum und die päpstliche Behörde noch vor die Heilige Schrift als Buch der Bücher und standen am Anfang des Ausstellungsplanes, der den Adressaten der Denkschrift teilweise recht plastisch veranschaulicht wurde[223]:

> "*Die Deutzer Kirche, ein wundervoller, künstlerisch unübertrefflicher Raum ist schon an sich ein Repräsentant katholischer Kulturgrösse. Hier werden die Vertreter der katholischen Kirche aus allen Zeiten zu sehen sein, deren Stimme durch alle Jahrhunderte und über die ganze Welt gehört worden ist und gehört wird. Hier wird sich die Kirche als Verkündigerin des Wortes Gottes vornehm präsentieren.*
>
> *Es werden dann in langer Reihe auf über 3.000 qm die einzelnen Räume folgen, sich inhaltlich fortsetzend und ergänzend:*
>
> *Der erste Raum wird dem Papsttum gewidmet. Neben Büsten und Bildern von Päpsten wird vor allem die weit reichende Wirkung päpstlicher Kundgebungen gezeigt, die – auch ohne die modernen technischen Hilfsmittel für die Nachrichten-Uebermittlung – zu allen Zeiten die gesamte christliche Welt erfassten. Wir sehen, wie blitzartig der gewaltige Apparat der Hierarchie von Rom aus wirkt, zu wie viel Millionen von Menschen in kürzester Zeit von hier aus das Wort der Kirche dringt, wie sich die Geister danach einstellen, wie sich scheiden.*
>
> *Weiter sehen wir das Buch der Bücher, die Heilige Schrift, und was aus ihr geflossen ist in einzelnen Exemplaren von Schriften aller Zeiten, Sprachen und Länder. Das Messbuch der Kirche, die Postille in der Familie wird zu sehen sein. Das geistliche Schauspiel nach biblischen Stoffen in seiner ganzen Auswirkung wird dem Beschauer die reiche Fülle kultureller Anregungen zeigen, die aus dieser Quelle geflossen sind.*"

Als besondere Schwerpunkte und Themen, durch die sich das kulturelle Wirken sowie die Bedeutung und Überlegenheit der katholischen Kirche zu allen Zeiten darstellen ließ, wurden des weiteren in diesen Darlegungen das Mönchtum, die katholische Wissenschaft, die religiöse Unterweisung durch den Katechismus, die Missionsarbeit und die katholische Soziallehre ausführlich erwähnt[224]:

---

[221] Ebd., Bl. 2-4.
[222] Ebd., Bl. 2.
[223] Ebd., Bl. 2-3.
[224] Ebd., Bl. 3-4.

"Ein anderer Raum wird uns die Regel des Hl. Benedikt in ihrer Wirkung erscheinen lassen. Wir sehen die Klöster, die nach dieser Regel entstanden sind, als Vorwerke der Kultur überall und zu allen Zeiten, im Bilde und auf der Karte. Thomas von Kempen wird als lebendige Macht, ebenso das Exerzitien-Büchlein des Hl. Ignatius dargestellt in Dioramen, Bildern und Zeichnungen.

Eine folgende Tür führt uns in den Ehrensaal katholischer Wissenschaft. Man sieht die bleibende Macht der großen Philosophen in ihren Werken bis heute. Die Universitäten des Mittelalters in ihrem geistigen Ringen vor und neben den katholischen Universitäten unserer Tage werden die Möglichkeit geben, die katholische Wissenschaft als internationale Macht besonders hervortreten zu lassen.

Katholisch nach Zeit und Art wird vor allem ein anderer Raum wirken, der den Katechismus zeigt. Wir sehen eine grosse Wandfläche mit der Weltkarte, auf der die Verbreitung des Katechismus nach Jahrhunderten, Völkern und Sprachen durch bunte, wechselnd aufleuchtende Lämpchen dargestellt wird. Wie klein nach Umfang und Zeit erscheinen demgegenüber alle geistigen Einwirkungen anderer Religionsgemeinschaften! Wir sehen Katechismus-Ausgaben in allen Sprachen und aus allen Zeiten. Wir erleben in Dioramen den Katechismus-Unterricht im frühen Mittelalter, zu Canisius' Zeiten, unter den Negerkindern, in der modernen Arbeitsschule.

Eine besondere Bedeutung kommt in diesem Zusammenhang der katholischen Missionsarbeit zu, insbesondere der Heidenmission. Die Verbreitung der katholischen Lehre durch Wort und Schrift wird gezeigt, der schriftliche Verkehr der Missionare mit den Eingeborenen, die primitive Nachrichtenübermittlung bis zur Missionszeitung und zum Missionsfilm.

In einem weiteren Raum, der als Mittelpunkt Leo XIII. hat, wird die katholische soziale Arbeit gezeigt. Soll man hier, d.h. der breitesten Oeffentlichkeit nicht einmal vor Augen führen, welche Verbreitung die Enzyklika Rerum novarum gefunden hat, in wieviel Sprachen sie übersetzt wurde, welche Flut von Presse-Erzeugnissen und Literatur sie hervorgerufen hat? Man wird dem Laien anschaulich machen können, wie abhängig die Welt auch heute noch, gerade heute, von der katholischen Kirche ist."

Das Ausstellungskonzept schloss ab mit der Benennung weiterer Themen, denen angesichts der Kürze der Darstellung wohl im Hinblick auf die Gesamtintention eher eine gewisse Nachrangigkeit zukam. Dies traf trotz der Akzentuierung "*an hervorragender Stelle*" auch auf das abschließend genannte zeitgenössische internationale katholische Presse- und Buchwesen zu, welches ja angesichts des konkreten Anlasses der Ausstellung, eine Katholische Sonderschau innerhalb einer internationalen Presseausstellung bieten zu wollen, eigentlich im Zentrum der Planungen stehen sollte[225]:

"Es dürfte sich erübrigen, nach diesen wenigen Beispielen im einzelnen auf die weiteren Räume hinzuweisen, die das Schulwesen, allgemeine Volksliteratur, die Caritas, weiter die grossen katholischen Organisationen in ihrer Arbeit für die Verbreitung des Wortes Gottes schildern müssen. Daß mit an hervorragender Stelle die katholische Presse und das katholische Schrifttum aus aller Welt auftreten müssen, braucht kaum erwähnt zu werden."

---

[225] Ebd., Bl. 4.

Der unbekannte Autor dieser Ausführungen hatte seinen Text in einem sehr werbenden Duktus verfasst, was sicherlich von der Sache her richtig war, da er seine Adressaten, die Mitglieder des Zentralkomitees der Deutschen Katholiken, für eine Beteiligung oder zumindest aktive Unterstützung der Katholischen Sonderschau auf der PRESSA zu gewinnen suchte. Dennoch drängt sich bei der Lektüre auch der Eindruck auf, dass er es, um die Bedeutung der Katholischen Kirche auf dem Gebiet der Kommunikationsmedien besonders strahlend erscheinen zu lassen, an manchen Stellen entweder mit der historischen Wahrheit nicht so genau nahm, oder dass er Leistungen in Aussicht stellte, die im Rahmen der Ausstellung wohl kaum zu realisieren waren. Dem Anspruch *Katechismus-Ausgaben in allen Sprachen und aus allen Zeiten* zeigen zu wollen und *die Verbreitung des Katechismus nach Jahrhunderten, Völkern und Sprachen* durch bunte Lämpchen darstellen zu wollen, steht der Befund entgegen, dass die eigentliche Katechismus-Geschichte erst mit der Neuzeit beginnt und dass erst mit Beginn des 16. Jahrhunderts und bald fast ausschließlich der Begriff 'Katechismus' zum Titel eines Buchtyps wird, "[...] *für ein Grundwissen, das der Katechese in Kirche u. Elternhaus – später dazu in der Schule – als Leitfaden dient.*"[226] Eine Aussage, wie etwa der Satz "*Wir sehen, wie blitzartig der gewaltige Apparat der Hierarchie von Rom aus wirkt, zu wie viel Millionen von Menschen in kürzester Zeit von hier aus das Wort der Kirche dringt, wie sich die Geister danach einstellen, wie sich scheiden*" ließ sich wohl kaum im Rahmen einer Ausstellung veranschaulichen. Und wenn das Papsttum und das Wirken des *gewaltige*[n] *Apparat*[es] *der Hierarchie von Rom aus* an den Anfang der Ausstellung und noch vor die Heilige Schrift gesetzt werden sollte, dann ist eine geistige Nähe des Autors dieses Textes zum Ultramontanismus wohl unverkennbar. Dabei klammerte dieser Ausstellungsplan heikle Themen, wie etwa die über den 'Index der verbotenen Bücher' ausgeübte Praxis der kirchlichen Bücherzensur, völlig aus.[227]

Zwei weitere Schriftstücke in den Akten des Erzbischöflichen Generalvikariates in Köln zur PRESSA[228] korrespondieren mit dieser ursprünglichen Ausstellungskonzeption. Ein undatiertes, aber wohl ebenfalls vor September 1927 entstandenes elfseitiges maschinenschriftliches Typoskript mit der Überschrift "Repräsentationsraum die alte Deutzer Kirche"[229] führte recht detailliert aus, was in den einzelnen Räumen gezeigt werden sollte. Eine auf zwei Seiten reduzierte, von der kon-

---

[226] Stubenrauch, Bertram: Katechismus. In: LThK³, Bd. 5. Freiburg i.Br. [u.a.]: Herder 1996, Sp. 1311-1316. – Zitat s. Sp. 1312.

[227] Rees, Wilhelm: Index der verbotenen Bücher (Index librorum prohibitorum). In: LThK³, Bd. 5. Freiburg i.Br. [u.a.]: Herder 1996, Sp. 445-448.

[228] AEK CR I 27,24.

[229] Dem Typoskript beigeheftet ist die auf August 1927 datierte Einladung des seinerzeitigen Geschäftsführers des IKC, Dr. Kisky, zur Sitzung des IKC am 7.9.1927 in Dortmund; vgl. Anm. 169.

zeptionellen Planung her aber identische Kurzbeschreibung unter dem Titel "Die katholische Abteilung auf der Pressa 1928" wurde zusammen mit einem Finanzierungsplan einem hektographierten, "An die Hochwürdigsten Herren Bischöfe der Fuldaer Bischofskonferenz" gerichteten, auf den 21. September 1927 datierten Schreiben beigefügt, in dem Bernhard Marschall unter dem Briefkopf des Zentralbildungsausschusses und im Namen des am 7. September 1927 gebildeten Finanzausschusses des Internationalen Katholischen Comités mit Nachdruck um eine finanzielle Beihilfe für die geplante Sonderschau bat (vgl. auch Kap. 2.3.).

In beiden Schriftstücken wurde neben der Nutzung der alten Deutzer Abteikirche als Repräsentationsraum folgendes Gliederungskonzept für die Sonderschau dargelegt[230]:

Raum 1: wird dem Papsttum gewidmet
Raum 2: Die Heilige Schrift und ihre Verbreitung
Raum 3: Die Klöster als Pflegestätten des Schrifttums
Raum 4: Die Wissenschaft im Dienste der Kirche[231]
Raum 5: Der Katechismus in allen Sprachen und bei allen Völkern
Raum 6 und 7: Missionsausstellungen
Raum 8: Die Caritas
Raum 9: Das soziale Schrifttum
Raum 10: Das moderne katholische Schrifttum

Über das, was in den einzelnen Räumen gezeigt werden sollte, gab es zu diesem Zeitpunkt teilweise schon sehr konkrete Vorstellungen. Beispielhaft sei hier wörtlich die Beschreibung des Papstraumes wiedergegeben[232]:

> "[...] *In der Mitte eine Büste des jetzt regierenden Papstes (Büste von Menser in Bonn, ev. auch Bild aus Beuthen). Ringsherum gruppiert Büsten und Bilder von anderen Päpsten, namentlich den vier letzten. Bilder, die berühmte Szenen aus der Papstgeschichte darstellen (Reproduktionen) z.B.*
> *Kaiserkrönung Karls d. Grossen von Raffael.*
> *Die Konstantinische Schenkung von Raffael.*
> *Bonifazius* [!] *VIII. verkündet den ersten Jubiläums-Ablass (Or. von Giotto)*
> *Einzug Gregors XI. in Ancona von Pinturicchio (Or. in Siena)*
> *Sixtus IV. übertägt*[!] *dem Platina die Leitung der vatikanischen Bibliothek von Melozzo da Forli.*

---

230 Zusammengefasst aus: Die katholische Abteilung auf der Pressa 1928 [maschinenschriftl., 2 Bl., undatiert, September 1927]. In: AEK CR I 27,24.

231 Hier heißt es abweichend in dem zeitlich etwas früher zu datierenden, 11-seitigen Typoskript "Repräsentationsraum die alte Deutzer Kirche": *Die kirchliche Wissenschaft, besonders die Scholastiker und ihre Schriften.*

232 AEK CR I 27, 24, Repräsentationsraum die alte Deutzer Kirche [maschinenschriftl., 11 ungez. Bl., undatiert, ca. August 1927], hier Bl. 3.

Das Konzil von Trient, von Tizian (Or. im Louvre)
Das Vatikanische Konzil.
Ansichten von der Peterskirche und dem Vatikan.

Die bekanntesten Bullen und Enzykliken, die an die ganze Kirche gerichtet sind (in Nachbildungen u. Photographien) s. bes. Verzeichnis.

Zur Illustrierung ihrer Auswirkung Karten über die Ausbreitung des Christentums und der kirchlichen Hierarchie
a) im Altertum
b) im frühen Mittelalter
c) im Hochmittelalter
d) zu Beginn der Neuzeit
e) heute

Abbildung des berühmten Schreins, der die Bulle über die unbefleckte Empfängnis in 110 Bänden enthält. (Or. im Vatikan)

Päpstliche Bullen, Breven und Privilegien für bestimmte Empfänger zur Illustrierung des päpstlichen Schrifttums.
Originale vom 11. bis zum 19. Jahr. (s. bes. Verzeichnis)"

Dieser frühe, die kirchliche Lehrautorität und das Papsttum stark hervorhebende Ausstellungsplan unterschied sich sehr grundlegend von der schließlich realisierten Katholischen Sonderschau (vgl. Kap. 3.2.), in der kulturhistorische, buchkundliche und aktuelle Aspekte zum Zusammenwirken von Kirche und Katholizismus und Printmedien überwogen. In der später realisierten Ausstellung wurde beispielsweise die alte Deutzer Abteikirche für die kirchenmusikalische Abteilung der Schau genutzt. Kein einziger Raum wurde mehr exklusiv dem Papsttum, den päpstlichen Verlautbarungen oder den Kirchenvätern vorbehalten.

In den wenigen Monaten zwischen September 1927 und Mai 1928 haben also die Mitglieder des Vorstandes und des Ausstellungsdirektoriums des IKC die ursprünglichen Planungen sehr deutlich revidiert. Da es hierzu keine schriftlichen Aufzeichnungen etwa in Form von Korrespondenzen gibt, kann man über die Gründe für diese Revision nur spekulieren. Angesichts der Radikalität der konzeptionellen Veränderungen scheint es jedoch so zu sein, dass nicht formale, ausstellungsdidaktische Überlegungen, etwa im Hinblick auf die Praktikabilität der Realisierung des Konzeptes, im Vordergrund standen, sondern dass es eine tiefergehende inhaltliche Erörterung der Frage gab, wie der Katholizismus am besten im Rahmen der Katholischen Sonderschau präsentiert werden könne. Zu vermuten ist, dass insbesondere die durch ihre wissenschaftlichen oder künstlerischen Leistungen oder durch ihre Leitungstätigkeit eines Museums ausgewiesenen neuen Mitglieder des Vorstandes und des Ausstellungsdirektoriums Einfluss auf die Umformung des Ausstellungsplans genommen haben. Nicht auszuschließen ist, dass auch die Argumentation, die katholische Abteilung sei gewissermaßen eine Fortsetzung der Kulturhistorischen Abteilung der PRESSA, mit der man bei der Stadt Köln und der Messeleitung um finanzielle Unterstützung warb (vgl. Kap. 2.3.), ihren Anteil an der Umformung des Ausstellungskonzepts hatte.

Dass diese Revision des Ausstellungskonzeptes wohl in mehreren Schritten erfolgte, belegt ein weiterer, in den Akten des Kölner Generalvikariates zur PRESSA aufgefundener, zweiseitiger maschinenschriftlicher "Ausstellungsplan".[233] Da im Briefkopf als Geschäftsstelle des IKC das Görres-Haus am Kölner Neumarkt angegeben wird, ist der Plan zeitlich nicht vor dem Ausscheiden von Wilhelm Kisky als Geschäftsführer des IKC, also nicht vor Ende Oktober / Anfang November 1927, zu datieren. Zugleich liegt dieser Plan aber einem Schriftwechsel bei, in dem die Anweisung zweier Zuschussraten des Erzbistums Köln für die Katholische Sonderschau in Höhe von jeweils 4.000,- RM vermerkt wurde. Geht man davon aus, dass dem Ausstellungsplan in der Akte die Funktion eines Verwendungsnachweises der gezahlten Gelder zukam, so darf als spätester Zeitpunkt der Abfassung ein Datum vor Zahlung der ersten Rate, also vor dem 22. Dezember 1927, vermutet werden.[234]

Insgesamt ist diesem "Ausstellungplan"[235] eine Mittelstellung zuzuweisen, da hier sowohl erstmals deutliche Modifikationen gegenüber der ursprünglichen Planung festzustellen sind, als auch noch deutliche Abweichungen zur tatsächlich realisierten Katholischen Sonderschau zu konstatieren sind. Erstmals fand hier in noch leicht modifizierter Form das spätere Motto der Katholischen Sonderschau als Überschrift Verwendung: *Leitgedanke: "Zwanzig Jahrhunderte katholisches Schrifttum".*[236] Der Ausstellungsplan war streng systematisch gegliedert und zu insgesamt sechs Abteilungen zusammengefasst. Die Abteilungen III und VI wurden sehr detailliert in einzelne Gruppen und Untergruppen unterteilt, die übrigen Gruppen wurden inhaltlich nur kurz beschrieben. Auf eine Zuordnung der einzelnen Teile der Ausstellung zu konkreten Räumen innerhalb der Deutzer Abtei wurde komplett verzichtet.

---

[233] Ausstellungsplan. Leitgedanke: "Zwanzig Jahrhunderte katholisches Schrifttum" [maschinenschriftl., 2 Bl., undatiert, ca. Nov. / Dez. 1927], In: AEK, CR I 27,24.

[234] Eine Unterstützung in Höhe von 8.000,- RM, zahlbar in zwei Raten, wurde dem amtierenden Geschäftsführer des IKC, Dr. Kisky, in einem Schreiben von Generalvikar Dr. Vogt vom 3.9.1927 mitgeteilt. Die erste Rate wurde am 22.12.1927, die zweite Rate am 14.4. 1928 zur Zahlung angewiesen. In: AEK, CR I 27,24.

[235] Vgl. Anm. 233.

[236] In der von Bernhard Marschall verfassten Einleitung zum Ausstellungskatalog der Katholischen Sonderschau heißt es: "*Uns wurde die große Aufgabe* [gegeben], *sichtbar darzustellen, wie die Kirche ihre göttliche Aufgabe unter den Menschen in allen Zeiten, Zonen und Zungen auch durch das geschriebene und gedruckte Wort zu verwirklichen sucht. Wir gaben dieser Aufgabe die Aufschrift* ***'2000 Jahre katholisches Schrifttum'*** [...]". Vgl.: Führer durch die Katholische Sonderschau der PRESSA [...] (wie Anm. 14), S. 5, Hervorhebung des Mottos durch den Verf.

Der Gliederung wurde unter der Überschrift *Ehrenhof* ein völlig neuer Punkt vorangestellt[237]:

> "*In der Mitte des Klosterhofes wird Christus als Mittelpunkt des katholischen Schrifttums in moderner Plastik dargestellt. Es soll durch ein Preisausschreiben ein künstlerisch geeigneter Entwurf ermittelt werden.*"

Inhaltlich wurde mit dieser Absicht sowohl ein erster deutlicher künstlerischer Akzent gesetzt, da nun eine modern gestaltete Christusstatue quasi als "Blickfang" für die Ausstellungsbesucher an prominenter Stelle im Innenhof der Abtei aufgestellt werden sollte. Zugleich war hiermit ein ekklesiologischer Paradigmenwechsel verbunden. Denn nun sollten nicht länger – im Geiste einer dem ultramontanen Denken verhafteten römisch-päpstlichen Ekklesiologie – die Kirchenväter und die Päpste sondern vielmehr Jesus Christus als Mittelpunkt des katholischen Schrifttums gezeigt werden. Auch dieser Ansatz fand schließlich Eingang in die Sonderschau (vgl. auch Kap. 3.2.): "*Zum sichtbaren Zeichen des Zusammenhangs auch dieser Arbeit mit Christus, unserem Haupte, stellten wir die Christusfigur inmitten der katholischen Schau auf, geformt vom modernen Kunstwillen, ein künstlerisches Symbol für den Gedanken: 'Christus, Ausgangs- und Zielpunkt des katholischen Schrifttums'.*"[238]

Die Abteilungen I und II können unter die Überschriften 'Kirchenväter' und 'Päpste' subsummiert werden. Somit finden sich auf den ersten Blick hier die Teile wieder, die auch ursprünglich an den Beginn der Sonderschau gesetzt werden sollten:

> "Abteilung I. *Überblick über die bildliche Darstellung der Evangelisten und Kirchenväter im Wandel der Zeiten.*
>
> Abteilung II. *Übersicht über die im Schrifttum hervorragenden Päpste. Porträts, Büsten, Autogramma* [!], *Werke dieser Päpste. – Entwicklung des päpstlichen Schrifttums. – Nachrichtendienst der Kirche, Legatenwesen.*"[239]

Bei näherer Betrachtung ergeben sich allerdings auch hier gegenüber dem älteren Plan deutliche inhaltliche Akzentverschiebungen: Den Kirchenvätern wurden die vier Evangelisten zur Seite gestellt, und es kam der kunsthistorische Aspekt der bildlichen Darstellung dieser Personen im Wandel der Zeiten hinzu. In der Papstabteilung ging es nun zuvorderst um *die im Schrifttum hervorragenden Päpste*. Es war nicht länger die Rede davon, dass *in der Mitte eine Büste des jetzt regierenden Papstes* aufgestellt werden sollte, um die *ringsherum* [...] *Büsten und Bilder von anderen Päpsten, namentlich der letzten vier* gruppiert wurden.

---

237 Ausstellungsplan. Leitgedanke: "Zwanzig Jahrhunderte katholisches Schrifttum" [...] (wie Anm. 233), Bl. 1.

238 Führer durch die Katholische Sonderschau der PRESSA [...] (Anm. 14), S. 5.

239 Ausstellungsplan. Leitgedanke: "Zwanzig Jahrhunderte katholisches Schrifttum" [...] (wie Anm. 233), Bl. 1.

Die umfangreich dargestellte dritte Abteilung trug keine zusammenfassende Überschrift, sie kann aber als "Bild- und Textmedien im Dienste der Liturgie und der Verkündigung" verstanden werden. Im Einzelnen führte der Ausstellungsplan aus[240]:

"*Abteilung III.*

Gruppe A. Die Vermittlung der Heilswahrheiten (biblische Vorgänge, Heilslehre, Heiligenleben usw.) durch Bild und Schrift

1. *Das Bild*
   a) *Monumental- und Tafelmalerei, Plastik, Goldschmiedekunst und Glasmalerei*
   b) *Geistliches Schauspiel (Krippen, Prozessionen usw.)*
2. *Die Schrift*
   a) *Die Handschrift und ihr Entstehen. Arten, Form und Ausstattung, Schreibstube (Modell und Bild);*
   b) *Der Druck: Blockbuch, Einblattdruck, Satzdruck (Anteilnahme kirchlicher Genossenschaften an dem frühen Druck) Bibliotheken (Modell und Bild).*
3. *Die Arten der Benutzung: Ambonen, Schola cantorum, Lektorien.*

Gruppe B. Aufgaben, Ziele und Wirkung des Schrifttums

1. *Pflege des antiken Kulturgutes*
2. *Die Bibel*
3. *Die Kirchenväter und Kirchenschriftsteller*
4. *Das liturgische Buch (Missale, Graduale usw.)*
5. *Die Theologie in ihren verschiedenen Disziplinen*
6. *Die weltlichen Wissenschaften und die Universitäten*
7. *Mystik, Erbauungs- und Gebetsliteratur, Heiligenlegende, Wallfahrtsbücher*
8. *Mönchsregeln*
9. *Katechismus und Schule."*

Diese teilweise fast akademische Gliederung der dritten Abteilung bezog somit gegenüber der ursprünglichen Planung in einem viel stärkeren Maße Bildmedien und Gegenstände, die eine für den Betrachter attraktive Veranschaulichung der Ausstellung unterstützen konnten (z.B. Krippen, Goldschmiedekunst), in die Überlegungen mit ein. Außerdem spielten allgemeine kultur- und buchhistorische Aspekte, etwa zur Schrift- und Druckgeschichte, in diesem Konzept eine wichtige Rolle. In Gruppe B dieser Abteilung fanden sich etliche Themen wieder, denen anfangs ein je eigener Raum zugewiesen werden sollte.[241]

---

[240] Ebd.

[241] So könnte man grob folgende Analogie ersehen: Gruppe B 1 *Pflege des antiken Kulturgutes* = Raum 3 *Die Klöster als Pflegestätten des* Schrifttums; Gruppe B 2 *Die Bibel* = Raum 2 *Die Heilige Schrift und ihre Verbreitung*; Gruppe B 5 *Die Theologie in ihren verschiedenen Disziplinen* und Gruppe B 6 *Die weltlichen Wissenschaften und die Universitä-*

Als "*Abteilung IV. Kirchenlied und Kirchenmusik*"[242] fand sodann ein völlig neues, bislang überhaupt noch nicht vorgesehenes Thema Eingang in die Ausstellungsplanungen. Es war die einzige Abteilung, zu der der Ausstellungsplan keine weiteren inhaltlichen Erläuterungen anbietet. Dies mag man als Indiz dafür werten, dass zum Zeitpunkt der Niederschrift des Planes unter den für die Planung Verantwortlichen zwar einerseits bereits Einigkeit darin bestand, dieser Thematik ein großes Gewicht geben zu wollen, dass es aber andererseits noch keine detaillierten Vorstellungen dazu gab, was man hier zeigen wollte.

Die fünfte Abteilung griff dagegen den Gedanken auf, die Thematiken Mission und Missionsschrifttum breit darzustellen.[243] Allerdings traten hier nun die Aspekte der historischen Ausbreitung des Christentums und der Gedanke einer weltumspannenden Kirche hinzu[244]:

> "*Abteilung V.* *Die großen Sendboten der katholischen Kirche (Bonifatius, Dionysius, Servatius, Patrick usw.) in Bildnissen und Erinnerungen.*
> *Die katholischen Missionen und die Congregatio de Propaganda fide.*
> *Plastische Darstellung der weltumspannenden Kirche.*"

Wesentlich ausführlicher wurde abschließend das, das 19. und 20. Jahrhundert umfassende publizistische Wirken der Kirche und des Katholizismus geplant[245]:

> "*Abteilung VI.*
> *Gruppe A.*
> 1. *Aufklärung und Säkularisation als Ausgangspunkt der katholischen Aktion*
> 2. *Die Träger der katholischen Aktion und die Wirkung ihres Schrifttums*
> 3. *Die Wegbereiter zur neuen Zeit*
>   *a) auf religiösem,*
>   *b) auf caritativem,*
>   *c) auf politischem Gebiet*
> 4. *Päpstliche Bullen und Enzykliken im 19. Jahrhundert und das Vatikanische Konzil.*
>
> *Gruppe B.* *Das katholische Schrifttum im Dienste der katholischen Aktion der Gegenwart*
> 1. *nach der religiösen,*
> 2. *nach der politischen,*
> 3. *nach der wissenschaftlichen,*
> 4. *nach der sozialen,*

---

ten = Raum 4 *Die Wissenschaft im Dienste der Kirche;* Gruppe B 9 *Katechismus und Schule* = Raum 5 *Der Katechismus in allen Sprachen und Völkern.*

242 Ausstellungsplan. Leitgedanke: "Zwanzig Jahrhunderte katholisches Schrifttum" [...] (wie Anm. 233), Bl. 1.

243 Raum 6 und 7 nach den älteren Planungen.

244 Ausstellungsplan. Leitgedanke: "Zwanzig Jahrhunderte katholisches Schrifttum" [...] (wie Anm. 233), Bl. 2.

245 Ebd.

5. nach der caritativen,
6. nach der volksbildnerischen,
7. nach der jugendpflegerischen Seite hin.
Gruppe C: Die katholische Presse des In- und Auslandes.
Gruppe D: Katholische Buchverleger des In- und Auslandes."

Gewissermaßen finden sich hier vor allem die Räume 8 *Die Caritas,* 9 *Das soziale Schrifttum* und 10 *Das moderne katholische Schrifttum* der älteren Planung wieder. Aber auch der Gedanke, das moderne Papsttum angemessen zu repräsentieren, wurde offensichtlich aufgegriffen. Die mehrfach verwendete Formulierung "Katholische Aktion" für den Verbandskatholizismus und die Hervorhebung des [Ersten] Vatikanischen Konzils fallen auf. In diesen Formulierungen wird dann doch ein der Zeit verhaftetes, stark auf den römischen Führungsanspruch reflektierendes Denken innerhalb der Organisatoren der Sonderschau deutlich.

Mit der systematischen Gliederung wurde ansonsten der Versuch unternommen, das publizistische Wirken des zeitgenössischen Katholizismus in seiner ganzen Breite, so auch auf dem Gebiet der Volksbildung und der Jugendpflege, mit in die Ausstellung einzubeziehen. Zusätzlich zur katholischen Presse fanden nun auch die katholischen Buchverleger einen Platz im Ausstellungskonzept.

Trotz dieser deutlichen Veränderungen gegenüber der anfänglichen Konzeption entsprach dieser wohl in den letzten beiden Monaten des Jahres 1927, also ein knappes halbes Jahr vor der Eröffnung der Sonderschau, schriftlich fixierte Ausstellungsplan bei weitem immer noch nicht der schließlich in der Abteikirche und in 24 Räumen der alten Benediktinerabtei realisierten Katholischen Sonderschau (vgl. Kap. 3.2.). Die Planungen wurden also sicherlich auch noch zu Beginn des Jahres 1928 weiter vom Vorstand und vom Ausstellungsdirektorium modifiziert und verfeinert. Da die Darbietung konkreter einzelner Schaustücke und Objekte natürlich immer entscheidend auch von den Überlegungen, was eigentlich gezeigt werden sollte, abhing, muss man aus dieser Beobachtung heraus den Schluss ziehen, dass die Organisatoren der Katholischen Sonderschau hinsichtlich der Ausstattung der Ausstellung zum Jahreswechsel 1927/1928 unter einem ganz enormen Zeitdruck gestanden haben müssen.

2.3. Die Finanzierung der Katholischen Sonderschau

Eine Katholische Sonderschau konnte nur stattfinden, wenn es den Organisatoren gelang, in einem ausreichenden Maße Geldmittel für die Vorbereitung und Durchführung der Schau zu mobilisieren. Die in § 3 der Satzung des IKC vorgesehenen Mitgliedsbeiträge von "*mindestens 20 Goldmark oder ein Pfund Sterling oder fünf Dollar*", die die Mitgliedschaft katholischen Organisationen oder Einzelpersönlichkeiten kostete, "*die sich an der Ausstellung beteiligen oder sie fördern*"[246] wollten, konnten hierfür allein kaum genügen. Man war also in einem ganz erheblichen Maße auf Standgebühren, Verkaufserlöse, Spenden, Zuwendungen und unentgeltliche Leistungen Dritter angewiesen.

Tatsächlich ging der Arbeitsausschuss um Bernhard Marschall anfangs davon aus, dass sich die als international angedachte katholische Schau zu einem ganz erheblichen Teil mit Geldern aus dem Ausland finanzieren lasse. Der Frühjahrstagung des ZBA am 11. Mai 1927 wurde zusammen mit der Einladung ein im April des Jahres vom "*vorbereitenden Ausschuss durchgearbeitete*[r] *Finanzplan*"[247] vorgelegt, der folgende Einnahmeerwartungen enthielt[248]:

"Durch den Episkopat unter stärkerer Belastung der finanzkräftigen Diözesen	*R.M. 50.000*
Nordamerika	*" " 50.000*
Südamerika	*" " 25.000*
England	*" " 25.000*
Rom und Italien	*" " 10.000*
Spanien	*" " 10.000*
Oesterreich	*" " 5.000*
Schweiz	*" " 5.000*
Holland	*" " 10.000*
Belgien, Polen, Tschechei, Randstaaten	*" " 5.000*
Ungarn und Balkan	*" " 5.000*
Durch ZBA und hinter ZBA stehende Organisationen	*" " 10.000*
Bonifatius-Verein, Xaverius-Verein, Superioren-Konf.	*" " 10.000*
Sammlungen aus privater Hand, namentlich in Deutschl.	*" " 20.000*
Katholiken-Komitee	*" " 5.000*
Besondere Gebühren aus Untervermietung von Kojen	*" " 20.000*
	R.M. 280.000"

[246] Satzungen des Internationalen Katholischen Comités für die Pressa 1928, 2 S. (AEK, CR I 27,24). – Vgl. Abb. 4a.

[247] Im Folgenden auch als Finanzplan A bezeichnet.

[248] Einladung zur Frühjahrstagung des ZBA am Mittwoch, den 11. Mai 1927 [...] (wie Anm. 160), Anlage zu TOP 5, Bl. 5.

Nach diesem Plan waren es insgesamt 165.000 Reichsmark und damit rund 60 % der Gesamtkosten, die den Organisatoren aus dem Ausland zufließen sollten. Auch die erwartete Beteiligung der deutschen Diözesen lag mit 50.000 Reichsmark beträchtlich über den Mitteln, die die katholischen Verbände und Vereine für die Katholische Sonderschau aufbringen sollten. Diesen Einnahmen wurden im Finanzplan A Ausgaben gegenübergestellt, die sich ebenfalls auf 280.000 Reichsmark beliefen. Es waren dies[249]:

"*Regie-Kosten (für ein Jahr gerechnet)*		
Gehalt Dr. Kisky	*R.M. 12.000,-*	
2 wissenschaftliche Hilfsarbeiter	*R.M. 10.000,-*	
1 Schreibkraft	*R.M. 3.000,-*	
Büro-Kosten	*R.M. 3.600,-*	
Büro-Miete	*R.M. 2.000,-*	
Drucksachen	*R.M. 3.000,-*	
Reisekosten	*R.M. 5.000,-*	
Unvorhergesehene Ausgaben	*R.M. 1.400,-*	*R.M. 40.000,-*
Miete des Pavillons (800 qm)		*R.M. 60.000,-*
Bau und Einrichtung des Pavillons		*R.M. 70.000,-*
Versicherung u. Transportkosten von Ausstellungsgut		*R.M. 30.000,-*
Unvorhergesehene Ausgaben (heute noch nicht zu übersehen)		*R.M. 80.000,-*
		R.M. 280.000,-"

Auf der Ausgabenseite gab es zu diesem Zeitpunkt also bereits detaillierte Vorstellungen hinsichtlich des Finanzbedarfs für eine hauptamtlich mit Wilhelm Kisky besetzte Geschäftsstelle für die Vorbereitung der Katholischen Sonderschau. Erhebliche Kosten von insgesamt 130.000 Reichsmark wurden außerdem für den Bau, die Ausstattung und die Miete eines geeigneten Ausstellungsgebäudes erwartet.[250] Abgesehen von Mitteln, die für die Versicherung und den Transport einzelner Ausstellungsstücke eingeplant wurden, waren die Vorstellungen über weitere entstehende Kosten noch wenig konkret.

Die in den Akten des Kölner Generalvikariates befindlichen Schriftstücke zur PRESSA machen deutlich, dass sich die Beschaffung der für die Katholischen Sonderschau erforderlichen Mittel in den Folgemonaten sehr schwierig gestaltete, eine erhebliche Quelle des Ärgernisses war und das gesamte Vorhaben zeitweilig an den Rand eines Abbruchs führte. In seinem Schreiben an Kardinal Schulte, mit dem Wilhelm Kisky Ende Oktober 1927 seinen Rücktritt als Geschäftsführer des IKC begründete, hatte sich Kisky ja neben Zwistigkeiten in Bezug auf die inhaltliche Ausrichtung der Ausstellung ganz wesentlich auf die unklare und prekäre Fi-

[249] Ebd., Bl. 4.

[250] Zu diesem Zeitpunkt stand also noch nicht fest, dass die Katholische Sonderschau in der ehemaligen Deutzer Benediktinerabtei gezeigt werden konnte.

nanzausstattung des IKC bezogen. Kisky sprach davon, dass Marschall bereits im April 1927 einen "*phantastischen*" Finanzplan erstellt und in Hunderten von Exemplaren versandt habe, der aber nicht verwirklicht werden konnte, da die Gelder aus dem In- und Ausland nicht in dem erhofften Maße eingingen. Es war wohl eben dieser auch dem Zentralbildungsausschuss vorgelegte Finanzplan A mit der unrealistischen Erwartung einer substantiellen ausländischen Beteiligung an den Kosten, über den Kisky ein halbes Jahr später sein vernichtendes Urteil aussprach.

Auf der Versammlung der Mitglieder des IKC am 7.9.1927 am Rande des Katholikentages in Dortmund wurde der Versuch unternommen, diese unbefriedigende und das ganze Vorhaben in Frage stellende Situation zu entschärfen. So war die "*Finanzierung der katholischen Abteilung auf der Internationalen Presse-Ausstellung*" ein zentraler Tagesordnungspunkt dieses Treffens.[251] Dort wurde, wie bereits erwähnt, ein eigener dreiköpfiger Finanzausschuss gebildet. Offensichtlich wurde dem Vorstand zugleich auch ein zeitliches Limit bis Mitte Oktober 1927 gesetzt: Innerhalb von rund fünf Wochen sollten Zusagen für die erforderlichen Mittel eingeworben werden. Anderenfalls war vorgesehen, auf eine Durchführung der Katholischen Sonderschau zu verzichten. In diesem Sinne ist ein namens dieses Finanzausschusses von Marschall mit Datum vom 21. September 1927 "*An die Hochwürdigsten Herren Bischöfe der Fuldaer Bischofskonferenz*" gerichtetes Bittschreiben zu verstehen, der in Aussicht gestellten finanziellen Unterstützung nun endlich Taten folgen zu lassen:

> "*Sollten wir trotz eifrigster Arbeit und bestem Bemühen die notwendige Summe bis Mitte Oktober nicht sichergestellt haben, dann müßten wir zum Nachteil des katholischen Ansehens von der Einrichtung des sogenannten katholischen Hauses auf der Pressa Abstand nehmen.*"[252]

Nach der Bildung des Finanzausschusses bemühte sich Konsul Stocky sofort, die Stadt Köln stärker für die Katholische Sonderschau in die Pflicht zu nehmen und verwies dabei ebenfalls auf ein mögliches Scheitern dieses Teiles der PRESSA, sollte es nicht gelingen, innerhalb einer kurzen Frist die erforderlichen Gelder aufzubringen. Bereits einen Tag nach der Dortmunder Versammlung, also am 8. September 1927, schrieb Stocky einen deutlichen Brief an den im Urlaub am Thunersee in der Schweiz weilenden Kölner Oberbürgermeister:

> "*Gestern hat nun in Dortmund eine Sitzung des internationalen katholischen Komitees für die Pressa 1928 stattgefunden, in der man sich auf den Standpunkt gestellt hat, mit aller Energie die Durchführung des Planes anzustreben. Die Hauptschwie-*

[251] [Einladungsschreiben] [...] (wie Anm. 167).

[252] Schreiben von B[ernhard] Marschall [...] (wie Anm. 191). – Gut einen Monat zuvor hatte die Fuldaer Bischofskonferenz in einer Entschließung "*das Gesuch um Bewilligung einer Beihilfe den einzelnen Bischöfen zur wohlwollenden Berücksichtigung empfohlen*", (vgl. Anm. 166).

rigkeit sind natürlich die Finanzen. Da die katholische Abteilung in sehr wesentlichem Umfange historisch und künstlerisch aufgezogen ist, verlangt sie eine grosse Summe à fond perdu, und zwar rechnet man mit einem Betrage von M 250.000,--. Von den deutschen Bischöfen kann man etwa M 25.000,-- erwarten. Es kommt nun darauf an, innerhalb vier Wochen festzustellen, ob das Geld aufgebracht werden kann. Wenn ja, dann werden Sie eine Abteilung für die Pressa bekommen, die ganz besonders zugkräftig sein wird. Denn niemand anders wird in der Lage sein, 20 Jahrhundert altes Schrifttum [sic!] *vorzuweisen und dazu einen künstlerischen Rahmen zu liefern, der ja gerade die Attraktion schafft. Sie können versichert sein, sehr verehrter Herr Oberbürgermeister, dass ich alles einsetzen werde, um die Durchführung des Planes zu sichern.*"[253]

Wie Adenauer auf diese 'zwischen den Zeilen' doch eindeutige Bitte um finanzielle Unterstützung reagiert hat, ist nicht überliefert, da ein Antwortschreiben Adenauers an Stocky nicht vorliegt und wohl auch nicht erstellt wurde. Stattdessen fand auf diesen Brief hin vermutlich eine persönliche Unterredung zwischen dem Konsul und dem Oberbürgermeister statt. Auf dem Schreiben findet sich nämlich ein handschriftlicher Vermerk mit Vorschlägen von Adenauers Büro, wie in der Sache zu verfahren sei, u.a. sollte der Brief dem Leiter der Kölner Messe, Generaldirektor Dr. Esch, zur Kenntnis gebracht werden. In teilweiser Abänderung dieser Vorschläge gab der Oberbürgermeister persönlich die Anweisung. "*Stocky bestellen A. 26/9.*"

Aus Sicht Wilhelm Kiskys, der sich ja durch die verstärkten Aktivitäten Stockys an den Rand gedrängt fühlte, war der Verleger der Kölnischen Volkszeitung aber zunächst nicht sonderlich erfolgreich. In seinem Schreiben vom 31. Oktober 1927 an Kardinal Schulte glaubte Stocky zu wissen:

"*Die Finanzfrage ist leider auch bis heute nicht sehr viel weiter gekommen, obwohl Hr. Stocky eine grosse Propaganda-Tätigkeit entfaltet, die wir in den ersten Monaten der Arbeit aus taktischen Gründen vermeiden mussten. Statt der erhofften 20.000 Mark sind in mehr als vier Wochen kaum 3.000 Mark eingegangen, ein Beweis dafür, dass es nicht so einfach ist, heute grössere Summen lediglich aus milder Hand aufzubringen.*"[254]

Dass konkrete Zuwendungen zur Finanzierung der Katholischen Sonderschau im Herbst 1927 nur recht zögerlich flossen – selbst wenn es schon entsprechende Zusagen gegeben hatte –, zeigt das Beispiel des Erzbistums Köln: Am 3. September 1927 hatte der Kölner Generalvikar Dr. Vogt dem amtierenden Geschäfts-

[253] Schreiben von Konsul J. Stocky, Kölnische Volkszeitung an Herrn Oberbürgermeister Dr. h.c. Adenauer, z.Zt. Spiez am Thunersee, Schlosshotel Schonegg vom 8. September 1927, maschinenschriftl., 1 Bl. (HAStK 902/134/1, S. 359).

[254] Schreiben von Wilhelm Kisky an den Kölner Erzbischof Kardinal Schulte vom 31. Oktober 1927 [...] (wie Anm. 177).

führer Wilhelm Kisky schriftlich mitgeteilt, dass das Erzbistum die Sonderschau mit 8.000 Reichsmark, zahlbar in zwei Raten à 4.000 Reichsmark, unterstütze. Tatsächlich angewiesen wurde die erste Rate durch das Generalvikariat allerdings erst am 22. Dezember 1927. Die zweite Rate folgte am 14. April 1928.[255]

Auch wenn sein Rivale Kisky das anders sah, so waren es doch letztendlich vor allem die Bemühungen Konsul Stockys, die die Pläne des IKC für die Katholische Sonderschau soweit finanziell absicherten, dass den Verantwortlichen eine Durchführung der Ausstellung machbar erschien. Als Mitverleger der Kölnischen Volkszeitung hatte Stocky einschlägige Erfahrungen mit kniffligen Finanzgeschäften, besaß Verhandlungsgeschick und eine gewisse Geschmeidigkeit. Es war ihm zudem wohl leichter als den anderen Organisatoren der Ausstellung möglich, gegebenenfalls Mittel für eine Vorfinanzierung bereits angefallener Kosten als Kredit zu beschaffen und so lange zur Verfügung zu stellen, bis diese dann durch Zuwendungen an das IKC beglichen werden konnten.

Doch werfen wir zunächst einen Blick darauf, wie sich für das Internationale Katholische Comité in dieser kritischen Phase im August und September 1927 die Ausgaben und die zur Gegenfinanzierung erhofften Einnahmen darstellten. Insgesamt ging das IKC weiterhin von Kosten von rund einer Viertelmillion Reichsmark für die Katholische Sonderschau aus, wie zwei, in den veranschlagten Summen geringfügig voneinander abweichende Finanzierungspläne ausweisen. Der erste, "Kostenanschlag für die Katholische Abteilung der 'Pressa'" betitelte Finanzplan (im folgenden Finanzplan B genannt), ist spätestens auf August 1927, der zweite, "Kostenanschlag für die Katholische Abteilung der 'Pressa 1928 in Köln'" überschriebene Finanzplan (im folgenden Finanzplan C genannt), ist auf Mitte September 1927 zu datieren.[256] Somit dürfte die ältere Zusammenstellung noch unter Kiskys Vorsitz im IKC entstanden sein; die jüngere Zusammenstellung aber auf den Ansätzen des Anfang September 1927 gebildeten Finanzausschusses des IKC beruhen. Die veranschlagten Ausgaben sind in der nachstehenden Tabelle gegenübergestellt:

[255] Schreiben von Generalvikar Dr. Vogt an Herrn Dr. Kisky vom 3.9.1927, maschinenschriftl. 1 Bl. (AEK, CR I 27,24). – Zu welchem Zeitpunkt und mit welchem Betrag andere deutsche Bistümer die Sonderschau unterstützten, ist bislang nicht bekannt.

[256] Ein Exemplar des älteren Finanzplanes B war in den Kölner Generalvikariatsakten (AEK, CR I 27,24) der Einladung zur am 7.9.1927 in Dortmund stattfindenden Sitzung des IKC beigefügt; die Einladung wurde im Generalvikariat mit dem Eingangsstempel 1.9.1927 versehen. – Finanzplan C lag in der gleichen Akte dem Schreiben Marschalls an die Bischöfe der Fuldaer Bischofskonferenz vom 21.9.1927 bei (vgl. Anm. 191).

	Finanzplan B	Finanzplan C	
Miete*	20.000.-- M	M 20.000.-	Miete
Versicherungspräm.	50.000.-- M	50.000.-	Versicherungsprämien
Transport- und Verpackungskosten	40.000.-- M	30.000.-	Transport und Verpackungskosten
Reisekosten	10.000.-- M	10.000.-	Reisekosten
Personalunkosten	30.000.-- M	35.000.-	Personalkosten
Innenausstattung, Modelle Diorahmen, Reproduktionen	50.000.-- M	30.000.-	Innenausstattung
		20.000.-	Modelle u. Diorahmen
Propaganda	5.000.-- M	10.000.-	Lichtreklame u. Propaganda
Katalog	10.000.-- M	10.000.-	Kataloge
Drucksachen, Porto	20.000.-- M	20.000.-	Drucksachen, Porto
Diversa	15.000.-- M	15.000.-	Diversa
[Summe:]	**260.000.-- M**[257]	**250.000.-**	**[Summe:]**

Finanzplan B enthält folgende Anmerkung: "* kommt nur in Ansatz, wenn der Rabatt auf die Eintrittsgelder (Einnahmen No. 3) höher ist als 75.000,- M, sodass also der Voranschlag sich in Einnahmen und Ausgaben ausgleicht."

Unterschiede zwischen beiden Aufstellungen bestanden also nur darin, dass der zeitlich spätere Finanzplan C etwas höhere Ausgaben für Personal und Werbung (zusätzlich: Lichtreklame) vorsah und man nun etwas geringere Transport- und Verpackungskosten veranschlagte. Durch einen simplen Additionsfehler lag außerdem im älteren Voranschlag die an sich gleich hohe Gesamtsumme der Ausgaben von 250.000,- Reichsmark noch um 10.000,- Mark höher.

Vergleicht man diese Aufstellungen mit dem ca. ein halbes Jahr älteren, im April 1927 erstellten Ausgabenübersicht (Finanzplan A), so wird auf der Kostenseite das starke Entgegenkommen der Stadt Köln durch die sehr günstige Überlassung der Deutzer Benediktinerabtei für die Katholische Sonderschau deutlich. Auf der anderen Seite dürfte inzwischen klar geworden sein, dass für die Beschaffung, die Ver-

[257] Der richtige Wert beläuft sich wegen eines Additionsfehlers auf 250.000,- Reichsmark.

sicherung und die Darbietung der Objekte deutlich höhere Kosten anfallen würden, als ursprünglich angenommen.

Etwas stärker unterschieden sich beide Finanzpläne B und C dagegen hinsichtlich der zu erwartenden Einnahmen. Inzwischen hatte man sich nahezu völlig von der Vorstellung verabschiedet, dass Finanzmittel aus dem Ausland einen substantiellen Beitrag zur Finanzierung leisten könnten; der "Auslandsanteil" war auf 10.000,- Reichsmark reduziert worden. Stattdessen wurden im Finanzplan B folgende Einnahmequellen aufgelistet:

1. Einnahmen der inl. Herren Bischöfe	*M 25.000.--*
2. Beihilfe der kath. Organisationen	*M 25.000.--*
3. 15% Rabatt Eintrittsgelder	*M 75.000.--*
4. Rückvergütung der halben Versicherungsprämie	*M 25.000.--*
5. Standgeld der Buchverleger	*M 10.000.--*
6. dto. Augustinusverein	*M 10.000.--*
7. dto. Klöster, Missionsgesellschaften kath. Organisationen	*M 10.000.--*
8. Erlös aus Katalog	*M 20.000.--*
9. Ordentliche Mitgliederbeiträge 1000 à 20,- M	*M 20.000.--*
10. 10 Förderer à 1.000,- M	*M 10.000.--*
11. Ausland	*M 10.000.--*
	M 240.000.--

Gemäß diesen Planungen wollte man also zusammen 30.000,- Reichsmark an Standmieten der Aussteller (Pos. 5-7) einnehmen, wobei der Augustinusverein als Dachorganisation der katholischen Zeitungsverlage und die katholischen Buchverlage mit jeweils einem Drittel dieser Mietkosten die Hauptlast tragen sollten. Die gleiche Summe wollte das IKC über Mitglieds- und Förderbeiträge (Pos. 9 und 10) aufbringen. Die Gewinnung von 1.000 zahlenden Mitgliedern in kurzer Zeit war dabei ein ziemlich ehrgeiziges Ziel. Weitere 50.000,- Mark sollten je zur Hälfte die deutschen Diözesen und der deutsche Verbandskatholizismus als Spenden beisteuern (Pos. 1-2). Auf diesem Hintergrund erweist sich die Zusage der Erzdiözese Köln über 8.000,- Reichsmark als recht großzügig; machte sie doch immerhin ein knappes Drittel der von allen Bistümern erwarteten Zuwendungen aus. Insgesamt machten diese zwar auch mit Unsicherheiten behafteten, aber vielleicht als einigermaßen sicher zu erwartenden Erträge mit 110.000,- Reichsmark nur etwas weniger als die Hälfte der Haben-Seite aus.

Die übrigen Einnahmeerwartungen wirken auf einen heutigen Betrachter noch vager (so Pos. 11 "Ausland") oder schwerer kalkulierbar (Pos. 3, 4 und 8):

- Laut bibliographischer Information der Deutschen Nationalbibliographie[258] wurde der "Führer durch die katholische Sonderschau der Pressa" für 50 Pfennig angeboten. Ein Erlös von 20.000,- Reichsmark an Katalogen (Pos. 8) setzte folglich den Absatz von 40.000 Exemplaren dieses Führers voraus. Man erreichte zudem erst bei der Hälfte dieses Absatzes überhaupt die Gewinnzone, denn die Druckkosten für den Führer sollten ja mit 10.000,- Mark zu Buche schlagen.
- Die Rückerstattung der halben Versicherungssumme (Pos. 4) setzte ein reibungsloses und von Schadensfällen verschontes Gelingen der Ausstellung voraus, was man im Vorfeld der Schau zwar erhoffen, aber nicht unbedingt seriös kalkulieren konnte.
- Auch die Eintrittserlöse waren zu diesem frühen Zeitpunkt allenfalls vage unter Rückgriff auf vorangegangene Ereignisse, wie etwa dem Interesse an der Kölner Jahrtausendausstellung kalkulierbar. Dennoch wollte man mit einem 15% Rabatt (wohl Einnahmeanteil) aus dem Verkauf von Eintrittskarten[259] (Pos. 3) insgesamt 75.000,- Reichsmark erlösen. Solche Einnahmen konnten bei Eintrittspreisen zwischen 50 Pfennig und 1,50 Mark nur bei einem (utopisch hohen) Absatz von ca. 500.000 Karten seitens des IKC erwirtschaftet werden.[260] Diese Beteiligung an den Eintrittserlösen war zudem genauso wie die Aussage, man müsse die 20.000,-

[258] Online-Katalogabfrage unter http://portal.dnb.de, Suchfrage: <Titel> 'Führer Katholische Sonderschau' [ausgeführt am 20.8.2012].

[259] Die Kommentierung dieser Finanzquelle lässt vermuten, dass es sich um ein von der Stadt Köln in Aussicht gestelltes Sonderkontingent an Karten handelte.

[260] Im digitalen Bestand des Historischen Archivs der Stadt Köln findet sich unter dem Suchwort 'Pressa' aus dem Bestand 902/134 eine Tagesabrechnung zum "Verkauf von Eintrittskarten (Tagesergebnis) am 22. Juli 1928", http://historischesarchivkoeln.de/ de/lesesaal/ show/2.1.29/Best.+902+Nr.+134+Verkauf+von+Eintrittskarten (Tagesergebnis) [zuletzt aufgerufen am 6.5.2014]. – An diesem Tag wurden bei einem Absatz von 24.827 Eintrittskarten an zahlende Besucher für die PRESSA Einnahmen in Höhe von 19.622,40 Mark erzielt, d.h. die durchschnittliche Einnahme je verkaufter Karte lag bei 0,79 Mark. Dieser relativ niedrige Durchschnittspreis resultierte vor allem daraus, dass an Erwachsene wesentlich mehr im Preis reduzierte Abendkarten ab 18 Uhr (16.914 Karten à 0,50 Mark) als reguläre Tageskarten (7.027 Karten zum 'Normalpreis' von 1,50 Mark) verkauft wurden. Im Preis reduzierte Eintrittskarten gab es außerdem für Studenten und Kinder und sogenannte 'Vereinskarten' (je 1,- Mark); Schüler zahlten sogar nur 0,30 bzw. 0,50 Mark. 223 Besucher lösten außerdem Eintrittsgutscheine im Wert von je 0,50 Mark an den Kassen ein. An diesem Tag wurden übrigens außerdem lediglich 41 amtliche Ausstellungskataloge zur Pressa zum Stückpreis von je 2,- Mark abgesetzt. – Weitere Umsätze wurden an diesem Tag durch den Verkauf von Karten für kostenpflichtige Angebote auf der PRESSA, z.B. für den Besuch des Messeturmes oder für eine Fahrt mit der Liliputbahn, (5.005,- M) und durch Umsatzabgaben von Wirtschaftsbetrieben und anderen Unternehmungen auf der PRESSA an die Stadt (6.958,37 M) erzielt.

Reichsmark Miete für die Deutzer Abtei erst zahlen, wenn die Eintrittserlöse über diesem Betrag liegen, offensichtlich ein Zugeständnis an die katholischen Veranstalter, das vom Wohlwollen der Stadt Köln abhing.

Im zeitlich später entstandenen Finanzplan C finden sich als kalkulierte Einnahmen die im ersten Plan unter Positionen 1, 2 und 6-10 genannten Summen in gleicher Höhe wieder. Aus dem Ausland sollten nun aber wieder 20.000,- Reichsmark zufließen und die Standgelder der Buchverleger wurden ebenfalls auf diesen Betrag verdoppelt. Hingegen wurde aus den fest einzuplanenden Erlösen die Rückerstattung der Versicherungssumme herausgenommen. Auch die Erlöserwartung aus den Eintrittsgeldern musste zurückgenommen werden, da nun die Rabattierung geringer ausfiel. Nunmehr hieß es hier: "*3) 10% Eintrittsgelder der verausgabt. Sonderkarten M 50.000.-*".[261]

Insgesamt standen im Finanzplan C damit zunächst einmal Ausgaben von 250.000,- Reichsmark kalkulierten Einnahmen in Höhe von 210.000,- Reichsmark gegenüber, was unter dem Strich einer Deckungslücke von 40.000,- Mark entsprach. Zusätzlich enthielt dieser Plan aber eine neue und teilweise kommentierte Rubrik "Reserven", in die einige bereits bekannte Positionen verschoben worden waren, in der sich aber auch einige neue Ansätze und Ideen finden, zusätzliche Einnahmen zu erzielen[262]:

1.) Lotterie	*M 27.000,-*
2.) Rückvergütung der Stadt f. Versich.	*" 25.000,-*
3.) Erlass der Miete	*20.000,-*
4.) ausländ. Zeitungen, Kirchenzeitg., Kalender	*5.000,-*
5.) Postkartenverkauf	*3.000,-*
6.) Besondere Veranstaltungen	*5.000,-*
	M 85.000,-

Bemerkungen
zu 1) Konsul Stocky verhandelt mit Minister Hirtsiefer in diesen Tagen
zu 2) Rückvergütung der Stadt in Aussicht gestellt
zu 3) wenn 1928 die Katholikenversammlung in Köln stattfindet

Auch bei diesem Finanzplan konnte man also keineswegs von einer bereits gesicherten Finanzierung der Katholischen Sonderschau auf der PRESSA ausgehen, da auch hier viele vage Versprechungen enthalten waren. Nimmt man den Postkartenverkauf als ein Beispiel, dann musste man bei einem Stückpreis von vielleicht 10 Pfennig selbst für den unwahrscheinlichen Fall, dass keinerlei Herstellungskosten anfielen, 30.000 Stück verkaufen, wenn man 3.000,- Mark erlösen wollte.[263]

[261] Finanzplan C, wie Anm. 256.
[262] Ebd.

Es scheint vielmehr so zu sein, dass sich die Finanzmisere inzwischen wieder verschärft hatte, da die Stadt Köln, die ja ebenfalls erhebliche Probleme hatte, die Gesamtschau zu finanzieren, offensichtlich in der Zwischenzeit ihre großzügige Unterstützung der Katholischen Sonderschau relativiert oder mit neuen Wünschen verknüpft hatte: So wurde nun die Rückvergütung der halben Versicherungssumme für die Ausstellung als von der Stadt "*in Aussicht gestellt*" vermerkt. Die Rückvergütung eines Sonderkontingentes an Eintrittskarten wurde von 15% auf 10% zurückgenommen und der Erlass der Mietkosten für die Deutzer Abteigebäude war nun – anders als im Finanzplan A – an die Bedingung geknüpft "*wenn 1928 die Katholikenversammlung in Köln stattfindet*", was aber letztlich nicht gelang.[264]

Vergleicht man die beiden, zeitlich kurz nacheinander entstandenen Finanzpläne B und C miteinander, so zeigt sich, dass in den Monaten August und September 1927 die Finanzierung der Katholischen Sonderschau noch auf einer sehr unsicheren Basis stand. Viele Überlegungen hinsichtlich der Einnahmen zur Deckung der Kosten erscheinen unrealistisch und aus der Luft gegriffen. Zugleich ist bereits ein – in der Art und in der Höhe der Unterstützung allerdings schwankendes – Entgegenkommen der Stadt Köln bzw. der Messeleitung erkennbar. Insofern trifft die Aussage Kiskys gegenüber Kardinal Schulte, die Erlangung städtischer Unterstützung sei letztlich sein Verdienst, in gewisser Weise zu:

> "*Der Plan aber, die katholische Abteilung mit Hilfe der Ausstellungsleitung d.h. der Stadt Köln aufzubauen, war bereits von mir eingeleitet worden, da ich von Anfang an nur darin eine praktische Möglichkeit erblicken konnte.*"[265]

Doch welche Unterstützung der Katholischen Sonderschau konnte nun Konsul Stocky konkret mit der Stadt Köln bzw. mit der Messeleitung aushandeln? In dieser Frage sind wir auf die möglicherweise geschönte, nicht alle Fakten exakt benennende, zusammenfassende Darstellung Stockys angewiesen, wie er sie ein Jahr später nach Abschluss der PRESSA Anfang November 1928 in einem ausführlichen Schreiben an Oberbürgermeister Adenauer abgab, um noch ausstehende For-

---

[263] Zur PRESSA wurden zahlreiche Ansichtskarten herausgegeben, die Ansichten des Ausstellungsgeländes, des Rheinufers, der Stadt Köln, aber auch einzelne Objekte der Ausstellung zeigten, und in verschiedenen Verlagen hergestellt worden waren. – Es konnte darunter eine Karte ermittelt werden, die den Titel *Katholische Sonderschau auf der Pressa* mit dem Text *Das Ausstellungsgebäude, die alte Deutzer Abtei. Nach einer photogr. Aufnahme von August Sander, Köln* trug (siehe Abb. 6, Kapitel 3.1.). Die Karte trug außerdem den Vermerk *Tiefdruck der Kölner Görres-Haus G.m.b.H.*

[264] Der 67. Deutsche Katholikentag fand vom 5. bis zum 9. September 1929 in Magdeburg statt. – Vgl.: http://de.wikipedia.org/wiki/Liste_der_Deutschen_Katholikentage [zuletzt aufgerufen am 6.5.2014].

[265] Schreiben von Wilhelm Kisky an den Kölner Erzbischof Kardinal Schulte vom 31. Oktober 1927 [...] (wie Anm. 177).

derungen der Stadt gegenüber dem IKC abzuwehren.[266] Demnach fand am 17. Oktober 1927, also kurz nach der vermuteten Unterredung Stockys mit Adenauer, eine Verhandlung Stockys "*mit den Herren Beigeordneten Bönner, Generaldirektor Dr. Esch und Direktor Tietmann*" statt. In einer Aktennotiz vom 19.10.27 wurde zu diesem Gespräch festgehalten:

> "*Herr Bürgermeister Bönner sprach den Wunsch aus, dass wir die Abmachungen nicht bestätigen sollten, sondern, um andere Ansprüche auf Grund der mit uns getroffenen Abmachungen zu vermeiden, in Form der Erwartung aussprechen sollten. Hierbei wurde aber klar zum Ausdruck gebracht, dass die Zusage fest garantiert sei.*"[267]

Die Notiz macht also deutlich, dass es als Ergebnis der Verhandlung eine konkrete Zusage der städtischen Verhandlungspartner an das IKC hinsichtlich der Unterstützung der Katholischen Sonderschau gegeben hatte. Zugleich wollte man vermeiden, dass andere Gruppierungen, man denke etwa an die Organisatoren der Evangelischen und Jüdischen Sonderschau, hieraus ebenfalls Ansprüche auf Beihilfen ableiten konnten. Unter den sogenannten weltanschaulichen Sonderschauen wurde die katholische Seite von der Stadt Köln also eindeutig bevorzugt behandelt.

Über die Art und die Höhe der Zusagen gab es in den darauffolgenden Wochen noch einige Auseinandersetzungen, auf die hier im Detail nicht eingegangen werden soll. Folgt man den Darstellungen Stockys, so hatte der Beigeordnete Bönner diesem am 4. November 1927 geschrieben, dass "[...] *er mit unseren Vorschlägen betr. Beihilfen der Pressa für die Ausstellung nicht einig zu gehen vermöge.*"[268] Stocky war über diesen Rückzieher ungehalten, was ihn aber natürlich nicht davon abhielt, "[...] *in erneute Verhandlungen mit dem Beigeordneten Bönner und dem Vorstand der Pressa einzutreten. Diese Verhandlungen haben dann nach mehreren mühseligen Sitzungen zu dem neuen Vertrag geführt.*"[269]

Eine Abschrift dieses Vertrages liegt in den Akten des Büros Oberbürgermeister Adenauers im Kölner Stadtarchiv vor. Die Abschrift ist undatiert, wegen des geschilderten Sachzusammenhangs ist aber davon auszugehen, dass die Vereinbarung nicht vor Ende November/Anfang Dezember 1927, vielleicht aber auch erst An-

---

[266] Schreiben von Konsul J. Stocky, Kölnische Volkszeitung, an Herrn Oberbürgermeister Dr. h.c. Adenauer vom 7. November 1928, maschinenschriftl., 6 Bl. (HAStK 902/134/3, S. 471-481).

[267] Ebd. S. 471. – Bönner, Esch und Tietmann gehörten dem 10köpfigen Präsidium der PRESSA an. Eberhard Bönner, u.a. Dezernent für Verkehrswesen, war einer von zwei stellvertretenden Vorsitzenden dieses Gremiums und fungierte sicher auch als Verbindungsmann Adenauers. Clemens Tietmann war als Direktor der Ausstellung der Stellvertreter von Dr. Ernst Esch. – Vgl.: Pressa. Amtlicher Katalog [...] (wie Anm. 45), S. 20.

[268] Ebd., S. 473.

[269] Ebd.

fang 1928 abgeschlossen wurde. Wegen ihrer Bedeutung soll nachfolgend der gesamte Wortlaut der Vereinbarung zitiert werden[270]:

> "*1. Die Ausstellungsleitung stellt dem IKC für den Ausbau eines Teiles der kulturhistorischen Abteilung der Pressaausstellung das alte Kloster* [und] *möglichst die angrenzende Abteikirche zur Verfügung. Diese Ausstellung muss bis zum 1. Mai 1928 fertiggestellt werden. Das IKC verpflichtet sich, diese Ausstellung auf das Beste auszustatten, insbesondere ihr einen glänzenden, künstlerischen Charakter zu geben.*
>
> *2. Die Ausstellungsleitung stellt dem IKC einen in Raten bis zum 12. Mai ds. Js. abrufbaren zinslosen Kredit in Gesamthöhe von 75.000 M zur Verfügung. Der Kredit wird vom IKC bis zur Beendigung der Ausstellung zurückgezahlt. Um Rückzahlungen zu ermöglichen, stellt die Ausstellungsleitung dem IKC Eintrittskarten von 1.00 M zur Verfügung. Auf diese Eintrittskarten erhält das IKC einen Rabatt von 15%. Der Verkauf dieser Karten darf nicht vor Eröffnung der Au*[s]*stellung erfolgen. Diese Vergünstigung erfährt das IKC nur für die unmittelbare Versorgung der ihm angeschlossenen kath. Organisationen. Ein öffentlicher Verkauf, auch seitens dieser Organisationen, darf nicht stattfinden. Weiter übernehmen es die Organisationen, nur ihre Mitglieder mit diesen Karten zu versehen. Auf Kongresskarten, die das IKC anfordert, wird der gleiche Rabatt gewährt.*
>
> *3. Die Miete für Kloster und Abteikirche ist auf 20.000 M seitens der Ausstellungsleitung festgesetzt. Diese 20.000 M sind aber nur soweit zu zahlen, als der 15%ige Rabatt auf die ermässigten Eintritts- und Kongresskarten 75.000 M überstei*[g]*t. Die benötigten Versicherungsprämien für die kath. Abteilung bis zum Betrage von 50.000 M werden von der Ausstellungsleitung vorgelegt und in gleicher Weise wie die Miete, aus dem 75.000 M übersteigenden Betrage des Eintrittskarten-Rabattes gedeckt. Im übrigen gilt es als ausgemacht, das* [!] *irgendwelche Ueberschüsse, die das IKC in seiner Rechnungslegung erzielen sollte, der Ausstellungsleitung zufallen.*
>
> *4. Die im Voranschlag des IKC auf der Einnahmeseite vorgesehenen Etatposten sind seitens des Komitées energisch einzutreiben.*
>
> *5. Etwa zu berechnendes Standgeld, das das IKC vereinnahmt, darf nicht unter 75.- RM pro qm liegen.*
>
> *Das IKC darf einen Spezialkatalog für den von ihm bearbeiteten Teil der kulturhistorischen Abteilung herausgeben, der keine Anzeigen enthalten darf.*
>
> *6. Das Aufsichts- und Bewachungspersonal stellt die PRESSA.*
>
> *Für die Ausstellungsleitung*
gez. Esch, gez. Tietmann
>
> *Für das IKC*
gez. J. Stocky
gez. B. Marschall"

Fasst man die Aussagen des Vertrages zusammen, so bestand die Unterstützung des IKC durch die Ausstellungsleitung der PRESSA aus einem zinslosen Kredit und einer Kombination von Kostenübernahme, einem Verzicht auf Forderungen

---

[270] Vereinbarung zwischen der Ausstellungsleitung und dem IKC. Abschrift. [Undatiert, nach Ende November 1927], maschinenschriftl., 2 Bl. (HAStK 902/134/3, S. 447f.).

und aus geldwerten Sachleistungen. Außerdem sollten die Einnahmen des IKC durch den rabattierten Verkauf von Sonderkarten verbessert werden. Die geldwerten Sachleistungen umfassten vor allem die Herrichtung der Abteigebäude auf Kosten der Stadt – die diese natürlich nach Abschluss der PRESSA weiter nutzen konnte – und die Bereitstellung des Personals für Aufsicht und Bewachung. Da allen Vertragspartnern klar gewesen sein dürfte, dass niemals mehr als 75.000,- RM Einnahmen aus den Rabatten der durch das IKC zu verkaufenden Sonderkarten zu erzielen waren[271], übernahm die Ausstellungsleitung de facto die Versicherungssumme in Höhe von 50.000,- RM und verzichtete auf sämtliche Mieteinnahmen in Höhe von RM 20.000,-.

Dagegen war aus Sicht der Ausstellungsleitung der zinslose Kredit in Höhe von 75.000,- RM, der in drei Raten zu je 25.000,- RM am 23.3., 19.4. und 4.5.1928 ausgezahlt wurde[272], bis zum Abschluss der PRESSA, also bis Mitte Oktober 1928, vollständig zu tilgen. Zur Erleichterung dieser Tilgung wurde dem IKC ja der Rabatt auf den Sonderverkauf von verbilligten Eintrittskarten gewährt.

Weitere Quellen zur Finanzierung der Katholischen Sonderschau aus dem Vorfeld der Ausstellung liegen nicht vor. Letztendlich muss es den Verantwortlichen aber gelungen sein, in den Monaten bis zum Ausstellungsbeginn die finanzielle Ausstattung der Sonderschau weiter zu verbessern. Denn weder die Darbietung der Exponate noch die Ausstellungsräume machten einen ärmlichen Eindruck. Man konnte sich sogar einige hervorstechende Kunstobjekte und die Ausstattung der Räume mit zahlreichen Gestaltungselementen leisten (vgl. Kap. 3.2.). Auf zusätzliche, ebenfalls von staatlicher Seite, in diesem Fall von der Preußischen Rheinprovinz dem IKC für die Sonderschau zur Verfügung gestellte Gelder deutet folgendes Schreiben hin, dass Bernhard Marschall Anfang März 1928 an den Katholischen Deutschen Frauenbund als Mitgliedsorganisation im ZBA schickte:

> "*Auf der ZBA Tagung vom 16. Februar wurde eine Spezial-Kommission gewählt, die sich mit dem finanziellen Beitrag des ZBA für die Katholische Sonderschau auf der Pressa 1928 beschäftigte. Zur Zeit wurde dieser Beitrag auf RM 10.000,- festgesetzt, der aber trotz mehrfacher Mahnung bisher nicht vollzählig eingegangen ist. Die Kommission beschloss, die einmalige Beihilfe der Provinzialverwaltung für diesen Zweck zur Verfügung zu stellen. Wir sind deshalb in der angenehmen Lage, Ihnen von dem eingezahlten Beitrag von RM 200,- die Summe von RM 100,- zurückzuerstatten* [...]."[273]

---

[271] Es hätten in diesem Fall über 500.000,- Karten (15% Rabatt von 1 RM pro Karte = 75.000,- RM) hinaus weitere Karten aus dem Sonderkontingent verkauft werden müssen.
[272] Schreiben von Konsul Stocky an Oberbürgermeister Adenauer vom 7. November 1928 [...] (wie Anm. 266), S. 475.
[273] Schreiben des ZBA an den Katholischen Deutschen Frauenbund vom 10. März 1928, gez. B[ernhard] Marschall, Direktor des Zentralbildungsausschusses, 1. Bl. (AKDFB 2-5-1).

Überraschenderweise scheint das IKC finanziell mit der Katholischen Sonderschau trotz eines Anstiegs der Kosten um 20% gegenüber den ursprünglichen Planungen auf 300.000,- Reichsmark[274] halbwegs über die Runden gekommen zu sein. Die in § 8 der Satzung des IKC schriftlich fixierte optimistische Aussage, "*ein etwa vorhandener Ueberschuß an barem Geld wird dem Hl. Stuhle als Peterspfennig überwiesen*", trat allerdings nicht ein. Tatsächlich mussten aber Konsul Stocky und Bernhard Marschall nach dem Ende der Ausstellung über einen längeren Zeitraum hinweg erhebliche Anstrengungen unternehmen, um einen Erlass von Schulden zu bewirken und um weitere Geldmittel zur Deckung des noch vorhandenen Defizits aufzutreiben. Nur so konnten sie das Unternehmen drei Jahre nach dem Ende der PRESSA wenigstens mit einer "schwarzen Null" abschließen.

In einem an den Kölner Erzbischof gerichteten Schreiben vom 8. Oktober 1928, in dem verschiedene Punkte zur Abwicklung der Katholischen Sonderschau angesprochen wurden, führte Stocky mit großer Zuversicht aus[275]:

> "*Mit dieser Mitteilung beehre ich mich folgende Bitte zu verbinden: Der gesamte Aufbau der Katholischen Sonderschau hat Rm 300.000,- Unkosten verursacht. Hiervon sind Rm 270.000,- bereits gedeckt, so dass ein Fehlbetrag von Rm 30.000,- vorhanden ist, für dessen Deckung ich schon eine Anzahl von Schritten unternommen habe, die sehr erfolgversprechend sind. Euer Eminenz würden die Schöpfer der Katholischen Sonderschau zu besonderem Dank verpflichten, wenn Euer Eminenz zu der hochherzigen Spende von Rm 8.000,- zu Beginn der Sonderschau einen weiteren einmaligen Betrag von Rm 2.000,- zur Verfügung stellen würde.*"

Diese Spende ging umgehend beim IKC ein. Bereits vier Tage später, am 12. Oktober 1928, bedankte sich Stocky in einem weiteren Brief bei Kardinal Schulte "*für die hochherzige Spende von Rm 2.000,- für die Katholische Sonderschau*" und fuhr fort[276]:

> "*Euer Eminenz haben uns dadurch unsere Aufgabe, das Werk zu einem guten Ende zu führen, erheblich erleichtert. Ich hoffe, Euer Eminenz in einigen Monaten den Bericht über die endgültige glückliche Abwicklung geben zu können, und ich zweifle nicht daran, dass wir unserer sämtlichen Verpflichtungen voll entsprechen werden.*"

Dass Anfang Oktober 1928 bereits ein erheblicher Teil der Unkosten der Katholischen Sonderschau gedeckt seien und der Fehlbetrag lediglich noch bei etwa 10% lag, wie Stocky gegenüber Kardinal Schulte behauptete, entsprach nicht der Wahr-

---

[274] Vgl. das folgende Zitat (wie Anm. 275).

[275] Schreiben von J[ulius] Stocky, Konsul und Verleger der Kölnischen Volkszeitung, an Seine Eminenz den Hochwürdigsten Herrn Karl Joseph Kardinal Schulte vom 8. Oktober 1928, maschinenschriftl., 2 Bl. (AEK, CR I 27,24, G 3234/28). – Zitat Bl. 2.

[276] Schreiben von J[ulius] Stocky, Konsul und Verleger der Kölnischen Volkszeitung, an Seine Eminenz den Hochwürdigsten Herrn Karl Joseph Kardinal Schulte vom 12. Oktober 1928, maschinenschriftl., 1 Bl. (AEK, CR I 27,24, ad G 3234/28).

heit. Wirft man nämlich einen Blick auf die zeitlich parallel mit der Stadt Köln geführten Verhandlungen, so ergibt sich ein anderes Bild hinsichtlich des Defizits, das das IKC nach Abschluss der Ausstellung zu bewältigen hatte. Hier galt es vor allem, Anstrengungen zu unternehmen, den nun fälligen zinslosen Kredit in Höhe von RM 75.000,- zu tilgen.

Zeitgleich mit dem Schreiben an Kardinal Schulte unternahm Stocky gegenüber Oberbürgermeister Adenauer den ziemlich dreisten Versuch, statt einer nun vertragsgemäß anstehenden Tilgung den Kredit klein zu rechnen und zugleich der Stadt die Zahlung weiterer Gelder in Höhe von 5.000,- RM zu entlocken. So hoffte er, dass der sehr verehrte Herr Oberbürgermeister ihm noch eine kleine Bitte gewähren würde[277]:

> "*Wir haben von der Pressa eine Vorausvergütung von 75.000 M bekommen zum Aufbau der kath. Sonderschau im Anschluss an die kulturhistorische Abteilung. Davon gehen ab zirka 13.000 M, die wir für die Wienhausener Tepische* [sic!] *verausgabt haben; ausserdem haben wir die alte Heribertkirche, die sehr im Unstand war, herrichten lassen, ihr einen neuen Fussboden gegeben. Dieser allein hat 4.000 M erfordert und kommt der Stadt Köln zugute. Zieht man diese beiden Beträge von 13.000 und 4.000 M von den 75.000 M ab, so bleiben noch 58.000 M. Hiervon muss man gerechterweise auch noch die 15% der von uns umgesetzten Eintrittskarten abziehen, so dass der Betrag sich noch weiter ermässigt. Unter diesen Umständen halte ich es, sehr verehrter Herr Oberbürgermeister, nicht mehr als wie recht und billig, dass Sie mir aus Fonds, die Ihnen zur Verfügung stehen, für die Wienhausener Teppische* [sic!] *einen Zuschuss von 5.000 M gewähren. Was ich sonst benötige besorge ich von anderer Seite. Gerade die Wienhausener Teppiche waren eine solche Attraktion für die gesamte Pressa, dass sich dieses kleine Opfer von 5.000 M sehr wohl rechtfertigen lässt.*"

Stockys Schreiben endete mit einer konkreten Aussage darüber, wohin der Betrag zu überweisen sei und der zweckoptimistischen Aussage "[...] *in 2 Monaten mit der endgültigen Liquidation fertig zu sein, die mit Ihrer von mir erbetenen Unterstützung mit plus-minus aufgehen wird.*"[278] Kaum anzunehmen, dass Oberbürgermeister Adenauer dieser ziemlich unverschämten Bitte entsprach und den geforderten zusätzlichen Betrag an das IKC auszahlen ließ. Ein Hinweis auf eine solche Zahlung fand sich jedenfalls nicht.

Einen Monat später ging Stocky gegenüber der Stadt Köln und dem Kölner Oberbürgermeister in die Vollen. Anfang November 1928 setzte er in einem langen Schreiben alles daran, die städtischen Verantwortlichen davon zu überzeugen, auf die Rückforderung des dem IKC gewährten Kredits möglichst ganz zu verzich-

[277] Abschrift eines Schreibens des Internationalen Katholischen Comités für die Pressa 1928 IKC, gez. J. Stocky an Herrn Oberbürgermeister Dr. h.c. Adenauer vom 8. Oktober 1928, maschinenschriftl., 2 Bl. (HAStK 902/134/3, S. 451f.).

[278] Ebd. – Zu den Wienhausener Teppichen vgl. Kap. 3.2.

ten.[279] Zu diesem Zweck stellte er, wie bereits ausgeführt, ausführlich das Zustandekommen des Vertrages zwischen der Ausstellungsleitung und dem IKC dar, der ja auch die Kreditgewährung regelte. Des Weiteren betonte er den ergänzenden Charakter der Katholischen Sonderschau zur kulturhistorischen Abteilung der PRESSA und "[...] *dass für die Auswahl der Objekte rein kulturhistorische Gesichtspunkte maßgebend gewesen sind.*"[280] Und:

> "*Die Durchführung der Katholischen Sonderschau hat dann auch während der ganzen Ausstellung die ungeteilte Zustimmung aller sachverständigen Kreise gefunden, und auch die Pressa selbst hat es nie an Anerkennung für die Leistungen fehlen lassen. Niemals ist bei späteren Unterredungen, die ich mit Herrn Beigeordneten Bönner oder mit einem der Herren von der Pressaleitung gehabt habe, davon die Rede gewesen, dass wir der Pressa noch M 75.000,-- schuldeten, sondern es galt immer als selbstverständlich, dass die M 75.000,--, soweit sie nicht durch Rabatte für verkaufte Eintrittskarten gedeckt würden, eine Beihilfe der Pressa für Leistungen des IKC darstellen.*"

Im Folgenden rechnete Stocky dann vor, dass exakt 60.013 Eintrittskarten durch das IKC verkauft worden seien[281] und beklagte sich, dass die Stadt andere Zahlen genannt habe: "*Das bleibt zwar gewiss hinter unseren Erwartungen zurück, und doch waren, um diesen Effekt zu erreichen, noch erhebliche Aufwendungen unsererseits notwendig.*"[282] Stocky legte dann in aller Ausführlichkeit dar, warum der Verkauf der Sonderkarten nicht in dem erhofften Maße möglich gewesen ist und welche Anstrengungen das IKC unternommen hatte, um den Absatz der Karten zu fördern. Abschließend forderte Stocky von der Stadt Köln zwar nicht ausdrücklich, auf die Tilgung des Kredits zu verzichten, zog aber alle argumentativen Register, die diesen Schluss nahelegten. Ja er stellte noch nicht einmal die baldige Überweisung der Einnahmen aus dem Kartenverkauf in Höhe von rund RM 9.000,- in Aussicht[283]:

> "[...] *Die Hauptsache ist* [...], *dass im ganzen genommen die Pressa einen grossen Erfolg dargestellt hat, der sich auf Dauer für die Stadt Köln auswirken wird, und das IKC legt nicht nur Wert auf die Anerkennung, dass es durch eigene Opfer des katholischen Volksteils und Mitarbeit weitester Kreise zu diesem Erfolg beigetragen, sondern dass es auch seine vertraglichen Verpflichtungen gegenüber der Pressa loyal erfüllt hat* [...]. *Die gesamten Aufwendungen für die katholische Sonderschau be-*

---

[279] Schreiben von Konsul J. Stocky, Kölnische Volkszeitung, an Herrn Oberbürgermeister Dr. h.c. Adenauer vom 7. November 1928 [...] (wie Anm. 266).

[280] Ebd., S. 477.

[281] Das entspricht bei 15% Rabatt Einnahmen von RM 9.001,95; eine Summe, die Stocky verschweigt. – Die Forderungen der Stadt gegenüber dem IKC aus dem Eintrittskartenverkauf lagen dagegen im Dezember 1928 bei RM 15.100,-; demnach hätte das IKC also rund 100.000 Karten abgesetzt (vgl. Anm. 289).

[282] Schreiben von Konsul J. Stocky, Kölnische Volkszeitung, an Herrn Oberbürgermeister Dr. h.c. Adenauer vom 7. November 1928 [...] (wie Anm. 266), S. 479.

[283] Ebd., S. 479 u. 481.

tragen weit über M 300.000,--, da der Voranschlag für die innere Ausstattung mit M 60.000,- sich als viel zu niedrig erwiesen hat. [...] *Alle diese Aufwendungen haben sich ja doch reichlich gelohnt, da sie den Glanz der Pressa erheblich erhöht haben. Es mag sein, dass auch die Evangelische Sonderschau viel besucht worden ist, aber wie ich immer wieder festgestellt habe, fluteten diese Menschen unbefriedigt aus der neuen Kirche wieder heraus, während die katholische Sonderschau unzählige Besucher gehabt hat, die mit Andacht und höchster Befriedigung den tiefen Eindruck, den die einzelnen Ausstellungsgegenstände auf sie machte, in sich aufnahmen. Wenn man nach zehn Jahren noch von der Pressa spricht, wird als einer der nachhaltigsten Eindrücke die Erinnerung an die katholische Sonderschau zurückgeblieben sein.*"

Wie Oberbürgermeister Adenauer auf diese schmeichelhaft und selbstbewusst vorgetragene Lobeshymne auf die Sonderschau sowie auf die Behauptung, diese habe wesentlich zum Gesamterfolg der PRESSA beigetragen, reagiert hat, wissen wir nicht. Allerdings ließ er das Schreiben nebst den zahlreichen als Beleg beigefügten Anlagen verwaltungsintern prüfen. Hier kam man, wie aus einer Aktennotiz vom 15. November 1928 ersichtlich ist, zu dem Ergebnis, dass es "[...] *zweifelhaft sein* [kann], *welches der Sinn des Vertrages gewesen ist, ob die verkleideten Zuschüsse gegeben sind oder ob man davon ausging, daß wirklich das I.K.C. so viel beim Verkauf der Karten unter eigener Garantie* [sic!] *herauswirtschaften sollte.*"[284]

Daraufhin verzichteten Adenauer und die im Auftrag der Stadt handelnde Ausstellungsleitung offensichtlich auf die Forderung einer kompletten Tilgung des gewährten zinslosen Kredits in Höhe von RM 75.000,-. Man bestand aber wohl weiterhin darauf, wenigstens die Erlöse aus dem Verkauf der verbilligten Eintrittskarten zu erstatten. Diese Schuld hatte das IKC einen Monat später noch nicht beglichen.[285] Oberbürgermeister Adenauer, der der Katholischen Sonderschau sicherlich sehr wohlgesonnen war, fühlte sich hier vermutlich von Stocky hinters Licht geführt. Reichlich verstimmt verfasste er einen ebenso kurzen wie deutlich Kritik übenden Antwortbrief an den mit der finanziellen Abwicklung der Sonderschau befassten Schriftführer des IKC: "*Ihr gefl. Schreiben vom 7. ds. Mts. habe ich mit Interesse gelesen. Ich würde es für wünschenswert gehalten haben, wenn damals die verfolgten Absichten klarer zum Ausdruck gebracht worden wären. Die Anlagen Ihres Schreiben sende ich Ihnen mit besten Dank zurück* [gez. A.]."[286]

Summa summarum ergibt sich damit, dass die Stadt Köln dem IKC nicht nur die Räume der Abtei und teilweise der Klosterkirche für die Durchführung der Katholischen Sonderschau herrichtete, auf Mietforderungen in Höhe von RM 20.000,- verzichtete und unentgeltlich das Wach- und Aufsichtspersonal stellte, sondern auch Mittel in Höhe von bis zu RM 115.000,- durch Übernahme der Versiche-

[284] Aktennotiz: HAStK 902/1343, S. 463.
[285] Vgl. Anm. 289.
[286] Abschrift eines Schreibens von Oberbürgermeister Dr. Adenauer an Herrn Konsul Stocky vom 15.11.[19]28, maschinenschriftl., 1 Bl. (HAStK 902/134/3, S. 483).

rungskosten für die ausgestellten Objekte und durch den Verzicht auf eine über die Kartenerlöse hinausgehende Tilgung des gewährten zinslosen Darlehens zuschoss. Im Vergleich dazu nimmt sich die Zuwendung des Erzbistums Köln von insgesamt RM 10.000,- zur Katholischen Sonderschau geradezu bescheiden aus, obwohl dieses sicherlich der höchste Einzelbetrag ist, den eine deutsche Diözese zu diesem Vorhaben beisteuerte.

Setzt man die gesamten Zuwendungen und Leistungen der Stadt Köln in eine Relation zu den Gesamtkosten der Katholischen Sonderschau, die man auf etwa RM 300.000,- beziffern kann, wenn die in den verschiedenen Abrechnungen genannten Werte als Richtgröße Bestand haben, so lag der Anteil der Stadt an den Barmitteln bei rund 40%. Nimmt man die geldwerten Vorteile noch hinzu, so ist sogar davon auszugehen, dass mehr als die Hälfte der potentiell anfallenden Kosten für die Katholische Sonderschau von der Stadt Köln getragen worden sind. Oder anders ausgedrückt: Ohne diese äußerst großzügige und gegenüber den anderen weltanschaulichen Gruppen bevorzugte Behandlung hätte das IKC die Katholische Sonderschau wohl weder auf den Weg bringen und durchführen können, noch nach ihrem Abschluss eine Begleichung sämtlicher Außenstände und Schulden vornehmen können.

Trotz dieser massiven Unterstützung durch die Stadt gestaltete sich die Abzahlung der sonstigen Schulden jedoch als mühsam und langwierig. Den Anfang Oktober 1928 für das Jahresende angekündigten Abschlussbericht über die Finanzierung der Sonderschau konnte Stocky dem Erzbistum Köln nicht vorlegen. Wohl findet sich in den Akten des Kölner Generalvikariats aber ein am 7. Dezember 1928 von Stocky verfasster detaillierter Zwischenbericht an den Kölner Generalvikar. Auf der Basis der bei näherem Hinsehen geschönten Zahlen war es demnach inzwischen gelungen, die Schuldsumme in etwa zu halbieren, denn Stocky ging jetzt von einem Fehlbetrag von höchstens 14.000,- Reichsmark aus. Der Zwischenbericht beinhaltete zudem verschiedene Optionen zur weiteren Verminderung des Defizits[287]:

> *"Der von mir aufgestellte Voranschlag hat sich im wesentlichen verwirklicht, so dass nach Zahlung unserer Schulden ein Betrag von ca. Rm 14.000.- zu decken bleibt. Zur Deckung dieses Fehlbetrages sollen die katholischen Buchverleger, die für ihre Abteilung verhältnismässig am wenigsten geleistet haben, noch Rm 5.000.- zahlen. Nach Einberechnung des Erlöses, den wir aus noch zu verwertenden Gegenständen des IKC hereinbringen, bleibt uns noch ein Defizit von ca. Rm 7.000.-. Herr Direktor Marschall hatte es unternommen, sich an einige potente Persönlichkeiten zu wenden und hofft dabei auf Ihre gütige Empfehlung.*

---

[287] Schreiben von J[ulius] Stocky, Konsul und Verleger der Kölnischen Volkszeitung, an S.H. Herrn Prälat Dr. Vogt, Generalvikar, vom 7. Dezember 1928, maschinenschriftl., 1. Bl. (AEK, CR I 27,24, G 3450/28).

Ich freue mich sehr, Ihnen dieses verhältnismäßig günstige Resultat mitteilen zu können, das uns zu der Hoffnung berechtigt, dass wir die Katholische Sonderschau ohne Schulden abwickeln können."

Unter der Überschrift "*Bericht über den Stand des Defizits am 7. Dez. 1928*"[288] fügte er seinem Schreiben eine detaillierte Zusammenstellung der Barschaften, Forderungen, zu erwartenden Einnahmen, vorliegenden Rechnungen und ausstehenden Verpflichtungen bei. Die Auflistung macht deutlich, dass Stocky Rechnungen und Forderungen möglichst nur sukzessive beglich, wenn ihm liquide Mittel zur Verfügung standen, denn er vermerkt eingangs: "*Ich habe heute 20 Rechnungen im Gesamtbetrage von Rm 3.243,95 bezahlt*", und nach Abzug dieses Betrages verfüge das IKC augenblicklich noch über Barbestände von Rm 1.815,08 Reichsmark[289]:

"*Demgegenüber hat das IKC eine Schuldsumme von*	
a) für noch unerledigte Rechnungen	*Rm 9.056,05*
b) Forderungen der Pressa aus dem Kartenverkauf	*Rm 15.100.-*
	Rm 24.156,05"

Außerdem stand das IKC noch in einer gewissen Pflicht gegenüber seinen künstlerischen und wissenschaftlichen Mitarbeitern, wenn es hieß[290]:

"*Nicht berücksichtigt hierbei sind die Herrn Prof. Böhm und die unseren wissenschaftlichen Mitarbeitern in Aussicht gestellten Gratifikationen in Höhe von Rm 2.995.-, welcher Betrag aber nur bezahlt werden kann, wenn bei der endgültigen Liquidierung des IKC diese Summe uns zur Verfügung steht.*"

Offensichtlich war also daran gedacht, keine Aufwandsentschädigungen mehr an diejenigen zu zahlen, die wesentlich dazu beigetragen hatten, dass nach dem mehr als schwierigen Beginn letztendlich eine attraktive Ausstellung zustande gekommen war. Abermals scheint durch diese Auflistung die ganze 'Bilanzierungskunst' Stockys durch, das zu diesem Zeitpunkt noch bestehende Defizit auf lediglich 7.000,- Reichsmark herunter zu rechnen. Hierzu setzte Stocky zunächst Aktiva in Höhe von 10.293,38 Reichsmark ein, zu denen er aber u.a. auch bereits schon den "*wahrscheinliche*[n] *Erlös aus* [dem] *Bibliotheksverkauf*" mit 1.200,- Mark einrechnete. Größter Einzelposten waren 5.000,- Reichsmark "*vom Handels- und Industriebeirat*", also eine wohl zugesagte bzw. in Aussicht gestellte Spende von Wirtschaftsunternehmern unter dem Dach der katholischen Deutschen Zentrums-

[288] Bericht über den Stand des Defizits am 7. Dez. 1928, [unterzeichnet von] J[ulius] Stocky, Konsul und Verleger der Kölnischen Volkszeitung, maschinenschriftl., 1 Bl. (AEK; CR I 27,24, ad G 3450/28).
[289] Ebd. – Die Stadt Köln bestand also im Dezember 1928 noch auf der Rückzahlung der Erlöse aus dem Sonderkartenverkauf und ging dabei von einer höheren Anzahl verkaufter Karten als das IKC aus.
[290] Ebd.

partei.[291] Weitere 6.750,- Reichsmark, darunter die im Anschreiben erwähnten 5.000,- Mark der katholischen Buchverleger, erhoffte Stocky noch einwerben zu können, so dass er unter dem Strich ein Defizit von exakt 7.112,67 Reichsmark bilanzierte, das er in seinem Begleitschreiben auf "*ca. Rm 7.000.-*" abrundete.

Sollten Leser dieser Schreiben zu dem Ergebnis kommen, eine Tilgung der nur noch geringen Restschulden der Katholischen Sonderschau stünde kurz vor dem Abschluss, so erwies sich diese Annahme jedoch als zu optimistisch. Tatsächlich gingen rund drei Jahre ins Land, bis das Kapitel Finanzierung der Katholischen Sonderschau abgeschlossen werden konnte. In seinem in der ersten Jahreshälfte 1930 publizierten Jahresbericht über die Aktivitäten des Zentralbildungsausschusses des Jahres 1929 bemerkte Bernhard Marschall: "*Das Büro des ZBA war im vergangenen Jahr stark belastet mit der Abwicklung der Katholischen Sonderschau der Pressa 1928. Die Arbeiten sind bis heute noch nicht ganz erledigt.*"[292] Marschall nahm hier sicherlich nicht nur auf die inhaltliche sondern auch auf die finanzielle Abwicklung Bezug.

Ein gutes Jahr später, am 24. September 1931 schrieb der Direktor des Zentralbildungsausschusses einen letzten 'Bettelbrief' 'An die Mitglieder des ZBA'. In diesem hieß es:

> "*Das IKC Internationale Katholische Comitée für die Pressa 1928, das vom ZBA gegründet wurde, steht noch immer in der Abwicklung seiner Geschäfte. Die letzte Bankschuld von M 1.500,- muss nun endgültig bis 10. Oktober 1931 gedeckt werden.*
>
> *Das Direktorium des ZBA lässt unseren Mitgliedern durch mich die dringende Bitte aussprechen, je nach Stärke des Verbandes M 50,- bis M 75,- bis zum 1. Oktober* [...] *für diesen Zwecke zu zahlen.*"[293]

Immer wieder wurde also noch lange nach Abschluss der PRESSA von Marschall und Stocky der Versuch unternommen, aus weiteren Quellen zusätzliche Mittel zur Tilgung der Restschulden der Katholischen Sonderschau aufzutreiben. Die beiden

---

[291] Der 1914 begründete Handels- und Industriebeirat (eigentlich: 'Vereinigung für Industrie und Großhandel') war einer von mehreren der in der Weimarer Zeit unter dem Dach der Zentrumspartei aktiven Beiräte. – Vgl.: Rudolf Morsey: Die Deutsche Zentrumspartei 1917-1923. (Beiträge zur Geschichte des Parlamentarismus und der politischen Parteien; 32). Düsseldorf: Droste 1966. 651 S. – Hier S. 595-598.

[292] B[ernhard] M[arschall]: Der ZBA im Jahre 1929. In: Volkstum und Volksbildung. Neue Folge der Volkskunst 2(1930) H.1, S. 54-56. – Zitat S. 56.

[293] Schreiben des ZBA 'An die Mitglieder des ZBA' vom 24. September 1931, gez. B[ernhard] Marschall, Direktor des Zentralbildungsausschusses, maschinenschriftl., 1 Bl. (AKDFB 2-51-1). Der Brief enthält eine handschriftliche Notiz der Generalsekretärin des hier angeschriebenen Katholischen Deutschen Frauenbundes, Antonie Hopmann: "*Ich wäre wohl dafür, dass wir 50 M zahlen. Ich halte viel vom ZBA; werden auf manche Freundlichkeit von ihm angewiesen sein. Ich kenne die Sachlage* [...] Hp." (ebd.). – Aus einem weiteren handschriftlichen Vermerk ist ersichtlich, dass der KDFB die 50,- Reichsmark tatsächlich an den ZBA überwiesen hat.

dürften also ziemlich erleichtert gewesen sein, als sie im Herbst 1931 endlich einen Schlussstrich unter die finanzielle Seite der Katholischen Sonderschau ziehen konnten und hinsichtlich der Finanzierung der Katholischen Sonderschau mit einem blauen Auge davongekommen waren. Eine seriöse Finanzplanung sieht jedenfalls anders aus. So ist dem knappen Urteil der Vorsitzenden des Katholischen Deutschen Frauenbundes, Antonie Hopmann, "*An sich war das IKC eine leichtfertige Angelegenheit. Ich wundere mich, dass man geldlich nicht noch mehr ausgefallen ist*" [294], kaum etwas hinzuzufügen.

[294] Handschriftlicher Vermerk von A. Hopmann, ebd.

2.4. Die Realisierung der Ausstellungskonzeption. Leihgaben und Leihgeber

Die Präsentation einer komplexen, sich in viele Teile gliedernde Ausstellung wie die Katholische Sonderschau setzte die Bereitschaft zahlreicher Leihgeber voraus, das Vorhaben durch die Bereitstellung geeigneter Leihgaben zu unterstützen. Zugleich mussten sich die für die Ausstellung Verantwortlichen auch Gedanken darüber machen, durch welche künstlerischen Gestaltungselemente und Präsentationsformen die zu zeigenden Objekte so dargeboten würden, dass sie bei den Besucherinnen und Besuchern auf ein möglichst großes Interesse stießen (vgl. Kapitel 3.2.2). Neben der Erarbeitung eines Ausstellungskonzeptes und der Bereitstellung der für die Realisierung erforderlichen Gelder lag in der Beschaffung der Ausstellungsobjekte wohl der größte organisatorische und logistische Aufwand im Rahmen der Vorbereitung der Sonderschau. Dazu gehörte im einzelnen eine Vorauswahl in Frage kommender Leihgaben, die schriftliche Kontaktaufnahme mit den jeweiligen Eigentümern der Objekte und die Überzeugung der Leihgeber, Schaustücke für einige Monate bereitzustellen, Vereinbarungen zu den Konditionen, unter denen diese abgegeben wurden (gegebenenfalls im Rahmen eines Leihvertrages), die Versicherung wertvoller Ausstellungsstücke, Fragen des Transports, der Zwischenlagerung und des späteren Rücktransportes oder Verbleibes der bereitgestellten Stücke, um nur einige wichtige Handlungsfelder zu benennen. Dieser Aufwand war dabei in den verschiedenen Ausstellungsbereichen mit Sicherheit unterschiedlich groß, wenn man bedenkt, dass die Spannweite der zu zeigenden Gegenstände von kostbaren mittelalterlichen Handschriften bis hin zu tagesaktuellen Zeitungsausgaben der katholischen Presse reichte. Bei all dem muss man zusätzlich den enormen Zeitdruck in den Blick nehmen, unter dem diese Beschaffung stand. Aus den Quellenbefunden wird deutlich, dass zum Jahreswechsel 1927/28, also weniger als fünf Monate vor der Eröffnung, die schließlich realisierte Ausstellung noch nicht in allen Teilen durchkonzipiert worden war. Man konnte also mit der Beschaffung von Leihgaben allenfalls begonnen haben.[295]

Aus den vorliegenden Publikationen und Aktenstücken lässt sich für diese vorbereitenden Arbeiten zwar kein Gesamtbild rekonstruieren. Es ist aber dennoch möglich, einige Rückschlüsse auf die Vorgehensweise bei der Auswahl und bei der Beschaffung der Leihgaben für die Katholische Sonderschau zu ziehen:

Sehr aufschlussreich ist in diesem Zusammenhang der gedruckte "Führer durch die Katholische Sonderschau".[296] Anlage und Aufbau dieses Führers belegen nämlich eindeutig, dass bei der konkreten Umsetzung der Ausstellungsplanung arbeitsteilig

---

[295] Vgl. Kapitel 2.2.

[296] Führer durch die katholische Sonderschau [...] (wie Anm. 14).

vorgegangen wurde. Im Inhaltsverzeichnis des Führers[297] werden für die Beschreibung der einzelnen Ausstellungsteile verschiedene Autorinnen und Autoren genannt. Diese entstammten zu einem erheblichen Teil dem Ausstellungsdirektorium. Für andere Teile der Ausstellung waren Personen verantwortlich, die nicht diesem Vorbereitungsgremium angehört hatten. Besonders bei umfangreichen Ausstellungsteilen werden im Text des Führers zusätzlich zu Direktoriumsmitgliedern weitere Personen als Bearbeiter einzelner Ausstellungsteile genannt. Der Schluss liegt also nahe, dass man zunächst innerhalb des Direktoriums versuchte, die Arbeit zur Realisierung der Ausstellung aufzuteilen. Da der Kreis der Personen, die diese Arbeiten ja nebenbei erledigen mussten, aber nicht ausreichte, um alle geplanten Teile abzudecken, sprach man über die Mitglieder dieser Gruppe hinaus weitere Personen an und versuchte, diese ebenfalls zur Mitarbeit an der Sonderschau zu gewinnen.

Wie war also nun die Vorbereitung der Katholischen Sonderschau im Einzelnen organisatorisch verteilt worden:

- Aus dem Kreis des Ausstellungsdirektoriums war der Direktor der Sammlung Schnütgen, Prof. Dr. Fritz Witte, für die Ausstattung des Kreuzganges des Klosters und für den prominent im Eingangsbereich platzierten Heribertschrein und die Wienhausener Bildteppiche zuständig.[298] Der Kirchenmusiker und Komponist Prof. Dr. Heinrich Lemacher verantwortete den großen Ausstellungsteil Kirchenmusik, der u.a. auf dem Gebiet der Missionswissenschaften am Trierer Priesterseminar tätige Hochschullehrer Prof. Dr. Johann Lenz kümmerte sich um die Ausstellungsteile Missionsschrifttum und Missionsfilm. Der Kölner Altphilologe Professor Josef Kuckhoff, der ein profunder Kenner der Schul- und Bildungstätigkeit der Kölner Jesuiten im Zuge der Katholischen Reform war, besorgte die Themen Katechismus und Marianische Kongregationen. Dr. Eduard Maria Lange, der in seiner Dissertation zum sozialen Katholizismus in Frankreich im 19. Jahrhundert gearbeitet hatte, zeichnete für diesen Zeitabschnitt in der Ausstellung verantwortlich.[299] Der Verleger der Kölnischen Volkszeitung, Konsul Julius Stocky, übernahm den Abschnitt Katholische Auslandspresse. Der offensichtlich erst später in das Ausstellungsdirektorium aufgenommene Redakteur der Kölnischen Kirchenzeitung, Pfarrer Friedrich Wilhelm Strauß, organisierte die Präsentation der Sonntagsblätter und des katholischen Schrifttums des 20. Jahrhunderts.[300] Das Mitglied der Kölner

[297] Ebd., S. 14.
[298] Vgl. Kapitel 3.2.1.
[299] Vgl. Anm. 215.
[300] Vgl. auch FN 191. – Friedrich Wilhelm Hubert Strauß (1879-1952), ein gebürtiger Düsseldorfer, wurde 1903 zum katholischen Priester geweiht. Von 1903 bis 1925 hatte er

Verlegerfamilie Bachem im Direktorium, Dr. Franz Carl Bachem, stand federführend für die Ausstattung der katholischen Musterbücherei. Und schließlich übernahm der Generalsekretär des Augustinus-Vereins, Franz Weber, den Bereich der Katholischen Tagespresse Deutschlands.

- Aus dem Kreis der nicht zum Ausstellungsdirektorium gehörenden Personen, die am Zustandekommen der Katholischen Sonderschau mitwirkten, fällt zunächst einmal im Inhaltsverzeichnis Dr. C[arl] Linfert auf, der für die Bearbeitung der Handschriften in gleich sieben Teilabschnitten der Ausstellung zuständig war.[301] Der noch junge, 1900 geborene Linfert, der 1927 im Fach Kunstgeschichte promoviert wurde, war in den Jahren 1927 bis 1930 Volontär an mehreren Kölner Museen, ehe er eine erfolgreiche journalistische Laufbahn einschlagen konnte.[302] Es liegt auf der Hand, dass seitens des Direktoriums, vielleicht auf Anraten und Vermittlung von Professor Witte, hier ein junger Nachwuchsakademiker zur Mitarbeit gewonnen wurde, der sein Engagement für die Sonderschau auch als Chance für das eigene berufliche Fortkommen sah. Ihm stand mit Dr. K.A. Wirz eine weitere Person für die Druckausgaben zur Seite.[303] Als Verantwortliche für den Ausstellungsteil Geistliche Dichtung und geistliches Schauspiel weist der Führer durch die katholische Sonderschau "Dr. Karl Nießen und Dr. Frz. Rademacher" aus; letzterer richtete die gotischen Schreibstube in der Ausstellung ein. Ohne Zweifel war auch Nießen ein ausgewiesener Experte auf seinem Gebiet, haben wir es hier doch mit dem bereits 1919 habilitierten Theaterwissen-

---

verschiedene Seelsorgestellen in Essen inne. 1926 wurde Strauß Redakteur der Kölner Kirchenzeitung, später deren Schriftleiter. – Vgl. auch: Das Historische Archiv des Erzbistums Köln [...] (wie Anm. 209), S. 400.

[301] Es handelte sich um die Ausstellungsteile: Die Bibel in Schrift und Frühdruck, frühe Bibelauslegungen und Armenbibeln, Marien- und Heiligenleben, Wallfahrtsbücher, theologische Wissenschaften, das liturgische Buch und Predigt- und Erbauungsliteratur. – Führer durch die katholische Sonderschau [...] (wie Anm. 14), S. 4.

[302] Carl Linfert (1900-1981) hatte zunächst 1924 im Fach Staatswissenschaften promoviert. Seit 1930 arbeitete er als Redakteur und Korrespondent für die Frankfurter Zeitung, für die er schon in den 20er Jahren geschrieben hatte. Bis 1943 war er als Theater- und Filmkritiker für diese Zeitung in Berlin tätig. 1945 war er in Berlin Mitbegründer der mit französischer Lizenz in Berlin verlegten Tageszeitung "Der Kurier", ehe er 1949 einem Angebot des NWDR in Köln folgte, das wissenschaftliche Nachtprogramm aufzubauen. Dieses leitete er bis zu seiner Pensionierung im Jahre 1966. – http://de.wikipedia.org/wiki/Carl_Linfert [zuletzt aufgerufen am 20.11.2013].

[303] Die Identität dieser Person konnte nicht geklärt werden. Vermutlich war auch Wirz Kunsthistoriker, denn 1928 hatte K.A. Wirz im fünften Jahrgang der Rheinischen Heimatblätter einen Aufsatz zu dem Thema "Die künstlerischen Strömungen des Rheinlandes in der Vormärzzeit" (S. 244-252) geschrieben. – Wirz bearbeitete zusätzlich auch noch den Abschnitt Bucheinband.

schaftler Professor Dr. Carl Niessen zu tun, der zum Zeitpunkt der PRESSA das Institut für Theaterwissenschaft in Köln leitete und als Privatdozent an der Universität zu Köln lehrte. 1929 erlangte Niessen eine außerplanmäßige Professur für Theaterwissenschaften an der Universität zu Köln und blieb dort bis zu seiner Emeritierung im Jahre 1955 als Hochschullehrer tätig.[304] Auch bei Franz Rademacher handelt es sich höchstwahrscheinlich um einen jungen promovierten Kunsthistoriker und wissenschaftlichen Mitarbeiter eines Kölner Museums.[305] Die vier Abschnitte in der Katholischen Sonderschau, die für die großen geistlichen Gemeinschaften vorgesehen waren, wurden jeweils von einem Angehörigen der betreffenden Ordensgemeinschaft bearbeitet. Der noch junge Kirchenhistoriker P. Stephanus Hilpisch OSB aus Maria Laach verfasste den Abschnitt über die Regel des heiligen Benedikt.[306] Der Jesuit Georg Habrich SJ kümmerte sich um den Teil, der für das Exerzitienbüchlein des heiligen Ignatius von Loyola und die Jesuitenregel vorgesehen war.[307] Der in einem gemeinsamen Raum unterge-

---

[304] Der Katholik Carl Niessen (1890-1969) gilt als einer der Mitbegründer der Theaterwissenschaften in Deutschland. Seine umfangreiche Privatsammlung, die er 1955 dem Land Nordrhein-Westfalen veräußerte, bildet den Grundstock für die theaterwissenschaftliche Sammlung der Universität zu Köln in Schloss Wahn (Köln-Porz-Wahn). Als Person ist Niessen wegen seines in manchen Schriften zum Ausdruck kommenden völkisch-nationalen Gedankengutes und einer möglichen Nähe zum Nationalsozialismus nicht unumstritten. – Vgl.: Richard Weber: Carl Niessen. In: Neue deutsche Biographie. Bd. 19 NAUWACH – PAGEL. Berlin: Duncker u. Humblot 1999, S. 241-243.

[305] Zur Identität Franz Rademachers fehlen genauere biographische Daten. 1930 erschien von ihm der Aufsatz "Die deutschen Stangengläser des ausgehenden Mittelalters" im ersten Jahrgang der Neuen Folge des Wallraf-Richartz-Jahrbuches (S. 305-312). In den folgenden Jahrzehnten bis in die 70er Jahre hinein lassen sich mehrere Publikationen nachweisen, die beim Rheinischen Landesmuseum in Bonn erschienen sind. – Franz Rademacher darf nicht verwechselt werden mit einem namensgleichen Beamten (1900-1971) in Diensten des Auswärtigen Amtes in Berlin, der am Holocaust beteiligt war.

[306] Stephanus Hilpisch (1894-1971) empfing 1922 in Maria Laach die Priesterweihe und promovierte nach einem Studium der Geschichte und Religionsgeschichte 1927 an der Universität zu Bonn. Anschließend war er für ein Vierteljahrhundert als Dozent für Kirchengeschichte im Koster Maria Laach tätig. 1950 wurde er Spiritual in der Abtei St. Marien in Fulda. In seinen letzten beiden Jahrzehnten hat er sich daher große Verdienste um die Geschichtsschreibung Fuldas erworben; er war von 1954 bis 1971 Hauptmitarbeiter der Fuldaer Geschichtsblätter.

[307] Georg Habrich (1883-1945) stammte aus Boppard und trat 1902 in die Gesellschaft Jesu ein. Er empfing die Priesterweihe 1914 in Falkenburg/Holland und war in den 20er Jahren in dem von Jesuiten 1919 gegründeten katholischen Schülerverband 'Bund Neudeutschland' engagiert. Von 1917 bis 1924 hatte er die Schriftleitung der im Trierer Paulinus-Verlag erscheinenden katholischen Zeitschrift "Leuchtturm für Studierende. Illustrierte Halbmonatsschrift" inne. – Vgl. http://www.rhein-erft-geschichte.de/totenzettel/index.php?nummer=28874 [zuletzt aufgerufen am 20.11.2013] sowie: Maria Margarete Linner:

brachte Abschnitt zum Dominikaner- und zum Franziskanerorden stand unter der Verantwortung von P. Dr. Benno Biermann OPr und von P. Dr. Ferdinand Doelle OFM.[308] Innerhalb dieser Phalanx katholischen Priester und männlicher Laien war wohl die im Inhaltsverzeichnis mit "Dr. E. Wurmbach" betitelte Person die einzige Frau. Sie war für den Abschnitt Weltliche Wissenschaften, Kirchliche Urkunden, Bibliotheken zuständig. Hinter diesem Kürzel verbirgt sich mit Sicherheit die 1928 noch ganz am Anfang ihrer beruflichen Karriere stehende Kölner Wirtschaftshistorikerin, Museumskuratorin und Siegelspezialistin Dr. Edith Meyer-Wurmbach. Da sie nach der Promotion zunächst am Kölner Kunstgewerbemuseum und später am Rheinischen Museum tätig war, liegt es nahe, dass Frau Dr. Wurmbach entweder durch Vermittlung von Professor Ewald, der zwar dem Ausstellungsdirektorium angehörte, selbst aber nicht als Bearbeiter eines Ausstellungsteiles im Führer durch die katholische Sonderschau in Erscheinung trat, oder auf Hinweis von Professor Witte für die Mitarbeit an der Katholischen Sonderschau gewonnen wurde.[309]

- Zu verschiedenen, zumeist umfangreichen Ausstellungsteilen werden in den betreffenden Kapiteln des Führers durch die katholische Sonderschau noch weitere Personen benannt, die an der Vorbereitung der Schau beteiligt waren:
    - Die Kirchenmusik: Hier bestand ein sechsköpfiger Arbeitsausschuss um Professor Lehmann. 13 weitere Personen werden als künstlerische und wissenschaftliche Mitarbeiter aufgezählt.[310]
    - Das Missionsschrifttum: Ergänzend zu Professor Lenz als wissenschaftlichem Leiter werden neun Mitarbeiter, zumeist Geistliche aus den verschiedenen im Rheinland ansässigen Missionsorden, namentlich erwähnt.[311]

Lied und Singen in der konfessionellen Jugendbewegung des frühen 20. Jahrhunderts. (Beiträge zur Geschichte der Musikpädagogik; 18). Frankfurt am Main [u.a.]: Lang 2009, S. 204.

[308] Zu diesen beiden Ordensgeistlichen P. Dr. Benno Biermann OPr (1884-1970) und von P. Dr. Ferdinand Doelle OFM (1875-1935) liegen keine weiteren biographischen Informationen vor.

[309] Edith Wurmbach, verheiratete Meyer-Wurmbach, (1900-1984) hatte nach ihrer Reifeprüfung im Jahre 1920 ein Studium der Wirtschaftswissenschaften in Köln und Freiburg aufgenommen und wurde 1926 an der Wirtschafts- und Sozialwissenschaftlichen Fakultät der Universität zu Köln bei Bruno Kuske promoviert. Sie erhielt eine Anstellung im Kunstgewerbemuseum in Köln und war bis in die 60er Jahre am Rheinischen Museum Köln bzw. am Kölnischen Stadtmuseum tätig. Wissenschaftlich hat sich Edith Wurmbach vor allem in der Fortführung der von Wilhelm Ewald begründeten und in den Publikationen der Gesellschaft für Rheinische Geschichtskunde publizierten Studien zu den rheinischen Siegeln große Verdienste erworben. – Zu Edith Meyer-Wurmbach siehe: http://frauengeschichtsverein.de/frauenwiki/index.php/Edith_Wurmbach [zuletzt aufgerufen am 20.11.2013].

[310] Führer durch die katholische Sonderschau [...] (wie Anm. 14), S. 51.

- o Für das katholische Schrifttum des 20. Jahrhunderts zeichneten neben Pfarrer Strauß 18 weitere Personen, Geistliche und katholische Laien, verantwortlich, die wohl zumeist eine wichtige Position in einem katholischen Verein oder in der katholischen Medienarbeit inne hatten.[312]
- o In der Darbietung der katholischen Tagespresse Deutschlands sah ihr Dachverband, der Augustinus-Verein, im 50. Jahre seines Bestehens eine "Sonderausstellung" in der Sonderschau. Die Zusammenstellung dieses Abschnittes stand ganz in der Verantwortung des Vereins. Ihr Generalsekretär wurde bei dieser Aufgabe inhaltlich von einer hochrangig besetzten 10köpfigen Kommission unterstützt, die überwiegend aus Verlegern und (Chef-)Redakteuren der Katholischen Presse bestand. Aus dem Ausstellungsdirektorium wirkten in dieser Kommission auch die Verleger Bachem und Stocky sowie Bernhard Marschall mit.[313]
- o Das katholische Buch: Auch hier stand Verleger Bachem aus Köln nicht allein vor der Aufgabe, eine katholische Musterbücherei zu bestücken und auszustatten. Unter seinem Arbeitsvorsitz leistete eine Gruppe von insgesamt 13 Personen, Verlegern und Volksbildnern die Vorarbeiten.[314]

Es würde zu weit führen, diese Vielzahl der weiteren an der Ausstellung in einem kleinen Teilbereich mitwirkenden Personen biographisch zu skizzieren. Nur für zwei von ihnen aus dem Arbeitsbereich Kirchenmusik soll eine Ausnahme gemacht werden, da dem Führer zu entnehmen ist, dass diese offensichtlich ein Themenfeld eigenständig betreuten. Es sind dies "Dr. Gotzen" für das katholische deutsche Kirchenlied und "Prof. Mölders" für den Cäcilienverein.[315] Einmal mehr stoßen wir hier auf zwei für das jeweilige Themengebiet ausgewiesene Experten, die bei der Vorbereitung der Sonderschau mithalfen: Dr. Joseph Gotzen war von 1904 bis 1941 Bibliothekar an der Stadtbibliothek Köln und an der späteren Kölner Universitätsbibliothek. Er betreute dort die der Bibliothek nachgelassene, umfangreiche Privatsammlung des katholischen Kirchenliedforschers und Kölner Diözesanpriesters Friedrich Wilhelm Bäumker.[316] Der 1907 zum katholischen

[311] Ebd., S. 67.
[312] Ebd., S. 92.
[313] Ebd., S. 104 u. S. 106.
[314] Ebd., S. 110.
[315] Ebd., S. 51 und S. 52.
[316] Zur umfangreichen Privatsammlung des katholischen Kirchenliedforschers und Kölner Diözesanpriesters Friedrich Wilhelm Bäumker in der Kölner Universitäts- und Stadtbibliothek vgl.: Peter Schmidt: Friedrich Wilhelm Bäumker (1842-1905). In: Kölner Sammler und ihre Bücherkollektionen in der Universitäts- und Stadtbibliothek Köln. Gelehrte, Diplomaten, Unternehmer. Red.: Gernot Gabel u. Wolfgang Schmitz. (Schriften der Universi-

Priester geweihte Johannes Mölders war seit 1921 Leiter des Kölner Domchores und hatte seit diesem Jahr auch eine Professur für Kirchenmusik am Kölner Priesterseminar inne. 1930 wurde er zudem Generalpräses des Cäcilienvereins für Deutschland, Österreich und die Schweiz.[317]

- Lässt man die bisherige auf der Basis des Führers durch die katholische Sonderschau gewonnene Zusammenstellung der an den konkreten Vorarbeiten beteiligten Personen Revue passieren, so fällt auf, dass offensichtlich nicht alle Mitglieder des Ausstellungsdirektoriums in gleicher Weise in diese Arbeit involviert waren. Dass Bernhard Marschall, der die Gesamtorganisation der Sonderschau verantwortete, zeitlich nicht dazu in der Lage war, einen Ausstellungsteil inhaltlich zu bearbeiten, liegt auf der Hand. Der Direktor des Historischen Archivs des Erzbistums Köln, Friedrich Lohmann, lieferte für den Führer einen historischen Abriss zur alten Deutzer Abtei, ist aber ansonsten als Mitarbeiter an der Ausstellung nicht fassbar.[318] Gleiches gilt für Professor Wilhelm Ewald, dem ersten Leiter des Historischen Museums der Stadt Köln, der aber möglicherweise mit Edith Wurmbach eine talentierte Mitarbeiterin als seine Vertreterin bei der Vorbereitung gewann. Auch für Professor Gerhard Kallen, der Ende 1927 erst seit wenigen Monaten eine Professur am Historischen Seminar der Universität zu Köln inne hatte, ist ein konkreter Beitrag zur Vorbereitung der Sonderschau nicht erkennbar. Alle drei vorgenannten Personen können aber dennoch durch ihre Kontakte und durch ihre Vernetzung in der Fachwelt hilfreiche Dienste bei der Beschaffung von Leihgaben geleistet haben.

- Schließlich bleibt auch weithin im Dunkeln, welche Rolle der erst spät zum Ausstellungsdirektorium hinzu gekommene Dr. Busley gespielt hat.[319] Hier könne nur vage Vermutungen angestellt werden. Dr. Josef Busley war 1927 Landesverwaltungsrat und Leiter der Kultur- und Denkmalpflegeabteilung des Oberpräsidenten der Rheinprovinz geworden.[320] Da er im Ausstellungskatalog an keiner Stelle als Mitarbeiter genannt wird, könnte er vor allem

täts- und Stadtbibliothek Köln. 13.) Köln: Universitäts- und Stadtbibliothek 2003, S. 88-97. – Zu Dr. Joseph Gotzen (1876-1957) siehe insbesondere S. 96.

[317] Professor Mölders (1881-1943) stammte aus Krefeld und leitete den Kölner Domchor bis zu seinem Tode; er wurde am 29. Juni 1943 während eines nächtlichen Fliegerangriffes im Keller seiner Wohnung durch Bomben getötet. – Ausführliche biographische Daten zu Johannes Mölders in: Stefan Klösges [u.a.]: 150 Jahre Kölner Domchor. In: In aeternum cantabo. Zeugnisse aus 1300 Jahren kölnischer DomMusikGeschichte. Hg. von Stefan Klösges und Eberhard Metternich. Ausstellung anlässlich des 150-jährigen Jubiläums des Kölner Domchores vom 1. November 2013 bis 7. Januar 2014 in der Erzbischöflichen Diözesan- und Dombibliothek Köln. Köln: Kölner Dommusik 2013, S. 174-236. – Hier S. 200-206.

[318] Führer durch die katholische Sonderschau [...] (wie Anm. 14), S. 46-50.

[319] Vgl. auch Anm. 203.

die sachgerechte Nutzung des Abteigebäudes für die Sonderschau unter denkmalpflegerischen Gesichtspunkten sichergestellt haben.

- Was Dr. Elisabeth Cosack betrifft, so war diese von 1921 bis 1926 Generalsekretärin und anschließend als Schriftleiterin der Verbandszeitschrift "Frauenland" beim in der Roonstraße in der Kölner Südstadt mit einer Geschäftsstelle ansässigen Katholischen Deutschen Frauenbund tätig und nahm in dieser Zeit regelmäßig an den Tagungen des ZBA teil.[321] Ihre Mitwirkung im Ausstellungsdirektorium stand sicher im Zusammenhang mit dem Bemühen Bernhard Marschalls, die im Zentralbildungsausschuss zusammengeschlossenen katholischen Verbände auch in die Vorbereitung der Katholischen Sonderschau einzubeziehen. Cosacks aktive Mitwirkung bei der Vorbereitung der Ausstellung beschränkte sich aber wohl darauf, dass sie die Rolle der katholischen Frau im 19. Jahrhundert darstellte und Schrifttum zur katholischen Frauenbewegung beisteuerte, das in der Abteilung zum 20. Jahrhundert gezeigt wurde.[322]

Der Katholische Deutsche Frauenbund gehörte dem ZBA zwar als Gründungsmitglied an und spielte in dieser Organisation eine aktive Rolle. Im Rahmen der Pressa konzentrierte er seine Aktivitäten allerdings viel stärker

---

[320] Vgl. die biographischen Notizen zu Dr. Josef Busley (1888-1969), dessen Nachlass in der Abteilung Rheinland des Landesarchivs NRW verwaltet wird unter: http://www.archive.nrw.de/LAV_NRW/jsp/bestand.jsp?archivNr=185&tektId=6436 [zuletzt aufgerufen am 21. 11.2013].

[321] Dr. Elisabeth Cosack (1885-1936) war eine gebürtige Kölnerin und studierte in den Jahren 1917 bis 1920 an der Universität zu Köln; ihr Promotionsthema lautete *Die staatsbürgerlichen Einstellungen der weiblichen Jugend.* Von 1921 wurde sie beim Katholischen Deutschen Frauenbund als Generalsekretärin eingestellt und übte dieses Amt bis Juli 1926 aus. Anschließend war sie bis 1936 Schriftleiterin der Verbandszeitschrift Frauenland. – Freundl. Mitt. von Frau Dr. Jutta Müther, Archivarin des Katholischen Deutschen Frauenbundes, vom 25.11.2013 an den Verf. – Das dortige Archiv besitzt eine Personenstammkarte und den Totenzettel zu Frau Dr. Cosack. – Vgl. auch: Fünfundzwanzig Jahre Katholischer Deutscher Frauenbund. Hrsg. vom Katholischen Deutschen Frauenbund. Schriftleitung: El[isabeth] Cosack. Köln 1928. 160 S. – In dieser Jubiläumsschrift finden sich neben einer von Elisabeth Cosack gezeichneten Vorbemerkung der Schriftleitung zwei weitere Beiträge dieser Autorin zu den Themen "Die Gründung des Katholischen Frauenbundes" und "Die Sozialen Frauenschulen des KDF".

[322] Führer durch die katholische Sonderschau [...] (wie Anm. 14), S. 82 mit dem Hinweis, dass die Darstellung der Frau im 19. Jahrhundert unter der Leitung von Dr. Elisabeth Cosack stand sowie S. 91. – Auf der folgenden Seite wird "Frl. Dr. Elisabeth Cosack" als eine der vielen Mitarbeiter und Mitarbeiterinnen dieses Ausstellungsteiles namentlich erwähnt. – Über diese beiden Ausstellungsteile berichtete Cosack ausführlich in der Verbandszeitschrift Frauenland. – Vgl.: Elisabeth Cosack: Das katholische Haus auf der "Pressa". In: Frauenland 21 (1928), S. 104-106.

auf eine Mitarbeit an der konfessionsübergreifenden Sonderabteilung 'Frau und Presse' innerhalb der Gesamtschau. Hier nahm neben anderen katholischen Frauenverbänden die Vorsitzende des KDFB, Antonie Hopmann, eine sehr aktive Rolle wahr.[323]

Weiterhin ist festzuhalten, dass die verschiedenen Abschnitte des Führers durch die katholische Sonderschau inhaltlich recht inhomogen aufgebaut sind. Die Texte führten zwar generell immer in die Thematik der einzelnen Räume und des dort Dargebotenen ein. Dabei wurden die gezeigten Schaustücke jedoch in unterschiedlicher Genauigkeit und wohl auch Vollständigkeit genannt. Die Bandbreite reichte von einer eher kursorischen Erwähnung, wie etwa in den großen Ausstellungsteilen, die das katholische Schrifttum des 19. und 20. Jahrhunderts zeigten[324], über die Hervorhebung einzelner Objekte und ihrer Herkunft, wie sie für die zahlreichen kulturhistorischen, von Carl Linfert und K.A. Wirz verantworteten und mit Handschriften und alten Drucken ausgestatteten Abschnitten typisch ist, bis hin zu einer eher seltenen, genauen Benennung einzelner Vitrinen und dessen, was in ihnen ausgestellt wurde. Letzteres traf z.B. für die Themen Geistliche Dichtung und Missionsschrifttum zu.[325] Dies alles spricht für eine recht autonome Vorgehensweise bei der Umsetzung einzelner Ausstellungsteile durch die jeweils für diesen Abschnitt oder Raum Verantwortlichen. Bernhard Marschall als Vorsitzender des Ausstellungsdirektoriums und Herausgeber des Führers dürfte seine Rolle im wesentlichen darauf beschränkt haben, dafür zu sorgen, dass alle Teile innerhalb des Gesamtkonzepts tatsächlich fertig gestellt und auch im Führer berücksichtigt wurden, ohne allzu stark in die gelieferten Beiträge im Sinne einer vereinheitlichenden Schlussredaktion einzugreifen.

Somit fehlt im Führer auch eine Gesamtübersicht der Ausstellungsstücke im Sinne eines Inventarverzeichnisses, wie sie in modernen Katalogen großer Ausstellungen üblich ist. Vielleicht darf man ein solches Verzeichnis aber für einen populären, in den 20er Jahren des vergangenen Jahrhunderts erstellten Wegweiser auch nicht erwarten. Im Führer fehlt zudem eine Gesamtübersicht über die Institutionen und Privatpersonen, die durch die Abgabe von Schaustücken zum Gelingen der Katholischen Sonderschau beigetragen haben. Auch dies spricht für eine weithin autonome

---

[323] Dieser Befund resultiert auf einer Durchsicht der Akten 2-77-4 Pressa 1927-1929 und 2-77-5 Frauentagung in Köln, Presseberichte 1928-31 im Archiv des Katholischen Deutschen Frauenbundes (AKDFB) in Köln durch den Verf. am 6.12.2013. – Innerhalb der Sonderabteilung 'Frau und Presse' gab es ebenfalls einen Themenblock 'Religiöse Frauenzeitschriften'. A. Hopmann leitete ferner innerhalb dieser Sonderausstellung den 'Fachausschuss für soziale und caritative Frauenzeitschriften'. – Vgl.: Amtlicher Katalog [...] (wie Anm. 45), S. 221.

[324] Führer durch die katholische Sonderschau [...] (wie Anm. 14), S. 81ff.

[325] Vgl. ebd., S. 45, S. 69-75 und S. 77-78.

Beschaffung der Schaustücke für die einzelnen Abteilungen und legt die Vermutung nahe, dass der Vorsitzende des Ausstellungsdirektoriums zumindest bei der Erstellung des Führers, also zeitlich im Umfeld der Ausstellungseröffnung, gar keine genauen Kenntnisse darüber hatte, was alles im Detail in der Katholischen Sonderschau gezeigt wurde und welche Leihgeber ihren Beitrag zum Gelingen der Ausstellung geleistet hatten. Wahrscheinlich war diese unabhängige Vorgehensweise durch die für die Mitarbeit gewonnenen Experten, die ihrerseits über vielfältige Kontakte auf ihrem Fachgebiet verfügten, überhaupt der Garant dafür, dass innerhalb der Kürze der zur Verfügung stehenden Vorbereitungszeit die Sonderschau fertig gestellt werden konnte.

Umso bemerkenswerter ist es allerdings, dass im Gegensatz zu dieser dezentralen Beschaffung und Zusammenstellung der Leihgaben die fertige Ausstellung nicht als Sammelsurium von Unterschiedlichkeiten erschien, sondern von einem homogenen Gesamtkonzept durchdrungen war, das unverwechselbar die Handschrift des künstlerischen Leiters der Sonderschau, Dominikus Böhm, trug. So hielt bereits der Führer "*die von einem einheitlichen Geiste getragene innere Ausstattung*" einer besonderen Erwähnung wert.[326]

Trotz der fehlenden Gesamtübersicht findet man im Führer verstreut eine Vielzahl von Einzelnennungen und Teillisten der Leihgeber. Diese ergeben ein gleichermaßen facettenreiches und vielfältiges Spektrum der an der Ausstellung Beteiligten. Die Ausstellungsstücke stammten sowohl von Privatpersonen und ihren Sammlungen als auch von wissenschaftlichen Bibliotheken, aus Archiven und in einem kleineren Umfange auch aus Museumsbeständen unterschiedlicher Träger. Des Weiteren waren katholische Buch- und Zeitungsverlage, Ordensgemeinschaften sowie katholische Verbände und Vereine als Leihgeber gefragt.

Natürlich griff man gerne auf vor Ort in Köln vorhandenes Material zurück, aber insgesamt stammten die Leihgeber aus dem gesamten deutschsprachigen Raum und bei der katholischen Auslandspresse sogar darüber hinaus. Bei den mittelalterlichen Handschriften gab es zum Beispiel zahlreiche Bibliotheken aus Süddeutschland und aus Österreich, die mit ihren Leihgaben in der Sonderschau vertreten waren. Unter den Leihgebern von Handschriften befanden sich auch sehr viele staatliche Bibliotheken und Archive und einige Privatsammlungen einzelner Adelshäuser (vgl. die detaillierte Zusammenstellung der Provenienzen der im kulturhistorischen Teil der Ausstellung gezeigten Handschriften in Kapitel 3.2.1.).

Wertet man die detaillierte Aufstellung der Ausstellungsstücke zum Abschnitt Geistliches Schauspiel aus, so ergibt sich ein ähnliches Bild[327]: Carl Niessen steuerte zu

[326] Führer durch die katholische Sonderschau [...] (wie Anm. 14), S. 111. – Vgl. hierzu ausführlich Kapitel 3.2.2.
[327] Ebd., S. 45.

der von ihm verantworteten Schau aus seiner eigenen Theatersammlung etliche Exponate bei. Als weitere Kölner Institutionen waren hier außerdem die Universitäts- und Stadtbibliothek Köln, das Historische Archiv Köln, das Rheinische Museum Köln und das Theater-Museum Köln jeweils mit mehreren Stücken vertreten. Über Köln hinaus stammten weitere Leihgaben von der Stadt Alsfeld, aus der Universitätsbibliothek Bonn, aus der Fürstlich Fürstenbergischen Hofbibliothek Donaueschingen, aus dem Ferdinandeum in Innsbruck, aus der Bürgerbibliothek Luzern, aus dem Stadtarchiv Mühlhausen in Thüringen und aus dem Theater-Museum München. Auch hier wurden also Exponate aus dem gesamten deutschsprachigen Raum herbeigeschafft.

Zum Abschnitt Kirchenmusik findet sich die folgende detaillierte Auflistung der verschiedenen Leihgeber. Es sind dies acht Bibliotheken, acht Privatpersonen und 21 Verlage[328]:

> "***1. Bibliotheken:*** *Dombibliothek und Stadtbibliothek (Köln), Bibliothek der Hochschule für Musik (Köln), Staatsbibliothek (Berlin), Staatsbibliothek (Wien), Proske Bibliothek (Regensburg), Universitätsbibliothek (Münster), Musikbibliothek Paul Hirsch (Frankfurt a.M.).*
>
> ***2. Privatbesitz:*** *Prof. Braunfels, Dr. Kurthen, Fritz Leber, Dr. Lemacher, Dr. Mies, Prof. Mölders, Dr. Rehmann und Prof. v. Wöß.*
>
> ***3. Verlage:*** *Amalthea (Wien), Böhm (Augsburg), Breitkopf und Härtel (Leipzig), Coppenrath (Regensburg), Esser (Paderborn), Feuchtinger (Regensburg), Filser (Augsburg), Herder (Freiburg), Hesse (Berlin), Junffermann (Paderborn), Kahnt (Leipzig), Kösel (München), Ochsner (Einsiedeln), Pustet (München), Schott (Mainz), Schwann (Düsseldorf), Simrock (Berlin), Tischer & Jagenberg (Köln), Tonger (Köln), Universaledition (Wien), Volksvereinsverlag (M.-Gladbach).*"

Ein weiteres Beispiel für die Vielzahl der Leihgeber ist die umfangreiche alphabetisch sortierte Liste der Personen und Institutionen, die durch Leihgaben und ihre Mitarbeit den Ausstellungsteil 19. Jahrhundert unterstützt haben. Die Liste umfasst rund 50 Einzelpersonen und 25 Institutionen (oder Personen, die im Namen ihrer Institution) Materialien zur Ausstellung beigesteuert haben.[329] Es ist daher sicher nicht übertrieben, wenn man die Zahl der insgesamt an der katholischen Sonderschau beteiligten Leihgeber auf einige Hundert beziffert.

Auf den enormen Zeitdruck, unter dem die Fertigstellung der Katholischen Sonderschau stand, weisen Hilfeersuchen des Internationalen Katholischen Comités an das Erzbischöfliche Generalvikariat hin. Kurz vor dem angedachten Eröffnungstermin bat das IKC mehrfach die bischöfliche Behörde um Unterstützung bei der Beschaffung von Leihgaben:

---

[328] Ebd., S. 51.
[329] Ebd., S. 86-87.

- In einem von einem Mitarbeiter des Internationalen Katholischen Comités an den Kölner Generalvikar gerichteten Bittschreiben vom 10. April 1924[330] hieß es, dass für die Gruppe "Katholisches Kirchenlied" "[...] *neben den bedeutenderen älteren Gesangbüchern auch die sämtlichen, heute in den verschiedenen Diözesen deutscher Zunge oder mit deutschen Gemeinden amtlich vorgeschriebenen oder gebräuchlichen Gesang- und Gebetbücher gezeigt werden* [sollen]." Zugleich wurde um die Bereitstellung des aktuellen Kölner Gebetbuches nachgesucht. Die Objekte seien zu senden an die "Universitäts- und Stadtbibliothek Abt. I, Köln, Gereonskloster 12, zu Händen Herrn Dr. Gotzen, der die Bearbeitung der Gruppe Kirchenlied übernommen habe. Und weiter hieß es: "*Falls vom Hochw. Generalvikariat nicht anders bestimmt, sollen die Gesangbücher nach Schluss der Ausstellung der Universitäts- und Stadtbibliothek Köln überwiesen werden zur Ergänzung der in ihr befindlichen Bibliothek des verstorbenen katholischen Kirchenliedforschers Dr. theol. Wilhelm Bäumkers, aus dessen Sammlung der grösste Teil der in der Ausstellung gezeigten älteren Gesangbücher entnommen ist.*"[331] Dieser Bitte wurde entsprochen, wie einem entsprechenden Vermerk auf dem Aktenstück vom 3. Mai 1928 zu entnehmen ist: "[*Die Verlage*] *Bachem und Schwann haben die Bücher auf meine Bitte übersandt*, [gez.] *Cohn.*"[332] Diese Notiz stimmt mit den Angaben im Führer durch die Katholische Sonderschau überein. Dort heißt es in den Beschreibungen zu der von Joseph Gotzen zusammengestellten ersten Gruppe "Katholisches deutsches Kirchenlied" innerhalb des in der Abteikirche gezeigten Ausstellungsteiles "Kirchenmusik": "*Die Gruppe gibt einen Überblick über die Entwicklung des katholischen deutschen Kirchenliedes an Hand der gedruckten Gesangbücher vom 16. Jahrhundert bis auf unsere Zeit.* [...] *Den Schluß der Gruppe bildet eine Sammlung der in den Diözesen deutscher Zunge oder mit deutschen Gemeinden heute im Gebrauch befindlichen Diözesangesangbücher.*"[333]

- Bernhard Marschall wandte sich persönlich mit der Bitte an den Kölner Generalvikar Joseph Vogt[334], ihn bei der Bereitstellung einiger Bände aus der kirchenmusikalischen Sammlung Santini[335] zu unterstützen. Der zuständige Bibliothekar der Münsteraner Universitätsbibliothek hatte bislang

[330] AEK CR I 27,24, Tagebuch 1435 ^{I}/28. – Das Schreiben ist mit dem Namen "Wimmer" gezeichnet.
[331] Ebd. – Vgl. Anm. 316.
[332] AEK CR I 27,24, Tagebuch 1435 ^{I}/28.
[333] Führer durch die katholische Sonderschau [...] (wie Anm. 14), S. 51-52.
[334] Joseph Vogt (1865-1937) war seit dem 1.6.1918 Kölner Generalvikar und wurde 1931 zum ersten Bischof des 1930 neu gebildeten Bistums Aachen geweiht. – Vgl.: Eduard Hegel: Das Erzbistum Köln zwischen der Restauration [...] (wie Anm. 183), S. 125 und 164-165.

noch nicht die Genehmigung des Bischofs von Münster für eine solche Herausgabe erhalten. Am 8. Mai 1928 wurde ein entsprechendes Gesuch des Kölner Generalvikars nach Münster geschickt.[336]

- Offensichtlich war zu etlichen Ausstellungsgegenständen, die die Organisatoren zeigen wollten, wenige Wochen vor Beginn der geplanten Eröffnung der Katholischen Sonderschau seitens der möglichen Leihgeber noch keine Zusage erteilt worden. Denn am 11. April 1928 wurden vom Erzbischöflichen Generalvikariat eine ganze Reihe weiterer Schreiben mit dem Gesuch um Leihgaben entworfen. Diese sollten an das Bischöfliche Dommuseum Augsburg, an das Bischöfliche Ordinariat Eichstätt, das Domkapitel Hildesheim, das Alexianerkloster Aachen, die Domschatzkammer Trier und das Bischöfliche Ordinariat Mainz geschickt werden[337]: "*Die Leitung der katholischen Abteilung der Pressa bittet uns, Ihre Anträge auf Überlassung von Ausstellungsgegenständen zu unterstützen. Da diese katholische Abteilung in der Heribertuskirche und dem Kreuzgang des angrenzenden früheren Benediktinerklosters eine würdige Stätte gefunden hat und zugleich vollständig und weit von den Ausstellungen der sogenannten Weltanschauungsgruppe getrennt ist, so gestatten wir uns, diese obige Bitte angelegentlich zu empfehlen, damit die einmal begonnene Aufgabe würdig gelöst werde.*"[338] Der Generalvikar der Diözese Augsburg meldete mit Schreiben vom 21. April 1928 Vollzug.[339]

- Am 19. April 1928 wandte sich Eduard Lange, der für die Organisation der Abteilung '19. Jahrhundert' zuständig war, in einem unter Verwendung des Briefkopfes des Internationalen Katholischen Comités verfassten Schrei-

---

[335] Die vom römischen Priester und Musiker Abate Fortunato Santini (1778-1861) zusammengetragene Santini-Sammlung "[...] *gilt in Fachkreisen als eine der umfangreichsten und wertvollsten Quellen italienischer Musik des 16. bis 19. Jahrhunderts und umfasst ca. 20.000 Titel in ca. 4.500 Handschriften sowie ca. 1.200 Drucke.*" Sie ist seit dem 19. Jahrhundert Eigentum des Bistums Münster und wird heute in der Diözesanbibliothek Münster aufbewahrt. Im Jahre 1923 wurde sie aber per Leihvertrag für 25 Jahre der Universitätsbibliothek Münster überlassen. – Vgl.: Ursula Horstmann: Die Santini-Sammlung. http://www.dioezesanbibliothek-muenster.de/index php?cat_id=1391 [zuletzt aufgerufen am 15.11.2013].

[336] AEK CR I 27,24, ohne Nummer [nach Tagebuch $1662^{I}/28$].

[337] AEK CR I 27,24, Tagebuch $1442^{I}/28$.

[338] Interessant an diesem Brief ist, dass der Standort in der ehemaligen Benediktinerabtei und die Ferne zu den sogenannten Weltanschauungsgruppen als Argumente für eine Unterstützung der Katholischen Sonderschau herangezogen wurden. Im Übrigen wurde ja auch der Terminus 'Sonderschau' (möglicherweise bewusst) vermieden und stattdessen von 'Abteilung' gesprochen, was für diesen Ausstellungsteil im Gesamtrahmen der PRESSA eine größere Bedeutung suggerierte (vgl. auch Kapitel 1.3.).

[339] AEK CR I 27,24, Tagebuch $1442^{I}/28$.

ben mit der Bitte an das Erzbischöfliche Generalvikariat, bei der Straßburger Behörde um Leihgaben nachzusuchen: "[...] *Ich* [würde] *es begrüßen, wenn mir aus dem Diözesanarchiv und aus der Diözesanbibliothek Straßburg das eine oder andere Material zur Verfügung gestellt werden könnte, was in Bildnissen, Manuskripten, Dokumenten geeignet wäre, ausstellungsmäßig Licht auf die Einwirkungen des französischen Katholizismus nach Deutschland hinüber, insbesondere Straßburg – Mainz, zu werfen vermöchte.*"[340] Aus der Akte ergibt sich weiter, dass ein entsprechendes Gesuch am 30. April 1928 nach Straßburg geschickt und dass am 8. Mai 1928 eine positive Antwort des Generalvikars von Straßburg, Kolb, in Köln eintraf. In einem Schreiben vom 10. Mai 1928 – also zwei Tage vor der offiziellen Eröffnung der PRESSA – teilte dies der Kölner Generalvikar Eduard Lange mit. Das Schreiben trägt den Vermerk 'Eilt'! Ob die Straßburger Leihgaben tatsächlich nach Köln und in die Katholische Sonderschau gelangten, lässt sich nicht mehr mit Sicherheit feststellen. Jedenfalls fehlt die Diözese Straßburg im Führer durch die Katholische Sonderschau in der umfangreichen Liste der Privatpersonen und Institutionen, die durch Leihgaben und durch freundliche Mitarbeit diesen Ausstellungsteil unterstützt hatten.[341]

- Selbst über die Präsenz des an prominenter Stelle gezeigten kostbaren Heribertschrein in der Katholischen Sonderschau konnte erst kurz vor der Eröffnung eine Klärung herbeigeführt werden. Der Pfarrer der Pfarrkirche Neu-Sankt Heribert in Köln-Deutz, in der sich der Schrein nunmehr befand, hatte wohl Bedenken angemeldet, diesen für die Sonderschau zur Verfügung zu stellen. In dieser Angelegenheit wandte sich Konsul Julius Stocky vom Vorstand des IKC hilfesuchend an den Kölner Generalvikar und erhielt mit Datum vom 27. April 1928 den Bescheid, "[...] *daß wir bereit sind, einen Beschluß des Kirchenvorstandes, den Heribertusschrein der Ausstellungsleitung der Kath. Abteilung der Pressa zur Verfügung zu stellen,* [zu] *genehmigen.*"[342]

Dass es bei der unter einem enormen Zeitdruck stehenden Zusammenstellung der Ausstellungsstücke für die Katholische Sonderschau an einer Inventarliste und notwendigen schriftlichen Unterlagen wie etwa Empfangsbestätigungen für anderenorts entliehene Objekte mangelte und niemand seitens der Veranstalter letztlich eine valide Gesamtübersicht des Dargebotenen hatte, sondern dass es kurz vor der Eröffnung der Katholischen Sonderschau wohl teilweise "Drunter und Drüber" ging, mag abschließend auch der folgende, in der Rückschau fast anekdotenhaft anmutende Kri-

[340] AEK CR I 27,24, Tagebuch 1577^{1}/28.
[341] Führer durch die katholische Sonderschau [...] (wie Anm. 14), S. 86-87.
[342] AEK CR I 27,24, Tagebuch 1622^{1}/28.

minalfall belegen, über den Peter Fuchs in seinem "Rückblick nach 30 Jahren auf die 1. Internationale Presseausstellung 1928 in Köln" im Jahre 1958 journalistisch breit berichtet hat[343]:

Es blieben nämlich nach dem Abbau der Katholischen Sonderschau sechs wertvolle alte Handschriften und Drucke verschwunden, die das Gutenberg-Museum in Mainz verliehen hatte und deren Wert auf insgesamt 200.000 Mark beziffert wurde. Als wertvollstes Einzelstück nannte Fuchs ein kostbares Stundenbuch, das "[...] *Gebetsbuch Karls des Kühnen (von 1450 bis 1470 in Hochburgund entstanden)* [...]"[344], dessen Wert allein damals auf 100.000 Mark deklariert wurde. Auf abenteuerliche Weise kehrten diese Ausstellungsstücke erst im Sommer des Folgejahres wieder nach Mainz zurück. Im Februar 1929 hatte nämlich ein 18jähriger Kraftwagenbeifahrer, Ernst Thomas aus Köln-Mülheim, in einer 75cm langen und 40cm hohen Holzkiste, die keinen Deckel hatte und aus der Stroh und Papier quollen, drei alte, für ihn in ihrem Wert und ihrer Bedeutung nicht erkennbare Bücher entdeckt. Da er dachte, es sei "*weggeworfener alter Kram*" nahm er sie einige Zeit später mit nach Hause. Es waren dies drei der vermissten Stücke aus dem Gutenberg-Museum, darunter das kostbare Stundenbuch. Erst Monate später, Ende Juli 1929, wurde die Sache zu einem Kriminalfall. Der Vater des jungen Thomas hatte inzwischen von dem Fund erfahren und hielt die alten Bücher für "*etwas Außergewöhnliches*". Diese Einschätzung teilte auch ein Buchhändler, der in der Sache befragt wurde. Vater und Sohn entschlossen sich daraufhin beim Direktor der Spedition vorzusprechen und die Objekte zurückzugeben. Die Kriminalpolizei wurde eingeschaltet, der junge Finder zeitweilig inhaftiert, die drei Fundstücke dem Direktor des Gutenberg-Museums übergeben und in den Räumen der Spedition nach den noch fehlenden anderen Werken gesucht. Erst bei einer zweiten Durchsuchung wurden "[...] *schließlich unter einer Lage Stroh und Packpapier von 40 bis 50 Zentimeter Höhe die drei noch fehlenden Bücher entdeckt!*"

Wie die sechs Handschriften und alten Drucke des Gutenberg-Museums in das Gerümpel der Lagerhalle der Speditionsfirma gekommen waren, ließ sich nicht mehr rekonstruieren. Peter Fuchs schrieb dazu 1958[345]:

> "*Zunächst einmal wurde festgestellt, daß die Firma Transitus mit der direkten Spedition der Pressagüter nichts zu tun hatte, die Pressa hatte ihre eigene Speditionsgesellschaft.*

[343] Im folgenden Abschnitt nach: Peter Fuchs, Pressa Köln [...] (wie Anm. 17) [S. 23-24]. – Sämtliche wörtlichen Zitate dort.

[344] Weiterhin werden von Fuchs genannt: Ein Sammelband "Gregorius, Augustinus usw." (10.000 Mark), "einen weiteren solchen Sammelband" (8.000 Mark), ein "Psalterium" (40.000 Mark), eine "'Historienbibel' (sogenannte Lauberbibel)" (25.000 Mark) und ein "Evangelium 'Johannis'" (12.000 Mark). – Ebd.

[345] Ebd., [S. 24].

Man kam dann weiter zu dem Schluß, daß ein hausfremder Transporteur die Güter entweder v o r B e g i n n oder n a c h d e m E n d e der Pressa bei Transitus gelassen hatte, wobei sie mehr oder weniger ins Gerümpel geraten waren.
Ob nun vorher oder nachher, das wurde dann zur Streitsache:
Die Mainzer meinten, es müsse n a c h h e r passiert sein, weil nämlich die Bücher, zumindest das Gebetsbuch Karls des Kühnen, in der Katholischen Sonderschau ausgestellt gewesen seien!
Das Internationale Katholische Comité und die betroffene Versicherungsgesellschaft aber behaupteten, es müsse v o r h e r gewesen sein, denn die sechs Bücher seien nie in den Besitz der Katholischen Sonderschau gekommen.
Was stimmte also? [...] *Immerhin blieb noch eine dritte Möglichkeit: Daß die Bücher während ihrer Schaustellung aus den Glaskästen oder nach Abschluß der Messe aus den Transportkisten gestohlen wurden und von Dieben in der Lagerhalle in alten Kisten versteckt worden sind."*

3. Die Katholische Sonderschau "2000 Jahre Katholisches Schrifttum" in der alten Deutzer Benediktinerabtei

3.1. Die ehemalige Abtei Deutz als Standort der Sonderschau

Die ehemalige Benediktinerabtei in Deutz, die von dem Internationalen Katholischen Comité als Ausstellungsfläche für die Katholische Sonderschau im Rahmen der PRESSA genutzt wurde, stellte einen unbedingten Traditionsort für die Kölner Kirche und für die Katholiken im Rheinland dar. 1003 von Erzbischof Heribert von Köln auf dem Gelände eines unter Kaiser Konstantin (306-337) errichteten römischen Kastelles gegründet[346] und mit vielen Stiftungen und Schenkungen, u.a. auch der alten rheinseitig gelegenen Deutzer Pfarrkirche St. Urban, begütert, durchlief das Kloster in den folgenden achthundert Jahren eine wechselvolle Geschichte, ehe es 1803 im Zuge der Säkularisation endgültig aufgehoben wurde. Exponiert auf dem der bedeutenden Reichsstadt Köln gegenüber liegenden Rheinufer gelegen, war Deutz und damit auch die Abtei immer wieder ein Ort gewesen, an dem kriegerische Auseinandersetzungen zu schweren Beschädigungen oder Zerstörungen führten. Zu nennen sind hier u.a. Zerstörungen im Zuge der Kölner Fehde von 1242, die Verwüstung der Abtei während der Auseinandersetzungen zwischen dem Kölner Erzbischof Friedrich von Saarwerden und der Stadt Köln 1376 sowie der Brand der Abteikirche und der Abteigebäude am 11. August 1583 während der Erstürmung von Deutz durch Truppen des zum Protestantismus übergetretenen, abtrünnigen Kölner Erzbischofs Gebhard Truchseß von Waldburg.[347] Auch die Explosion der in der Pfarrkirche St. Urban gelagerten Pulvervorräte am 22. Dezember 1632, als schwedische Truppen in Deutz einfielen, dürfte die nahe gelegenen Abteigebäude erheblich beschädigt haben.[348] Aber auch Naturkatastrophen, etwa Überschwemmungen durch den über die Ufer getretenen nahen Rhein, richteten immer wieder Schäden in der Abtei an. Besonders der verheerende Eisgang von 5. März 1784, als das Wasser 9 Fuß hoch in der Abtei und 13 Fuß hoch in der Kirche stand, ist hier zu erwähnen.[349]

---

[346] Marianne Gechter: Zur Topographie von Deutz im Mittelalter. In: Colonia Romanica. Jahrbuch des Fördervereins Romanische Kirchen Köln e.V. 13(1998), S. 9-21. – Das Kastell sollte eine ebenfalls unter Kaiser Konstatin errichtete Rheinbrücke sichern und wurde baulich auch in fränkischer Zeit weiter genutzt. – Ebd. S. 9-12.

[347] Zu 1242 und 1376 vgl. ebd., S. 18-20. Zu 1583 siehe: Lucia Hagendorf-Nußbaum: Zur Baugeschichte von Alt St. Heribert in Deutz. In: Colonia Romanica. Jahrbuch des Fördervereins Romanische Kirchen Köln e.V. 13(1998), S. 44-58. – Hier S. 49.

[348] Ebd., S. 50. – Vgl. hierzu ausführlich: Wilhelm Becker: Der Überfall der Schweden auf Deutz im Jahre 1632. In: Rechtsrheinisches Köln. Jahrbuch für Geschichte und Landeskunde 23(1997), S. 2-44.

So war die zwischen 1659 und 1663 erbaute barocke Abteikirche St. Heribert, in der Teile der Sonderschau gezeigt wurden, mindestens der fünfte Sakralbau an dieser Stelle gewesen. Dieser gingen zwei Kirchbauten aus dem 11. Jahrhundert und zwei weitere Bauten aus der Zeit um 1400 zeitlich voran und sie ersetzte den der Zerstörung des Jahres 1583 anheimgefallenen gotischen Vorgängerbau.[350]

Den Kern dieser barocken Kirche bildete ein "[...] *auf den ottonischen Grundmauern* [errichtetes] *dreischiffiges basikales Langhaus, dessen polygonal gebrochene Seitenschiffe die Kontur des frühromanischen Zentralbaus nachzeichneten.*" Daran schloss sich östlich ein dreijochiger Langchor an. Auf der zum Rhein hin gelegenen Westseite stand vor der Fassade eine kleine Vorhalle mit polygonaler Front.[351]

Auch das Geviert der sich stets an die Abteikirche nordöstlich anschließenden und damit auch die Nordostecke des ehemaligen Römerkastells einnehmenden Abteigebäudes hat im Laufe der Jahrhunderte einen mehrfachen Um- und Neubau erfahren. Als 1656 Wenzel Hollar die *Große Ansicht der Stadt Köln von Deutz aus* in Kupfer stach, zeigte er die zu dieser Zeit anstelle der niedergebrannten gotischen Abteikirche bestehende Heribertskapelle. Diese stand an einer der vier Ecken des Abteibaus, der teils auch in Fachwerk ausgeführt worden war und dessen drei andere Ecken jeweils von gleichartigen, in Stein gehaltenen Giebelbauten im Renaissancestil eingenommen wurden. Östlich davon befanden sich einige ebenfalls zur Abtei gehörende Wirtschaftsgebäude, darunter vermutlich auch eine Zehntscheune.[352] In der äußeren Form, in der das Abteigebäude in den 20er Jahren des 20. Jahrhunderts für die Katholische Sonderschau genutzt wurde, war dieses also noch vergleichsweise jung. Seine Errichtung fiel in die Amtszeit des Abtes Ämilian Behren. Die Fertigstellung dieses spätbarocken Neubaus wird auf das Jahr 1776 datiert.[353]

Nachdem die Rheinlande 1815 an Preußen gefallen waren, bauten diese Deutz zu einer befestigten Garnisonsstadt aus. Am Rhein wurde gegenüber der Kölner Altstadt eine große Dragoner- (die spätere Kürassier-)kaserne errichtet mit hofseitigen Stallungen für 600 Pferde. Die benachbarten Baulichkeiten des 1803 säkularisierten

---

349 Vgl.: Peter Simons: Illustrierte Geschichte von Deutz, Kalk, Vingst und Poll. Ein Beitrag zur Geschichte des kurkölnischen Amtes Deutz. Cöln-Deutz: Nagelschmidt 1913. VIII, 436 S. – Hier S. 81-94.

350 Lucia Hagendorf-Nußbaum: Zur Baugeschichte [...] (wie Anm. 347), S. 44. – Zwischenzeitlich befand sich an dieser Stelle noch eine kleine Heribertskapelle, die Anfang des 17. Jahrhunderts errichtet worden war; ebd. S. 50.

351 Ebd., S. 51.

352 Vgl. ebd., S. 50, Abb. 9 "Turm von St. Urban und Kapelle St. Heribert, große Ansicht der Stadt Köln von Deutz aus, 1656, Wenzel Hollar, Kupferstich, Kölnisches Stadtmuseum."

353 Ebd., S. 55 sowie: Hubert Kruppa: Deutz [...] (wie Anm. 31).

Heribertsklosters wurden in diese militärische Nutzung mit einbezogen.[354] 1890 diente es als 'Königliche Artilleriewerkstatt'. Im Zuge dieser Umnutzung wurden auch bauliche Veränderungen vorgenommen. So verschwand im 19. Jahrhundert ein barockes Mittelportal.[355]

Ein Jahr nach der Säkularisation, 1804, wurde die ehemalige Abteikirche von ihrem neuen Eigentümer der katholischen Pfarrgemeinde in Deutz zur Nutzung überlassen und unter dem ersten Bischof des wieder hergestellten Kölner Erzbistums, Ferdinand August Graf von Spiegel zum Desenberg und Canstein, 1821 offiziell anstelle der alten Kirche St. Urban zur Pfarrkirche des Deutzer Kirchspiels erhoben. Diese pfarrliche Nutzung endete 1896, als für die Katholiken in der inzwischen stark angewachsenen Stadt Deutz ihre zentral gelegene, neu erbaute Pfarrkirche Neu St. Heribert konsekriert wurde. Bis 1919 diente die alte, in den Jahren 1909 bis 1912 gründlich instand gesetzte Klosterkirche Alt St. Heribert nun den in der benachbarten Kaserne stationierten rheinischen Kürassieren als Garnisonskirche.[356]

Mit der Entfestigung von Deutz, das seit 1888 zu Köln gehörte, wurde bereits 1907 begonnen. Die alten Kasernengebäude am Rhein mussten nach dem Ersten Weltkrieg einer sinnvollen zivilen Nutzung zugeführt werden, da die Zugehörigkeit von Deutz zur entmilitarisierten Zone der Rheinlande gemäß des Versailler Vertrages eine weitere militärische Nutzung ausschloss. Nun galt es, für den gesamten, die Rheinfront zwischen der Hohenzollernbrücke und der Deutzer Brücke einnehmenden Gebäudekomplex, eine sinnvollen Nachnutzung zu finden. Die PRESSA bot da eine günstige Gelegenheit, dieses ehrgeizige städtebauliche Ziel zu realisieren (vgl. Kap. 1.2.). Eine dauerhafte Einbeziehung dieser Gebäude in das nördlich der Hohenzollernbrücke gelegene neue Messegelände war dabei wohl zu keinem Zeitpunkt vorgesehen. 1936 zog in die umgebaute ehemalige Kürassierkaserne das unter den Nationalsozialisten so benannte "Haus der Rheinischen Heimat", ein, das bereits unter Oberbürgermeister Konrad Adenauer als "Rheinisches Museum" für die Zeit ab 800 in Planung gegangen war.[357] Das Geviert der angrenzenden ehemaligen Abtei, in der während der PRESSA die Katholische Sonderschau gezeigt worden war, wurde ab 1932 Heimat des die Christliche Kunst des Mittelalters beherbergenden Museums Schnütgen, das ja zunächst im Kölner Kunstgewerbemuseum seinen Platz gefunden hatte.[358] Somit wurde auf der Deutzer Rheinseite ein kultureller Akzent ge-

---

[354] Hubert Kruppa: Deutz [...] (wie Anm. 31), S. 41-45.

[355] Ebd., S. 82 und S. 84. – "*Das heutige Barockportal ist erst im Jahre 1928 eingebaut worden. Es stammt vom längst abgebrochenen Geyrschen Haus in Köln*" (ebd., S. 84).

[356] Lucia Hagendorf-Nußbaum: Zur Baugeschichte [...] (wie Anm. 347), S. 55 sowie: Helmut Fußbroich: Zur Pfarrkirche St. Heribert in Köln-Deutz. Baugeschichte, ehemalige Ausstattung und Wiederaufbau – ein Nachruf. In: Jahrbuch des Kölnischen Geschichtsvereins 54(1983), S. 237-267. – Hier S. 237-241.

[357] Peter Fuchs: Pressa Köln [...] (wie Anm. 17), [S. 11-12].

setzt, der nach den Zerstörungen des Zweiten Weltkriegs stadtplanerisch nicht wieder aufgegriffen wurde.

Dadurch, dass es dem Internationalen Katholischen Comité gelang, die Räumlichkeiten der Kirche Alt St. Heribert und der benachbarten ehemaligen Benediktinerabtei für die Katholische Sonderschau von der Stadt Köln zu erhalten, mussten die Katholiken nicht wie die Träger der anderen Sonderschauen ein repräsentatives Ausstellungsgebäude errichten lassen, was erhebliche zusätzliche Kosten verursacht hätte. Bei dem ersten Gespräch, das Bernhard Marschall zusammen mit einigen anderen katholischen Vertretern mit dem Direktor des Kölner Messeamtes, Dr. Esch, am 18. März geführt hatte, war eine solche Option noch nicht auf den Tisch gekommen. Folgerichtig veranschlagte der aus dem ZBA heraus gebildete Arbeitsausschuss in seinem im April 1927 entstandenen Finanzplan (vgl. Kap. 2.3., Finanzplan A) auch Kosten in Höhe von 70.000,- Reichsmark für den Bau und die Errichtung eines Pavillons und von weiteren 60.000,- Reichsmark für die Miete des Pavillons. Doch schon kurze Zeit später hatte die Ausstellungsleitung Marschall erstmals vorhandene Räumlichkeiten als Standort für die Katholische Sonderschau angeboten. Denn in der Anlage zu Punkt 5 in der Einladung zur Frühjahrstagung des ZBA vom 26. April 1927 hieß es: "*Nach erneuter Besprechung mit Herrn Generaldirektor Esch können wir von einem eigenen Haus absehen. Wir bekommen von der Ausstellungsleitung einen ca. 800 qm grossen Platz in besonderer Lage der Ausstellungshalle reserviert, möglichst an die historische Abteilung der Ausstellung herangerückt.*"[359] Hier war noch nicht expressis verbis von der Benediktinerabtei die Rede. Da die Nutzfläche der Abteigebäude rund 3.000 m^2 betrug[360], Marschall aber nur von einem knappen Viertel dieser Fläche sprach, ist zu vermuten, dass Esch zunächst an einen Teil der Kürassierkaserne selbst als Fläche für die Katholische Sonderschau dachte.

Eine feste Zusage, dem IKC die Baulichkeiten der Abtei für die Sonderschau herzurichten und zu überlassen, muss somit zwischen Ende April 1927 und Mitte August 1927 gegeben worden sein. Folgt man einem Schreiben, das Wilhelm Kisky zur Klärung seiner Funktion im IKC am 16. Oktober 1927 an Oberbürgermeister Adenauer geschickt hatte, so stammte die Anregung, "*die Deutzer Kirche und die Abteigebäude für die katholische Abteilung zu nehmen*" von Professor Kuckhoff, einem Mitglied des Arbeitsausschusses des IKC. Konsul Stocky sei daraufhin als

---

[358] Vgl. den Eintrag "Museum Schnütgen" auf www.wikipedia.de [zuletzt aufgerufen am 30.10.2013] sowie: Kleine Festschrift zum dreifachen Jubiläum. [Hrsg. und redigiert von Anton Legner.] Köln: Schnütgen-Museum, 1981, 48 S.

[359] Einladung zur Frühjahrstagung des ZBA am Mittwoch, den 11. Mai 1927 [...] (wie Anm. 158), Anlage 5, Bl. 2-3.

[360] [Denkschrift] Katholizismus und Internationale Presse-Ausstellung [...] (wie Anm. 94). – Vgl. auch Anm. 223.

Abb. 6: Die Katholische Sonderschau im Gebäude der alten Deutzer Benediktinerabtei während der PRESSA 1928. Reproduktion einer Postkarte aus Privatbesitz (vgl. Anm. 263).

Mitglied des Arbeitsausschusses, "[...] *und weil er, wie er sagte, mit Ihnen* [i.e. OB Adenauer] *dauernd in Verbindung sei*", gebeten worden, dem Kölner Oberbürgermeister diesen Vorschlag zu unterbreiten.[361] Es ist daher zu vermuten[362], dass Adenauer selbst diese aus den Kreisen des IKC vorgetragene Idee unterstützte und die Ausstellungsleitung bzw. das Bauamt der Stadt ersuchte, Maßnahmen für eine Umsetzung des Vorschlags zu ergreifen. Jedenfalls ging der Autor der auf den 21. August 1927 datierten Denkschrift "Katholizismus und Internationale Presse-Ausstellung" bereits sicher von der Nutzung dieser Örtlichkeiten aus und legte ein erstes Raumkonzept für dessen Nutzung dar (vgl. Kapitel 2.2.). Und zur Begründung der Wahl dieser Gebäude hieß es in der Denkschrift[363]:

> *"Die Gelegenheit, den internationalen Katholizismus als Geistesmacht in die Erscheinung treten zulassen, ist so günstig wie nie. An hervorragender Stelle gegen-*

---

[361] Schreiben von Oberarchivrat Dr. Kisky, Köln [...] an Oberbürgermeister Adenauer vom 16. Oktober [19]27 [...] (wie Anm. 137).

[362] In den Handakten des Oberbürgermeisters zur Pressa fanden sich allerdings keine konkreten Hinweise auf ein solches Gespräch zwischen Stocky und Adenauer.

[363] [Denkschrift] Katholizismus und Internationale Presse-Ausstellung [...] (wie Anm. 94), Bl. 1-2.

über dem Dom liegt das alte Kloster der Benediktiner, im dem des Hl. Heribert Gebeine ruhten, von wo aus der Geist Ruperts von Deutz, der Strom katholischer Geistesgrösse in der Mystik geflossen ist.

Die Kirche, die seit Jahren nicht mehr für den Pfarrgottesdienst gebraucht wird, und das seit einem Jahrhundert als Magazin und Rumpelkammer benutzte Kloster können ohne weiteres in die Ausstellung für die Katholische Abteilung einbezogen werden. Die Räume werden museumsmäßig von der Stadt Köln hergerichtet, die Miete wird sich im Verhältnis zu den anderen Räumen billig stellen. Trotzdem sind die Räume sehr umfangreich und liegen nicht mitten in dem anderen Trubel, sondern, obzwar direkt am Haupteingang der Pressa, in vornehmer Stille."

Ohne Zweifel war die Nutzung der Deutzer Benediktinerabtei aus Sicht des IKC eine für die Katholiken optimale Standortlösung für die Sonderschau und privilegierte diese gegenüber der Repräsentanz der anderen beiden auf der PRESSA durch Sonderschauen vertretenen Glaubensgemeinschaften. Die als "katholische Kulturschau" gedachte Ausstellung lag benachbart zur kulturhistorischen Abteilung der Gesamtschau. Man musste nicht erst ein kostenträchtiges Gebäude planen und errichten sondern konnte einen für den rheinischen Katholizismus geschichtsträchtigen Ort mit Leben füllen. Insgesamt muss hier nochmals die große Unterstützung die das IKC von der Stadt Köln durch die Bereitstellung und museumsfertige Herrichtung der Abteigebäude erhalten hat, hervorgehoben werden. Und eine Raummiete von 20.000,- Reichsmark, die in den späteren Finanzplänen deklariert wurde (vgl. Kapitel 2.3., Finanzplan B und C), wäre wohl mehr als günstig gewesen für die mindestens halbjährige Nutzung eines so großen Gebäudes. Aber selbst dieser günstige Mietbetrag wurde dem IKC, wie bereits gezeigt wurde, letztlich noch erlassen.

3.2. GLIEDERUNG, KÜNSTLERISCHE GESTALTUNG UND MUSEUMDIDAKTISCHE AUFBEREITUNG DER AUSSTELLUNG

Neben dem publizierten Führer zur katholischen Sonderschau[364] dokumentiert vor allem auch das in der Diözesanbibliothek vorhandene Fotoalbum[365] die Gliederung, die museumsdidaktische Aufbereitung und die künstlerische Ausgestaltung der Ausstellung "2000 Jahre Katholisches Schrifttum".

Uebersichtsplan der katholischen Sonderschau

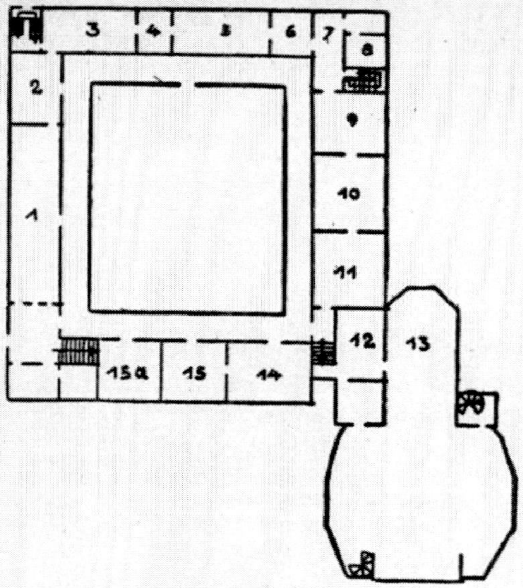

I. Erdgeschoß:

Raum 1: Die Bibel in Schrift und Frühdruck.
„ 2: Frühe Bibelausgaben und Armenbibeln (biblia pauperum).
„ 3: Marien- und Heiligenleben.
„ 4: Wallfahrtsbücher.
„ 5: Theologische Wissenschaft.
„ 6: Regel des hl. Benedikt.
„ 7: Bucheinband.
„ 8: Spätgotische Schreibstube.
„ 9: Das liturgische Buch.
„ 10: Predigt- und Erbauungsliteratur.
„ 11: Geistliche Dichtung und geistliches Schauspiel.
„ 12: Erinnerungen an St. Heribert und die Abtei Deutz.
„ 13: Abteikirche — Kirchenmusik.
„ 14: Weltliche Wissenschaften — Kirchliche Urkunden — Bibliotheken.
„ 15: Katechismus — Marianische Kongregation — Exerzitienbüchlein des hl. Ignatius — Jesuitenregel.
„ 15a: Neuzeitliche Architektur (Ergänzung zu Raum 19), Kreuzgang.

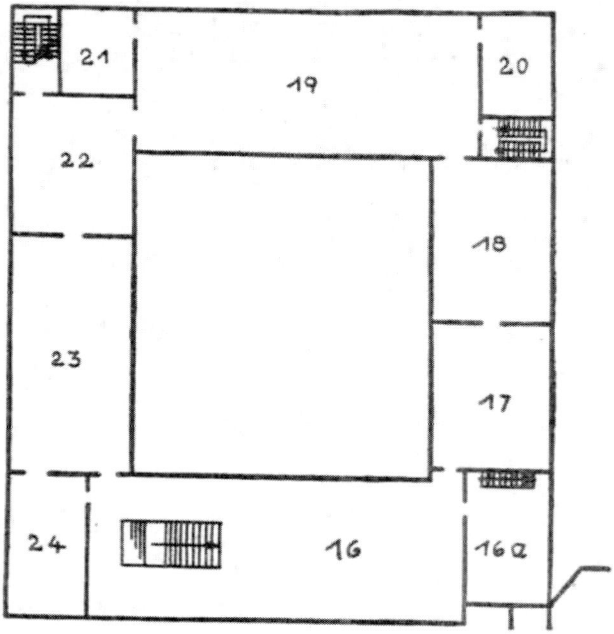

II. Obergeschoß:

Raum 16: Missionsschrifttum.
„ 16a: Missionsfilm.
„ 17: Missionsschrifttum.
„ 18: Neunzehntes Jahrhundert.
„ 19: Zwanzigstes Jahrhundert (vgl. auch Raum 15 a).
„ 20: Regel des hl. Franziskus und des hl. Dominikus.
„ 21: Sonntagsblätter.
„ 22/23 Katholische Tagespresse des In- und Auslandes.
„ 24: Das katholische Buch.

Abb. 7a und 7b: Die Gliederung der Katholischen Sonderschau auf der Pressa. Aus: Führer durch die katholische Sonderschau [...] (wie Anm. 14), S. 112-113.

[364] Führer durch die katholische Sonderschau [...] (wie Anm. 14).
[365] Katholische Sonderschau auf der Pressa [...] (wie Anm. 15).

3.2.1. Die Gliederung der Ausstellung

Der "*Uebersichtsplan der katholischen Sonderschau*" (Abb. 7a und 7b) weist eine Verteilung der Ausstellungsobjekte auf insgesamt 24 Räume im Erdgeschoß und im Obergeschoß der Abtei sowie in der benachbarten Abteikirche aus. Tatsächlich wurden noch mit Raum 15a und 16a zwei zusätzliche Räume abgeteilt und belegt, so dass insgesamt von 26 verschiedenen Ausstellungsräumen auszugehen ist. Die Zuweisung der einzelnen Raumnummern im Erdgeschoß (Raum 1-15a) folgte dem Uhrzeigersinn; im Obergeschoß (Raum 16-24) entsprach die Zählung dagegen dem entgegengesetzten Uhrzeigersinn. Beide Geschoßebenen waren über mehrere Treppenhäuser miteinander verbunden. Während es im Obergeschoß keine separaten Flure gab und der Besucher seine Visite Raum für Raum durchschreitend fortsetzen musste, gab es im Erdgeschoß mit dem sogenannten Kreuzgang einen umlaufenden, zum Innenhof gelegenen Flur, der über verschiedene Türen mit den Ausstellungsräumen verbunden war. Aber auch hier konnte der Besucher alternativ ebenfalls von Raum zu Raum weitergehen, ohne zwischendurch in den Flur zurückkehren zu müssen.

Die verschiedenen Räume waren gemäß dem Ausstellungsplan von ziemlich unterschiedlicher Größe: Im Erdgeschoss nahm neben der Abteikirche (Raum 13), die aber nur teilweise mit Objekten zur Kirchenmusik bestückt worden war, das Thema "Die Bibel in Schrift und Frühdruck" (Raum 1) die größte Fläche ein. Im Obergeschoß waren dies Raum 16 zum Missionsschrifttum und Raum 19, in dem das periodische katholische Schrifttum der Gegenwart gezeigt wurde. Auch Raum 23, in dem die katholische Tagespresse Deutschlands ihren Platz fand, übertraf die übrigen Ausstellungsflächen des Obergeschosses deutlich. Besonders diese großen Räume luden natürlich zu einer speziellen künstlerischen Ausgestaltung ein (vgl. Kap. 3.2.2.).

Potentielle Interessenten wurden von der Rheinseite aus durch einen zwischen Erd- und Obergeschoß in Großbuchstaben an der weiß getünchten Gebäudefassade angebrachten Schriftzug "KATHOLISCHE SONDERSCHAU" auf diesen Teil der PRESSA aufmerksam gemacht (vgl. Abb. 6).[366] Der Hauptzutritt zur Katholischen Sonderschau erfolgte von der Nordseite des Abteigebäudes (heute: Urbanstraße) und somit vom übrigen Messegelände aus. Hier schloss sich ja an das Vierungsgebäude der alten Abtei die ehemalige preußische Kürassierkaserne an, in der die kulturhistorische Abteilung der PRESSA ihren Platz gefunden hatte (vgl. Abb. 1). Vom Eingangsbereich aus betraten Besucher den Raum 1 im Erdgeschoß, konnten aber zugleich auch über eine große Treppe die Ausstellungsräume im Obergeschoß aufsuchen. Wollte man in die südlich gelegene Abteikirche gelangen, so musste man vom Kreuzgang aus zunächst einige Treppenstufen emporsteigen. Man betrat

[366] Vgl. Führer durch die katholische Sonderschau [...] (wie Anm. 14), Abb. auf S. 49.

zunächst einen Zwischenraum, die alte Sakristei, und konnte vor hier aus über den Hochchor in die Kirche weiter gehen. In der ehemaligen Sakristei (Raum 12) wurden einige Exponate aus dem Kirchenschatz von St. Heribert zur Geschichte der Deutzer Benediktinerabtei, so z.B. der Stab des Hl. Heribert und Gemälde mit Porträts einstiger Äbte, gezeigt. Somit wurde auch die Historizität des Ausstellungsortes im Rahmen der Katholischen Sonderschau gegenüber dem Publikum angemessen gewürdigt.[367] Der Innenhof, in dem die große Christusplastik (vgl. Kap. 3.2.2.) aufgestellt worden war, war ebenfalls vom Kreuzgang im Erdgeschoß aus zugänglich.

Die Abfolge der Ausstellungsräume und somit die Gliederung und innere Ordnung der Exponate wich erheblich von den während der Planungsphase erarbeiteten und verschiedentlich abgeänderten Konzepten (vgl. Kap. 2.2.) ab. Gleichwohl enthielten diese Entwürfe zahlreiche Elemente, die nun auch in der tatsächlich realisierten Schau ihren Platz gefunden hatten. Verallgemeinernd kann gesagt werden, dass in der Mehrzahl der Ausstellungsräume des Erdgeschosses das Ausstellungsgut vor allem von mittelalterlichen Originalhandschriften, Inkunabeln und alte Drucken bestimmt wurde, die zu einzelnen Themenblöcken zusammengefasst worden waren. Damit erhielt dieser Ausstellungsteil einen starken buchkundlichen, kunst- und kulturhistorischen Charakter, der mit der benachbarten Kulturhistorischen Abteilung der PRESSA in einer Wechselwirkung stand. Die Exponate waren zum größten Teil in einheitlich gestalteten Flachvitrinen ausgelegt. Die Vitrinen waren, soweit sich das anhand des vorliegenden Bildmaterials rekonstruieren lässt, dabei an die Wände gestellt, teils aber auch frei im Raum platziert. An den Wandflächen oberhalb der Vitrinen hingen einzelne weitere thematisch passende Schaustücke, oftmals wohl auch Reproduktionen, in verglasten Bilderrahmen aus. Die Räume des Obergeschosses wurden dagegen von modernem katholischem Schrifttum dominiert, das im 19. und frühen 20. Jahrhundert produziert worden war. Da diese in großer Vielzahl gezeigte, billige Massenware allerdings trotz begleitender Informationen für die Besucherinnen und Besucher weitaus weniger attraktiv war, spielte die raumästhetische Gestaltung bei der Darbietung der Exponate hier eine größere Rolle. Auf diesen Aspekt wird noch im folgenden Kapitel zurück zu kommen sein.

Schon der erste Raum im Erdgeschoß macht die konzeptionellen Veränderungen der Schau gegenüber den vorangegangenen Planungen ganz deutlich: Denn dieser Raum war weder – wie in den vorangegangenen Entwürfen geplant – dem Papsttum noch den Evangelisten und Kirchenvätern gewidmet, sondern konzentrierte sich unter der Überschrift "Die Bibel in Schrift und Frühdruck" auf die Heilige Schrift, das Buch der Bücher. Aber nicht die in beachtlicher Anzahl in den Flachvitrinen ausgelegten zahlreichen originalen mittelalterlichen Bibelhandschriften, Inkunabeln und Drucke des frühen 16. Jahrhunderts nahmen hier die Blicke der Betrachter zunächst gefan-

---

[367] Im Führer durch die katholische Sonderschau findet sich ein eigenes, auf diesen Raum bezogenes Kapitel zur Geschichte der Deutzer Benediktinerabtei (vgl. ebd., S. 46-50).

gen. Das auffälligste Gestaltungselement dieses Raumes waren ohne Zweifel die an der den Fenstern des langgestreckten Raumes gegenüber liegenden Wandseite sowie an einer Stirnseite aufgehängten Wienhausener Bildteppiche[368] (vgl. Abb. 8).

Abb. 8: Blick in Raum 1 der Katholischen Sonderschau: "Die Bibel in Schrift und Frühdruck mit Wienhausener Bildteppichen und Heribertusschrein" (Aufnahme: August Sander). Aus: Katholische Sonderschau auf der Pressa [...] (wie Anm. 15), [Bl. 5].

Bei den Bildteppichen handelte es sich um eine Sammlung wertvoller spätgotischer, teils auf das 14. und teils auf das 15. Jahrhundert zu datierende Erinnerungsstücke aus dem ehemaligen Zisterzienserinnenkloster Wienhausen in der Nähe von Celle. Das Bildprogramm der sieben hier präsentierten Objekte griff dabei sowohl religiöse als auch weltliche Motive auf. So wurden neben dem Teppich mit den Szenen aus dem Leben der hl. Anna und der hl. Elisabeth von Thüringen und dem

[368] Einen aktuellen Überblick zum Forschungsstand zu den Wienhausener Bildteppichen mit weiterführender Literatur bietet der Aufsatz von Marita Bombek: "9 wollene Fürleger". Gestickte Bildteppiche des Mittelalters im Kloster Wienhausen als "Memoria" einer höfischen Zeit. In: Flores considerationum amicorum. Festschrift für Carl August Lückerath zum 70. Geburtstag am 13. Dezember 2006. Hrsg. von Wolfgang Hasberg und Josef Schröder. Gleichen, Zürich: Muster-Schmidt-Verl. 2006, S. 15-44. – Insgesamt haben sich neun Teppiche

Teppich mit dem 'Spiegel der menschlichen Erlösung' (speculum humanae salvationis) auch drei Teppiche zur Tristanlegende ausgestellt. Als zweites auffälliges Schaustück wurde in diesem Raum in einer quer in die Mitte platzierten Hochvitrine der Heribertschrein gezeigt. Dieses zu Beginn des letzten Drittels des 12. Jahrhunderts vollendete kostbare Behältnis birgt die Reliquien des Gründers der Deutzer Abtei, des als Heiligen verehrten Kölner Erzbischofs Heribert († 1021), und gilt für diese Epoche als Hauptwerk der romanischen Goldschmiedekunst im Rhein-Maasgebiet.[369] Dass diesen beiden Objekten als Glanzpunkten mittelalterlichen kirchlichen Kunst- und Kulturschaffens eine besondere Bedeutung zukam, kann man auch daran ermessen, dass sie im Ausstellungsführer nicht einfach einem Raum zugeordnet wurden, sondern dass ihnen hier ein eigener Abschnitt gewidmet wurde.[370] Auch hatte der Kölner Bachem-Verlag anlässlich der Präsentation dieser beiden Kunstgegenstände im Rahmen der Katholischen Sonderschau einen eigenen, reich bebilderten, kleinen Führer herausgebracht.[371] Dass auch das im letzten Drittel des 10. Jahrhunderts entstandene berühmte Gero-Kreuz aus dem Kölner Dom als Leihgabe in der Sonderschau gezeigt wurde, wurde im Ausstellungsführer dagegen nicht erwähnt. Prof. Witte hatte es "*dem Eingang der Ausstellung gegenüber auf großer einsamer Wandfläche platziert.*"[372]

Zwischen den Fensternischen des ersten Raumes, teilweise aber auch zusätzlich in der Raummitte befand sich in Flachvitrinen eine beachtliche Kollektion von originalen mittelalterlichen Bibelhandschriften, ergänzt um einige Frühdrucke und Dru-

---

erhalten. Diese wurden von 1925 bis 1927 restauriert und waren neben der Katholischen Sonderschau auch noch 1928 in Berlin und 1929 im Leineschloß in Hannover zu sehen. Seit 1995 werden sie in einem eigens für sie geschaffenen 'Teppich-Museum' im ehemaligen Winterrefektorium des Klosters Wienhausen bei abgedunkeltem Licht dauerhaft gezeigt. – Vgl. ebd., S. 15 und 23.

[369] Eine ausführliche kunsthistorische Beschreibung des Heribertschreines siehe in: Martin Seidler: Der Schatz von St. Heribert in Köln-Deutz. (Rheinische Kunststätten; H. 423). Neuss: Neusser Dr. und Verl. 1997. 19 S. – Der Schrein gelangte nach der Aufhebung der Abtei 1803 zusammen mit anderen Kostbarkeiten in den Besitz der Deutzer Pfarrgemeinde St. Heribert und hat heute seinen Platz im Chorraum der Ende des 19. Jahrhunderts errichteten Pfarrkirche (Neu-)St. Heribert.

[370] Führer durch die katholische Sonderschau [...] (wie Anm. 14), S. 8-10.

[371] Die Wienhausener Teppiche und der Schrein des Hl. Heribert. Hrsg. anläßlich der Katholischen Sonderschau der Pressa. Köln: Bachem 1928. 18 S.

[372] Berthold Paeschke: Die große Kölner Presseausstellung. In: Die Christliche Kunst 25 (1928/29), S. 120-122. – Hier S. 121. – Vielleicht war es ähnlich wie beim Heribertschrein auch hier erst in letzter Minute gelungen, das äußerst wertvolle Objekt zu entleihen, so dass es im gedruckten Führer durch die katholische Sonderschau nicht mehr berücksichtigt werden konnte. – Das mit Sicherheit in Köln entstandene, von Erzbischof Gero (969-976) gestiftete Kreuz gilt als die älteste erhaltene Großplastik des Abendlandes nach der Antike. – Vgl.: Arnold Wolff: Der Dom zu Köln. Seine Geschichte, seine Kunstwerke. 2. Aufl. Köln: Greven 1998. 52. S. – Hier S. 22.

cke des frühen 16. Jahrhunderts der Hl. Schrift. Folgt man dem Führer durch die Katholische Sonderschau so lag der Schwerpunkt der Auswahl dabei auf Stücken, die sich durch prächtige Buchmalereien aus der Zeit des Hochmittelalters auszeichneten. Das Betrachten einzelner originaler Illustrationen dürfte natürlich für das breite Publikum von einem besonderen Reiz gewesen sein. Unter Berücksichtigung moderner konservatorischer Standards wäre eine derartige Präsentation gänzlich undenkbar, denn offensichtlich lagen die wertvollen Codices fast fünf Monate lang immer an der gleichen Stelle aufgeschlagen in den Schauvitrinen und waren dabei in einem nicht klimatisierten Raum während der Sommermonate dem Tageslicht ausgesetzt. Allein mindestens fünf Handschriften, darunter die Codices 1, 13, 14 und 218 sowie ein Einzelblatt aus Codex 12 steuerte die Kölner Dombibliothek bei, ein weiterer Codex (Codex 1a) wurde aus dem Kölner Priesterseminar entliehen.[373] Weitere Codices zu dieser ersten Ausstellungsabteilung stammten als Leih-

---

[373] Im Exemplar des Führers durch die katholische Sonderschau [...] (wie Anm. 14), das sich im Bestand der Kölner Diözesan- und Dombibliothek befindet (Sign.: Dc 7849), hat ein Schreiber mit Bleistift zu den Objektbeschreibungen auf den Seiten 15-18 die Handschriftensignaturen vermerkt. Demnach befanden sich aus dem mittelalterlichen Handschriftenbestand der Kölner Dombibliothek in der Ausstellung die turonische Vollbibel aus der 2. Hälfte des 9. Jahrhunderts (Codex 1), ein Einzelblatt aus dem kurz nach 1000 entstandenen und zu dem berühmtesten Stücken dieser Sammlung zählenden "Hillinus-Codex" (Codex 12), das im 1. Viertel des 9. Jahrhunderts in Frankreich entstandene und vielleicht schon zu Zeiten Erzbischofs Hildebalds (†818) in der Kölner Domkirche befindliche "Hiltfred-Evangeliar" (Codex 13), das ebenfalls prachtvoll ausgestattete Evangeliar aus Nordfrankreich aus der Zeit um 860/70 (Codex 14) sowie das um 1000 entstandene, und wie der Hillinus-Codex der Reichenauer Schule zugeschriebene "Limburger Evangeliar" (Codex 218). Ein weiterer Codex der Kölner Dombibliothek wird im Führer so ungenau beschrieben, das er sich nicht näher identifizieren lässt: "*Die kaiserlichen Prachtcodices liegen in Wien und Paris, kleinere auch in Aachen und Brüssel. Die Ausstellung zeigt zwei interessante Handschriften, die ganz im Formbereich dieser antikisierenden Schule stehen (Köln, Dombibliothek, und Koblenz, Staatsarchiv)*" (ebd., S. 17). – Aus dem Priesterseminar wurde das um 1030 entstandene und der ottonischen Malerschule zuzuordnende Evangeliar (Codex 1001a) gezeigt, das aus dem Kölner Stift St. Maria ad Gradus stammte. – Sämtliche Handschriften gehören heute zum Bestand der Erzbischöflichen Diözesan- und Dombibliothek Köln. – Zu den mittelalterlichen Handschriften der Kölner Dombibliothek vgl. u.a.: Handschriftencensus Rheinland. Erfassung mittelalterlicher Handschriften im rheinischen Landesteil von Nordrhein-Westfalen. Mit einem Inventar. Hrsg. von Günter Gattermann. Bearb. von Heinz Finger (Projektleitung) [...]. (Schriften der Universitäts- und Landesbibliothek Düsseldorf; 18). Bd. 1. Aachen (Diözesanarchiv) – Köln (Diözesan- und Dombibliothek). Wiesbaden: Reichert 1993. 780 S. – Ferner: Glaube und Wissen im Mittelalter. Die Kölner Dombibliothek. [Katalogbuch zur Ausstellung, Erzbischöfliches Diözesanmuseum Köln, 7. August bis 15. November 1998]. [Hrsg.: Erzbischöfliches Diözesanmuseum Köln in Zsarb. mit der Erzbischöflichen Diözesan- und Dombibliothek]. Ausstellung und Katalog: Joachim M. Plotzek, Ulrike Surmann. München: Hirmer 1998. 558 S., zahlr. Ill. sowie die Webseite www.ceec.de [zuletzt aufgerufen am 10.5.2014].

gaben gemäß Katalog aus folgenden Bibliotheken, Archiven und Museen: Landesbibliothek Dresden (zwei Codices, darunter eine frühneuzeitliche Handschrift), Stadtarchiv Köln und Stadtbibliothek Trier (je zwei Codices), Schloßbibliothek Aschaffenburg, Universitätsbibliothek Bonn, Staatsbibliothek Bremen, Landesmuseum Darmstadt, Fürstlich Fürstenbergische Bibliothek Donaueschingen, Universitätsbibliothek Erlangen, Gymnasialbibliothek Koblenz, Staatsarchiv Koblenz, Domschatz Mainz, Stadtbibliothek Mainz und Universitätsbibliothek Würzburg (jeweils ein Codex), außerdem ein Einzelblatt aus einer Handschrift aus dem Besitz der Universitätsbibliothek Leipzig.

Als Mitglied des Beirates des IKC war der Direktor des Kölner Schnütgen-Museums, Professor Witte, für die Gestaltung der ersten vier Ausstellungsräume verantwortlich.[374] Es war ohne Zweifel seiner Reputation und seinem Ansehen in der Fachwelt zu verdanken, dass ein solch bibliophiler und kunsthistorisch bedeutsamer Schatz mittelalterlicher Handschriften für die Katholische Sonderschau zusammengetragen werden konnte. Mit einem solchen Objektfundus von allein rund zwei Dutzend Evangeliaren, Psalterien und Bibeln im ersten Ausstellungsraum ließe sich heute bereits gut eine eigene Handschriftenausstellung durchführen. So betrieb der für diesen und die folgenden Ausstellungsabschnitte verantwortliche Witte sicher ein ziemliches Understatement, wenn er im Führer durch die katholische Sonderschau einführend von einer gedrängten Auswahl aus dem "*kunsthistorisch schon weitgehend geordneten Bestand der Handschriftenmalerei*" sprach und gleichsam entschuldigend fortfuhr, ein wichtiger Grund für die Einschränkung bestehe, "*da die großen Bücherbildwerke selten zu Ausstellungen vergeben werden und also der Zufall die Reihe der Bildtypen diktiert.*"[375] Diese Beschränkung hinsichtlich der Auswahl wiederholte Witte auch für die ergänzende Sammlung an frühen Bibeldrucken, welche zusätzlich in diesem Raum gezeigt wurde.[376] Dazu gehörte u.a. ein Exemplar des von Heinrich Quentell 1478 besorgten ersten Kölner Bibeldruckes sowie laut Führer eine "*an anderer Stelle der Ausstellung in einem hervorragendem Exemplar sichtbar*[en]" Originalausgabe der 42-zeiligen Gutenberg-Bibel.[377] Ob allerdings tatsächlich eine Gutenberg-Bibel in der Ausstellung zu

[374] Neben Raum 1 auch die folgenden Räume 2-4, in denen Schriften zu den Themen *Frühe Bibelausgaben und Armenbibeln, Marien- und Heiligenleben* und *Wallfahrtsbücher* gezeigt wurden. – Vgl. Führer durch die katholische Sonderschau [...] (wie Anm. 14), S. 4.

[375] Ebd., S. 12.

[376] "*Bei der Schau der Druckwerke sind die für die Handschrift gemachten Vorbehalte zu wiederholen.* [...] *Auch hier hat der Zufall der von Bibliotheken und Kunstsammlungen erbetenen Leihgaben die endgültige Form des Gebotenen mitbestimmt. Raummangel zwang zur Beschränkung; so wurde die Früh- und Blütezeit des gedruckten christlichen Buches herausgestellt, nicht – wie ursprünglich geplant – seine ganze Entwicklung. Der für diese Zeit bezeichnende Zweig des holzschnittillustrierten Buches wurde dabei bevorzugt.*" – Ebd., S. 12.

sehen war ist fraglich, denn es gibt im Führer keinen konkreten Hinweis auf die Darbietung dieser ersten Inkunabel. Ein derartiges Schaustück hätte aber sicher im Katalog eine eigene Erwähnung gefunden.[378]

Handschriften, Inkunabeln und Drucke aus der Zeit vor 1800 waren auch die maßgeblichen Exponate in den Ausstellungsräumen 2 *Frühe Bibelausgaben und Armenbibeln,* 3 *Marien- und Heiligenleben,* 4 *Wallfahrtsbücher,* 5 *Theologische Wissenschaft,* 9 *Das liturgische Buch,* 10 *Predigt- und Erbauungsliteratur* und 14 *Weltliche Wissenschaften, Kirchliche Urkunden – Bibliotheken.* Einen etwas anderen Charakter hatten die Räume 6 *Die Regel des Hl. Benedikt,* 11 *Geistliche Dichtung und geistliches Schauspiel* und 15 *Katechismus und marianische Kongregationen,* da hier die gezeigten Ausstellungsstücke im stärkeren Maße aus der Zeit des frühneuzeitlichen Buchdruckes stammten oder gar bis in die jüngste Gegenwart heranreichten. Im Raum 6 zur Benediktregel spannte sich z.B. der zeitliche Bogen bei einer höchst beachtlichen Anzahl für die Ausstellung zusammengetragener mittelalterlicher Handschriften von frühen, aus dem 9. Jahrhundert stammenden Abschriften der Ordensregel[379] bis hin zu neuen textkritischen Ausgaben vom Anfang des 20. Jahrhunderts. In der Raummitte stand hier "*die lebensgroße Figur des hl. Benedikt in streng hieratischer Lebensführung aus dem Kreuzgang der Abtei Maria Laach.*"[380]

In der in der Abteikirche untergebrachten, unter historischen, thematischen und medialen Aspekten gegliederten, umfangreichen Abteilung zur *Kirchenmusik* (Raum 13)[381] verloren sich allerdings die an sich zahlreichen Schaustücke in einem

---

[377] Ebd., S. 20. – Biblia, niederdeutsch, mit Glossen zu einzelnen Büchern nach den Postillen des Nicolaus de Lyra. Köln: [Heinrich Quentell, um 1478]. 2° 544 Bl. [GW 04308].

[378] Für die Vermutung, dass es den Organisatoren der Ausstellung nicht gelungen war, eine Gutenberg-Bibel zu beschaffen, spricht auch die Aussage im Führer, das in Raum 5 (*Theologische Wissenschaft*) gezeigte "Rationale divinorum officiorum des Guil. Durandus" sei "[...] *mit der schön gemalten Initiale,* [...] *der früheste in unserer Schau gezeigte Druck und 1459 in Fusts Werkstatt entstanden*", vgl.: Führer durch die katholische Sonderschau [...] (wie Anm. 14), S. 30. – Das in der Sonderschau präsentierte 'Rationale' stammte mit hoher Wahrscheinlichkeit ebenfalls aus der Kölner Dombibliothek und wird heute in der Diözesan- und Dombibliothek Köln unter der Signatur Inc. d 204 aufbewahrt. – Vgl.: Inkunabelkatalog der Erzbischöflichen Diözesan- und Dombibliothek Köln. Bearb. von Rudolf Ferdinand Lenz. Hrsg. von Juan Antonio Cervelló-Margalef. Köln: Bachem 1997. XVI, 308, XIV S. – Hier Nr. 127 auf S. 89.

[379] "*Es sind (1) die Wiener Handschrift 2232 aus dem Anfange des 9. Jahrhunderts, (2) die Trierer H. 1245 der gleichen Zeit aus St. Maximin in Trier und die Würzburger H. 22, die von dem Fuldaer Mönch Brun (gest. 845) geschrieben wurde.*" – Führer durch die katholische Sonderschau [...] (wie Anm. 14), S. 31.

[380] Ebd.

[381] Das sehr umfangreiche Material war in 15 Gruppen eingeteilt: Dazu zählten historische Gruppen, wie z.B. Gruppe 11 *Das Geistliche Sololied* und Gruppe 12 *Franziskuskom-*

viel stärkeren Maße in dem großen Kirchenraum mit seinen teils mit fleuronaler Ornamentik bemalten Säulen und Wänden. Zudem wurde dieser teils bestuhlte Raum des Öfteren für Vorträge und Veranstaltungen im Rahmen der Katholischen Sonderschau genutzt.

In diesen weiteren Räumen ist die Anzahl der Leihgeber und die von diesen für die Katholische Sonderschau bereit gestellten, teils sehr kostbaren Handschriftenexponate ebenfalls äußerst beachtlich. Ein exakter Wert der für die Sonderschau insgesamt zusammen getragenen mittelalterlichen Handschriften lässt sich zwar wegen einer fehlenden Inventarliste und der teils knappen und summarischen Beschreibungen im Ausstellungsführer nicht bestimmen; er dürfte aber die Zahl 100 fast erreicht haben. Allein aus der Kölner Dombibliothek lassen sich mindestens vierzehn weitere mittelalterliche Codices sicher identifizieren, ihre Zahl könnte aber auch noch höher gelegen haben.[382] Besonders viele Kölner Domhandschriften waren dabei im Themenbereich *Theologische Wissenschaft* (Raum 5) ausgestellt. Hier zählt der Führer unter dieser Zuordnung auf [383]:

- Die Ambrosius zugeschriebenen Bemerkungen zum Römerbrief, 9. Jahrhundert [= Codex 28]

---

positionen, eher historisch ausgerichtete Gruppen, wie z.B. Gruppe 7 *Zur Entwicklung der Notenschrift und des Notendrucks*, oder eher sich auf ein bestimmtes Medium fokussierende Gruppen wie z.B. Gruppe 3 *Kirchenmusik in Faksimileausgaben* und Gruppe 15 *Religiöse Musik auf der Schallplatte*. Ebd., S. 51-55.

[382] Diese Vermutung liegt nahe, da viele Einzelobjekte, wie auch die folgenden Beispiele zeigen, jeweils nur kurz erwähnt werden und nicht zu allen im Führer durch die katholische Sonderschau erwähnten Handschriften auch die Herkunft (eindeutig) benannt wird. So ist z.B. im Führer zu lesen (ebd., S. 28): "*Die Scholastik selbst ist unter anderem durch mehrere Thomashandschriften und Albert des Großen ungedruckten Traktat De bono (Köln, Priesterseminar) vertreten.*" – Auf der Basis dieser dürftigen Angabe kann weder erschlossen werden, welche Texte von Thomas von Aquin ausgestellt wurden, noch lässt sich bestimmen, aus welcher Bibliothek diese für die Sonderschau entliehen wurden. – Und auf der gleichen Seite findet sich der Hinweis: "*Eklektische Nebenerscheinungen und Vorstufen der scholastischen Entwicklung sind in Handschriften des Honorius von Autun, P. Lombardus, G. Peraltus, Rupert von Deutz gezeigt, deren Illustrationen in der schmiegsamen, mehrfarbigen Federzeichnung des 12. Jahrhunderts ausgeführt ist.*" – Zu drei dieser Autoren gibt es heute folgende Codices in der Diözesan- und Dombibliothck, die zur Zeit der PRESSA aus dem Bestand der Dombibliothek bzw. aus dem Priesterseminar für die Ausstellung entnommen worden sein könnten: Aus der Dombibliothek: Codices 62, 179, 180, 181 (Petrus Lombardus), Codex 112 (Rupert von Deutz), Codex 183 (Guilelmus Peraldus); aus der Bibliothek des Priesterseminars: Codices 1012, 1058 (Guilelmus Peraldus).

[383] Führer durch die katholische Sonderschau [...] (wie Anm. 14), S. 28. – Zum Nachweis und zur weiteren Erschließung der einzelnen Handschriften vgl. die Hinweise in Anm. 279. – Dem Handschriftenbibliothekar der Kölner Diözesan- und Dombibliothekar, Herrn Harald Horst, danke ich für die Mithilfe bei der Zuordnung einzelner im Führer genannter Objekte zum Bestand der Kölner Dombibliothek.

- Der Kommentar des Johannes Chrysostomus zum Hebräerbrief, 9. Jahrhundert [...] in schwerer Halbunziale [= Codex 41]
- In starker Unziale die Verba patrum, 7. Jahrhundert, die älteste Handschrift der Kölner Dombibliothek [= Codex 212, auch unter der Bezeichnung "Collectio Coloniensis" bekannt]
- Augustinus, De civitate Dei, 8. Jahrhundert [= Codex 75]
- Seine [d.h. Augustinus] Enarrationes in psalmos, 8./9. Jahrhundert [= Codex 63 und / oder Codex 65]
- Gregors Briefe, 9. Jahrhundert [= Codex 92 und / oder Codex 93]
- Hieronymus zum alten [!] Testament, 8. Jahrhundert [= Codex 51 (?)]
- Isidor, 10. Jahrhundert [= Codex 113 und / oder 114]
- An kirchenrechtlichen und Pontifikalbüchern sieht man zwei Handschriften des Decretum Gratiani, eine des 12. Jahrhunderts (Köln, Dombibliothek), [= Codex 127 oder 128 oder 129]

Auch in der kirchenmusikalischen Abteilung in der Deutzer Abteikirche wurden mehrere Handschriften aus der Kölner Dombibliothek gezeigt. Der Führer durch die katholische Sonderschau erwähnt in der 7. Gruppe, *Zur Entwicklung der Notenschrift und des Notendrucks,* etliche "Seltenheiten der Dombibliothek und Stadtbibliothek Köln"[384], darunter "*Codex 196 11. Jahrhundert*"[385] und "*Codex 198 (10.-11. Jahrhundert)*"[386] und schließlich: "*Graduale: Eberaner* [!]". Mit Letzterem ist höchst wahrscheinlich eines oder mehrere der Antiphonare gemeint, die der Kölner Kanoniker Brictius Eberauer vor 1520 im Kölner Fraterhaus St. Michael am Weidenbach anfertigen ließ und der Kölner Domkirche stiftete [= Codices 221, 222, 223, 224 und 225].

Schließlich waren in Raum 3 (Marien- und Heiligenleben) "*ein Liber pontificalis*" [= Codex 164)] und in Raum 9 (Das liturgische Buch) "*ein wunderbar geschriebenes Sacramentar Gregors, 9. Jahrhundert*" zu sehen; es "*zeigt schon die Initialbe-*

---

[384] Ebd., S. 54.

[385] Codex 196 ist "[...] *aller Wahrscheinlichkeit nach die einzige erhaltene Abschrift der faszinierenden Sammlung von Sprüchen, Lebensweisheiten, Fabeln, Anekdoten und Erzählungen, die nach einer Notiz im Randkommentar (2*^{r}*) den Titel Fecunda ratis (Das vollbeladene Schiff) trägt.* [...] *Der Verfasser des Werkes ist Egbert von Lüttich (geb. um 972), Lehrer an der Domschule zu Lüttich, wo er wohl nach langen Jahren des Unterrichtens diese 'Blütenlese' als Lektüre für die jüngeren Schüler verfertigte*." – A[rweiler], A[lexander]: Egbert von Lüttich: Fecunda ratis. In: Glaube und Wissen im Mittelalter [...] (wie Anm. 373), S. 321-323, Zitat S. 321. – Die Handschrift wurde in der kirchenmusikalischen Abteilung gezeigt, da auf Blatt 63^{r} der Hymnus "De nativitate Domine" mit Neumen versehen ist.

[386] Auch dieser Codex, der im Kern (Bl. 2^{r}-Bl.74^{r}) eine Abschrift des dem (*Pseudo-*)*Boethius* zugeschriebenen *Commentaria in Topica Cicerionis* umfasst, enthält eine Textseite (Blatt 1^{r}), auf der der lateinische Text des Gloria und des Kyrie mit Neumen versehen ist. – Vgl.: Handschriftencensus [...] Bd. 1. (wie Anm. 373), S. 678.

tonung (Te igitur) der Gebete nach dem Sanctus, ausgeführt in schwarzstrichiger Bandornamentik nach Art der mittelfranzösischen Schreibschulen" [= Codex 88].[387]

Das Kölner Priesterseminar steuerte nicht nur das im ersten Raum liegende Evangeliar (Codex 1001a) zur Katholischen Sonderschau bei, sondern war ebenfalls mit mindestens vier weiteren mittelalterlichen Handschriften in der Sonderschau präsent: In Raum 3 (Marien- und Heiligenleben) sah man "aus dem 15. Jahrhundert [...] eine Expositio super Salve Regina" (= Codex 1043)[388], bei der theologischen Wissenschaft (Raum 3) war die Scholastik u.a. auch durch "Alberts des Großen ungedruckten Traktat 'De bono' vertreten (= Codex 1024)[389], unter den liturgischen Büchern in Raum 9 fand man auch ein Graduale "eines Dominikanerklosters um 1320" (= Codex 1173)[390] und bei der Predigt- und Erbauungsliteratur im nächsten Raum befand sich auch ein Stundenbuch um 1500 (= Codex 1117)[391] aus dem Kölner Seminar.

Erstaunlich viele weitere Bibliotheken und teilweise auch Archive und Museen lieferten ebenfalls Handschriften aus ihren Beständen als Leihgaben für die Katholische Sonderschau[392]: Besonders großzügig war dabei offensichtlich die Wissen-

[387] Führer durch die katholische Sonderschau [...] (wie Anm. 14), S. 25 und S. 37.

[388] Führer durch die katholische Sonderschau [...] (wie Anm. 14), S. 25: Franciscus de Retza: Expositio in "Salve Regina" (pars I), Papier, fol. 1 Pergament, 203 Bl. 15. Jh. – Als Vorbesitzer ist die in der Säkularisation aufgehobene Kölner Pfarrkirche St. Laurentius nachgewiesen. – Handschriftencensus [...] Bd. 1. (wie Anm. 373), S. 726.

[389] Führer durch die katholische Sonderschau [...] (wie Anm. 373), S. 28: Albertus Magnus: De bono. Papier, 188 Bl. 15. Jh. – Die Handschrift gelangte aus dem Aachener Augustiner-Chorherrenstift der Windesheimer Kongregation St. Johannes Baptista nach Köln. – Handschriftencensus [...] Bd. 1. (wie Anm. 373), S. 720.

[390] Führer durch die katholische Sonderschau [...] (wie Anm. 14), S. 38: Graduale (pars aestivalis), Pergament, 277 Bl., Anfang 14. Jh. – *"Aufgrund der Nennung und Anordnung der Heiligen im proprium de sanctis und der Hervorhebung des hl. Dominikus kann es als sicher gelten, daß das Graduale für die Verwendung in einem Konvent des Dominikanerordens geschrieben worden ist. Ob es aber für den Kölner Dominikanerinnenkonvent St. Gertrud oder den Dominikanerkonvent Heiligkreuz, evtl. in einem ihrer Skriptorien geschrieben wurde, läßt sich nicht sicher nachweisen."* Handschriftencensus [...] Bd. 1. (wie Anm. 373), S. 760.

[391] Führer durch die katholische Sonderschau [...] (wie Anm. 14), S. 40: Es handelt sich um ein um 1500 in Köln in niederländischer Sprache auf Pergament geschriebenes und mit zahlreichen Miniaturen versehenes Stundenbuch, das für den privaten Gebrauch bestimmt war. Schreiber (und möglicherweise auch Illustrator) des Büchleins ist Heinrich von Köln (Zonsbeck), Priester und Mönch der Benediktinerabtei Groß St. Martin. – Vgl.: Walter Schulten: Kostbarkeiten in Köln. Erzbischöfliches Diözesan-Museum. Katalog. [Jahresgabe des Vereins für Christliche Kunst im Erzbistum Köln und Bistum Aachen; 1979]. Köln: Greven 1978. 126 S., zahlr. Ill. – Hier S. 62-65.

schaftliche Stadtbibliothek Trier, die zusätzlich zu den beiden Bibel-Handschriften in Raum 1 allein sieben weitere Handschriftenexponate nach Köln gab.[393] Mit dem Historischen Archiv der Stadt Köln und der Universitäts- und Stadtbibliothek Köln beteiligten sich zwei weitere Einrichtungen am Ort, die über respektable Handschriftensammlungen verfügten, jeweils mit mehreren Sammlungsstücken an der Sonderschau.[394] Besucherinnen und Besucher begegneten etlichen der Bibliotheken, die ihnen vielleicht bereits im besonders eindrucksvoll gestalteten ersten Ausstellungsraum mit einer Bibelhandschrift aufgefallen war, auch als Leihgeber weiterer Codices in den anderen Räumen des Untergeschosses.[395] Zusätzliche Leihgeber stammten vor allem aus dem Kreis der Staats- und Landesbibliotheken (Staatsbibliothek Berlin, Landesbibliothek Darmstadt, Landesbibliothek Fulda und eventuell Staatsbibliothek Bamberg)[396]; auffällig ist daneben auch die Teilnahme etlicher österreichischer Stiftsbibliotheken (Göttweig, Heiligkreuz [2x], Klosterneuburg, Kremsmünster, Melk [3x] und St. Peter in Salzburg) sowie der Wiener Nationalbibliothek mit vier Exponaten.[397] Einige Adelsbibliotheken (Herzogliche Bibliothek Gotha [3x] und Gräfl. Fürstenbergische Bibliothek, Stammheim), kirchliche Bibliotheken (Priesterseminar Mainz), sowie staatliche Archive und Bibliotheken (Ferdinandeum Innsbruck, Staatsarchiv Koblenz, Hospitalbibliothek Kues, Stadtarchiv Mühlhausen i.Th.), rundeten den Kreis dieser Handschriften-Leihgeber für die katholische Sonderschau auf der PRESSA ab.[398]

---

392 Auch für diese Zusammenstellung gilt, dass nicht alle Leihgeber zweifelsfrei oder überhaupt anhand des gedruckten Führers durch die katholische Sonderschau identifiziert werden können. So werden z.B. für einzelne Codices lediglich Provenienzen angegeben, wie etwa "*ein Kodex aus der Zisterzienserabtei Altenberg*" und "*eine H. aus der Abtei Neresheim*" (vgl. S. 31); an anderer Stelle fehlen Herkunftsangaben ganz. – Diese Unterschiedlichkeit der Angaben ist wohl darauf zurückzuführen, dass zahlreiche Autoren die Texte im gedruckten Führer zu den einzelnen Ausstellungsräumen verfasst haben und es offensichtlich keine Schlussredaktion gab (vgl. auch Kap. 2.4.).

393 Führer durch die katholische Sonderschau [...] (wie Anm. 14), S. 25, 31, 32, 38 u. 41.

394 Ebd., S. 30, 31 u. 41 (Stadtarchiv) sowie S. 41 u. 54 (Universitäts- und Stadtbibliothek).

395 Ebd. – Es sind dies: Schloßbibliothek Aschaffenburg (S. 39), Universitätsbibliothek Bonn (S. 38 u. S. 41), Landesmuseum Darmstadt (S. 24), Fürstenbergische Bibliothek zu Donaueschingen (S. 31 u. S. 45), Landesbibliothek Dresden (S. 30), Universitätsbibliothek Leipzig (S. 25), Stadtbibliothek Mainz (S. 28 u. S. 41) und Universitätsbibliothek Würzburg (S. 28, 31 u. 32).

396 Ebd.: Berlin (S. 31), Darmstadt (S. 25), Fulda (S. 28) und Bamberg (S. 32).

397 Ebd.: Göttweig (S. 32), Heiligkreuz (S. 28 u. S. 30), Klosterneuburg (S. 30), Kremsmünster (S. 32), Melk (S. 31 u. S. 32), Salzburg (S. 32) sowie Wien (S. 28, 31 u. 38).

398 Ebd.: Gotha (S. 25, 30 u. 40), Stammheim (S. 24), Priesterseminar Mainz (S. 38), Ferdinandeum Innsbruck (S. 45), Staatsarchiv Koblenz (S. 38), Kues (S. 32) und Mühlhausen i.Th. (S. 45).

Nur an wenigen Stellen im Erdgeschoss wurde das beschriebene Ausstellungskonzept deutlich durchbrochen: Am auffälligsten war dies in Raum 8 der Fall, der, teils mit originalen, teils aber auch mit rekonstruierten Schaustücken das Mobiliar und Inventar einer idealtypischen *spätgotischen Schreibstube* des niederrheinischen-niederländischen Kulturraumes zeigte und so das aufwändige Kopieren mittelalterlicher Handschriften, das oftmals eine in Klöstern ausgeübte Tätigkeit war, veranschaulichte.[399] Man darf annehmen, dass dieser Raum sich innerhalb der Gesamtschau einer besonderen Aufmerksamkeit erfreute. An den Wänden dieses und des benachbarten Raumes 7 *Bucheinband* (Abb. 8) hingen außerdem Gemälde und reproduzierte Vergrößerungen, die als Bildmotiv schreibende Evangelisten oder Kirchenväter zeigten.[400] Auch dieser Raum hatte aufgrund der teilweise in Hochvitrinen gezeigten, aus kostbaren Materialien wie Elfenbein, Gold, Silber gearbeiteten verschiedenen mittelalterlichen und neuzeitlichen Bucheinbänden einen anderen Charakter im Vergleich zu der Handschriften- und Bücherschau in den Nachbarräumen.

Generell war man bemüht, in den Räumen des Erdgeschosses die Gleichförmigkeit des in Flachvitrinen ausgelegten alten Schriftgutes durch optisch auffällige, zusätzliche Einzelexponate immer wieder zu durchbrechen. Hierzu darf man neben den bereits erwähnten Wienhausener Bildteppichen, dem Annoschrein und der Benediktplastik z.B. auch ein spätgotisches, mannshohes, mit einem großformatigen Antiphonar bestücktes Lesepult zählen, welches die Mitte des Raumes 9 *Das liturgische Buch* beherrschte (Abb. 9).[401]

In dem die Räume des Untergeschosses umfassenden Kreuzgang wurden keine thematisch den einzelnen Abteilungen der Katholischen Sonderschau zuzuordnenden Exponate gezeigt. Vielmehr wurden die langen, durch einzelne Fensternischen mit bodentiefen Fensterflächen symmetrisch gegliederten, zum Innenhof gerichteten Wandteile durch eine spannungsreiche Gegenüberstellung von spätmittelalterlichen Werken der Malerei und der Bildplastik und zeitgenössischer christlicher Textilkunst gestaltet: "*Im Kreuzgange Bilder eines Kölner Malers um 1500, der nach diesen der Severinskirche entliehenen Gemälden mit Darstellungen aus dem Leben des hl. Severin 'Meister von St. Severin' genannt wird. Dazwischen Reliquienbüsten von Heiligen Jungfrauen und Thebäern aus St. Ursula und St. Kunibert. Sie entstammen der Zeit zwischen 1330 und 1520. In den Fensternischen Vereinsfahnen, nach Entwürfen von A*[nton] *Wendling, Aachen, gefertigt von Ella Brösch in Köln. Dieselbe Kunstgewerblerin stellte in einem Kreuzgangflügel eine*

[399] Führer durch die katholische Sonderschau [...] (wie Anm. 14), S. 34.
[400] Ebd.
[401] Das Lesepult wird im Katalog (Führer durch die katholische Sonderschau) nicht erwähnt.

Abb. 9 (oben): Raum 7 "Bucheinband" und Abb.10 (unten): Raum 9 der Katholischen Sonderschau "Das liturgische Buch" mit dem zentralen Lesepult (Aufnahmen: August Sander). Aus: Katholische Sonderschau auf der PRESSA Köln 1928 [...] (wie Anm. 15), [Bl. 7 u. Bl. 9].

Vitrine mit neuzeitlichen Paramenten und Fahnen aus." [402] Auf einer diesen beschreibenden Text ergänzenden Fotographie einer Achse des Kreuzgangs ist zu sehen, dass die großformatigen Gemälde und die auf schwarze Holzsockel platzierten Reliquienbüsten jeweils alternierend aufgestellt waren und dazwischen einzelne, mit moderner Symbolik gestaltete Vereinsfahnen schräg aus den Fensternischen in den Kreuzgang hinein ragten.[403] Damit erhielten diese zunächst einmal kargen, weißgetünchten Gänge einen festlichen, man könnte sogar sagen, einen zeitlos sakralen Charakter.

Wer über eine der Treppen in die Ausstellungsräume der Katholischen Sonderschau im Obergeschoß des Deutzer Abteigebäudes gelangte, fand sich im überwiegend modernen Teil der katholischen Medienausstellung wieder. Zugleich spielte in diesen Räumen die innenarchitektonische und künstlerische Gestaltung eine weitaus größere Rolle als im Erdgeschoß, wo die Herausstellung der Schätze der Vergangenheit "*durch keinerlei Beiwerk*" gestört werden sollte. Im Obergeschoß dagegen galt es, wie auch im folgenden Kapitel noch näher darzulegen sein wird, "*die katholischen Zeitungen der Gegenwart, das Missionswesen, das katholische Buch, die Zeit des 19. Jahrhunderts in einer lebendigen anschaulichen Darstellung dem Besucher vorzuführen, ihn durch den ganzen Aufbau der einzelnen Räume zu interessieren und endlich die dort behandelten Materien durch die innenarchitektonische Umrahmung noch stärker zu beleben und zu unterstreichen.*" [404]

---

[402] Führer durch die Katholische Sonderschau [...] (wie Anm. 14), S. 66. – Ella Brösch (Broesch) gehörte damals ohne Zweifel zu den renommierten und modernen christlichen Textilkünstlerinnen in Deutschland. Eduard Hegel schreibt über sie in seiner Geschichte des Erzbistums Köln: "*Mit der Abkehr von den historisierenden Entwürfen und dem Aufkommen des Jugendstils begann auch in der Paramentik eine neue Entwicklung: das Ornament sollte vor allem dem Stoff entsprechen und sich der Funktion des betreffenden Textils unterordnen. Die Kunstgewerblerin Ella Broesch in Bonn und die von ihr gegründete Fachschule für kirchliche Textilkunst hat seit den zwanziger Jahren des gegenwärtigen Jahrhunderts dieser Erkenntnis Bahn gebrochen.*" – Eduard Hegel: Das Erzbistum Köln [...] (wie Anm. 183), S. 350. – Dennoch liegen zu dieser offenbar zeitlebens unverheirateten Künstlerin – noch 1955 wurde sie als 'Frl.' betitelt – nur wenige biographische Notizen vor. Sie stammte wohl aus dem Saarland und unterhielt in den zwanziger Jahren in der damals eigenständigen Stadt Bad Godesberg bei Bonn eine eigene Werkstatt. Am 1. April 1929 gründete sie außerdem in Bonn die erste Fachschule für kirchliche Textilkunst und Ornamentik. Nach dem Zweiten Weltkrieg war sie in ihre Heimat zurückgekehrt, denn sie war in den Jahren 1949-1958 Klassenleiterin für Bildstickerei und Paramentik an der Staatlichen Schule für Kunst und Handwerk und an der Staatlichen Werkkunstschule in Saarbrücken. – Vgl.: Sichtbar machen. Staatliche Kunstschulen im Saarland, 1924-2004. Hrsg. von Roland Augustin u. Jo Enzweiler. Saarbrücken: Verl. St. Johann [2004], 479 S. – Hier S. 85, 87, 89, 94-95, 97 u. 429.

[403] Führer durch die Katholische Sonderschau [...] (wie Anm. 14), S. 66, Abbildung "Im Kreuzgang".

[404] Ebd., S. 111.

Zusammen mit dem zeitgenössischen katholischen Schrifttum des 20. Jahrhunderts bestimmten also fünf Themen den Kern der Präsentationen im Obergeschoß. Richtet man den Fokus auf die ursprüngliche Intention der PRESSA, eine internationale Ausstellung zum Zeitungswesen sein zu wollen, so waren nur drei der Räume, nämlich die Räume 21 (*Sonntagsblätter*) sowie 22 und 23 (*Katholische Tagespresse des In- und Auslandes*), die in etwa eine der vier Raumachsen des Obergeschosses einnahmen, ausschließlich diesem Kernthema der PRESSA gewidmet. Dies zeigt mehr als deutlich, wie stark diese Ursprungsintention von den Machern der Sonderschau zu einer katholischen Medienausstellung mit starken buch- und kulturhistorischen Bezügen umgedeutet worden war.

Ziemlich deplatziert war in diesem Umfeld die in Raum 20, einem Eckraum, untergebrachte kleine Schau zu den Regeln des Franziskus- und des Dominikanerordens. Thematisch hätte diese weitaus besser in das Untergeschoß gepasst. Aber wie jede Ausstellung, die auf eine vorgegebene Raumeinteilung zu verteilen ist, waren auch hier Kompromisse in Bezug auf die Abfolge der darzubietenden Themen erforderlich. Anders kann man des Weiteren kaum erklären, dass vice versa ein kleiner Teil des dem 20. Jahrhunderts zugeordneten, unter der Überschrift *Neuzeitliche Architektur* stehenden Schrifttums, seinen Platz in Raum 15a im Erdgeschoss fand.[405]

Die nahe am Eingang gelegene Haupttreppe führte die Besucherinnen und Besucher zunächst in den in den Räumen 16 und 17 untergebrachten, flächenmäßig größten Ausstellungsteil des Obergeschosses, der dem Missionsschrifttum gewidmet war. Sofort fiel ihr Blick auf den in Großbuchstaben an die Wand der gegenüberliegenden Stirnseite angebrachten Schriftzug mit dem neutestamentlichen Auftrag "*Gehet hin und lehret alle Völker.*" Darunter befand sich "*ein großer Globus, drei Meter im Durchmesser, auf dem die wichtigsten Religionen der Erde in verschiedenen Farben aufgetragen sind; die katholischen Gebiete sind rot, die heidnischen schwarz, die mohammedanischen grün, die schismatischen schraffiert eingezeichnet*"[406], vgl. Abb. 11.

Inhaltlich wurde das Missionsschrifttum vor allem nach Missionsgebieten, also nach geographischen Bezugsräumen getrennt, dargeboten: Die von der empor führenden Treppe aus gesehen linke Hälfte des Raumes 16 gehörte mit acht Vitrinen zunächst dem Missionsschrifttum Afrikas, dann folgten die Südsee, Nord- und Lateinamerika, schließlich auf der anderen Seite des Raumes Vitrinen zur Mission auf dem Balkan und in Vorder-, Mittel- und Südostasien. Es schlossen sich dann noch verschiedene nach inhaltlichen Gesichtspunkten bestückte Vitrinen an, die z.B. das Wirken einzelner Missionsorden und -gesellschaften, etwa auch des Päpst-

---

[405] Was hier im Einzelnen gezeigt wurde, bleibt unbekannt, da im Führer durch die Katholische Sonderschau dieser Raum als einziger keine Berücksichtigung gefunden hat.

[406] Führer durch die katholische Sonderschau [...] (wie Anm. 14), S. 67 und Abb. S. 69 "Der Raum der katholischen Missionen mit Blick auf den Globus".

Abb. 11: Raum 16 der Katholischen Sonderschau "Missionsschrifttum" (Aufnahme: August Sander). Aus: Katholische Sonderschau auf der PRESSA Köln 1928 [...] (wie Anm. 15), [Bl. 17].

lichen Vereins zur Verbreitung des Glaubens, in den Vordergrund stellte, sowie missionswissenschaftliche Bücher und Zeitschriften zeigten. Im benachbarten Raum 17 wurde schließlich das Missionsschrifttum aus China, Korea und Japan gezeigt.[407] Je nachdem, welches Material den Ausstellern von den verschiedenen, in der Mission tätigen Orden zur Verfügung gestellt worden war, fanden sich in den Vitrinen neben aktuellen Druckerzeugnissen wie Bibeln, Grammatiken, Lehr-, Schul- und Erbauungszeitschriften sowie Gebetszetteln, Kalendern und Periodika auch einzelne historische Werke zur Mission und Missionsgeschichte der betreffenden Region. Dieses publizistische Wirken wurde außerdem durch eine in diesen Räumen aufgebaute, mit Muskelkraft zu betreibende Druckmaschine weiter veranschaulicht.[408]

---

[407] Ebd., S. 68-78.

[408] Vgl. Führer durch die Katholische Sonderschau [...] (wie Anm. 14), S. 76, Abb. "Druckmaschine für Missionsgebiete". – Im Text des Führers wird dieses technische Gerät nicht beschrieben.

In einem zwischen Raum 16 und 17 gelegenen Eckraum im Obergeschoss (Raum 16a) wurde ein eigens für die Katholische Sonderschau produzierter Missionsfilm vorgeführt, der die historische Missionsleistung der katholischen Kirche dokumentarisch visualisieren wollte. Auf diese Weise wurde also auch ein damals noch junges, modernes Medium in die Ausstellung mit einbezogen. Zu diesem von der 'Neuland in Bild, Film und Ton GmbH' produzierten Lichtbildstreifen heißt es im Führer durch die Katholische Sonderschau: "*Schauplatz des Geschehens ist* [...] *die Erdkugel, auf der sich, gewissermaßen als ein Schauspiel auf dem Globus oder der Landkarte, das geschichtliche Vordringen des Christentums, das Hin und Her seiner Erfolge und Mißerfolge, die Gegenbewegung seiner Gegner und die Bildung der Hierarchie zeigt. Um tiefere Zusammenhänge zu geben und einprägsame Vorstellungen zu schaffen, werden außerdem noch künstlerisch gesehene Symbole verwandt. In regelmäßigen Abständen von Jahrhunderten legt der Film einen Querschnitt durch das gesamte Weltmissionsgeschehen.*"[409] Ideengeber für den Film war der Trierer Missionswissenschaftler Professor Lenz.[410]

Eine Hauptintention der Missionsschau war es – trotz der Unvollständigkeit und Zufälligkeit des Dargebotenen – "*den Besuchern einen Begriff zu geben von den Leistungen der Missionare auf diesem Gebiete und der Kulturkraft der katholischen Kirche.*"[411] Das der Schau zugrunde liegende, heute überheblich und naiv anmutende Missionsverständnis entsprach dabei ganz dem damaligen katholischen Zeitgeist, wenn es etwa im Führer zu dem Missionsschrifttum Afrikas hieß: "*Um diese Abteilung richtig zu beurteilen, muß man beachten, daß der dunkle Erdteil bis vor einigen Jahrzehnten größtenteils von Wilden bewohnt war, die keine Schrift kannten, die weder lesen noch schreiben konnten. Heute liest der Schwarze in den Urwäldern schon seine Bibel, seinen Katechismus, ja seine Zeitung.*"[412]

---

[409] Ebd. – 1921 wurde die katholische Neuland-Kinematographie GmbH als Einrichtung des Volksvereins für das katholische Deutschland gegründet, die kurz nach der Gründung ihren Firmensitz nach Köln (Viktoriastr. 18) verlegte. Neben Filmverleih, Ausbildungslehrgängen für Filmvorführer und Ausstattung von kirchlichen Einrichtungen mit technischem Gerät sowie kommerziellen Betrieben mit Kinoeinrichtungen trat die Neuland-Kinematographie ab 1925 auch als Produktionsfirma von eigenen Spiel- und Dokumentarfilmen in Erscheinung und realisierte daneben Auftragsfilme für katholische Verbände und Vereine. 1928 in "Neuland in Bild, Film und Ton" umbenannt, geriet diese mittlerweile zur zweitgrößten katholischen Filmorganisation aufgestiegene Firma gegen Ende des Jahres aufgrund der wirtschaftlichen Schieflage des Volksvereins selbst in Schwierigkeiten und musste im November 1928 Konkurs anmelden. – Heiner Schmitt: Kirche und Film. Kirchliche Filmarbeit von ihren Anfängen bis 1945. (Schriften des Bundesarchivs; 26). Boppard: Boldt 1979. 382 S. – Vgl. S. 69-70. – In dem in diesem Buch enthaltenen "Katalog der kirchlichen Filmproduktionen von 1917 bis 1945" (S. 277ff.) ist der im Rahmen der Katholischen Sonderschau gezeigte Missionsfilm dieser Gesellschaft nicht aufgeführt.

[410] Vgl. Anm. 204.

[411] Führer durch die Katholische Sonderschau [...] (wie Anm. 14), S. 67.

Wer als Ausstellungsbesucher die Mission abgearbeitet hatte, gelangte anschließend in einen mit *Neunzehntes Jahrhundert* betitelten Raum (Raum 18). Die Mitte des Raumes wurde von einer gläsernen, vom Boden bis zur Decke reichenden, von Dominikus Böhm gestalteten dodekagonalen Rotunde beherrscht in deren Zentrum eine auf einer hohen, schlanken Stele platzierte, die Jungfrau Maria verkörpernde Plastik stand. Diese Immakulata im Zentrum des Sakralbaus war von Maria Eulenbruch geschaffen worden. Auf den oberen Rand des Glases waren auf sechs der zwölf Flächen in schwarzen Buchstaben die Namen der sechs Päpste des 19. Jahrhunderts verzeichnet. In die Glasflächen selbst waren u.a. Textelemente des 1870 verkündeten Dogmas von der Unfehlbarkeit des päpstlichen Lehramtes eingraviert (Abb. 12).[413]

Abb. 12: Raum 18 "Glasrotunde mit der Immakulata im Raum des 19. Jahrhunderts [...]". (Aufnahme: August Sander). Aus: Katholische Sonderschau auf der PRESSA Köln 1928 [...] (wie Anm. 15), [Bl. 19].

[412] Ebd.

[413] Das Foto ist mit der Unterschrift "Die Glasrotunde mit der Immakulata (Plastik von M. Eulenbruch im Raum des 19. Jahrhunderts)" auf S. 83 abgedruckt im: Führer durch die Katholische Sonderschau [...] (wie Anm. 14).

An den Wänden hingen eng bestückte Vitrinen (Abb. 13), die mittels des von zahlreichen Bibliotheken und privaten Leihgebern zur Verfügung gestellten katholischen Schrifttums Deutschlands und zum Teil auch des europäischen Auslands dieser Zeit – angereichert mit einzelnen Autographen und Bildnissen –, die geistesgeschichtlichen Strömungen des Katholizismus seit der Aufklärung und der Säkularisation aufzeigen sollten. Dem diente auch eine zusätzlich angefertigte große Übersichtstafel.[414]

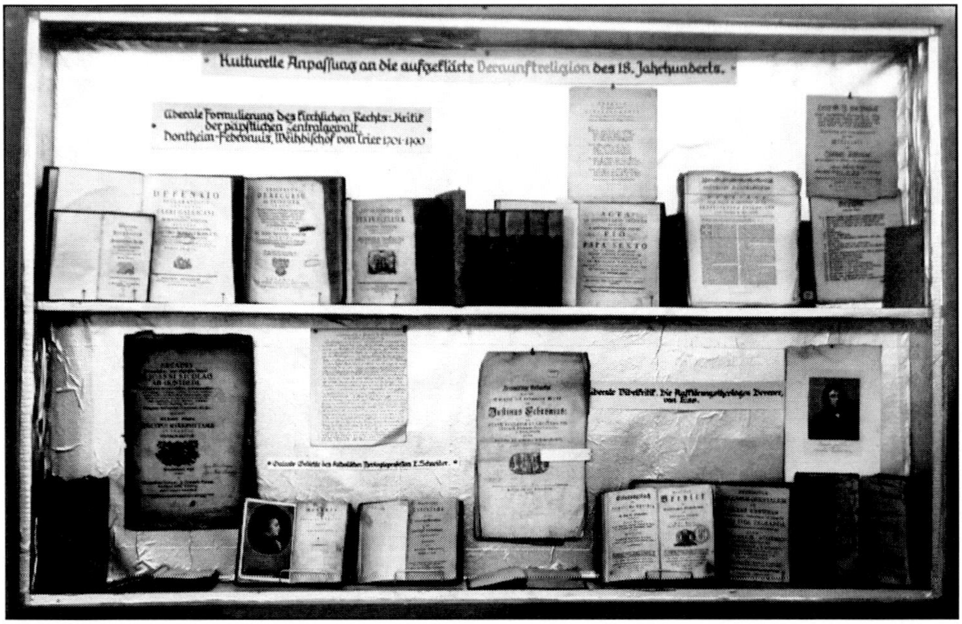

Abb. 13: Beispiel einer mit Schriften vollgestellten Schauvitrine im Ausstellungsteil "19. Jahrhundert". Die Vitrine ist mit der Überschrift "Kulturelle Anpassung an die aufgeklärte Vernunftreligion des 18. Jahrhunderts" betitelt. Aus: Katholische Sonderschau auf der PRESSA Köln 1928 [...] (wie Anm. 15), [Bl. 20].

Die Intention dieses inhaltlich von Dr. Eduard Lange verantworteten Ausstellungsbereiches ist im Führer durch die Katholische Sonderschau durch einen längeren inhaltlichen Beitrag dokumentiert[415]: Im Kern ging es darum, den Ausstellungsbesuchern hier "*das Ringen der katholischen Menschheit mit den dezentralisierenden Mächten des neuzeitlichen Geistes*" zu vergegenwärtigen, "*ein Ringen, das bald mehr, bald weniger deutlich, nirgendwo eine gleich bewegte Intensität erreicht hat*

---

414 Vgl. ebd., S. 85.

415 Führer durch die Katholische Sonderschau [...] (wie Anm. 14), S. 81-86.

wie in Deutschland, dem Lande Luthers, Goethes, Kants, Nietzsches."[416] Ganz im Sinne der damals vorherrschenden katholischen Rezeption der Geistesgeschichte des 19. Jahrhunderts wurde dabei der Philosoph Immanuel Kant als Wegbereiter des materialistischen Zusammenbruchs des menschlichen Geistes verstanden und die Aufklärung sowie die Säkularisation als Wurzeln einer Verweltlichung begriffen, die bis in die Gegenwart weiterwirkten, "*um das Chaos des 20. Jahrhunderts vorzubereiten.*"[417] Solchen negativen, ja die Gesellschaft zerstörenden Entwicklungen leistete eine im 19. Jahrhundert erstarkende katholische Bewegung in ihren verschiedenen – durch die Schaustücke in den Vitrinen dokumentierten – Strömungen und Ausprägungen Widerstand.

In diesem stets als "*Ringen*" oder als "*Kampf zwischen Kirche und Welt*" begriffenen Wechselspiel kam dem im 19. Jahrhundert gestärkten Papsttum, so die Botschaft der Ausstellungsmacher, eine entscheidende Rolle zu: "*Die katholische Kirche wehrt sich diesem Zersetzungsprozeß, indem sie das göttliche Zentrum wieder an die Stelle des menschlichen setzt: die Lehre von der natürlichen Güte des Menschentums ersetzt sie durch die Lehre von seiner gnadenhaften Erhöhung in der unbefleckten Empfängnis (1854), das Dogma von der Selbstherrlichkeit des Menschen durch das Dogma von der Stellvertretung des Gottmenschen in der Unfehlbarkeit des Nachfolgers Petri.*"[418]

In dem sich anschließenden Raum 19 *Zwanzigstes Jahrhundert* waren die Besucherinnen und Besucher dieser Sonderschau endlich in der Gegenwart des katholischen Verlags-, Buch- und Pressewesens angelangt. In diesem Raum wurde das "*periodische katholische Schrifttum der Gegenwart*" dargeboten, sofern es nicht aus inhaltlichen oder formalen Gründen in anderen Räumen der Ausstellung seinen Platz gefunden hatte.[419] Anders als in den bisher beschriebenen Abschnitten der Schau waren die periodischen Druckschriften hier nur teilweise hinter das Glas einzelner Schauvitrinen verbannt worden, ein großer Teil der Periodika lag für die Interessenten frei zugänglich auf langgestreckten flachen Bänken und auf anderen Präsentationsflächen im Raum aus.[420] Inhaltlich konnte man hier natürlich nicht mehr auf eine historische Ordnung des trotz der Größe des Raumes nicht vollstän-

---

[416] Ebd., S. 81.
[417] Ebd., S. 81 u. 86.
[418] Ebd., S. 81.
[419] "*Nicht ausgestellt ist hier das Missionsschrifttum der Gegenwart, weil es bereits in Raum 16-17 erscheint, das musikalische Schrifttum, welches in der Abteikirche zu finden ist, die Sonntagsblätter und Familienblätter, die im Raum 21 erscheinen, und die Tageszeitung, die den Raum 22 füllt.*" – Ebd., S. 88. – Der auf der Abbildung auf S. 90 scheinbar große Übergang zwischen Raum 18 und 19 existierte so nicht in der Ausstellung. Er beruht vielmehr auf einer Fotomontage zweier Aufnahmen.
[420] Ebd., vgl. die Abb. auf S. 89.

dig zur Darstellung zu bringenden Schrifttums[421] zurückgreifen, sondern musste anderen Kriterien folgen. Erneut spielten dabei etliche die Präsentation unterstützende, sofort ins Auge fallende innenarchitektonische und künstlerische Gestaltungselemente eine wichtige Rolle (Abb. 14).

Abb. 14: Der dem Schrifttum des 20. Jahrhunderts gewidmete Raum 19 der Katholischen Sonderschau mit dem 'Schifflein Petri' als zentralem Gestaltungselement (Aufnahme: August Sander). Aus: Katholische Sonderschau auf der PRESSA Köln 1928 [...] (wie Anm. 15), [Bl. 35].

Dominierendes Gestaltungselement in der Raummitte war ein langgestrecktes, zu den beiden Seiten hin treppenförmig abgestuftes, aus Holz gefertigtes Werkstück, welches das 'Schifflein Petri' symbolisierte. Auf diesem wurde das liturgische und kirchenamtliche periodische Schrifttum, z.B. die Actae sedis apostolicae und die bischöflichen Amtsblätter, sowie die wissenschaftlichen und auf die Praxis bezogenen theologischen Zeitschriften, gegliedert nach einzelnen Disziplinen und Themen, dargeboten: "*Das 'Schifflein Petri'* [...] *erscheint hier als Träger und Bringer*

[421] "*Man mußte sich damit begnügen, sowohl von der Vielgestaltigkeit dieses Schrifttums wie auch von seiner Internationalität Proben zu geben*" (ebd. S. 88).

mannigfacher Geistesfrüchte, wie sie eingefangen sind in einem reichgestaltigen, religiösen Schrifttum"[422] (vgl. Abb. 15). Die Mittelachse des Schiffes war dekoriert mit einem in einer kleinen Vitrine ausgestellten, neu angefertigten Kelch[423] sowie verschiedenerlei religiöser Kleinkunst, die "*den Ernst und die Strenge des Mittelbaues*" abmilderten. Erneut fanden hier aber auch die zeitgenössischen 'neuen Medien' zumindest symbolhaft ihre Berücksichtigung: "*Es fehlen hier auch nicht Kino und Radio als Fortsetzung des gedruckten Wortes und als modernste Mittel der Kirche zur Ausübung ihrer unsterblichen Mission. Daß Antennenmasten und Kinomaschinen die Plattform des Ausstellungsschiffes überragen, möge als Zeichen des ungebrochenen Lebenswillens genommen werden, mit dem das Schifflein Petri die Gewässer der Gegenwart durchfährt und auch den Kampf mit der Zukunft aufnimmt.*"[424]

Abb. 15: Ausschnitt des zahlreich auf dem 'Schifflein Petri' ausgelegten aktuellen religiösen Schrifttums des 20. Jahrhundert. Aus: Katholische Sonderschau auf der PRESSA Köln 1928 [...] (wie Anm. 15), [Bl. 39].

[422] Ebd., S. 88. Die in Abb. 14 gezeigte Fotografie wurde auch auf S. 89 mit der Bildlegende "*Das kraftvoll gebaute Schiff im Raum 19, auf dem die katholischen Zeitschriften der Gegenwart ausgestellt sind*" abgedruckt.

[423] "[...] *der in der katholischen Kirche Opfer und Opferspeise bedeutet und damit hinweist auf den mystischen Urgrund alles äußeren und inneren Lebens in der Kirche*" (ebd.).

[424] Ebd., S. 91.

An den Wänden des Raumes wurde in Vitrinen katholisches Schrifttum zu einzelnen Lebensbereichen und gesellschaftlichen Themen gezeigt und dieses auch in den darunter platzierten Auslageflächen zur Verfügung gestellt. Offensichtlich wirkten hier bei der Gestaltung auch Vertreter einzelner katholischer, im Zentralbildungsausschuß organisierter Vereine maßgeblich mit. Selbstverständlich gehörte auch der dem katholischen Rheinland besonders verpflichtete Kolpingverein zu diesem Kreis. Der Zentralbildungsausschuß selbst und der Bonner Borromäusverein gestalteten u.a. im Themenbereich Volksbildung jeweils eine große mit Schriften und Schautafeln versehene Vitrine und der Bühnenvolksbund zeigte seine Druckerzeugnisse in der Rubrik Kunst.[425] Es wurde so letztlich der Anspruch eines Wirkens des Katholizismus in die Gesellschaft hinein dokumentiert: "[...] *So bedeuten doch diese Proben, daß der Katholizismus die verschiedenen Lebensgebiete, auf denen er früher alleiniger Informator war,*

Abb. 16: Schreibstifte als Gestaltungselement in Raum 19 (Ausschnitt einer Aufnahme von August Sander). Aus: Katholische Sonderschau auf der PRESSA Köln 1928 [...] (wie Anm. 15), [Bl. 36].

[425] Dies ist durch mehrere Fotographien in dem Fotoalbum 'Katholische Sonderschau auf der Pressa' [...] (wie Anm. 15) belegt. Vgl. Bl. 41-43. – Zum Bühnenvolksbund vgl.: Margret Stieg-Dalton: Catholicism, Popular Culture and the Arts in Germany [...] (Anm. 92), insbesondere S. 179-181. 1919 gegründet, avancierte dieser in den 20er Jahren rasch zur zentralen katholischen Theaterorganisation, obwohl er kein katholischer Verein im strengen Sinne, sondern eher christlich-ökumenisch ausgerichtet war. Der Bühnenvolksbund arbeitete eng mit dem Zentralbildungsausschuß zusammen.

keineswegs aufgegeben hat, sondern an dem Rechte und an der Notwendigkeit festhält, das ganze Leben und alle seine Bezirke vom Übernatürlichen aus zu gestalten."[426]

Abb. 17: Künstlerisch gestaltete Darbietung der zeitgenössischen Pfarr- und Sonntagsblätter einer im Aufbau befindlichen Kirche in Raum 19 der Katholischen Sonderschau (Ausschnitt einer Aufnahme von August Sander). Aus: Katholische Sonderschau auf der PRESSA Köln 1928 [...] (wie Anm. 15), [Bl. 36].

Zwischen dem zentral positionierten 'Kirchenschiff' und den Außenwänden ragten auf jeder Seite in regelmäßigem Abstand zueinander mindestens zehn, mit bunten Gläsern verkleidete farbige Lichtsäulen vom Boden bis zur mit silberner Metallfolie verkleideten Decke des Raumes empor. Am unteren Ende zugespitzt wirkten diese wie spitze, schlanke Schreibstifte[427] (Abb. 16 u. 17). Auch dieses Gestaltungselement steckte voller Symbolik: "*Lichtbunte Säulen (Klasse Thorn-Prikker, Kölner Werkschulen) tragen die silberfarbene Decke des Raumes. Die Tageshelle strömt von allen Seiten in den Saal. Der Architekt (Professor Böhm) hat mit Bewußtsein auf alle Einbauten und auf alle künstliche Beleuchtung verzichtet, um die Wucht der Tatsachen um so deutlicher sprechen zu lassen und auch den Mut des Katholizismus zur rückhaltlosen Selbstprüfung zu dokumentieren.*"[428]

---

[426] Führer durch die katholische Sonderschau [...] (wie Anm. 14), S. 91. – Dies kann auch aus der Liste der an der Gestaltung dieses Ausstellungsraumes mitwirkenden Personen erschlossen werden, von denen im Führer durch die Katholische Sonderschau neben den Künstlern namentlich 19 genannt werden (ebd. S. 92).

[427] Vgl. auch die beiden Abbildungen in ebd., S. 89 und 90.

In diesem Raum wurden schließlich als drittes Hauptthema die damals noch im Aufschwung befindlichen lokalen Pfarrblätter und regionalen Kirchenzeitungen gezeigt, "*eine Publikationsart, die erst in den letzten Jahrzehnten neben die älteren Formen der Tageszeitung und der Sonntagszeitung getreten ist, mit der wachsenden religiösen Not aber steigende seelsorgliche Bedeutung beansprucht.*" Auch diese Sammlung, die am unteren Ende des Kirchenschiffes platziert war, wurde durch ein optisch auffallendes gestalterisches Element gebührlich in Szene gesetzt, nämlich durch einen mit Kirchenzeitungen beklebten Kirchturm samt Kirchenschiff (vgl. Abb. 17): "*Daß auch diese Versuche noch in den Anfängen stecken, soll der halbfertige Zustand des Turmes und der anschließenden Kirchenhalle andeuten.*"[429]

Verfasser des Textes zu diesem Ausstellungsraum war übrigens der Kölner Pfarrer Friedrich Strauß, der – zum Ausstellungsdirektorium gehörend – auch an dem Aufbau dieses Ausstellungsteiles mitgewirkt hatte. Von ihm stammte auch die kurze Beschreibung der in Raum 21 (*Die Sonntagsblätter*) gezeigten Schriften. Gezeigt wurden hier "*die bestehenden Sonntags- und Familienblätter sowie das katholische Kalenderwesen der Gegenwart.*"[430] Von einer besonderen künstlerischen Ausgestaltung dieses kleinen, an einer Ecke des Gevierts gelegenen Raumes ist nichts bekannt. Es liegen allerdings auch keine Fotographien vor, die hiervon einen Eindruck vermitteln könnten. Vielleicht hatte hier die im Führer zu der Beschreibung des Raumes gezeigte spätmittelalterliche Pieta aus dem Pustertal ihren Platz gefunden. Außerdem war wohl ein Zimmerbrunnen installiert worden: "*Ein Felsblock symbolisiert die zahlenmäßige Wucht der Sonntagspresse, das sprudelnde Wasser, das ihm entquillt, ihre Fruchtbarkeit für das religiöse und familiäre Leben des katholischen Volkes.*"[431]

Ganz anders bot sich dagegen wieder der der katholischen Auslandspresse gewidmete große Nachbarraum (Raum 22) dar, für dessen Beschreibung im Führer das Vorstandsmitglied des IKC, Julius Stocky, verantwortlich zeichnete. Als Herausgeber der Kölnischen Volkszeitung konnte er sicher auch die Kontakte zu katholi-

---

[428] Ebd., S. 91. – Der in Den Haag geborene J(oh)an Thorn-Prikker (1868-1932) lebte seit 1904 in Deutschland und war von 1926 an bis zu seinem Tode an der Kölner Gewerbeschulen tätig. Thorn-Prikker war ein tief religiöser Mensch und überzeugter Christ und hatte bleibenden Einfluss auf die Glasmalerei in Deutschland. U.a. schuf er 1930 die Fenster für St. Georg in Köln. – Jörg Metzinger: Thorn-Prikker, J(oh)an. In: Biographisch-Bibliographisches Kirchenlexikon. Bd. 11, STOSS, Veith – TIEFFENTHALER, Joseph. Herzberg: Bautz 1996, Sp. 1488-1489.

[429] Beide Zitate: Führer durch die katholische Sonderschau [...] (wie Anm. 14), S. 90 und 91. – Auch dieses Objekt wurde von einem Schüler der Kölner Werkschulen "*A. Witt, Klasse Professor Schröder*" gestaltet (ebd.).

[430] Führer durch die katholische Sonderschau [...] (wie Anm. 14), S. 97.

[431] Ebd.

schen Zeitungsverlegern des Auslands herstellen: "*Die Bemühungen des JKC.* [!], *bei der katholischen Auslandpresse für die Beteiligung an der Katholischen Sonderschau Interesse zu erwecken, sind auf fruchtbaren Boden gefallen. Eine stattliche Anzahl von angesehenen katholischen Blättern des Auslands hat unserem Rufe Folge geleistet.*" [432]

Bei nüchterner Betrachtung hätte die Beteiligung der Auslandspresse im Rahmen der Sonderschau allerdings größer sein können, denn es waren insgesamt nur katholische Zeitungen aus sieben Staaten vertreten: Neben den fünf Nachbarländern Niederlande, Belgien, Frankreich, Schweiz und Österreich waren dies noch jeweils eine spanische Zeitung sowie eine Zeitung aus den Vereinigten Staaten.[433] Somit fehlte etwa die katholische Presse Italiens und des Vatikanstaates mit seinem traditionsreichen, 1861 begründeten *Osservatore Romano* ebenso wie Beiträge aus weiteren vorwiegend katholischen Ländern West-, Mittel- und Osteuropas (z.B. Portugal, Polen und Ungarn) völlig. Von weiteren außereuropäischen Beiträgen, die sicherlich eine größere logistische Herausforderung dargestellt hätten, ganz zu schweigen. Wenn man bedenkt, dass Bernhard Marschall anfangs besonders aus Nord- und Südamerika und aus England eine substantielle finanzielle Unterstützung der Katholischen Sonderschau erwartet hatte, so war dieses Ergebnis recht dürftig (vgl. Finanzplan A in Kap. 2.3.).

Diese also eher kleine Auslandsschau wurde ergänzt durch eine besondere Koje, in der der "*Reichsverband für die katholischen Auslanddeutschen die katholische Auslandpresse Deutschlands* [...]" darstellte "*und in Verbindung damit 'Die Deutsche Zukunft', die Auslandausgabe der Kölnischen Volkszeitung.*" [434]

Eine im Führer publizierte Fotographie vermittelt durch zahlreiche kreuz und quer in den Raum hinein angeordnete Stellwände einen unruhigen Eindruck (vgl. Abb. 18). Durch die Stellwände sollten einzelne Länderkojen voneinander geschieden werden, ohne eine strikte Raumtrennung der Länder voneinander oder zu der benachbarten Schau der inländischen Presse vornehmen zu wollen: "*Der Fortfall von trennenden Mauern, wie sie die Staatenhäuser voneinander scheiden, bringt hier sinnfällig das starke Gemeinschaftsgefühl zum Ausdruck, das die katholische Presse der verschiedenen Länder über die Pflege ihrer besonderen nationalen Aufgaben hinaus umspannt, und das sich im gemeinsamen Ringen um gemeinsame Ideale auswirkt.*" [435] Die große Menge des Materials an den Stellwänden und seine unterschiedliche Aufbereitung – man hatte den Leihgebern freie Hand gelassen[436] –

[432] Ebd., S. 98.
[433] Ebd., S. 100-101.
[434] Ebd., S. 101.
[435] Ebd.
[436] "*In der Darstellung im Einzelnen ist der Auslandspresse aus verständlichen Gründen volle Freiheit gelassen worden. Hier war eine Reglementierung nicht am Platze. Es ist nur*

Abb. 18: Die Katholische Auslandspresse in Raum 22 auf der Katholischen Sonderschau (Aufnahme: August Sander). Aus: Katholische Sonderschau auf der PRESSA Köln 1928 [...] (wie Anm. 15), [Bl. 46].

trugen ebenfalls zu dieser Unruhe bei. Es fehlte hier ein zentrales, die Blicke lenkendes raumkünstlerisches Objekt. Gleichwohl lag den weiß getünchten, an den Stirnseiten mit dunklen Leisten abgeschlossenen Stellwänden eine einheitliche Gestaltung zugrunde. Das jeweilige Land wurde durch ein in die Höhe emporragendes Landeswappen, das auf ein Holzschild aufgemalt worden war, angezeigt. Die Decke war auch hier wie im benachbarten Bereich der katholischen Tagespresse Deutschlands durch symbolhafte Schriftzeichenfolgen künstlerisch gestaltet.[437]

Sehr großzügig präsentierte sich im sich offen anschließenden Nachbarraum 23 die *Katholische Tagespresse Deutschlands.* Finanzierung, Aufbereitung und Darbietung des Materials lagen ganz in der Hand des Augustinusvereins, dessen Generalsekretär Franz Weber, der ja auch Mitglied des Ausstellungsdirektoriums der Son-

von Seiten des JKC. [!] *der Wunsch ausgesprochen worden, bei der Ausstellung solche Eigenheiten besonders herauszuarbeiten, die anderen Ländern als Anregung oder gar als Vorbild dienen können. Dem hat man von Seiten der Aussteller gerne entsprochen."* – Ebd.

[437] Ebd., S. 99; vgl. auch Abb. 17.

derschau war, für den begleitenden Text im Führer durch die Katholische Sonderschau der PRESSA verantwortlich zeichnete. Weber schrieb, dass seine gesamte Arbeit und die des Generalsekretariates dieses Dachverbandes für die katholische Presse in Deutschlands "*in den letzten Monaten dem Gelingen der Ausstellung gegolten*" haben.[438] Im Selbstverständnis des Vereins handelte es sich hierbei um eine 'Sonderschau in der Sonderschau', oder, um bei dem von Weber gefundenen Sprachgebrauch zu bleiben, um eine *Sonder-Ausstellung* innerhalb der katholischen *Abteilung* der PRESSA: "*Möge die Sonder-Ausstellung des Augustinus-Vereins, die sich in die katholische Abteilung der Pressa einfügt, ihren besonderen Zweck erfüllen: das Verständnis und das Interesse für die katholische Presse zu fördern und zu vertiefen.*"[439] Da zudem das 50jährige Jubiläum des am 15. Mai 1878 in Düsseldorf von 18 Personen gegründeten Vereins ziemlich exakt mit der Eröffnung der PRESSA zusammenfiel, "[...] *kann die Sonder-Ausstellung des Augustinus-Vereins auch als eine Jubiläums-Ausstellung angesprochen werden.*"[440]

Abb. 19: Im großzügigen Raum 23 der Katholischen Sonderschau präsentierte der Augustinus-Verein die katholische Inlandspresse (Aufnahme: August Sander). Aus: Katholische Sonderschau auf der PRESSA Köln 1928 [...] (wie Anm. 15), [Bl. 48].

438 Ebd., S. 106.
439 Ebd.
440 Ebd., S. 102.

Raumkünstlerisch und architektonisch war auch die Gestaltung dieser etwa 200 m² großen Fläche eine Glanzleistung von Dominikus Böhm, dessen in Köln gefertigter Entwurf am 4. Februar 1928 die Zustimmung der Verlegerversammlung des Vereins gefunden hatte[441] (vgl. Abb. 19): Auf dem fast komplett mit strapazierfähiger Teppichware ausgelegten Fußboden standen sieben kleinere, etwa zwei Meter hohe kreisrunde, mit aufgebundenen Zeitungen gefüllte Regalsäulen.[442] Diese waren zur Decke hin durch ein dunkel gebeiztes Rundholz verlängert und jeweils mittig links und rechts zwischen die Fensterachsen des Raumes platziert. Zur Außenwand hin waren sie durch Stellwände in gleicher Höhe hin verlängert. An der Mitte der Stirnwand des Raumes hatte man eine bis zur Decke reichende große, durch acht Fachböden unterteilte Rundsäule aufgestellt. Die kleinen Säulen "[...] *nehmen den Blick gefangen und leiten ihn über zu einer großen, die Stirnwand des Saales beherrschende Säule von sechs Meter Höhe und einem dieser Höhe entsprechenden Umfang*." Alle Säulen zusammen nahmen "*die Gesamtproduktion der katholischen deutschen Presse des Jahres 1927*" auf.[443] Auf den Stellwänden und in einigen zusätzlich aufgestellten, weiß verkleideten Flachvitrinen an der Fensterfront wurde eine Übersicht über die historische Entwicklung der katholischen Presse gegeben. Eine Statistik, die die wachsende Bedeutung der katholischen Presse in Deutschland dokumentierte, war auf der der Stirnseite gegenüberliegenden, in der Raummitte unterbrochenen Wand, die Raum 23 vom Raum 22 abteilte, aufgetragen.[444] Die Decke war kassettenartig mit farbigen Schriftblöcken bemalt, die durch abstrakte geometrische Muster voneinander abgesetzt worden waren. In fast ineinander laufenden Zeilen wurden hier in Großbuchstaben einige Selbstaussagen zur Bedeutung der katholischen Presse vielfach wiederholt, z.B. in Sätzen wie *DIE KATHOLISCHE PRESSE STUETZT DAS RECHT UND FOERDERT DIE WAHRE FREIHEIT* oder *DIE KATHOLISCHE PRESSE HAELT DAS BANNER DES GLAUBENS.* Insgesamt strahlte dieser eher leer wirkende saalartige Raum durch diese Gestaltung Bedeutungsschwere und Würde aus.

Der von Weber verfasste Text im Führer ist weniger ein unmittelbarer Ausstellungsbegleiter als vielmehr eine Würdigung des Augustinus-Vereins im Kontext dieser Presseschau. In seinen Ausführungen erwähnt Weber nicht das IKC, sondern hebt die wichtige Rolle hervor, die der seit 1912 amtierende Vereinsvorsitzende,

---

[441] Ebd., S. 104.

[442] Diese Zahl ergibt sich wenn man neben der Abb. "Ausstellungsraum: Die katholische Presse Deutschlands. Sonderausstellung des Augustinusvereins" auf S. 103 im Führer durch die Katholische Sonderschau [...] (wie Anm. 14) weiteres, im Fotoalbum enthaltenes Bildmaterial von August Sander heranzieht. Vgl.: Katholische Sonderschau auf der PRESSA Köln 1928 [...] (wie Anm. 15), [Bl. 48 u. Bl. 49].

[443] Führer durch die Katholische Sonderschau [...] (wie Anm. 14), S. 104.

[444] Ebd., S. 106 und Katholische Sonderschau auf der PRESSA Köln 1928 [...] (wie Anm. 15), [Bl. 48].

Dr. Lambert Lensing[445], beim Zustandekommen dieses Ausstellungsteiles gespielt hatte:

> "*Das Zustandekommen der Ausstellung des Augustinus-Vereins auf der Pressa ist zuerst und zumeist sein Verdienst. Die Fuldaer Bischofskonferenz vom Jahre 1927 begrüßte die geplante Errichtung einer Katholischen Abteilung auf der Pressa 1928 und sprach sich für die energische Förderung dieses Unternehmens aus. Verleger Dr. Lensing griff als Vorsitzender des Augustinus-Vereins diese Anregung gerne auf und wurde nicht müde, immer wieder zu betonen, daß der Augustinus-Verein die Pflicht habe, auf dieser Ausstellung die katholische deutsche Presse als Ausdruck deutscher Kultur zu wirkungsvollster Gestaltung zu bringen. Am 9. Juli 1927 sprach in einer Versammlung des Augustinus-Vereins in Essen Reichsoberarchivrat Dr. Wilhelm Kisky aus Köln über die Pläne und Ziele der Ausstellung. Nachdem sich dann der Vorstand des Vereins in mehreren Sitzungen eingehend mit der Angelegenheit befaßt hatte, faßten die Verleger-Versammlungen vom 25. Oktober 1927 und 4. Februar 1928 die erforderlichen Beschlüsse.*"[446]

Dies macht deutlich, dass der Augustinus-Verein sich im Vorfeld der Ausstellung vom IKC abzugrenzen versuchte. Da es bei der Planung der Sonderschau anfangs durchaus ein abgestimmtes Vorgehen zwischen Augustinus-Verein und ZBA gab, ist diese Haltung möglicherweise eine Folge des Zerwürfnisses, das bei der Vorbereitung der Sonderschau zwischen Bernhard Marschall und dem den Zeitungsverlegern nahe stehenden Wilhelm Kisky entstanden war (vgl. Kap. 2.1.), sofern es nicht sogar auf eine noch weitergehende Rivalität zwischen beiden Vereinen hinweist. Jedenfalls wirkte der hier so lobend hervorgehobene Vorsitzende des Augustinus-Vereins, Lensing, weder im Vorstand des IKC noch im erweiterten Ausstellungsdirektorium mit.[447]

---

[445] Dr. h.c. Lambert Lensing (1851-1928) gründete 1875 mit seinem 1900 verstorbenen Bruder Heinrich die Firma Gebr. Lensing und die Zeitung Tremonia, ein Organ der katholischen Zentrumspartei, das während der Ruhrbesetzung 1923-1925 verboten war. Lensing war auch in der Zentrumspartei in Dortmund und im Ruhrgebiet aktiv. Mitglied des Augustinus-Vereins seit seiner Gründung 1878, wurde dieser 1889 in den Vorstand berufen und fungierte seit 1912 als dessen erster Vorsitzender. Lensing starb 1928, also noch im Jahr der PRESSA. Er hatte einen Sohn gleichen Namens (Lambert Lensing, 1889-1965), der sowohl als beruflich und verbandspolitisch aktiver Zeitungsverleger ganz in die Fußstapfen seines Vaters trat. Außerdem war Lambert Lensing jr. Gründungsmitglied der CDU in Westfalen und gehörte dem Parlamentarischen Rat in Bonn an. – Zu Lambert Lensing sr. vgl.: Wilhelm Kisky, Der Augustinus-Verein zur Pflege der katholischen Presse [...] (wie Anm. 62), S. 87-88. – Zu Lambert Lensing jr. siehe: Siegfried Koß: Lensing, Lambert. In: Biographisches Lexikon des KV. Teil 5. Hrsg. von Siegfried Koß und Wolfgang Löhr (Revocatio Historiae. Bd. 6). Köln: SH-Verlag 1998. 136 S. – Hier S. 80-81.

[446] Führer durch die Katholische Sonderschau [...] (wie Anm. 14), S. 103-104.

[447] Bemerkenswert auch, dass hier – an einziger Stelle im Führer – der zunächst vom IKC mit der Organisation der Katholischen Sonderschau beauftragte Dr. Wilhelm Kisky Erwähnung findet. – Allerdings waren umgekehrt mit Verleger Dr. Bachem, Konsul Dr. Stocky

Einen bemerkenswerten Schlusspunkt setzten die Organisatoren der Katholischen Sonderschau auf der PRESSA in Raum 24, der die Bezeichnung *Das katholische Buch des In- und Auslands* trug. Zu einer Zeit, als im damals als Volksbüchereiwesen titulierten Öffentlichen Bibliothekswesen der freie Zugang der Leserinnen und Leser zu den Buchbeständen absolut verpönt war und diese mittels der leitenden und lenkenden Hand der Bibliothekarin büchereipädagogisch zu dem für sie richtigen Buch geführt werden sollten[448], als auch wissenschaftliche Bibliotheken ihre stetig wachsenden Bestände weithin in für Benutzerinnen und Benutzer unzugängliche Magazine verbannt hatten, hatte man hier einen von Dominikus Böhm gestalteten Bibliotheksraum geschaffen, der – nach 20 Sachgruppen gegliedert – jedermann einen freien Zugriff auf die in offenen Regalen aufgestellten, rund 8.000 Druckwerke katholischer Buchverlage des Inlands und des Auslands bot. In dieser Bibliothek wurde "*das katholische Schriftgut von 16 Staaten und das Arbeitsergebnis von etwa 50 ausländischen und 130 deutschen Verlegern*" zusammengefasst, wobei "*naturgemäß* [...] *der deutsche Kulturkreis am stärksten vertreten* [war], *er kann wohl Vollständigkeit der wesentlichen Dinge beanspruchen.*"[449]

Mit der Freihandaufstellung der Bücher in der Katholischen Sonderschau für ein allgemeines Publikum war man der Zeit weit voraus, denn diese setzte sich im Öffentlichen Bibliothekswesen in Deutschland erst in den 50er Jahren des 20. Jahrhunderts nachhaltig durch, nicht zuletzt dank einer stärkeren Orientierung dieses Büchereityps an angloamerikanischen Vorbildern und unter Abkehr von der bis dahin so gepflegten pädagogischen Grundausrichtung der Büchereiarbeit.[450] Es ist dabei bemerkenswert, dass mit dem langjährigen Direktor der Städtischen Volksbüchereien Köln, Dr. Rudolf Reuter[451], ein entschiedener Befürworter der bücherei-

---

und Direktor Marschall drei Mitglieder vom Vorstand und Ausstellungsdirektorium des IKC in der insgesamt elfköpfigen Kommission des Augustinus-Vereins für die Vorbereitung und Durchführung dieses Ausstellungsteiles tätig. Vgl.: Führer durch die Katholische Sonderschau [...] (wie Anm. 14), S. 104 u. 106.

[448] Vgl. hierzu: Siegfried Schmidt: Der Bildungsgedanke im Volksbüchereiwesen zu Beginn des 20. Jahrhunderts. In: Jahrbuch kirchliches Buch- und Bibliothekswesen. NF 1 (2013), S. 51-75.

[449] Führer durch die katholische Sonderschau [...] (wie Anm. 14), S. 108.

[450] Vgl.: Siegfried Schmidt: Der Bildungsgedanke im Volksbüchereiwesen [...] (wie Anm. 448).

[451] Dr. Rudolf Reuter (1891-1977) wurde 1914 promoviert und war nach einigen Jahren im Schuldienst 1921 an die Kölner Stadtbücherei gekommen, deren Direktor er 1924 wurde. Reuter war in den 20er Jahren einer der wichtigsten Repräsentanten der katholischen Erwachsenenbildung. Zu seinen Verdiensten gehört außerdem der Aufbau der 1928 in Köln gegründeten Westdeutschen Volksbüchereischule. – Vgl.: F[ranz] P[öggeler]: Zum Geleit. In: Im Dienste der Erwachsenenbildung. Festgabe für Rudolf Reuter zur Vollendung seines 70. Lebensjahres am 29. Juli 1961. Hrsg. von Franz Pöggeler [u.a.]. Osnabrück: Fromm 1961, S. 7-10. – Ferner: Rudolf Jung: Die Westdeutsche Volksbüchereischule in Köln. In:

pädagogisch durchorganisierten Thekenbücherei[452] der sogenannten Leipziger Richtung mit zu dem 13köpfigen Arbeitsausschuss gehörte, der diese katholische Modellbücherei organisiert hatte. Allerdings waren es die katholischen Verleger, namentlich der Firmen Bachem, Herder und Pustet, die mit allein mindestens fünf Personen diese Arbeitsgruppe dominierten.[453] Es ist zu vermuten, dass diese ihre stärker von Konzepten des Buchhandels geprägten Vorstellungen einer Bibliothek durchsetzten. Diese waren dabei auch wirtschaftlicher Natur. So gab es auch einen nach Verlegern geordneten Kartenkatalog des Bestandes und: "*Die leitende Bibliothekarin nimmt auch Bestellungen entgegen, die durch den Buchhandel ausgeführt werden.*"[454]

Jedenfalls konnten die Besucherinnen und Besucher frei an den Regalen entlang nach für sie interessanten Büchern stöbern. Als Hilfsmittel standen außerdem neben dem bereits erwähnten Verlegerkatalog ein Alphabetischer Katalog und ein Sachkatalog bereit.[455] Hatte man ein interessantes Buch gefunden, so bot der Raum

---

Bibliothekarisches Studium in Vergangenheit und Gegenwart. Festschrift aus Anlass des 80jährigen Bestehens der bibliothekarischen Ausbildung in Leipzig im Oktober 1994. Hrsg. von Engelbert Plassmann u. Dietmar Kummer. (Zeitschrift für Bibliothekswesen und Bibliographie. Sonderhefte; 62). Frankfurt a. M.: Klostermann 1995, S. 137-149. – Hier insbesondere S. 141-144.

[452] Reuter hatte noch 1949 in einem programmatischen Aufsatz für die volksbibliothekarische Zeitschrift *Bücherei und Bildung* die Auffassung vertreten, die Thekenausleihe sei die für die deutsche Volksbücherei angemessene Organisationsform. Rudolf Reuter; Rudolf Joerden: Thekenbücherei – Freihandbücherei. Leitsätze zur Heidelberger Diskussion. In: BuB 2(1949/50), S. 488-489.

[453] Führer durch die katholische Sonderschau [...] (wie Anm. 14), S. 110.

[454] Ebd.: "*Die bibliothekarische Leitung und Durchführung lag in den Händen der Bibliothekarin Fräulein Christel Goebbels (Bonn).*" – Christel Goebbels hatte von 1925 bis März 1927 die Bonner Bibliotheksschule des Borromäusvereins besucht und hatte dort am 8. März 1927 als eine von sieben Absolventinnen des fünften Lehrgangs ihr bibliothekarisches Examen abgelegt. – Vgl. Renate Schöne und Siegfried Schmidt: Verzeichnis der Absolventinnen und Absolventen, die seit 1921 ein bibliothekarisches Examen an der Fachhochschule für das öffentliche Bibliothekswesen Bonn bzw. an den Vorgängereinrichtungen abgelegt haben. [Bonn 1997], 52 Bl., hier Bl. 3 [bisher unveröffentlichtes Manuskript; die Textdatei kann beim Verf. eingesehen werden].

[455] "*Die kartothektechnische Erfassung geschah nach drei Gesichtspunkten: nach Autoren, nach Sachgebieten und nach Verlegern.*" Bei der Gliederung des nach einzelnen Sachgruppen aufgestellten Bestandes fällt auf, dass man eine buchkundliche Einteilung gewählt hatte, bei der das religiöse Schrifttum ganz an das Ende des Fächerkanons rückte: "*1. Allgemeines. – 2. Buchwesen, Schriftwesen und Wissenschaftskunde. – 3. Literaturwissenschaft und Literaturgeschichte. – 4. Schöne Literatur und Jugendschriften. – 5. Sprachen – 6. Geschichte und Kulturgeschichte. – 7. Geographie, Länder- und Völkerkunde. – 8. Naturwissenschaften und Mathematik. – 9. Haus- und Landwirtschaft. – 10. Technik. – 11. Pädagogik und Schulbücher. – 12. Staat und Gesellschaft. – 13. Rechtswissenschaft. – 14. Kunst. – 15. Musik. – 16.*

dank der Gestaltung durch Dominikus Böhm verschiedene Möglichkeiten des Anlesens und des Verweilens an: Modern gestaltete Lesehocker und Lesesessel, frei im Raum verteilt bzw. auch an einzelne größere Lesetische gerückt, sowie ein vor die Außenfenster gestelltes Lesepult mit einer Sitzbank gehörten zu dieser Ausstattung.[456] Fußbodenfliesen aus Terrakotta und bunte Fensterverglasungen[457] sorgten für ein ansprechendes, ja gemütliches Ambiente. Einzig die wuchtige Kreuzigungsgruppe (Jesus Christus flankiert von der Gottesmutter Maria und dem Lieblingsjünger Johannes), auf einem quer durch den Raum sich erstreckenden dunklen Holzbalken platziert, konnte trotz ihrer modernen Formgebung erdrückend wirken (Abb. 20).

Abb. 20: Raum 24 der Katholischen Sonderschau 'Internationale katholische Bücherei' (Aufnahme: August Sander). Aus: Katholische Sonderschau auf der PRESSA Köln 1928 [...] (wie Anm. 15), [Bl. 49].

Biographien, Tagebuchblätter und Briefe. – 17. Volkskundliches. – 18. Philosophie. – 19. Allgemeine Religionswissenschaft und Mythologie. – 20. Theologie." – Ebd., S. 108 u. 110.

456 Vgl. auch die Abb. "Ausschnitt aus dem Bibliotheksraum" und "Bibliotheksraum" in: Führer durch die katholische Sonderschau [...] (wie Anm. 14), S. 108 u. S. 109.

457 Vgl. die Abb. "Blick in die Bibliothek und auf die Fenster von A. Wendling" in: Führer durch die katholische Sonderschau [...] (wie Anm. 14), S. 107.

Lässt man all diese Ausstellungsobjekte und –räume der Katholischen Sonderschau Revue passieren, so entsteht der Eindruck, dass in den Räumen der Deutzer Abtei eine sehr umfassende und selbstbewusste Darstellung der Medienarbeit der Katholischen Kirche und der Katholiken in Vergangenheit und Gegenwart präsentiert wurde, für die man als Besucherin oder Besucher, wollte man das, was hier dargeboten wurde, auch nur einigermaßen rezipieren, einige Stunden benötigte. Jedenfalls war es den Ausstellungsmachern gelungen, eine deutlich umfangreichere Kulturschau zusammen zu tragen, als dies bei den Präsentationen der beiden konkurrierenden Konfessionen und Glaubensgemeinschaften der Fall war (vgl. Kap. 1.3.). Inwieweit dieser Ausstellungsteil aber auch von dem Publikum der PRESSA frequentiert wurde, ist in der Rückschau nicht zu beurteilen. Zeitgenössische Berichte über die Frequentierung der Abtei liegen ebenso wenig vor wie spezielle Besucherzählungen. Die Randlage innerhalb der Gesamtausstellung, die ja durchaus bewusst gewählt worden war, spricht eher dagegen, dass die Katholische Sonderschau ein Publikumsmagnet war.[458] Zumindest bei schönem Sommerwetter dürfte sich der Hauptandrang auf das zentrale Gelände rund um das Staatenhaus, die davor liegenden Freiflächen und den angrenzenden Rheinpark mit seinen attraktiven Freizeit- und Unterhaltungsangeboten konzentriert haben (vgl. Kap. 1.2.). Aber selbst wenn nur wenige Prozent der Besucherinnen und Besucher der PRESSA ihren Weg auch in die Deutzer Abtei fanden, so konnte die Katholische Sonderschau angesichts einer Gesamtzahl von fünf Millionen Gästen ebenfalls Hunderttausende Menschen mit ihrer Selbstdarstellung ansprechen und damit eine Resonanz erzielen, die nur schwerlich zu erreichen gewesen wäre, hätte man sich mit einem solchen Thema nicht in die umfassende Gesamtschau des Pressewesens integriert.

3.2.2. Die künstlerische Gestaltung und museumsdidaktische Aufbereitung der Ausstellung

Im vorangegangen Abschnitt wurde bei der ausführlichen Darstellung der Gliederung der Katholischen Sonderschau bereits immer wieder auf die künstlerische Ausgestaltung einzelner Schauräume hingewiesen, wobei auch schon auf den deutlichen Unterschied zwischen dem eher museal gestalteten kulturgeschichtlichen

[458] So schrieb z.B. Elisabeth Cosack in ihrem Beitrag über "Das katholische Haus auf der 'Pressa'" einleitend: "*Es ist nicht im Mittelpunkt des Ausstellungsgeländes. Es ist abseits gelegen, ein wenig im Hintergrund. Man könnte das bedauern, vergißt das aber sofort, wenn man, den Flügel der kulturhistorischen Abteilung hinter sich lassend, das altehrwürdige Gebäude vor sich sieht. Es ist kein Bauwerk zum Zwecke der Ausstellung geschaffen, nichts reklamehaftes ist an ihm, nichts, was den Blick auf sich lenkt. Aber der Blick ruht auf dem schlichten Gebäude, das mit einer Kraft aus der Erde wächst, vor dem wir Heutigen im schweigendem Staunen stehen.*" – Elisabeth Cosack, Das katholische Haus [...] (wie Anm. 322), S. 104.

Ausstellungsteil in den Räumen des Erdgeschosses und den künstlerisch stärker durchgestalteten, vor allem dem missionarischen Wirken der Kirche und der katholischen Publizistik des 19. und 20. Jahrhunderts vorbehaltenen Flächen des Obergeschosses hingewiesen wurde.

Die Gesamtleitung für die Raumgestaltung der Ausstellung oblag, auch das wurde bereits erwähnt, Professor Dominikus Böhm, "[...] *dem bekannten Kirchenbauer und Lehrer an den Kölner Werkschulen,* [...] *welcher die gestellte Aufgabe, in der alten Abtei neue lichtvolle, für eine großangelegte Ausstellung geeignete Räume zu schaffen, gerecht wurde.*"[459] Auf welche Weise es Bernhard Marschall und dem IKC gelang, Böhm, "*der seine gesamte Arbeit ehrenamtlich ausführte*"[460], für diese Aufgabe zu gewinnen, konnte im Einzelnen nicht geklärt werden.[461] Fragen der Raumgestaltung sind aber, so scheint es, im Rahmen der Planungen für die Sonderschau erst zu einem eher späten Zeitpunkt, vielleicht um die Jahreswende 1927/28 verstärkt in den Blick genommen worden, nachdem sich das IKC neu formiert hatte und die mehrfach veränderte Ausstellungskonzeption langsam ihre endgültige Gestalt gewann.

Der Hinweis auf Dominikus Böhm als *Lehrer an den Kölner Werkschulen* ist hierbei, so scheint es, der Schlüssel zum Verständnis des Engagements des aufstrebenden Architekten und Kirchenbauers in Sachen Katholischer Sonderschau. Und erneut rückt dabei auch Professor Fritz Witte, der Leiter des Schnütgen-Museums, mit in den Fokus. Denn alle Indizien sprechen dafür, dass es Witte war, der dem Vorstand und dem Ausstellungsdirektorium des IKC Böhm für diese Aufgabe empfahl und diesen dann für die Leitung der künstlerischen Ausgestaltung der Räume der Sonderschau in der Deutzer Abtei gewann. Um diesen Zusammenhang zu verstehen, lohnt ein genauerer Blick auf die Situation der Kölner Werkschulen zur Zeit der Vorbereitungen der PRESSA[462]:

Die seit 1926 sogenannten Kölner Werkschulen – zuvor trugen sie die Bezeichnung 'Kölner Kunstgewerbe- und Handwerkerschule' – befanden sich in den 20er

---

[459] Führer durch die katholische Sonderschau [...] (wie Anm. 14), S. 111.

[460] Ebd.

[461] Der überwiegende Teil des Nachlasses von Dominikus Böhm befindet sich im Kölner Stadtarchiv und ist für die Benutzung bis zum Jahre 2050 gesperrt. Im kleineren Teilnachlass des Architekten, der heute im Deutschen Architektur-Museum in Frankfurt a.M. lagert, gibt es lt. Mailauskunft der das Archiv leitenden Archivarin, Inge Wolf M.A., vom 03.02. 2014 keine Akten oder sonstige Materialien, die sich auf Böhms Engagement für die PRESSA beziehen.

[462] Im folgenden Abschnitt nach: Rüdiger Joppien: Die Kölner Werkschulen 1920-1933 unter besonderer Berücksichtigung der Ära Richard Riemerschmids (1926-1931). In: Wallraf-Richartz-Jahrbuch. Westdeutsches Jahrbuch für Kunstgeschichte 43(1982), S. 247-346.

Jahren in einer Phase des äußeren Ausbaus und inneren Wachstums. Kulturpolitisch unter Oberbürgermeister Konrad Adenauer, der sich von einer solchen Einrichtung in seiner Stadt sowohl einen architektonisch-städtebaulichen als auch wirtschaftlich-industriellen Nutzen versprach, stark gefördert, hatte man 1924 gegenüber der bisherigen Unterbringung im ehemaligen Alexianerkloster am Mauritiussteinweg (heute: Wolkenburg) großzügigere Räume und Werkstätten im neuerbauten sogenannten Roten Haus am Ubierring, also in der Kölner Südstadt, beziehen können.[463] Bei ihrer ersten Besprechung im Herbst 1925 waren Adenauer und der designierte künftige Direktor der Werkschule, Richard Riemerschmid[464], übereingekommen, "[...] *gerade der christlichen Kunst besondere Pflege angedeihen zu lassen durch die Gründung einer Sonderabteilung für religiöse Kunst. Zu ihrem Leiter wurde der Kirchenbaumeister Dominikus Böhm berufen.*"[465] Von dieser Berufung erhoffte man sich nicht nur neue Akzente für den Kirchenbau sondern auch künstlerische Impulse für die Innenraumgestaltung und -ausstattung der Kirchen. Mit dieser neuen Akzentsetzung einher ging die Angliederung des bisherigen, räumlich eng mit dem Kölner Schnütgen-Museum verbundenen 'Institut[s] für religiöse Kunst' an die Kölner Werkschulen. Das Institut war 1919 von Professor Fritz Witte, dem Direktor dieses Museums, gegründet worden. Witte war sehr aufgeschlossen gegenüber einer Erneuerung der christlichen Kunst durch eine moderne und zeitgenössische Formensprache und dürfte der Berufung Böhms an die Kölner Werkschulen sehr positiv gegenüber gestanden haben. Denn der Kleriker und Kunsthistoriker Witte verfolgte zu einer Zeit, als die konservative Haltung der kirchlichen Obrigkeit, auch in Köln, in Kunstdingen nur zu bekannt war, unermüdlich das Ziel, die christliche Kunst aus dem überlebten Historismus des 19. Jahrhunderts und dessen industrieller Massenproduktion herauszuführen. In einem unidentifizierten Zeitungsartikel vom 11.12.1925 hieß es daher auch, dass "*Dr. Witte* [...] *sich freuen* [wird], *in der Person des bekannten Kirchenbauers Dominikus Böhm einen Mitarbeiter zu bekommen, der auf seinem Gebiete eine ausgesprochene Persönlichkeit von nicht geringem Format ist.*"[466] Nahezu zeitgleich mit

---

[463] Ebd., S. 248-249.

[464] Richard Riemerschmid (1868-1957) hatte zuvor von 1912-1924 die Münchner Kunstgewerbeschule geleitet und hatte als Vorsitzender des Deutschen Werkbundes weitreichende Beziehungen in die zeitgenössische Kunstszene. Als sich im Jahre 1930 das persönliche Verhältnis zwischen Riemerschmid und Adenauer deutlich verschlechtert hatte, wurde sein zum 31.1.1931 auslaufender Vertrag an den Kölner Werkschulen wohl im beiderseitigen Interesse nicht mehr verlängert und Riemerschmid kehrte nach München zurück. – Ebd., S. 254 u. 275.

[465] Ebd., S. 265.

[466] Vgl. ebd., S. 265 und FN 46 auf S. 340 (Zitat). – Ferner: Elisabeth Peters: Kirchliche Wandmalerei im Rheinland zwischen 1920 und 1940 und das Institut für religiöse Kunst in Köln. In: Christus. Zur Wiederentdeckung des Sakralen in der Moderne. Hrsg. von Anne-

Böhm wurde außerdem der an der Düsseldorfer Akademie lehrende Glasmaler Jan Thorn Prikker, der als bedeutendster Vertreter seines Faches galt, an die Kölner Werkschulen berufen.[467]

Worin könnte aber ein wesentliches Motiv für Dominikus Böhm bestanden haben, die Aufgabe der Raumgestaltung der Katholischen Sonderschau auf der PRESSA für einen Gotteslohn zu koordinieren und selbst eigene künstlerische Beiträge für diese Aufgabe zu liefern? Es scheint, dass Böhm sich von diesem Engagement eine zusätzliche Popularität in Kreisen des katholischen Rheinlandes und darüber hinaus versprach, die sich auch positiv für eventuelle künftige Aufträge in seinem ureigenen architektonischen Feld, dem der Planung und dem Bau moderner katholischer Kirchen, auswirken sollte. Denn Böhm war ja erst Anfang 1926 von Offenbach nach Köln gekommen und stand damals, das wird gerne angesichts seines späteren Ruhms übersehen, noch eher am Anfang seiner Karriere als einer der bedeutendsten Kirchenbauer in der Mitte des 20. Jahrhunderts. So würdigte ihn der Schriftleiter der Zeitschrift 'Die Christliche Kunst' in einem längeren Beitrag über 'Westdeutsche Kirchenbaukunst' 1927 als Persönlichkeit, von der die neuzeitliche Kirchenarchitektur den bedeutsamsten Impuls erfahren habe und bedauerte zugleich für die kirchliche Architektur, "*daß es ihm trotz eifriger Tätigkeit in Wettbewerben bisher nicht gelungen ist, einen größeren Bauauftrag (außer einer kleinen Kirche im Bergischen) zu erhalten. Es wäre zu wünschen, daß sich im katholischen Westdeutschland soviel kulturell-religiöser Wille fände, ihm, unserem kühnsten Kirchenbauer, einmal eine Großstadtkirche anzuvertrauen, an der er sein ganzes Können zeigen könnte.*"[468]

Böhms eigene Beiträge zur innenarchitektonischen Ausgestaltung der Katholischen Sonderschau wurden sicherlich mit Unterstützung von Schülerinnen und Schüler seiner Klassen an den Kölner Werkschulen und teilweise in Zusammenarbeit mit anderen dort lehrenden Künstlern gefertigt. Böhm konzentrierte sich vor allem auf einzelne Räume im Obergeschoß der Ausstellung. Dabei "[...] *arbeitete Böhm insbe-*

Marie Bonnet [u.a.]. Düsseldorf: Düsseldorf University Press 2012, S. 157-177. – Vgl. S. 157-158.

[467] Rüdiger Joppien: Die Kölner Werkschulen [...] (wie Anm. 462), S. 265. – Professor Thorn Prikker leitete hier von 1926 bis zu seinem Ausscheiden im Jahre 1932 die Entwurfsklasse für Malerei, Wandmalerei, Glasmalerei, Mosaik und die Werkstatt für Glasmalerei (ebd., S. 325).

[468] Georg Lill: Westdeutsche Kirchenbaukunst. In: Die Christliche Kunst 24(1927/28), S. [256]-279. – Hier S. 258 u. 264. – Eine solche Großstadtkirche im Rheinland konnte Dominikus Böhm erstmals mit der Pfarrkirche St. Engelbert in Köln-Riehl verwirklichen. Die Planungen für dieses Gotteshaus, das am 6.6.1932 konsekriert wurde, begannen im Frühjahr 1930. In den Jahren 1928 bis 1932 hatte Böhm außerdem größere Kirchbauten im Rahmen seiner Bauvorhaben für das Caritas-Institut für Gesundheitsfürsorge in Köln-Hohenlind, das Kloster und Asthma-Krankenhaus St. Kamillus in Mönchengladbach und das Priesterseminar Limburg a.d.Lahn realisiert. – Vgl.: Dominikus Böhm [...] (wie Anm. 207).

sondere mit der kontrastierenden Wirkung von schwarz gebeiztem Holz, das er den hellen Wandflächen gegenüberstellte sowie bearbeitetem Glas, mit dem er besondere Stellen akzentuierte." Böhms Arbeiten zielten dabei sowohl auf eine unmittelbare atmosphärische Raumwirkung als auch auf symbolische Aussagen ab.[469]

Modern funktional war von Böhm beispielsweise der Bibliotheksraum (Raum 24, vgl. Abb. 19) gestaltet worden, der eine Atmosphäre schuf, die zum Verweilen und Anlesen der hier präsentierten Bücher einlud. Eine symbolische Aussage erfuhr dieser Raum vor allem durch die dominante, quer über den Raum gestellte Kreuzigungsgruppe, die von "*Müller, Berlin*" stammte.[470] Damit stand jedwedes Bildungsbemühen der Katholikinnen und Katholiken unter dem Zeichen des Gekreuzigten. Der sakrale Charakter der kirchlichen Musterbibliothek wurde des Weiteren durch mehrere, in die Fensternischen eingesetzte Buntglasfenster des inzwischen in Aachen wirkenden Glasmalers Anton Wendling betont.[471] Die Fenster zeigten in noch figürlicher Darstellung, wenn auch stark abstrahiert, einzelne Szenen aus dem Neuen Testament, u.a. Jesus Christus nach der Kreuzabnahme im Schoße seiner Mutter Maria.[472]

Am augenfälligsten war Böhms Symbolsprache sicherlich durch das gewaltige Schiff Petri visualisiert worden, welches zusammen mit einigen Objekten der zeitgenössischen christlichen Kunst[473] die Vielfalt der aktuellen katholischen Presse durch die bewegten Zeiten trug und das links und rechts von mindestens je einem Dutzend nach unten hin zugespitzten, bunten gläsernen Lichtsäulen umgeben war. Künstle-

---

[469] Ulrich Pantle: Dominikus Böhm [...] (wie Anm. 9), S. 36.

[470] Vgl.: Berthold Paeschke: Die große Kölner Presseausstellung. In: Die Christliche Kunst 25(1928/29), S. 120-122. Hier S. 121 – Diese dürftigen Angaben reichen leider nicht aus, um den Künstler näher zu identifizieren.

[471] Anton Wendling (1891-1965) war neben Heinrich Campendonk der bedeutendste Schüler von Jan Thorn Prikker. Wendling hatte 1923 sein Studium an der Kölner Kunstgewerbeschule beendet. Nach einem Studienaufenthalt in Italien (1924) wurde er Assistent des rheinischen Expressionisten Heinrich Nauen an der Staatlichen Kunstakademie in Düsseldorf und wirkte in dieser Funktion u.a. bei der Ausführung von Mosaiken für die Ausstellungsgebäude der Gesolei mit. 1927 wurde Wendling vom Direktor der Handwerker- und Kunstgewerbeschule Aachen, Rudolf Schwarz, zum Leiter der Fachklasse für Glasmalerei und Mosaik an der dortigen Schule berufen. Wie Böhm stand Wendling, der später bedeutende Kirchenfenster, u.a. 1949/51 die Chorhauslangfenster für den Aachener Dom, schuf, zum Zeitpunkt der PRESSA eher noch am Anfang seiner künstlerischen Karriere. – Vgl. Busso Diekamp: Kirchliche Glasmalerei des 20. Jahrhunderts im Rheinland dargestellt an Beispielen aus dem Werk des Glasmalers Anton Wendling. In: Bonner Jahrbücher des Rheinischen Landesmuseums Bonn und des Rheinischen Amtes für Bodendenkmalpflege im Landschaftsverband Rheinland und des Vereins von Altertumsfreunden im Rheinlande 187(1987), S. 309-364. – Hier insbesondere S. 309, S. 314-316 u. S. 341ff.

[472] Vgl. das rechte Glasfenster der Abb. "*Blick in die Bibliothek und auf die Fenster von A. Wendling*" in: Führer durch die katholische Sonderschau [...] (wie Anm. 14), S. 107.

risch von Böhms Kollegen an den Kölner Werkschulen, Jan Thorn Prikker, realisiert, könnten diese die vom Geiste der Wahrheit und der Erleuchtung durchdrungene Schreibtätigkeit im Dienste der Kirche symbolisiert haben (vgl. Abb. 14 und 16).

Die Katholische Abteilung auf der Internationalen Presse-Ausstellung „PRESSA" KÖLN 1928

Skizzen von Professor Dominikus Böhm-Köln

Blick auf die Katholische Abteilung der „Pressa" im ehemaligen Deutzer Benediktinerkloster

Die ehemalige Abteikirche, in der die Abteilung für Kirchenlied und Kirchenmusik untergebracht wird

[473] Böhm selbst steuerte zu dieser kleinen Ausstellung liturgischer Kleinkunst einen Altarleuchter bei. Von Hildegard Domizlaff ["*Frl. Domizlav*"] stammte eine holzgeschnitzte Madonna. – Vgl.: Führer durch die katholische Sonderschau [...] (wie Anm. 14), S. 91.

Abb. 21: Drei Entwürfe von Dominikus Böhm zur Katholischen Sonderschau auf der PRESSA. Die vorgeschlagene mittelalterliche Klosterbibliothek in der Sakristei der Abtei kam nicht zur Ausführung. AEK, Nachlass F.W. Lohmann, 26.

Der Volksverein für das katholische Deutschland steuerte zu diesem Raum, der den Presseerzeugnissen der Gegenwart gewidmet war, noch zwei weitere Kunstwerke bei, die den Anspruch der Katholischen Kirche "*das ganze Leben und alle seine Bezirke vom Übernatürlichen aus zu gestalten*" zum Ausdruck bringen und auf das Verhältnis der modernen Arbeitswelt zur Religion verweisen sollte, "[...] *die eine verkörpert in dem Originalmodell des Meunierschen Lastträgers (eine Leihgabe der Arbeitervereinszentrale in M.Gladbach), letztere in dem Kolossalgemälde der Madonna im donnernden Rhythmus des Maschinenzeitalters (von H. Schöllgen)* [...]." [474]

Aber auch der Raum 23, in dem der Augustinus-Verein die katholische Inlandspresse präsentierte, steckte voller Symbolik. Die in den Raum gestellten, kreisrunden, zur

[474] Führer durch die katholische Sonderschau [...] (wie Anm. 14), S. 91. – Der "*Meuniersche Lastträger*" ist eine lebensgroße Bronzeplastik eines arbeitenden Menschen des belgischen Bildhauers und Malers Constatin Emilé Meunier (1831-1905), der zunächst Bilder mit religiösen Themen schuf und sich ab 1880 der Bildhauerei zuwandte. – Vgl.: http://de. wikipedia.org/wiki/Constantin_Meunier [zuletzt aufgerufen am 7.2.2014]. – Hubert Schöllgens (vgl. FN 207) farbiges Wandgemälde, das im Führer durch die katholische Sonderschau auf S. 92 abgebildet ist, platzierte Maria mit dem Jesuskinde vor dem Hintergrund einer von Industriebauten, Fabriken, Verkehrswegen und modernen Großstadtbauten geprägten menschenleeren Welt.

Decke hin durch dünne Stäbe verlängerten Regale, welche die Jahresproduktion der katholischen Tagespresse aufnahmen, sollten beim Betrachter eindeutige Assoziationen an maschinelle, technische Gebilde wie rotierende Druckmaschinen erwecken. Über die Stäbe wurde eine Verbindung dieser Zeitungsproduktion mit dem zugrunde liegenden Auftrag hergestellt (vgl. Abb. 19).[475] Dieser Auftrag war als fortlaufender Text an der Decke des Raumes gestaltet worden; künstlerisch ausgeführt von Paul Schröders Klasse an den Kölner Werkschulen. Inhaltlich stand die katholische Presse somit u.a. unter dem Anspruch, das Banner des Glaubens zu halten, das Recht zu stützen und die wahre Freiheit zu fördern.[476]

Lag diesem Raum eine eher profane, technische Interpretation zugrunde, so war der von Böhm ebenfalls gestaltete Missionsraum (Raum 16, vgl. Abb. 11) von einer sakralen Symbolik geprägt. Im Missionsraum "[...] *kamen die schwarz gebeizten Hölzer, mit denen Böhm links und rechts von der Hauptachse Ausstellungskojen ausbildete, zur stärksten optischen Wirkung. Hier inszenierte Böhm die schwarzen Balken als vertikale und horizontale Linien im Raum* [...]. *In Anbetracht der künstlerischen Entwicklung der Zeit lassen sie sich auch als graphische Raumzeichnung interpretieren.* [...] *Böhm* [operierte] *in dieser Ausstellung mit den vertikalen und horizontalen Linien, die in der Perspektive des Betrachters als fragmentierte bzw. anamorphotisch wahrnehmbare Kreuze gelesen werden konnten.*"[477] Und durch die Fragmentierung der Kreuze – in der Regel fehlte jeweils in der Horizontalen eine Seite des Balkens – mag der Betrachter auch auf das noch unvollendete Missionswerk der Kirche verwiesen worden sein.

Ebenfalls von höchster sakraler Symbolik war die von Böhm frei in die Mitte des Raumes 18 platzierte Glasrotunde (vgl. Abb. 12), die somit im Zentrum des Ausstellungsteiles des katholischen Schrifttums des 19. Jahrhunderts stand. Herzstück der dodekagonalen Rotunde bildete die auf eine übermannshohe, schlanke Säule gestellte Marienskulptur der Aachener Bildhauerin Maria Eulenbruch, zu der die Besucherinnen und Besucher des Raumes ehrerbietig von unten aufschauen mussten. Zwölf transparente Glasflächen, die durch raumhoch aufgemauerte, radial auf die Mitte hin ausgerichtete Stützen getrennt wurden, schlossen die Muttergottes wie in einer Kapelle ein. Der sakrale Charakter dieses Raumes wurde zusätzlich

---

[475] Ulrich Pantle: Dominikus Böhm [...] (wie Anm. 9), S. 36.

[476] Vgl. Berthold Paeschke: Die große Kölner Presseausstellung [...] (wie Anm. 470), S. 121 sowie Rüdiger Joppien: Die Kölner Werkschulen [...] (wie Anm. 462), S. 317-319. – Der Dekorationsmaler Paul Schröder (1891-1961) war 1920 an die Kunstgewerbe- und Handwerkerschule nach Köln gekommen und 1925 zum Professor ernannt worden. Er leitete bis zu seiner Pensionierung im Jahre 1957 die Entwurfsklasse für Bau- und Raummalerei, Wände, Flächen, Bemalung von Möbeln, Geräten und die Werkstatt für Malerei (ebd.).

[477] Ulrich Pantle: Dominikus Böhm [...] (wie Anm. 9), S. 36.

durch einen erhöhten Ziegelfußboden und durch ein Abtrenngitter verstärkt, das nur an zwei gegenüberliegenden Segmenten ausgespart worden war. Wer über diese Zugänge das Innere der Rotunde betrat, schritt unter den in die Glasflächen eingravierten Namen der Päpste des 19. Jahrhunderts und Textelementen der für diese Zeit zentralen Dogmen von der Unbefleckten Empfängnis Mariens und von der Unfehlbarkeit des päpstlichen Lehramtes hindurch.[478] Maria als die Mittlerin zwischen Gott und dem gläubigen Menschen, das Papsttum und das authentische päpstliche Lehramt – so die Botschaft dieses Raumensembles – bildeten eine ebenso klare wie ruhende Mitte und einen Gegenpol zu den in den Wandvitrinen des Raumes vor allem durch das einschlägige Schrifttum dargestellten geistesgeschichtlichen Auseinandersetzungen des Katholizismus mit den 'Mächten des neuzeitlichen Geistes'.

Zu diesem Raum, in dem u.a. ja auch das Wirken der katholischen Frauen im 19. Jahrhundert Berücksichtigung fand, steuerte außerdem die Künstlerin Hildegard Domizlaff[479] ein fotografisch nicht dokumentiertes Wandgemälde, den 'Frauenzug', mit der Darstellung etlicher heiliger Frauen aus der Kirchengeschichte sowie mit bedeutenden Frauen der Weltgeschichte bei: Auf diesem Bildnis wurde die Kirche, die *ecclesia*, als Führerin dieser Frauen dargestellt: "*Der Weg geht vom Kreuz in die Welt und wieder zum Kreuz zurück. Gewaltig sind die Psalmenworte, die sie* [i.e. H. Domizlaff] *den Zug beginnen läßt: 'An deine Rechte tritt die Königin in goldenem Gewande. In deiner Anmut, in deiner Schönheit erheb dich, ziehe hin, herrsche.'*"[480]

Schließlich war auch die Gegenüberstellung zweier Christusplastiken, des Gerokreuzes aus dem späten 10. Jahrhundert an prominenter Stelle im Eingangsbe-

---

[478] "*Die Wände des Glastempels, in dem sie* [i.e. Maria] *steht, tragen in vielen Sprachen neben dem 'Tu es Petrus* [...]*' das Ave Maria und Magnifikat und die Bitte, die unserer Zeit so not tut ‚Regina, sine labe originali concepta, ora pro nobis'*". – Margarete Pischel: Frau und Pressa. In: Mädchenbildung auf christlicher Grundlage 24(1928), S. 457-462. – Zitat S. 461.

[479] Die Bildhauerin und Zeichnerin Hildegard Domizlaff (1898-1987) war als junge Frau 1919 zum katholischen Glauben konvertiert und 1927 nach einigen Jahren der Tätigkeit in Münster nach Köln übergesiedelt. 1929 bezog sie zusammen mit ihrer Freundin Helen Wiehen ein eigenes Atelierhaus in Köln-Müngersdorf, das bis heute als ein herausragendes Beispiel für ein Privathaus im Stil des Neuen Bauens der 20er Jahre in Köln gilt. In Köln kam sie auch mit dem Gedankengut der Liturgischen Bewegung in Kontakt, das ihre stilistische Entwicklung stark beeinflusste. Ihre künstlerische Hinwendung zu Urformen des Christentums war eng verbunden mit ihrer Begeisterung für ein theokratisches Weltbild. – I[ngrid] L[eonie] Severin: Domizlaff, Hildegard. In. Allgemeines Künstler-Lexikon, Bd. 28 DISNEY-DONNUS. München, Leipzig: Saur 2001, S. 455-456. Ferner: Hildegard Domizlaff 1898-1987. Katalog der Ausstellung im Erzbischöflichen Diözesan-Museum Köln, 25. Januar bis 31. März 1998. Hrsg. Joachim M. Plotzek [u.a.], Katalog und Ausstellung: Ingrid Leonie Severin. (Kolumba; 3). Köln: Diözesanmuseum 1998. 94 S.

[480] Margarete Pischel: Frau und Pressa [...] (wie Anm. 478), S. 461.

reich der Ausstellung und einer modernen, übermannsgroßen, ebenfalls von Maria Eulenbruch geschaffenen Christusplastik im Innenhof der Deutzer Abtei symbolisch stark aufgeladen (vgl. Abb. 22): Der auf einer von den vier Evangelisten eingerahmten Weltkugel stehende, die heilige Schrift in der Hand haltende, lehrende Christus wird hier als 'Ausgangs- und Zielpunkt des katholischen Schrifttums'[481] dargestellt. Da zwischen dem Entstehen der beiden Christusdarstellungen mehr als ein Jahrtausend lag, wurde durch diese Gegenüberstellung zugleich die zeitlose Unveränderlichkeit dieser Botschaft zum Ausdruck gebracht. Mit dieser Christozentrik wurde nicht nur ein zentrales Anliegen der zeitgenössisch avantgardistischen sakralen Kunst, das sich theologisch z.B. auch in der Liturgischen Bewegung manifestierte, aufgegriffen[482], sondern es wurde zugleich für die gesamte Katholische Sonderschau und damit für das Wirken der katholischen Presse ein Christusbezug hergestellt. Überdies wurde somit auch eine deutliche Abgrenzung zur Evangelischen Sonderschau vollzogen, bei der die Aussteller ja Martin Luther in das Zentrum ihrer Schau gestellt hatten (vgl. Kap. 1.2.).

Abb. 22: Christusskulptur von Maria Eulenbruch im Innenhof der Deutzer Abtei während der Katholischen Sonderschau (Aufnahme: August Sander). Aus: Katholische Sonderschau auf der PRESSA Köln 1928 [...] (wie Anm. 15), [Bl. 2].

Der künstlerisch geeignete Entwurf für die Christusplastik und eventuell auch für die Immakulata war wohl im Rahmen eines Ende 1927/Anfang 1928 erfolgten Preisausschreibens ermittelt worden.[483] "*Maria Eulenbruch darf nicht die Schlange unter den Füssen der Immakulata vergessen, wie überhaupt das Dogma von der gnadenhaften Erhöhung der Menschennatur in der unbefleckten Empfängnis gleich dem Dogma*

[481] So auch die handschriftliche Bildunterschrift auf Bl. 2 in ebd.
[482] Vgl. hierzu den Tagungsband: Christus. Zur Wiederentdeckung des Sakralen in der Moderne. Hrsg. von Anne-Marie Bonnet [u.a.]. Düsseldorf: Düsseldorf University Press 2012. 467 S.
[483] Vgl. FN 231.

von der Stellvertretung Gottes durch den Menschen in der päpstlichen Unfehlbarkeit als providentielle Überwindung der naturhaft humanitären Hybris des Jahrhunderts einleuchten soll, damit die Idee des Raumes verleiblicht wird. Symbole der Päpste, wie Tiara und Schlüssel werden das Ihrige dazu beitragen," so schrieb Eduard Lange, als Mitglied des Ausstellungsdirektoriums des IKC zuständig für die Gestaltung des Raumes des 19. Jahrhunderts an Dominikus Böhm.[484] In der konkreten Umsetzung stellte Maria Eulenbruch allerdings die Jungfrau Maria nicht auf eine Schlange tretend sondern ebenfalls auf einer Weltkugel stehend dar (vgl. Abb. 12). Maria besiegt somit nicht das Böse sondern thront über der Welt. Auch verzichtete Dominikus Böhm bei der Gestaltung der Glasrotunde auf eine bildhafte Inszenierung von Tiara und Schlüssel. Erneut findet sich hier also ein Beleg für eine Abschwächung der anfangs intendierten stark papstzentrierten Ausstellungskonzeption zugunsten einer zeitgemäßen Symbolik. Damit ist der Einschätzung Haites, im Raum des 19. Jahrhunderts würde eine Spannung zwischen Welthaftem und dem Christentum geradezu inszeniert, zwar zuzustimmen.[485] Doch der von ihm vorgenommenen, auch auf den Raum des 20. Jahrhunderts bezogenen Gesamtbewertung, hier würde der Anspruch der Katholischen Kirche auf eine Gegenwelt aus dem Übernatürlichen postuliert[486], muss widersprochen werden. Denn das 'Schiff Petri' fuhr *durch* die Welt der Moderne und bewegte sich *zwischen* den Polen der Mühsal der Arbeit und dem Heilsversprechen der Erlösung der Welt durch die Geburt Jesu Christi.

Lässt man die Namen der an der Ausgestaltung der Ausstellungsräume, vor allem des Obergeschosses, beteiligten Künstlerinnen und Künstler noch einmal Revue passieren, so stand Dominikus Böhm somit im Zentrum eines ganzen Netzwerkes von Personen, die wie er lehrend an den Kölner Werkschulen tätig waren oder diese vor kurzem absolviert hatten und inzwischen eine andere Stellung erlangt hatten. Mit Paul Schröder, Jan Thorn Prikker und Ferdinand Nigg, dessen Schülerinnen und Schüler Paramente zur Ausstattung des Raumes des 20. Jahrhunderts beigesteuert hatten[487], engagierten sich mindestens drei weitere Professoren der Werkschulen zusammen mit ihren Klassen für die Katholische Sonderschau. Anton Wendling, der Meisterschüler Thorn Prikkers, und Maria Eulenbruch waren als ehemalige Absolventen der Kölner Werkschulen inzwischen beide an der von Rudolf Schwarz ge-

---

[484] HAStK, Nachlass Böhm Nr. 231, zitiert nach Dieter W. Haite. Der achte Tag [...] (wie Anm. 12), S. 176f.
[485] Vgl. Dieter W. Haite. Der achte Tag [...] (wie Anm. 12), S. 176.
[486] Ebd., S. 177.
[487] Führer durch die Katholische Sonderschau [...] (wie Anm. 14), S. 92. – Professor Ferdinand Nigg (1865-1949) stammte aus Vaduz / Liechtenstein und leitete an der Kölner Kunstgewerbeschule bzw. an den Kölner Werkschulen von 1912 an bis zu seiner Pensionierung im Jahre 1931 die Entwurfsklasse Malerei, Graphik und ihre Anwendung, Buchkunst, Textilarbeiten, Kirchengerät, Paramente. – Vgl. Rüdiger Joppien: Die Kölner Werkschulen [...] (wie Anm. 462), S. 302-303.

führten Kunstgewerbeschule in Aachen tätig. Böhm und der jüngere Architekt Schwarz waren seit der vorangegangenen gemeinsamen Zeit in Offenbach/Main zeitlebens zu engen Freunden geworden.[488] Anton Wendling wiederum muss in enger Verbindung zu der biographisch weniger gut fassbaren, in Bad Godesberg bei Bonn eine eigene Werkstatt unterhaltenden Ella Brösch gestanden haben, wenn er seine Fahnenentwürfe für den Umgang der Räume des Erdgeschosses von ihr ausführen ließ.[489] Auch der wenig bekannte Maler Hubert Schöllgen hatte u.a. bei Jan Thorn Prikker studiert.[490] Und dass die seelenverwandte, bereits in der katholischen Kunstszene vielfach anerkannte 'Neu-Kölnerin' Hildegard Domizlaff diesen Künstlerkreis unterstützte und ebenfalls mindestens zwei eigene Beiträge zur Ausschmückung der Sonderschau beisteuerte, verwundert kaum.

Gleichzeitig versammelt sich so vor dem geistigen Auge ein illustrer Kreis bedeutsamer, im Rheinland beheimateter katholischer Kunstschaffender aus der ersten Hälfte des 20. Jahrhunderts. Diese wirkten, oftmals inspiriert durch das Gedankengut der eine kirchlichen Erneuerung anstrebenden Liturgischen Bewegung, an einer Belebung der sakralen Kunst durch die Schaffung moderner, zeitgemäßer Ausdrucksformen und an einer Überwindung rückwärtsgewandter historisierender Stilelemente mit. In der Gesamtheit dieser Beiträge sorgten die Künstlerinnen und Künstler nicht nur für eine hohe Attraktivität der Räume der Katholischen Sonderschau und ein bereicherndes Ambiente des vorzugsweise zu zeigenden Ausstellungsgutes 'bedrucktes Papier', sondern sie boten mit ihren raumarchitektonischen und künstlerischen Beiträgen fast so etwas wie eine kleine Werkschau zeitgenössischer katholischer Sakralkunst.

Es verwundert dabei nicht, dass diese 'Werkschau' – geschaffen von gleichermaßen gläubigen wie sensiblen, der geistigen Unruhe einer von Brüchen, Umbrüchen und Aufbrüchen geprägten Zeit nachspürenden katholischen Künstlerinnen und Künstlern – in der zeitgenössischen Rezeption, auch in katholischen Kreisen, nicht uneingeschränkt auf Zustimmung stieß; exponierte man sich doch mit solchen Beiträgen innerhalb einer Institution, in der die Traditionsverwurzelung allzu oft das Denken ihrer Akteure beherrschte:

---

[488] Der Architekt Rudolf Schwarz (1897-1961) ist vor allem für seine zahlreichen katholischen Kirchenbauten der Nachkriegszeit berühmt, obwohl er auch Werke zur Architekturtheorie verfasste und im Profanbereich von 1946-1952 als Generalplaner für den Wiederaufbau des kriegszerstörten Köln wirkte. U.a. schuf er die Pläne für den Wiederaufbau des Kölner Festsaals Gürzenich und für das 1958 fertig gestellte Wallraf-Richartz-Museum. – Vgl.: Thomas Hasler: Schwarz, Rudolf. In: Neue Deutsche Biographie. Bd. 24 SCHWARZ – STADER. Berlin: Duncker u. Humblot 2010, S. 9-11.

[489] Vgl. Anm. 402.

[490] Vgl. http://de.wikipedia.org/wiki/Hubert_Sch%C3%B6llgen [zuletzt aufgerufen am 10.2. 2014].

So meinte Berthold Paeschke in der Zeitschrift für christliche Kunst zwar, dass die Herrichtung der Deutzer Abtei mit Professor Dominikus Böhm in die richtigen Hände gelegt worden sei, bemerkte aber zugleich kritisch: "*Ein Raum, den man bezüglich seiner künstlerischen Ausgestaltung am besten mit Stillschweigen übergeht, sofern das schärfste Ablehnung bedeutet, ist der Raum unserer Zeit, des 20. Jahrhunderts.* [...] *Thorn Prikker, der für diesen Raum verantwortlich zeichnet, begreift man nicht mehr.*"[491] Auch die Skulpturen von Maria Eulenbruch hielten z.B. einem Vergleich mit dem mittelalterlichen Gerokreuz nicht stand und gefielen nicht: "*Einem Meer an Tiefe, wie es das Gerokreuz vor uns hindehnt, steht hier eine gedankliche zugespitzte Geste gegenüber, ohne sinnliche Kraft, die ebenso der Immaculata mangelt, die von der selben Künstlerin im Raum des 19. Jahrhunderts aufgestellt worden ist.*" Auf lobende Zustimmung stieß dagegen Böhms Gestaltung des Missionsraumes.[492] Auch Margarete Pischel hatte einiges an Maria Eulenbruchs Immakulata zu bemängeln: "*Wir wissen, daß die Himmelskönigin Symbol für katholisches Frauentum ist* [...]. *Freilich würden viele von uns eine weniger moderne Skulptur lieber sehen, weil sie das Ideal reinen Frauentums edler ausgedrückt fänden.*"[493] Mehr Zustimmung fand bei dieser Autorin dagegen Hildegard Domizlaffs 'Frauenzug', "[...] *obgleich auch hier in manchen Heiligengestalten vielleicht zu sehr der Jungmädchentyp vorwaltet, der innere frauliche Geschlossenheit vermissen läßt.*"[494] Der Kern einer solchen zeitbedingten Kritik erschließt sich einem heutigen Rezipienten nur noch schwer. Neutraler, aber ebenfalls keineswegs zustimmend bezeichnete Michael Becker die Schöpfungen der Künstler "*Schöllgen, Thorn-Prikker, Anton Wendling u.a.m.*" schlicht als "*zeitbezogen*".[495]

Auch in der neueren Sekundärliteratur wurden diese künstlerischen Akzente im Rahmen der Katholischen Sonderschau erst wenig rezipiert. Lediglich Ulrich Pantle hat sich bislang intensiver mit der Ausstellungsarchitektur Böhms auseinandergesetzt. Obwohl Böhm sich, anders als Otto Bartning mit seiner Stahlkirche für die Evangelische Sonderschau (vgl. Kap. 1.3.), auf innenarchitektonische Elemente beschränken mußte, sieht Pantle doch Parallelen zwischen beiden Konzeptionen. Beide Baumeister versuchten, "[...] *in der säkularisierten Moderne eine christlich fundierte Position zu beziehen, aus der sich auch ein zeitgemäßes ästhetisches Wirken begründen lässt. Mitnichten zogen sie sich dabei auf kulturhistorische Traditionen des Christentums zurück, erkannten vielmehr die Unmöglichkeit, sich auf Konventionen*

[491] Berthold Paeschke: Die große Kölner Presseausstellung [...] (wie Anm. 470), S. 121. – Ausgenommen von der Kritik an diesem Raum wurden nur "[...] *die sehr schönen Leistungen in der Paramentik aus der Klasse von Professor Nigge* [!], *die hier ausgestellt sind*" (ebd.).
[492] Ebd.
[493] Margarete Pischel: Frau und Pressa [...] (wie Anm. 478), S. 461.
[494] Ebd.
[495] Michael Becker: Der Katholizismus auf der Pressa. In: Allgemeine Rundschau 25(1928), S. 444-445. – Hier S. 445.

verlassen zu können, sahen sich durch die Prozesse der Moderne zur Reflektion geradezu herausgefordert."[496] Böhm verfolgte dabei wie Bartning das Ziel, die Institution Kirche in einer "*zeitgemäßen Zeichenhaftigkeit zu repräsentieren*" und nahm "*in das historisch belegte Repertoire christlicher Symbolik neuartige Elemente auf.*" Symbole waren für beide Architekten Elemente einer Manifestation religiösen Bewusstseins und sorgten für dessen Positionierung in einer Gesellschaft, in der aufgrund der "*mächtigen Tendenzen der Zweckrationalität, Ausdifferenzierung und Autonomie*" die Religion nicht länger alle Lebensbereiche durchdrang, sondern diese "*auf dem Seziertisch der Moderne* [...] *aus dem Leben der Menschen separiert worden war.*"[497]

So gesehen bildeten die von Böhm gestalteten Räume des Obergeschosses also einen scharfen Kontrast zum musealen, von Professor Witte verantworteten Untergeschoss, in dem vor allem ein kulturhistorischer Abriss der Handschriften- und Buchkultur im Raum der Katholischen Kirche dargeboten wurde, der durch das eine oder andere historische Kunstobjekt eine Auflockerung erfuhr. Nichtsdestotrotz erweckten die dunklen, einheitlich gestalteten und in einem großzügigen Abstand zueinander gestellten Flach- und Hochvitrinen als wichtigstem Gestaltungselement, soweit sich das auf den erhaltenen Fotoaufnahmen der Ausstellungsräume erkennen lässt, einen ruhigen und würdevollen, den gezeigten Objekten angemessenen Eindruck. Zusammen mit der Architektur der frisch renovierten, weiß getünchten Abteiräume wurde hier ebenfalls eine fast sakrale Atmosphäre erzeugt und die große Kulturtradition der Katholischen Kirche auf eine lebendige Weise verdeutlicht. Von dieser Einschätzung muss allerdings die in der Abteikirche untergebrachte kirchenmusikalische Abteilung ausgenommen werden, die sich ausstellungstechnisch auf einem sehr schwierigen Terrain befand, da die Ausstellungsobjekte hier in einem viel stärkeren Maße in einer spannungsreichen Konkurrenz zu dem sie beherbergenden, dominierenden Raum standen.

Aus museumspädagogischer Sicht sind natürlich auch ein die Besucherinnen und Besucher durch die Räumlichkeiten führendes Leitsystem und erklärende Beschriftungen zu den gezeigten Objekten von hoher Bedeutung. Solche Überlegungen hatten gewiss vor mehr als 80 Jahren bei einer Ausstellungsvorbereitung noch nicht den Stellenwert, den sie in der Regel heute bei Ausstellungsmachern großer Schauen besitzen. Wer sich ausführlich über das Gezeigte informieren wollte, konnte den bebilderten 'Führer durch die katholische Sonderschau' erwerben, der trotz mancher Lücken und einer gewissen Inhomogenität hinsichtlich der Objektbeschreibungen ein guter Wegbegleiter durch die Räumlichkeiten war. Von dieser Option hat aber wohl nur ein Bruchteil der Ausstellungsbesucher Gebrauch gemacht. Wer den 'Amtlichen Katalog' als Gesamtführer zur PRESSA gekauft hatte und mit diesem die Katholi-

---

[496] Ulrich Pantle: Dominikus Böhm [...] (wie Anm. 9), S. 37.
[497] Ebd.

sche Sonderschau besuchte, fand immerhin eine Kurzbeschreibung und einen Raumplan zu diesem Ausstellungsteil in dem umfangreichen Katalog vor. Allerdings stimmte der hier widergegebene Plan, offensichtlich bedingt durch die frühere Drucklegung des Gesamtkatalogs, nicht hundertprozentig mit der schließlich realisierten und im 'Führer durch die katholische Sonderschau' dokumentierten Ausstellungsaufbau überein; ein weiterer Beleg dafür, dass die Organisatoren der Katholischen Sonderschau unter großem Zeitdruck standen und bis zuletzt noch einzelne Planänderungen vornahmen (vgl. Kap. 2.4.).[498]

Innerhalb der Ausstellung wurden an den Wänden der Schauräume die Raumbezeichnungen in großer Schrift aufgeführt.[499] Besonders im Obergeschoß traten an den Wänden einzelne weitere Beschriftungselemente hinzu. Besonders auffällig war der riesengroße Schriftzug "*GEHET HIN UND LEHRET ALLE VÖLKER*" auf der südlichen Stirnseite des Missionsraumes, eine Aufforderung, die dem Betrachter, der über die Treppe vom Erdgeschoß aus diesen Raum betrat, sofort ins Auge fiel.[500] Weitere Text- und Bildelemente befanden sich in diesem Raum zwischen den Fensternischen. Raum 19, der das zeitgenössische Schrifttum des 20. Jahrhunderts enthielt, verfügte oberhalb der Wandvitrinen über Hinweise auf die dort jeweils angebotenen Themen, wie z.B. "*VOLKSBILDUNG*", "*JUGEND*", "*KUNST*" oder "*DIE INTERNATIONALE CARITAS*".[501] Alle diese Schriftzüge waren, soweit sich das aus den vorliegenden Fotographien erkennen lässt, dank der Verwendung von Großbuchstaben einer Arial-ähnlichen Proportionalschrift modern und einheitlich gestaltet und dürften nach Vorgaben Dominikus Böhms entstanden sein.

Einzelne Schauvitrinen waren wohl darüber hinaus mit zusätzlichen, in die jeweilige Thematik einführenden Schrifttexten ausgestattet; auf eine detaillierte Beschreibung der Einzelobjekte wurde hingegen verzichtet. Die Schrittexte waren, wie das Beispiel einzelner abfotografierter Vitrinen der Räume mit dem Schrifttum des 19. und 20.

---

[498] So weicht nicht nur die Raumzählung, sondern vereinzelt auch der gezeigte Inhalt von einander ab. Am auffälligsten ist dieser Unterschied bei Raum 19 des Amtlichen Katalogs, der *Päpstliches Schrifttum* enthalten sollte. Im Führer durch die katholische Sonderschau als Raum 15a ausgewiesen, bot er tatsächlich in Ergänzung zu Raum 19 im Obergeschoß nun *Neuzeitliche Architektur*. Offensichtlich hatten hier die Künstler um Dominikus Böhm kurzfristig eine Lücke gefüllt, die dadurch bestanden hatte, dass man das ursprünglich ja als einen wichtigen Ausstellungsteil angesehene Schrifttum der römischen Kurie nicht in der gewünschten Fülle zur Hand hatte oder es aufgrund der mehrfach geänderten Ausstellungskonzeption (vgl. Kap. 2.2.) auch gar nicht mehr in dieser Vielfalt präsentieren wollte. Vgl. Amtlicher Katalog [...] (wie Anm. 45), S. 228-230 sowie Führer durch die katholische Sonderschau [...] (wie Anm. 14), Abb. S. 112 u. 113 (abgedruckt als Abb. 7a und 7b in diesem Buch).

[499] Vgl. Führer durch die katholische Sonderschau [...] (wie Anm. 14), Abb. auf S. 9 und S. 103.

[500] Ebd., Abb. S. 69.

[501] Ebd., Abb. S. 89 u. S. 90.

Jahrhunderts zeigt, in unterschiedlicher Schriftgröße mit schwarzer und roter Tusche auf heller Kartonpappe handschriftlich sauber aufgetragen. Die Verwendung einer druckschriftähnlichen Frakturschrift mag dabei zwar als zeitgemäß empfunden worden sein; auf einen heutigen Betrachter wirkt sie jedoch antiquiert. Die Schrifttype stand zudem in einem unschönen Kontrast zu der Leitbeschriftung an den Ausstellungswänden. In ihrem Fachduktus stellten die dargebotenen Texte zudem für die allermeisten Betrachter eine Überforderung dar. Wenn es z.B. in einer Vitrine im Raum des 19. Jahrhunderts, die den Kreis um Görres darstellte, hieß "*Der Münchner Görreskreis und seine übernationale Bedeutung. Begegnungen mit der französischen Lamennaischule u. d. engl. Oxfordbewegung*" sowie "*Gleichgewicht der dezentralisierenden Faktoren (Döllinger) und der Bindungen an den römischen Mittelpunkt (Jarcke, Phlipps)*"[502] so dürften solche Texte allenfalls von Theologen und Kennern der neuzeitlichen Kirchengeschichte verstanden worden sein. Auch die große Schautafel "*Der Deutsche Katholizismus im 19. Jahrhundert. Entwicklung seines Denkens, Fühlens, Wollens*"[503], mit der der Versuch unternommen wurde, die verschiedenen Tendenzen und Geistesströmungen in der Theologie und im deutschen Katholizismus während dieser Zeit zu visualisieren, hat sich wohl den allermeisten Besucherinnen und Besuchern ob ihrer Komplexität nicht erschlossen.

So dürften Besucherinnen und Besucher neben einem Gesamteindruck der verschieden ausgestalteten Einzelräume, die sicherlich ihre Wirkung entfalteten, bei der Betrachtung der Vitrinen nicht allzu viele zusätzliche Informationen aus dieser Schau gewonnen haben. Inwieweit versucht wurde, im Rahmen regelmäßiger Führungen durch die Ausstellung solche Inhalte Adressaten bezogen zu vermitteln, ist nicht bekannt. Immerhin gab es derartige Angebote im Rahmenprogramm begleitender Veranstaltungen, wie etwa der Internationalen Katholischen Woche und des Katholischen Frauentages (vgl. Kap. 3.3.). Zumindest die aktuellen Erzeugnisse des katholischen Presse- und Verlagswesens im Raum des 20. Jahrhunderts, in der Zeitungsausstellung und in der Bibliothek, die nicht hinter Vitrinenglas ausgestellt worden waren, sondern frei zugänglich auslagen, konnten darüber hinaus von den Ausstellungsbesuchern auch näher angeschaut oder gelesen werden.

In der zeitgenössischen Rezeption finden sich teilweise auch kritische Stimmen zur Präsentation der dargebotenen Schaustücke. Besonders das, was an zeitgenössischem

---

[502] Ebd., Abb. S. 87. – Die Vitrine enthielt außerdem zu Joseph Görres die folgende Textinformation: "*Görres (*1776 Koblenz, †1848 München) als Symbol der wissenschaftlichen und der religiös-künstlerischen Bestrebungen im ersten halben Jahrhundert – und als Prophet der zukünftigen politisch-sozialen Willensbekundung des deutschen Katholizismus.*" Dieser Text ist auf der im Buch reproduzierten Aufnahme kaum erkennbar, ein Abzug der Aufnahme findet sich aber auch in: Katholische Sonderschau auf der PRESSA Köln 1928 [...] (wie Anm. 15), [Bl. 22].

[503] Vgl. Führer durch die katholische Sonderschau [...] (wie Anm. 14), Abb. auf S. 85.

katholischem Schrifttum im Raum des 20. Jahrhunderts gezeigt wurde, missfiel: "*Was da auf dem als 'Symbol des Schiffleins Petri' gezimmerten Schiffsschnabel an Druckerzeugnissen aufgestellt war, präsentierte sich äußerlich so belanglos, daß man sich peinlicher Gefühle nicht erwehren konnte*", schrieb der bekannte katholische Publizist Karl Muth und bemängelte zugleich die geistige Zersplitterung der katholischen Kräfte und das Gedeihen vieler Gruppen, denen eine "*kleingläubige Vielgeschäftigkeit*" zugrunde liege und für die "*man mannigfachste und doch kaum erwähnenswerte Publikationen dienstbar macht.*"[504] Die Fülle und Vielfalt des von verschiedenen katholischen Verbänden und Vereinen zusammengetragenen, wohl vielfach der Selbstdarstellung dienendem (Klein-)Schrifttums war auch intern in einer Sitzung des Zentralbildungsausschusses wenige Wochen nach Eröffnung der Katholischen Sonderschau auf Kritik gestoßen. In einer Protokollnotiz hieß es: "*Die Materien im Raum des 20. Jahrhunderts seien sehr schlecht durchgearbeitet. Außerdem sei das Ganze in einer Art dargestellt, die wenig Fesselndes und Anschauliches hat. Er wurde von allen Bearbeitern durchaus anerkannt, daß die Ausstellung bezüglich des 20. Jahrhunderts noch einer starken Durcharbeit bedürfe.*"[505] In den folgenden Wochen war es dann wohl zu einer solchen Durchsicht der ausgestellten Schriften gekommen: "*Das 'Schifflein Petri' als der große und beherrschende Ausstellungstisch in dieser Abteilung weist Dinge auf, mit deren Schaustellung zwar pädagogische Absichten verbunden sein mögen, die man aber doch der würdigen Repräsentation wegen besser fortgelassen hätte. Das reicht etwas an kleines Vereinsmeiertum; die verantwortlichen Leiter haben das aber nachträglich auch so weit eingesehen, als sie an eine Siebung gegangen sind.*"[506] Michael Becker, der Verfasser dieser Zeilen, vertrat die Ansicht, dass gegenüber der großen historischen Abteilung und dem Raum des 19. Jahrhunderts "[...] *der Raum des zwanzigsten Jahrhunderts* [...] *sowohl in seiner Durchführungsform als auch in seinem Inhalt kein gleichwertiges Gegenwicht dar*[stellt]." Und er fuhr fort: "*Die Ausstellungsmittel der Gegenwart, die verschiedenen Formen statistischer und körperhafter Darstellung scheinen mir entschieden zu wenig ausgenutzt und verwandt. Man vermißt hier* [...] *die Vermittlung des Eindrucks, daß wir in der Wirklichkeit des 20. Jahrhunderts leben, daß wir Katholiken damit auch irgendwie zusammengehen.*"[507]

---

[504] Karl Muth: Pressa und "Pressenot". Grundsätzliche Gedanken. In: Hochland 26(1928/1929) Bd. 1, S. 300-307. Zitat S. 301. – Karl (Carl) Muth (1867-1944) war zu Beginn des 20. Jahrhunderts Wortführer in der katholischen Inferioritätsdebatte. Er begründete 1903 die anspruchsvolle katholische Kulturzeitschrift 'Hochland', kämpfte für eine geistige Öffnung des katholischen Milieus und trat für eine Überwindung kirchlicher Enge in der katholischen Literatur ein. – Vgl.: Manfred Weitlauff: Muth, Carl (Karl). In: Neue Deutsche Biographie Bd. 18 MOLLER – NAUSEA. Berlin: Duncker u. Humblot 1997, S. 644-646.

[505] AKDFB, 2-5-2, [Protokoll der] Sitzung des Zentralbildungsausschusses am 20.6.1928, [1 Bl.]

[506] Michael Becker: Der Katholizismus [...] (wie Anm. 495), S. 445.

[507] Ebd.

3.3. Die Eröffnung der Katholischen Sonderschau und das Rahmenprogramm: Die Internationale Katholische Woche und der Katholische Frauentag

Angesichts der kurzen Zeitspanne von nur einigen Monaten zur Realisierung der Ausstellungskonzeption und den Mühen bei der Beschaffung einzelner Leihgaben (vgl. Kap. 2.4) verwundert es nicht, dass die Katholische Sonderschau nicht zeitgleich mit der gesamten PRESSA am 12. Mai 1928 eröffnet werden konnte, sondern erst 18 Tage später, am Mittwoch den 30. Mai 1928 ihre Tore öffnete. Während die jüdische Sonderschau schon seit dem 15. Mai für das allgemeine Publikum offen stand, hatten die Organisatoren des IKC es damit immerhin noch geschafft, ihre Ausstellung einen Tag früher als die evangelische Seite, die man ja vielfach als Konkurrenten auffasste, der Öffentlichkeit zu übergeben (vgl. Kap. 1.2.). Dieser wenn auch nur geringe zeitliche Vorsprung dürfte für die Verantwortlichen des katholischen Vorbereitungskomitees eine große symbolische Bedeutung gehabt haben.

Die im Kölner Görreshaus, also unter der Mitverantwortung von Konsul Stocky verlegte illustrierte katholische Wochenschrift *Heimat und Welt* berichtete in ihrer Ausgabe vom 10. Juni 1928 zeitnah auf mehreren Seiten über die Katholischen Sonderschau und ihre Eröffnung.[508] Auf der vorderen Umschlagseite befand sich eine ganzseitige Fotografie der Deutzer Abteikirche mit der Bildunterschrift: "*Katholische Sonderschau der Pressa. Blick in das* [!] *Chor der alten Deutzer Abteikirche, die Ausstellungsraum der kirchenmusikalischen Abteilung ist.*"[509] Auf der dritten Seite dieser Nummer zeigten zwei Fotografien die Eröffnungsveranstaltung, die mit folgendem Text unterlegt worden waren[510]:

> "*Die Feierstund* [!] *der Eröffnung der Katholischen Sonderschau der Pressa.*
>
> *In der Abteikirche der alten Deutzer Abtei fand am Mittwoch den 30. Mai die feierliche Eröffnung der bedeutsamen katholischen Abteilung der Pressa statt. Die Ansprachen hielten Direktor B. Marschall, der 2. Präsident des Internationalen Katholischen Comites für die Pressa (I.K.C.) und Oberbürgermeister Dr. Adenauer als Präsident der Pressa-Ausstellung. Unser Bild oben gibt einen Blick auf die zahlreich erschienenen Gäste. In der ersten Reihe bemerkt man den Erzbischof Gonzalez von Mexiko, Dr. Adenauer und Weihbischof Dr. Hammels, Köln. Bild rechts zeigt den engeren Vorstand des I.K.C., und zwar von links nach rechts. Konsul J. Stocky, Schriftführer – Direktor B. Marschall, 2. Präsident – Aloys Fürst zu Löwenstein, 1. Präsident – Prof. Dr. Fritz Witte, Beisitzer – Bankdirektor Leber, Schatzmeister.*"

---

[508] Heimat und Welt. Köln: Kölner Görreshaus, 4(1928), Nr. 24 vom 10.6.1928, S. [369]-384. – Die katholische Wochenillustrierte wurde seit 1925 publiziert und musste 1933 ihr Erscheinen einstellen; sie ist heute nur noch in wenigen Bibliotheken lückenhaft nachgewiesen. Ein Exemplar dieser Nummer findet sich im AEK, Nachlass F. W. Lohmann, 26.

[509] Ebd., [S. 369].

[510] Ebd., S. 371.

Der Kölner Oberbürgermeister Konrad Adenauer ließ es sich also nicht nehmen, persönlich bei der Eröffnung der Katholischen Sonderschau zugegen zu sein. Als Kommunalpolitiker handelte der Katholik Adenauer dabei jedoch strikt ökumenisch, denn auch die Evangelische Sonderschau wurde einen Tag später in seinem Beisein eröffnet. Weihbischof Joseph Hammels vertrat als ranghöchster Kleriker nach Kardinal Schulte das Kölner Erzbistum bei der Eröffnungsfeier der Katholischen Sonderschau. Der Kölner Kardinal hatte diese Ausstellung zwar durchaus als Ehrenprotektor des IKC wohlwollend unterstützt und ein in der Kölnischen Volkszeitung publiziertes Grußwort gezeichnet, war aber offensichtlich weder bei der Eröffnung der PRESSA noch bei der Feierstunde zur Übergabe der Katholischen Sonderschau persönlich anwesend.[511] Erst Ende Juli 1928 besuchte er wohl selbst die Katholische Sonderschau.[512]

Die Anwesenheit eines mexikanischen Bischofs verlieh der Eröffnungsveranstaltung der Katholischen Sonderschau wenigstens etwas von der Internationalität, die sich die Organisatoren zu Anfang so vehement auf die Fahnen geschrieben hatten, die aber letztlich kaum realisiert werden konnte. Da Mexiko jedoch weder bei der Katholischen Sonderschau eine Rolle spielte noch in der Gesamtpressa, etwa durch einen Länderpavillon, vertreten war, muss es sich hierbei allerdings eher um eine Zufälligkeit gehandelt haben. Vielleicht war es so, dass Bischof Gonzalez[513] im

---

[511] Einer persönlichen Einladung durch Oberbürgermeister Konrad Adenauer vom 11.4. 1928 an Kardinal Schulte erteilte dieser, wie aus einem Entwurf vom 13.4.1928 für ein Antwortschreiben hervorgeht, mit Verweis auf seine angegriffene Gesundheit eine Absage: "*Gerne würde ich der ehrenden Einladung Folge leisten, wenn meine Gesundheit mir nicht Zurückhaltung nahelegte. Ich bitte darum, mein Fernbleiben gütigst entschuldigen zu wollen. Die große Veranstaltung hat aber mein wärmstes Interesse und für ihre Durchführung hege ich wärmste Wünsche. Möge die Pressa in der ganzen Welt unserer Metropole zur Ehre gereichen.*" AEK CR I 27, 4, Tagebuchnr. 1514[I]/28.

[512] Dies lässt sich aus einem Schreiben schließen, das Bernhard Marschall an den Kölner Erzbischof richtete und einen Eingangsstempel des Kölner Generalvikariates vom 2.8.1928 trägt. Darin heißt es u.a.: "*Ich bedauere es außerordentlich, dass ich infolge der Berliner Verhandlungen bei dem ehrenden Besuche Ew. Eminenz in unserer Katholischen Sonderschau nicht zugegen sein konnte. Mit dankbarer Freude hörte ich von Herrn Konsul Stocky, dass Ew. Eminenz sich über unsere Arbeit anerkennend und erfreut geäussert haben.*" – AEK CR I 27,4, Tagebuchnr. Ad 2906[I]/28.

[513] Die Identität des erwähnten Bischofs lässt sich aus den knappen Angaben nicht ganz zweifelsfrei klären: Wahrscheinlich handelte es sich um Erzbischof José María González y Valencia (1884-1959), der seit 1924 der Erzdiözese Durango im gleichnamigen mexikanischen Bundesstaat vorstand. – Zu dieser Zeit gab es aber noch einen weiteren "Bischof Gonzalez von Mexiko": Francisco María González y Arias (1874-1946) war von 1922-1931 Bischof der auf der Halbinsel Yucatan gelegenen mexikanischen Diözese Campeche und leitete von 1931-1946 die Diözese Cuernavaca. – Da Campeche nicht den Rang eines Erzbistums hatte, ist ein Europaaufenthalt des Ortsbischofs in den 20er Jahren des 20. Jahrhunderts allerdings eher unwahrscheinlich. Vgl. http://www.catholic-hierarchy.org/bishop/

Rahmen einer Europareise in der Diözese Köln Station gemacht hatte und vom Kölner Weihbischof mit zur Eröffnungsveranstaltung genommen worden war. Der Vorstand des Internationalen Katholischen Comitées war – folgt man der Bildunterschrift – bis auf Wilfried Hohn, den Generaldirektor des Volksvereins für das katholische Deutschland, bei der Eröffnung vollständig vertreten.

Die mittlere Doppelseite der genannten Ausgabe der katholischen Illustrierten 'Heimat und Welt' war ebenfalls der Katholischen Sonderschau gewidmet. Im begleitenden Text zu den Aufnahmen einzelner Räume der Ausstellung hieß es u.a.[514]:

> "*Die praktische Arbeit für den Aufbau der Ausstellung, die Organisation lag in den Händen des zweiten Präsidenten, Direktor des Zentralbildungsausschusses, B. Marschall und des Herrn Konsul Julius Stocky. Unter Einsatz der gesamten Tatkraft ist es ihnen in Zusammenarbeit mit bewährten Kennern des katholischen Schrifttums und der religiösen Kunst gelungen, den sehr weitzügig gesteckten Ausstellungsplan bis in seine letzten Feinheiten hin durchzuführen. So ist ein Bild geschaffen worden, das in seinem lückenlosen, historischen Aufbau, in der Planmäßigkeit der Einzelabteilungen und endlich im Gesamteindruck stärkste Eindrücke und reiches Wissen vermittelt.*"

Die diversen Schwierigkeiten bei der Planung und Vorbereitung der Ausstellung wurden durch diesen Text geradezu auf klassische Weise schön geschrieben. Die Gleichsetzung der Verdienste Stockys mit denen Bernhard Marschalls beim Zustandekommen der Sonderschau mag man dabei als ein journalistisches Zugeständnis des unbekannten Schreibers dieser Zeilen an den Verleger der Illustrierten verstehen.

Welche Worte Bernhard Marschall bei seiner Ansprache zur Eröffnung fand, ist nicht überliefert. Die Vermutung liegt aber nahe, dass er hierbei Gedanken und Sätze verwandte, die er auch in seinem Beitrag zu "*Sinn und Aufgabe der Katholischen Sonderschau*" in der Pressa-Sondernummer der Kölnischen Volkszeitung schriftlich niederlegte. Unter anderem führte er in diesem Zeitungsartikel aus[515]:

> "*'Zweitausend Jahre katholisches Schrifttum' mit besonderer Betonung der periodischen Schriften, ist das Thema dieser Sonderabteilung, die eine Ergänzung der all-*

---

bgonval.html und http://www.catholic-hierarchy.org/bishop/bgoar .html [zuletzt aufgerufen am 7.1.2014].

[514] Heimat und Welt [...] (wie Anm. 508), S. 376-377. – Auf S. 378 und S. 384 dieser Ausgabe wurden außerdem einige herausragende Einzelobjekte, u.a. die Wienhausener Bildteppiche, als "*Hauptstücke der Katholischen Sonderschau*" gezeigt. – Eine weitere Seite (379) zeigte unter der Überschrift "*Zum Rhein, zur Pressa*" auf fünf Abbildungen Eindrücke von der Gesamtschau.

[515] Bernhard Marschall: Sinn und Aufgabe [...] (wie Anm. 133). – Mit nur minimalen Abweichungen findet sich der gleiche Text Bernhard Marschalls auch im Dokumentationsband zur PRESSA: Bernhard Marschall: Das katholische Schrifttum auf der Pressa. In: Pressa. Kulturschau am Rhein. Hrsg. von der Internationalen Presse-Ausstellung Köln 1928. Berlin: Schröder 1928, S. 115-117.

gemeinen Kulturschau im nebenan liegenden Gebäude darstellt. Das Schrifttum ersteht auf dem Hintergrunde bedeutender Kulturdenkmäler der Malerei, Plastik, Goldschmiede- und Glaskunst. Die Schriften der Jahrhunderte halten nicht abgeschlossenes Leben fest und die sichtbaren Aeußerungen der Kunst früherer Jahrhunderte bedeuten keine Leichensteine vergangener Zeiten. Ihre tragenden Ideen sind auch heute noch im katholischen Menschen lebendig. [...] *Im Erdgeschoß zeigen achtzehn Räume, die Abteikirche und der Kreuzgang den Anteil der Kirchenväter und der großen Theologen, der Mönche und Päpste an der Entwicklung des Schrifttums im Altertum und Mittelalter. Ihre Arbeit galt in Schrift und Wort der großen Aufgabe, der Menschheit das Evangelium Jesu Christi, den Glaubensschatz der Kirche, nahezubringen.* [...] *Wie diese innige Verbindung zwischen Religion und Leben den besonderen Niederschlag im Schrifttum fand, soll in Ausstellungsgegenständen des Erdgeschosses gezeigt werden.*

Im Obergeschoß stand eine schwierigere Aufgabe zu lösen. Hier begegnen wir dem komplizierten Leben in der Mission und in der modernen Zeit im allgemeinen. Je komplizierter die Zeiten, desto differenzierter sind die Menschen und desto schwieriger die Zeitaufgaben. Aber an keiner soll der Katholik achtlos vorübergehen, und an keiner geht die Kirche in ihrer Gesamtheit lieblos vorbei. Die Erfindung der Buchdruckerkunst war ein doppelsinniges Geschenk an die Menschheit. Sie war berufen, das Gute zu schaffen, und konnte das Böse, das Irrende unterstützen. Vielgestaltig sind deshalb die Bewegungen der neuen Zeit, die sich auch in einem vielgestaltigen Schrifttum bis zur schnellebigen Zeitung offenbaren. An den Tausenden von Zeitschriften und Zeitungen des In- und Auslandes nehmen die Katholiken tätigen Anteil. Demgegenüber erscheint das Buch fast wie ein ruhender Pol in der Erscheinungen Flucht. Sinnvoll schließt die Katholische Sonderschau mit der Darstellung des katholischen Buches des In- und Auslandes in einer modernen Bücherei. Von der Bibel, dem heiligen Buch der Bücher, nimmt die Schau ihren Ausgang, und in der modernen Bücherei findet sie ihren Abschluß. Geschriebenes und Gedrucktes im Dienste des Allerhöchsten zum Wohle der Menschen zu pflegen, ist auch eine Mahnung der Katholischen Sonderschau auf der Pressa 1928."

Der Kölner Erzbischof Carl Joseph Kardinal Schulte fand in seinem in der Sondernummer der Kölnischen Volkszeitung abgedruckten Grußwort zum einen lobende Worte für diese Zeitung "*als das führende Organ im katholischen Deutschland*" und wünschte, "*daß die Kölnische Volkszeitung in ihrem Bestreben, den höchsten Anforderungen, die man an eine katholische Zeitung stellen kann, nach Möglichkeit gerecht zu werden, gerade durch die Pressa eine kraftvolle Unterstützung im Inlande und Auslande finden möge.*" Ansonsten fokussierte er sich auf die katholische Zeitungspresse, an die er ein mahnendes, die konfessionelle Bindung betonendes Wort richtete[516]:

[516] Kölnische Volkszeitung Sonderausgabe Pressa Köln 1928. – [Köln]: [Kölner Görres Haus], 1928, 51 S. – Hier S. 7. – Ein auf dem 25.4.1928 datierter maschinenschriftlicher Entwurf für dieses Grußwort mit handschriftlichen Korrekturen findet sich unter der Tagebuchnr. 1654[I]/28 in AEK CR I 27,4.

"Die Internationale Presseausstellung in Köln bietet der katholischen Presse wohl zum ersten Mal die hochwillkommene Gelegenheit, in einer Gesamtschau ihre Grundsätze und Programme, ihre Entwicklung und Ausbreitung und nicht zuletzt die Fülle und den Wert ihrer eigenen geistigen Arbeit zur allgemeinen Kenntnis und Geltung zu bringen. [...]

Die katholische Presse darf, so sehr sie auch alle technischen und sonst wertvollen äußeren Errungenschaften sich zu eigen machen muß, um im Wettbewerb mit den Organen anderer Richtungen bestehen zu können, niemals außer Acht lassen, daß die Seele einer katholischen Zeitung Christentum und Kirche heißt. Christentum und Kirche geben der katholischen Presse die leitenden Gesichtspunkte und die letztlich entscheidenden Maßstäbe. Nur wenn die katholische Zeitung von diesem Geiste ihren gesamten Inhalt durchwehen läßt, nur wenn sie ihren Ehrgeiz darein [!] *setzt, eine treue und tapfere Vertreterin und eine zuverlässige Verkünderin der katholischen Lebenswerte zu sein, nur dann wird sie ihrem katholischen Namen Ehre machen, ihre verantwortungsvolle Mission durchführen und zu einer wirklichen Wohltäterin des Volkes werden."*

Unter dem Rahmenprogramm, das die Katholische Sonderschau während der PRESSA begleitete, ragte ohne Zweifel in besonderer Weise die von Samstag, dem 16. Juni bis Donnerstag, dem 21. Juni 1928 durchgeführte Internationale Katholische Woche heraus, die begleitet von einem kulturellen Beiprogramm fünf Arbeitsgemeinschaften zu den Themen Presse, Rundfunk, Film, Buch und Theater anbot und dem kulturellen Wirken im Raum der Katholischen Kirche eine über die Sonderschau weit hinaus reichende öffentliche Präsenz auf der gesamten PRESSA und in der Stadt Köln verschaffte. Denn es wurden auch Veranstaltungsorte in der Stadt, so etwa der Gürzenich und das Stadttheater, und auf dem Messegelände, so etwa der Kongresssaal in den Messehallen[517], in das Programm mit einbezogen.

Schon das Ehrenpräsidium war außerordentlich hochrangig besetzt und dokumentiert das Bemühen der beiden Hauptorganisatoren dieser Veranstaltungswoche, Bernhard Marschall und Julius Stocky, dem Vorhaben eine größtmögliche Reputation zu verschaffen. In einem maschinenschriftlichen Programmentwurf wurden

[517] Die Nutzung des Kongresssaales in den Messehallen im Rahmen der Internationalen Katholischen Woche hatte übrigens noch ein – aus heutiger Sicht fast anekdotenhaftes – Nachspiel, das aber das vielfach problematische Verhältnis katholischer Kreise zur modernen Gegenwartskultur in den Zwanziger Jahren illustriert. Offenbar hatten einige dort aufgestellte, moderne Skulpturen Anstoß erregt. In einem Schreiben Bernhard Marschalls an den Kölner Generalvikar Dr. Vogt vom 12.7.1928 (AEK CR I 27,4, Tagebuchnr. 2791^{1}/28) setzte Marschall diesen davon in Kenntnis, dass er sich beim Kölner Oberbürgermeister wegen der 'Gipsfiguren' im Kongresssaal der Pressa beschwert habe. Adenauer hat in seinem Antwortschreiben daraufhin eine typische 'kölsche' Lösung angeboten: Die Figuren können nicht entfernt werden, ohne sie zu zerstören. Je nach Art des Kongresses werde man sie aber mit Lorbeerbäumen zustellen.

Abb. 23: Titelseite der Sonderausgabe der Kölnischen Volkszeitung zur PRESSA 1928.

neben Kardinal Schulte, ZDK-Präsident Fürst zu Löwenstein und Oberbürgermeister Adenauer auch "*Reichskanzler Dr. Marx*" und "*Regierungspräsident Elfgen*" genannt.[518]

Zur Vorbereitung der fünf Arbeitsgemeinschaften wurden ebenfalls kleine, aus zwei bis vier Personen bestehende Präsidien gebildet. Konsul Stocky übernahm das Präsidium der Arbeitsgemeinschaft für die Presse und Bernhard Marschall stand selbstverständlich dem für den Rundfunk vor. Den Arbeitsbereich Buch leitete der Kölner Volksbibliothekar Dr. Rudolf Reuter. Der katholische Schriftsteller Dr. Leo Weismantel (1888-1964) war für die Sparte Theater zuständig. Der fünften Arbeitsgemeinschaft für den Film stand "*Mittelschullehrer Fröhlings*" vor.[519]

In jeder Arbeitsgemeinschaft sollten während der eigentlichen Kongresstage (Montag 18.6. bis Donnerstag 21.6.1928) verschiedene Einzelthemen behandelt werden. Den Arbeitsgemeinschaften für Presse und Rundfunk kam dabei ein größeres Gewicht zu als den restlichen Themenbereichen, da für diese jeweils parallel zwei Vormittage (Montag und Dienstag) für die Zusammenkunft vorgesehen waren. Die Themen Buch und Film wurden ebenfalls parallel am Mittwochvormittag bearbeitet, die AG Theater traf sich am Donnerstagvormittag. Die Nachmittage waren für Führungen durch die Pressa bzw. durch die Stadt Köln reserviert.[520]

---

[518] AEK CR I 27,24, Internationale kath. Woche in Köln vom 16.-21. Juni 1928 maschinenschriftl., 5 Bl.]. Das Typoskript ist einem Brief von Konsul Stocky an Kardinal Schulte vom 1.6.1928 beigefügt, in dem Stocky diesen bittet "[...] *Euer Eminenz möge gütigst die Zustimmung dazu geben, dem Ehrenpräsidium der Internationalen Katholischen Woche beizutreten.*" – Der in Köln geborene, bekennende Katholik und Zentrumspolitiker Wilhelm Marx (1863-1946) war von November 1923 bis Januar 1925 und von Mai 1926 bis Ende Juni 1928 deutscher Reichskanzler (vgl. http://de.wikipedia.org/wiki/Wilhelm_Marx [zuletzt aufgerufen am 10.1.2014]). – Hans Elfgen (1889-1968) war ebenfalls ein Kölner Katholik. Seine Karriere im preußischen Verwaltungsdienst fand mit seiner Ernennung zum Regierungspräsidenten des Regierungsbezirks Köln Anfang 1927 seinen Höhepunkt. Im März 1933 wurde er von Nationalsozialisten abgesetzt (vgl. http://de.wikipedia.org/wiki/Hans_Elfgen [zuletzt aufgerufen am 10.1.2014]).

[519] AEK, CR I 27,24, Internationale kath. Woche in Köln [...] (wie Anm. 518), [Bl.1]. – Zu Fröhlings liegen keine weiteren biographischen Angaben vor. In der Sonderausgabe der Kölnischen Volkszeitung zur Internationalen Katholischen Woche hat er einen Beitrag zu dieser Thematik verfasst: J. Fröhlings: Die Katholiken und der Film. In: Kölnische Volkszeitung. Sonderausgabe anläßlich der Internationalen Katholischen Woche in Köln vom 16.6.1928, S. 4.

[520] AEK CR I 27,24, Internationale kath. Woche in Köln [...] (wie Anm. 518), [Bl. 4-5].

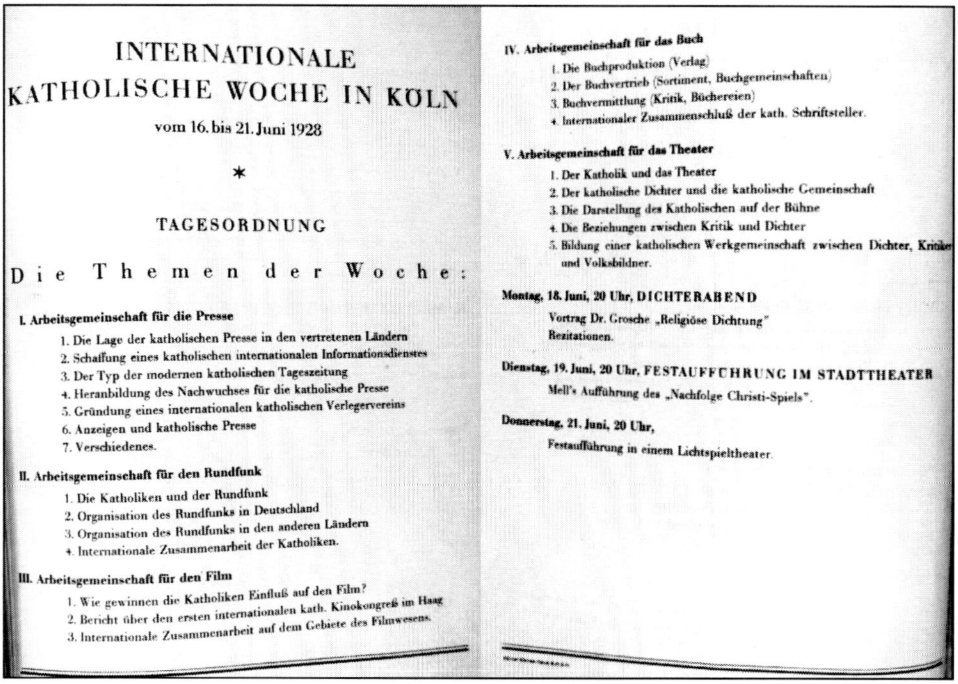

INTERNATIONALE
KATHOLISCHE WOCHE IN KÖLN
vom 16. bis 21. Juni 1928

*

TAGESORDNUNG

Die Themen der Woche:

I. Arbeitsgemeinschaft für die Presse
1. Die Lage der katholischen Presse in den vertretenen Ländern
2. Schaffung eines katholischen internationalen Informationsdienstes
3. Der Typ der modernen katholischen Tageszeitung
4. Heranbildung des Nachwuchses für die katholische Presse
5. Gründung eines internationalen katholischen Verlegervereins
6. Anzeigen und katholische Presse
7. Verschiedenes.

II. Arbeitsgemeinschaft für den Rundfunk
1. Die Katholiken und der Rundfunk
2. Organisation des Rundfunks in Deutschland
3. Organisation des Rundfunks in den anderen Ländern
4. Internationale Zusammenarbeit der Katholiken.

III. Arbeitsgemeinschaft für den Film
1. Wie gewinnen die Katholiken Einfluß auf den Film?
2. Bericht über den ersten internationalen kath. Kinokongreß im Haag
3. Internationale Zusammenarbeit auf dem Gebiete des Filmwesens.

IV. Arbeitsgemeinschaft für das Buch
1. Die Buchproduktion (Verlag)
2. Der Buchvertrieb (Sortiment, Buchgemeinschaften)
3. Buchvermittlung (Kritik, Büchereien)
4. Internationaler Zusammenschluß der kath. Schriftsteller.

V. Arbeitsgemeinschaft für das Theater
1. Der Katholik und das Theater
2. Der katholische Dichter und die katholische Gemeinschaft
3. Die Darstellung des Katholischen auf der Bühne
4. Die Beziehungen zwischen Kritik und Dichter
5. Bildung einer katholischen Werkgemeinschaft zwischen Dichter, Kritiker und Volksbildner.

Montag, 18. Juni, 20 Uhr, DICHTERABEND
Vortrag Dr. Grosche „Religiöse Dichtung"
Rezitationen.

Dienstag, 19. Juni, 20 Uhr, FESTAUFFÜHRUNG IM STADTTHEATER
Mell's Aufführung des „Nachfolge Christi-Spiels".

Donnerstag, 21. Juni, 20 Uhr,
Festaufführung in einem Lichtspieltheater.

Abb. 24: Gedrucktes Programm der Internationalen Katholischen Woche mit den Themen der verschiedenen Arbeitsgemeinschaften (AEK CR I 27,4).

Wirft man einen Blick auf die verschiedenen Themen, die in den Arbeitsgemeinschaften behandelt werden sollten, so fällt das starke Bemühen um Internationalität auf. Lediglich in der Arbeitsgemeinschaft für das Theater fehlt dieser thematische Schwerpunkt. Sowohl beim Rundfunk als auch beim Film sollte über eine "*Internationale Zusammenarbeit*" gesprochen werden. In der Film-AG wurde außerdem "[...] *über den ersten kath. Kinokongreß im Haag*" berichtet.[521] Beim Rundfunk informierte man sich über dessen Organisation in anderen Ländern und auch bei der Presse sollte über "*die Lage der katholischen Presse in den vertretenen Ländern*" referiert werden. In den Arbeitsgemeinschaften Buch und Presse verfolgte man sogar das Ziel der Schaffung länderübergreifender organisatorischer Zusammenschlüsse, wenn die Themen "*Internationaler Zusammenschluß der kath. Schrift-*

[521] Der I. Internationale katholische Filmkongreß wurde vom 23.-25. April 1928 in Den Haag auf Initiative der Internationalen Vereinigung Katholischer Frauenverbände durchgeführt. Er setzte wesentliche Akzente für eine geistige Standortbestimmung der katholischen Filmarbeit. Als praktisches Ergebnis schlossen sich die in Europa tätigen nationalen katholischen Filmorganisationen im "Office Catholique International du Cinematographie" (OCIC) zusammen. – Heiner Schmitt: Kirche und Film [...] (wie Anm. 409), S. 62.

steller", "*Gründung eines internationalen katholischen Verlegervereins*" sowie "*Schaffung eines katholischen internationalen Informationsdienstes*" auf der Agenda standen.

Über Inhalt und Verlauf der Besprechungen der Arbeitsgemeinschaft für die Presse hat ein Redakteur der Wiener Reichspost ausführlich berichtet. Da dieser lediglich mit "f" paraphierte Artikel sehr anschaulich die von Internationalität, Kooperationsbereitschaft und engagierter und durchaus kontroverser Debatte um das Selbstverständnis und die Aufgaben einer katholischen Publizistik geprägte Atmosphäre in der Arbeitsgemeinschaft für die Presse in dieser katholischen Kulturwoche wiedergibt, soll dieser hier ausführlich dokumentiert werden[522]:

> "*In fünf Sektionen – Presse, Rundfunk, Film, Buch und Theater – tagte die katholische Kulturwoche, eröffnet von der Arbeitsgemeinschaft für Presse. Außer den großen Zentrumsblättern Deutschlands waren die bedeutendsten katholischen Zeitungen Frankreichs, die 'Libre Belgique' von Brüssel, 'Maasbode' und 'Tyd' von Holland, 'El Debate' von Madrid, aus Oesterreich 'Reichspost' und 'Vorarlberger Volksblatt', aus der Schweiz 'Kipa', aus Prag die 'Deutsche Presse' vertreten.*
>
> *Die Verhandlung wird deutsch und französisch unter der ausgezeichneten Leitung des Mitherausgebers der 'Köln. Volkszeitung' Konsul Stostny* [sic!] *geführt. Franzosen und Belgier greifen oft und taktvoll in die Debatte ein. Das bezeichnendste Merkmal der Verhandlungen ist der bestimmte Wille zu internationaler Verständigung im Dienste des Völkerfriedens. Nie hat seit dem Kriege noch eine ähnliche Versammlung getagt;* [...]. *Aber die Kriegszeit liegt weit zurück im Schatten – eine große einheitliche Idee überwölbt diese Vereinigung von führenden Männern der Feder zu einem einheitlichen Geistesraume: der Wille im Zusammenschluß aller wirkenden katholischen Kräfte dem Menschen des 20. Jahrhunderts die Fülle katholischer Kultur mit zeitgemäßen Formen und Mitteln aufzuschließen. So gelingt es auch eine internationale Kommission zu begründen, der die Aufgabe gestellt ist, eine staatenüberspannende Organisation der katholischen Verleger und Preßevereine herzustellen und auch eine Konzentration des Nachrichtenwesens für das Gebiet des katholischen Kulturschaffens anzubahnen. Auch Oesterreich erhält in der 'Reichspost' in dieser Kommission, für die Köln als geschäftsführendes Generalsekretariat bestellt wird, eine Vertretung. Mit fester Betonung wurde die geschichtliche Bedeutsamkeit dieses einmütig von Vertretern großer katholischer Nationen gefaßten Beschlusses gewürdigt.*
>
> *Zum Gegenstand 'Der moderne katholische Zeitungstyp' entspann sich, eingeleitet durch ein großzügiges Referat des geistlichen Publizisten P. Hardt, eine Wechselrede, die nicht zuletzt durch die Persönlichkeit ihrer Teilnehmer fesselte: Dichter und Philosophen maßen ihre Argumente mit denen der Praktiker. Auf der einen Seite der bayrische Dichter Weißmantel* [!, Leo Weismantel, Anm. des Verf.], *stürmisch mehr Geistigkeit, höhere Wertung des künstlerisch Schaffenden deklamierend, Momme-Nießen* [!], *der berühmte Mitarbeiter des Rembrandtdeutschen, eine danteske Erscheinung im Dominikanerhabit, der weniger Sport, weniger Marktware, weniger*

---

522 [N.N.]: Bilder von der Kölner katholischen Kulturwoche [...] (wie Anm. 131).

Pflege des Aeußerlichen, weniger Politik, mehr Grundsätzliches, mehr auf die ewigen Wahrheiten Weisendes von der katholischen Presse wünscht. Friedrich Muckermann, der Wort- und Federgewaltige, der mit vorsichtiger Einschränkung zustimmt, auf der anderen Seite alte Zentrumsjournalisten besten Namens, die aufwiesen, wie die Tageszeitung ihr Gesicht und ihre Aufgabe aus dem Geschehen des Tages empfange und aus diesem heraus und darüber hinweg zu dem Grundsätzlichen, und dem katholischen Sinn, richtig gesehenen Weltbild hinzulenken habe. Entscheidend greift in diesen Wiederspruch Abbé Trochu ein; der führende Kopf der großen, im 'Ouest Eclair' vereinigten Konzerns französischer katholischer Tagblätter: Wolle man Zeitungen, die eine Aufgabe im ganzen Volk zu erfüllen haben, oder solche, die auf einen kleinen Kreis Auserlesener sich beschränken? Das sei die Frage. – Die Versammlung entschied sich für die größere Mission, vor den gezeigten Ansprüchen, auch der katholischen Bevölkerung, an die Tageszeitungen, verstummten abweichende Anschauungen. Mit starkem Beifalle stimmte die Versammlung den Ausführungen des Referenten zu, zwischen dem Typ der katholischen Presse und dem des in Deutschland eingebürgerten farblosen Wesen des so genannten Generalanzeigers, der etwa so nebenher katholisch sei, müsse ein scharfer Trennungsstrich gezogen werden. Zu verwerfen sei aber auch die in manchen katholischen Kreisen aufkommende lieblose negative Kritik an der katholischen Presse, deren Pflichten in den unruhigen Krisen des gegenwärtigen Geisteslebens schwer genug seien und deren harten Dienst an Volk und katholischem Kulturgut manche in ihren Theorien unterschätzten. – Die Arbeitsgemeinschaft schloß ihre Tätigkeit mit einem hoffnungsvollen Erfolge."[523]

In gewisser Weise nahm also die "Arbeitsgemeinschaft für die Presse" für die konfessionelle, katholische Presse ein wenig von den Ideen und Themen vorweg, die für die weltanschaulich nicht gebundene Publizistik den Rahmen für den vom 8.-10. August 1928 im Beiprogramm der PRESSA organisierten "Internationalen zeitungswissenschaftlichen Kongreß" bildeten und bei dem sich über 100 Männer verschiedener Staaten aus Wissenschaft und Praxis austauschten.[524]

---

[523] Soweit die in dem Zeitungsartikel vorgestellten Personen nicht bereits kurz vorgestellt wurden, hier einige biographische Notizen: P. Felix Hardt OMI (1893-1957) gilt als "*Volksmissionar, Schriftsteller, [und] Presseapostel; in den 30er Jahren exklaustriert und später in der Diözese Hildesheim inkardiniert* [...]". – Vgl.: Franz Kroos: Friedrich Muckermann [...] (wie Anm. 140), S. 279, FN 42. – Benedikt Momme Nissen (1870-1943) war ein deutscher Maler und Schriftsteller. Der Nordfriese konvertierte zum katholischen Glauben und trat 1916 in den Dominikanerorden ein. Nissen besorgte 1922 eine Neuausgabe des populären kulturpessimistischen, den antiliberalen und antimodernen Zeitgeist treffenden und auch in völkisch gesinnten katholischen Kreisen beliebten, zunächst anonym "von einem Deutschen" erschienen Werkes von *Julius Langbehn, Rembrandt als Erzieher*. Langbehns Beiname war "*der Rembrandtdeutsche*". – Vgl.: http://de.wikipedia.org/wiki/Momme_Nissen und http://de.wikipedia.org/wiki/Julius_Langbehn [beide zuletzt aufgerufen am 13.1.2014]. – Der bretonische Geistliche Abbé Félix Trochu (1868-1950) war einer der beiden Initiatoren der 1899 begründeten katholischen, bis 1944 bestehenden französischen Regionalzeitung *L'Ouest Éclair* und deren Mitherausgeber bis 1930. – Vgl. http://fr.wikipedia.org/wiki/L%27Ouest-%C3%89clair [zuletzt aufgerufen am 13.1.2014].

Die Arbeitsgemeinschaft für das Buch, für die nur ein Vormittag vorgesehen war, musste ihr Arbeitsprogramm wohl unter einem ziemlichen Zeitdruck abarbeiten. Folgt man einem Bericht in der Zeitschrift 'Die Bücherwelt', so wurden hier vor allem Fragen der katholischen Buchproduktion und des Buchvertriebs erörtert: "*Zur Frage der Buchvermittlung (Kritik und Bücherei) stießen die Beratungen nicht vor; sie hätte auch nicht erschöpfend behandelt werden können, bei der Kürze der Zeit.*"[525] Die geplante Gründung eines internationalen katholischen Schriftstellerverbandes unterblieb offensichtlich auch.

Das den Arbeitsgemeinschaften vorangehende Wochenende (16. und 17. Juni 1928) war zum einen Anreisetag (Samstag, 16.6.); hier sah der Programmentwurf nur für 20 Uhr einen *Begrüßungsabend im Kongressraum* vor.[526] Der Sonntag begann für die Teilnehmer um 9.30 Uhr mit einem von Kardinal Schulte in der Hohen Domkirche zelebrierten Pontifikalamt. Für die Mitglieder des Augustinus-Vereins und für geladene Gäste schloss sich unmittelbar daran im Gürzenich-Saal, also in der "guten Stube Kölns" der Festakt zum 50jährigen Bestehen des Augustinus-Vereins an (vgl. Kap. 1.2.). Während die Jubiläumsveranstaltung dieses Verbandes der katholischen Presse natürlich inhaltlich hervorragend in den Rahmen der PRESSA und der Internationalen Katholischen Woche passte, war der parallel organisierte, dank der mitgebrachten neuen modernen Fahnen farbenfrohe Aufmarsch der Kolpingvereine eher eine bewusst inszenierte Machtdemonstration des katholischen Verbandskatholizismus, die sich gerade im Falle der im Rheinland stark verwurzelten Gesellenvereine gut realisieren ließ.

Die Mitglieder sammelten sich am Namenstage ihres Vereinsgründers zunächst vor dem Kolpinghaus in der Breite Straße und zogen geschlossen mit ihren Fahnen zum Gottesdienst in die Domkirche ein. Nach der Heiligen Messe begab sich der Fahnenumzug nicht auf kürzestem Wege, d.h. über die Hohenzollernbrücke, zum PRESSA-Gelände, sondern nahm einen gut sichtbaren Umweg entlang des Rheinufers vor der Kölner Altstadt, über die Deutzer Brücke und entlang der neu gestalteten Promenade auf der gegenüberliegenden Deutzer Seite, wo dann auf der PRESSA eine Festversammlung des Kolpingvereins mit 4.000 Teilnehmern in der großen Messehalle stattfand. Das schlechte Wetter während des Umzugs, es war an diesem Sonntagmorgen trüb, grau und regnerisch, dürfte die Organisatoren dieses Umzuges allerdings wenig begeistert haben.[527] In der Messehalle gab es zunächst

[524] Vgl. Hans-Georg Klose: Die Kölner Pressa 1928 [...] (wie Anm. 8), S. 213-218.

[525] Heinrich Ruster: Von der Internationalen katholischen Kulturwoche in der Kölner Pressa. In: Die Bücherwelt 25(1928), S. 374-375.

[526] AEK CR I 27,24, Internationale kath. Woche in Köln [...] (wie Anm. 518), [Bl. 4].

[527] Vgl. [N.N.]: Ein Tag voll Kraft und Liebe. Kulturwille und Kulturarbeit. Eine machtvolle Kundgebung. In: Kolpingsblatt. Zeitschrift des katholischen Gesellenvereins 28 (1928), Nr. 14 vom 15. Juli 1928, [S. 105]-106. – Der anonyme Artikel ist mit "httr" unter-

einen ziemlich akklamatorischen und die Vereinsarbeit lobenden und bestätigenden Festvortrag zur katholischen Kulturarbeit des Gesellenvereins[528], an den sich ein von einem Chor von 180 Gesellen vorgetragener Sprechgesang anschloss. Am Nachmittag schließlich konnten die Gäste die katholische Sonderschau und die PRESSA insgesamt besuchen.

Seite 88 Kolpingsblatt Nr. 11

DER KATHOLISCHE GESELLENVEREIN

ruft alle seine Mitglieder und Freunde nach Köln, der Stadt Adolf Kolpings. Er ruft auf zu einer besonderen

KULTURTAGUNG IM RAHMEN DER PRESSA

Am 17. Juni 1928 sollen sich die Kolpingssöhne, welche die Pressa besichtigen wollen, in der Rheinlandmetropole einfinden, um hier vor der anwesenden internationalen Welt

DIE KATHOLISCHE KULTURARBEIT DES GESELLENVEREINS

auf das eindrucksvollste und eindringlichste zu bestätigen. Die werktätige Kolpingsjugend soll zeigen, in welch hervorragender Weise der Gesellenverein an der kulturellen Entwicklung des katholischen Volkes Anteil hat. Um 9 Uhr morgens ist gemeinsamer Abzug vom Kolpingshause in Köln, Breite Straße 108, mit unseren neuen Bannern zum Hohen Dome. Dortselbst ist um 9½ Uhr ein feierliches PONTIFIKALAMT. Von dort aus ziehen wir in einem

DEMONSTRATIONSZUG

zur Großen Messehalle, wo um 11 Uhr unsere BESONDERE KUNDGEBUNG stattfindet, in der ein hervorragender Redner sprechen wird und in Form eines SPRECHCHORES unser kultureller Wille zum Ausdruck kommen soll. Der Nachmittag ist frei gelassen für den Besuch der Internationalen Presse-Ausstellung

Gleichzeitig veranstaltet unsere KOLPINGSBUECHERSTUBE in ihren Räumen eine

BUCHAUSSTELLUNG

deren Sinn ist, die kulturelle Aufgabe des Schrifttums des Katholischen Gesellenvereins den Mitgliedern augenscheinlich vorzuführen

Das Generalpräsidium des Katholischen Gesellenvereins erwartet alle treuen Kolpingssöhne zu dieser bedeutsamen Tagung!

Abb. 25: Aufruf des Kolpingvereins zur Teilnahme an der Katholischen Woche auf der PRESSA 1928. In: Kolpingsblatt. Zeitschrift des katholischen Gesellvereines, 28(1928) Nr. 11 vom 1. Juni 1928, S. 88.

Auf den Redakteur der Wiener Reichspost hinterließ diese Inszenierung einen ziemlichen Eindruck, denn er schrieb[529]:

---

zeichnet. – Der Weg über die Deutzer Brücke ergibt sich aus einer auf S. 106 abgedruckten, den Beitrag illustrierenden Graphik.

[528] Vgl. [Georg] Schreiber: Die katholische Kulturarbeit des Gesellenvereins. Aus der Festrede des Prof. Schreiber (Münster), M.D.R. In: Kolpingsblatt. Zeitschrift des katholischen Gesellenvereins 28(1928), Nr. 14 vom 15. Juli 1928, S. 107. – Prof. Dr. Georg Schreiber, Generalpräses der Kolpingvereine, (1882-1963) war als katholischer Priester von 1920 bis 1933 Abgeordneter der Zentrumspartei im Berliner Reichstag. Seit 1917 war er zugleich ordentlicher Professor für mittlere und neuere Kirchengeschichte und für historische Caritaswissenschaft an der Katholisch-Theologischen Fakultät der Universität zu Münster. – Vgl. Detlef Grothmann: Schreiber, Georg. In: Biographisch-Bibliographisches Kirchenlexikon (BBKL). Bd. 9. Nordhausen: Bautz 1995, Spalten 924-926.

[529] [N.N.]: Bilder von der Kölner katholischen Kulturwoche [...] (wie Anm. 131).

"Im militärischen Taktschritt, unter den Klängen eines pompösen Defiliermarsches, ziehen tausende Männer in den Saal und mit ihnen ein Wald von Fahnen der katholischen Gesellenvereine Deutschlands und ihrer Vertreterschaft aus allen Staaten Europas und der neuen Welt. Wenn es eine wuchtige Ausdrucksform für Gemeinschaftsgeist gibt, so ist diese in der Art dieser Fahnen gefunden. [...] *Hundert Fahnen und immer mehr und immer mehr, jede der anderen gleichend, ein Wald in Schwarz und Orange, der sich über Tausenden von jungen Leuten erhebt. Ein Schauspiel von unvergleichlichem Eindruck. Und wie aus einer Kehle gesungen, hell und freudig, steigt das Kolpinglied empor, in seiner fröhlichen Sicherheit der Ausdruck unbesiegbarer Zuversicht und bodenständiger Kraft. Prälat Dr. Schreiber* [...] *verdolmetscht als Generalpräses den modernen Inhalt der Kolpingsideen, Sinn und Willen der christlichen Arbeiterschaft in dem Ideenwirrsal der Zeit. Und dann dröhnt wie eine Bestätigung von der Tribüne, von hunderten Mitgliedern gesprochen, ein Sprechchor, der in dramatischer Wucht das geistige Ringen des katholischen Arbeiters mit dem Widerspruche der sozialistischen Weltanschauung und seine Orientierung an der katholischen Gesellschaftsauffassung darstellt."*

Zu den weiteren, die Internationale Katholische Woche begleitenden Rahmenveranstaltungen zählte am Montag ein Dichterabend mit Rezitationen und einem Vortrag vom in Fragen der Volksbildung engagierten, auch publizistisch und schriftstellerisch tätigen Priester und späteren Kölner Stadtdechanten Robert Grosche, der über *Religiöse Dichtung* sprach.[530] Am darauf folgenden Abend wurde aus Anlass der Kulturwoche im Stadttheater *Mell's Aufführung des 'Nachfolge Christi Spiels'* dargeboten.[531] Mittwochs "[...] *ehrte* [die Stadt Köln] *die Tagung mit einem Empfang in dem schönsten Prunkgemache Deutschlands, in ihrem ehrwürdigen, wappenfrohen, geschichteschweren Gürzenich.*"[532] Unklar bleibt, wie die Katholische Woche am Donnerstagabend ausklang. Während das gedruckte Programm eine inhaltlich nicht näher erläuterte *Festaufführung in einem Lichtspieltheater* benannte, sah der einige Wochen vor der Tagung verfasste Programmentwurf für diesen Abend um 20.00 Uhr eine *Festversammlung in der großen Halle* mit folgenden Programmpunkten vor:

---

[530] Eine kurze Würdigung Dr. Robert Grosches (1888-1967), einem Wegbereiter der Ökumene, siehe: Erich Kock: Robert Grosche. In: Kölner Theologen. Von Rupert von Deutz bis Wilhelm Nyssen. Hrsg. von Sebastian Cüppers. Köln: Marzellen-Verl., 2004, S. 412-433.

[531] Vgl. Abb. 24: Gedrucktes Programm der Internationalen Katholischen Woche. – Max Mell (1882-1971) war ein katholischer österreichischer Schriftsteller, der auch etliche Theaterstücke, darunter 1927 das 'Nachfolge Christi-Spiel', verfasst hatte. Vgl.: Christoph Binder: Mell, Max. In: Neue Deutsche Biographie. Bd. 17 Melander – Moller. Berlin: Duncker u. Humblot, 1994, S. 17-19. – Eine Theaterkritik zu dieser Aufführung findet sich am Ende des Beitrages: [N.N.]: Bilder von der Kölner katholischen Kulturwoche [...] (wie Anm. 131). Die Kritik schließt mit dem Fazit, "[...] *daß dieser Oesterreicher als ein Großer mitzureden hat im katholischen Kulturwerke*" (ebd.).

[532] Ebd.

Orgelvorträge von Prof. Hans Bachem
Kölner Domchor unter Leitung von Mölders
Vorträge:

1. *Bischof Dr. Bornewasser: "Der Katholik und die Presse"*
2. *Prälat Dr. Kaas "Presse und Völkerversöhnung"*[533]

Da in der vorliegenden zeitgenössischen Berichterstattung keine Hinweise auf diese mit Bischof Bornewasser[534] und Prälat Dr. Kaas[535] hochrangig besetzte Festversammlung gefunden werden konnte, ist wohl davon auszugehen, dass dieser ursprünglich geplante Abschluss aus unbekannten Gründen nicht realisiert werden konnte.

Insgesamt muss man im Zustandekommen und in der Durchführung der Internationalen Katholischen Woche, über deren Finanzierung sich die vorliegenden Quellen übrigens ausschweigen[536], eine weitere große organisatorische Leistung Bernhard Marschalls und hier in stärkerem Maße wohl auch Julius Stockys und ihrer Mitstreiter sehen. Denn diese große Veranstaltung begann nur zweieinhalb Wochen nach der Eröffnung der Katholischen Sonderschau. Somit ist davon auszugehen, dass sich die Schlussphase der Fertigstellung der Ausstellung zeitlich mit den Vorbereitungen der Kulturwoche überschnitt.

Das Echo auf dieses Rahmenangebot war – zumindest in der katholischen Presse – überwiegend positiv: Der Redakteur der Wiener Reichspost führte aus, dass [...] "*rheinischer katholischer Geist* [...] *in dieser Stadt so lebendig den Menschen* [umweht], *daß die katholische Kulturwoche zu einer natürlichen Ergänzung der großen Revue der in der 'Pressa' gebotenen Ueberschau internationaler Geistesarbeit wurde.*"[537] Das gesprochene Wort, der *formulierte Kulturwille*, so sein Fazit, habe während dieser katholischen Woche das gedruckte Wort und das in allen Abwandlungen von der mittelalterlichen Miniatur bis zur modernen Plastik präsentierten Bilde, ergänzt.[538] Der mit dem Borromäusverein eng verbundene Bonner Schriftsteller Heinrich Ruster bescheinigte in einem Aufsatz in der 'Bücherwelt'

---

[533] AEK, CR I 27,24, Internationale kath. Woche in Köln [...] (wie Anm. 518), [Bl. 5].

[534] Franz Rudolph Bornewasser (1866-1951) war seit 1922 Bischof von Trier. Vgl.: Eduard Hegel: Bornewasser, Franz Rudolph. In: Neue Deutsche Biographie. Bd. 2 Behaim – Bürkel. Berlin: Duncker u. Humblot 1955, S. 470.

[535] Prälat Dr. Ludwig Kaas (1881-1952) war einer der führenden Zentrumspolitiker in der Weimarer Zeit und hatte von 1928-1933 den Parteivorsitz inne. 1933 war er als Vertreter des Heiligen Stuhls maßgeblich an den Verhandlungen über ein Konkordat mit dem Deutschen Reich beteiligt. – Vgl.: Martin Persch: Kaas, Ludwig. In: Biographisch-Bibliographisches Kirchenlexikon (BBKL). Bd. 3. Nordhausen: Bautz 1992, Sp. 907-915.

[536] In den Finanzplänen für die Katholische Sonderschau wurden Kosten für diese Woche an keiner Stelle eigens ausgewiesen (vgl. Kap. 2.3.)

[537] [N.N.]: Bilder von der Kölner katholischen Kulturwoche [...] (wie Anm. 131).

[538] Ebd.

dem veranstaltenden Zentralbildungsausschuß und seinem Leiter, Direktor Marschall, dass diese mit der Internationalen Katholischen Kulturwoche einen vollen Erfolg erzielt hatten. Dieser erste Versuch sollte "*dazu ermuntern* [...], *aus diesen internationalen Kulturkonferenzen eine Dauereinrichtung zu machen.*"[539]

Differenzierter und auch kritischer setzte sich dagegen Robert Grosche, der ja selbst einen Beitrag zum Rahmenprogramm geleistet hatte, mit der Internationalen Katholischen Woche auseinander[540]: Zunächst einmal bezeichnete er "*die ganz unproblematische, rein sachliche Hinwendung zu all den Dingen, die der Gegenstand der Verhandlung auf der katholischen Woche waren,* [als] *sehr erfreulich.*"[541] Grosche machte dabei in seinen einleitenden Vorbemerkungen keinen Hehl aus seiner Auffassung, dass er nichts von einer ideologiegeprägten Gegenüberstellung des 'katholischen' und des 'modernen' Menschen hielt: "*Auch der Katholik steht in der Welt, wie sie heute ist;* [...] *man sollte sich einfach darüber klar sein, daß der Katholik in dieser Welt zu leben und diese Welt mitzubauen hat* [...]."[542] Hinsichtlich des Ertrages der Woche verwies Grosche darauf, dass "*gerade auf den Gebieten, auf denen wirklich auch konkrete Fragen vorlagen,* [...] *die Tagung darum auch zu Ergebnissen* [kam]" und nannte als Beispiele die bereits bestehende Internationale katholische Filmkommission in Paris und die neu gegründete internationale katholische Pressekommission und die Radiokommission, die beide ihren künftigen Sitz in Köln haben sollen.[543] "*Auf den anderen Gebieten kam es jedoch nicht zu gleich greifbaren Resultaten. Schon bei der Presse zeigte die* [...] *Aussprache* [...] *jene tiefen Unterschiede auf, die hier zwischen den einzelnen Ländern bestehen und in den durch die Geschichte des Katholizismus in den betreffenden Ländern bedingten psychologischen und politischen Verhältnissen begründet sind. Noch stärker zeigte sich diese Differenzierung bei der Frage des katholischen Buches.*"[544] Grosche vertrat den Standpunkt einer "*wesentlich nationalen Bedingtheit aller Kulturarbeit, auch der der Katholiken*" und hielt wenig von einer "*Unio catholica*", einem Streben nach einer katholischen Einheitskultur, wodurch der

---

[539] Heinrich Ruster: Die Pressa Köln. Idee und Schau. Internationale katholische Kulturkonferenz. In: Die Bücherwelt 25(1928), S. 286-289. – Zitat S. 289. – Der aus Kuchenheim bei Euskirchen stammende Heinrich Ruster (1884-1942) musste später seinen aus katholischer Überzeugung heraus geleisteten Widerstand gegen den Nationalsozialismus im KZ Sachsenhausen mit seinem Leben bezahlen. – Vgl.: Josef Niesen: Ruster, Heinrich. In: Biographisch-Bibliographisches Kirchenlexikon (BBKL). Bd. 31. Nordhausen: Bautz 2010, Sp. 1167-1168.

[540] Robert Grosche: Internationale Katholische Woche in Köln. In: Abendland. Deutsche Monatshefte für europäische Kultur, Politik und Wirtschaft 3(1927/28), S. 341-342.

[541] Ebd., S. 341.

[542] Ebd. – Eine ebenso wahre wie – angesichts mancher kirchenpolitischer Diskussionen auch der Gegenwart – aktuelle Aussage Grosches.

[543] Ebd.

[544] Ebd., S. 341f.

internationalen Zusammenarbeit, die die Woche anregen sollte, letztlich geistige Grenzen gesetzt würden. Abschließend forderte er eine vertiefte geistige-theologische Durchdringung der eigenen publizistischen Arbeit.[545]

Von den kleineren Veranstaltungen, die die Katholische Sonderschau begleiteten, sei hier exemplarisch auf die nur eine knappe Woche später, nämlich am Montag, dem 25. Juni 1928 durchgeführte Tagung der katholischen Frauenorganisationen verwiesen. Diese stand unter dem Motto *Katholische Frau und Presse* und wurde vom Katholischen Deutschen Frauenbund organisiert.[546] Dieser katholische Frauentag war somit zeitlich der großen, ebenfalls unter Beteiligung katholischer Frauenverbände organisierten, dreitägigen Deutschen Frauentagung in Köln (26.-28. 6.1928) vorgeschaltet, welche unter dem Motto *Wesen und Wirkung weiblicher Kulturschöpfung* stand und die "*Deutung und Beleuchtung der Abteilung 'Frau und Presse' der Internationalen Presseausstellung*" zum Ziele hatte.[547]

Der katholische Frauentag begann vormittags um 10.30 Uhr mit Führungen durch die Katholische Sonderschau und die Kulturhistorische Abteilung der PRESSA. Einmal mehr zeigt sich also in diesem parallelen Angebot die inhaltliche Nähe zumindest des im Erdgeschoß der Deutzer Abtei gezeigten historischen Teils der Katholischen Sonderschau mit der ebenfalls kulturgeschichtlich angelegten Kulturhistorischen Abteilung in der benachbarten ehemaligen Kürassierkaserne. Auf 16.00 Uhr war dann die Versammlung im großen Saale des Gürzenich mit zwei Vorträgen angesetzt. Dr. Emmy Wingerath sprach über "*Kulturaufgaben und Wirken der katholischen Tagespresse*". Anschließend referierte Klara (Clara) Siebert aus Karlsruhe über "*Die Verantwortung der katholischen Frau gegenüber der Presse*".[548] Das kulturelle Abendprogramm fand in der alten Benediktinerkirche auf dem Pressagelände und somit wieder im Rahmen der Katholischen Sonderschau statt. Ab 20.00 Uhr gab es *Orgelspiel, Choralgesänge der hl. Hildegard, Sprechchor, Geigen- und Cellovorträge.*[549] Folgt man einem Bericht der katholischen Verbandszeitschrift für Lehrerinnen 'Mädchenbildung auf christlicher

---

[545] Vgl. ebd., S. 242.

[546] AKDFB, 2-77-5, Einladung zur Tagung Kath. Frauenorganisationen am 25. Juni 1928 [gedruckt, 4 S.].

[547] AKDFB, 2-77-5, Einladung zu einer deutschen Frauentagung in Köln 1928. 26., 27., 28. Juni [gedruckt, 6 S.]. – Dem Programm ist der Hinweis zu entnehmen, dass neben dem Katholischen Deutschen Frauenbund mindestens auch der Vaterländische Verein vom Roten Kreuz und der Verband evangelischer Frauenvereine eine Einzeltagung vor oder nach der Deutschen Frauentagung organisiert hatten.

[548] Zu Emmy Wingerath vgl. Anm. 216. – Clara Siebert (1873-1963), 1907 Mitbegründerin des Katholischen Deutschen Frauenbundes, Schriftstellerin und Dichterin, war zur Zeit der PRESSA als aktive Zentrumspolitikerin Abgeordnete im badischen Landtag. – Vgl.: Michael Kitzing: Siebert, Clara Maria, geb. Ritter. In: Neue Deutsche Biographie. Bd. 24 Schwarz – Stader. Berlin: Duncker u. Humblot, 2010, S. 324-325.

Grundlage', so "*gestaltete sich* [der katholische Frauentag] *zu einer großen, eindrucksvollen Tagung im großen Gürzenichsaale* [...]." Emmy Wingeraths Vortrag war "*eine feinsinnige und eindringende Studie über das Wesen der Tagespresse und ihre Rückwirkung auf die Seele des Lesers* [...]" und Klara Siebert "*wirkte in ihrer tiefen Ergriffenheit von der Aufgabe der Frau stark auf die Zuhörerinnen*". Das Abendkonzert war eine "*musikalische Weihestunde in der Benediktinerkirche*".[550]

Intern bewerteten die im Katholischen Deutschen Frauenbund zusammengeschlossenen Organisationen die Frauentagung im Rahmen einer Besprechung, die am 10. Juli 1928 in der Zentralstelle des KDFB stattfand, allerdings weniger positiv. Selbstkritisch heißt es hier im schriftlichen Protokoll[551]:

> "*Zunächst wurde die katholische Frauentagung besprochen. Von einer Seite wurde Kritik darüber laut, daß die Referate im Gürzenich zu wenig praktisch, in rethorischer* [!] *Hinsicht zu pathetisch gewesen seien. Dagegen wurde gesagt, daß eine praktische Propaganda für die katholische Presse nicht beabsichtigt gewesen sei, daß viele Äüsserungen aus Zuhörerkreisen dagegen darauf schließen ließen, daß man die Referenten in ihren Grundtendenzen sehr wohl verstanden habe, und daß die Herausstellung der katholischen Presse überhaupt von großem Werte gewesen wäre.*
>
> [...] *Die musikalische Feierstunde hat die an sie gestellten Erwartungen nicht erfüllt; das Programm war zu wenig abwechslungsreich, die Erklärungen des Redners zu lehrhaft, der Gesang zu eintönig. Man habe keine Einführung in den gregorianischen Choral gewollt, sondern ein erhebendes musikalisches Erlebnis. Immerhin wurde zugegeben, daß die Auswahl der Gesänge recht glücklich gewesen sei.*"

Auch die mangelnde Beteiligung kirchlicher Organisationen an diesem Tag kam zur Sprache: Die katholischen Frauenorganisationen hatten es offensichtlich schwer im männerdominierten Verbandskatholizismus jener Jahre und mussten hier ihren

---

549 AKDFB, 2-77-5, Einladung zur Tagung Kath. Frauenorganisationen [...] (wie Anm. 546). – Mit 2.- Reichsmark lag der Preis für die Tages-Kongresskarte nur geringfügig über dem Preis der regulären Tageskarte für die PRESSA (1.50 Rm). Studierende und in der Berufsausbildung Befindliche zahlten sogar nur 1.- Reichsmark. Die Kongresskarte berechtigte am 25. Juni zum mehrmaligen Betreten des Pressageländes und zum Besuch der PRESSA, zur Teilnahme an den Führungen durch die Katholische Sonderschau, zur Teilnahme an einem verbilligten, für 1.65 Rm angebotenen Mittagessen im kölnischen Brau- und Gasthaus Sünner, zum Besuch der Nachmittagsveranstaltung im Gürzenich und zum Besuch der abendlichen musikalischen Feierstunde. Wer am Kongresstag nur durch die Katholische Sonderschau geführt werden wolle, ansonsten aber die PRESSA nicht sehen wollte, zahlte ebenfalls nur 1.- Rm (ebd.).

550 M. Schumacher-Köhl: Die deutsche Frauentagung in Köln vom 26.-28. Juni 1928. In: Mädchenbildung auf christlicher Grundlage 24(1928), S. 489-493. – Zitate S. 493.

551 AKDFB, 2-77-5, [Protokoll der] Besprechung über die Frauentagungen am 10. Juli 1928. 10 Uhr an der Zentralstelle des KDF. [Datum] 11.7.28, 3 Bl. – Zitat Bl. 1.

eigenen Platz finden.[552] Im weiteren Verlauf der Erörterung wurde sodann die Deutsche Frauentagung durchgesprochen, die wesentlich schwerer zu beurteilen war als die katholische. Das Protokoll spiegelt sehr gut die Spannung zwischen gewollter Zusammenarbeit der katholischen Frauenorganisationen mit anderen weltanschaulichen Frauengruppen für die Belange der Frau und einer Abgrenzung gegenüber den von diesen Gruppen vertretenden abweichenden Ansichten wider. Insgesamt gingen die Frauen ja andere Wege als die meisten katholischen Verbände, die sich von solchen Gruppen strikt fernhielten und diese auch propagandistisch ablehnten.[553] Auf den Punkt gebracht hieß es hier[554]:

> "*Es erhebt sich die Frage, ob angesichts der nicht zu leugnenden liberalen, ja ausgesprochen antichristlichen Tendenzen, die die Versammlung beherrschte, noch ein Recht besteht, mit Frauen, die auf ganz anderer geistiger Grundlage arbeiten, zusammenzugehen. Können wir uns angesichts der immer mehr um sich greifenden Unchristlichkeit der Zeit es leisten, uns in unserem Frauentum zu finden, während andere größere Werte dabei verloren gehen und gar keine Berücksichtigung finden? Dagegen wird die Meinung vertreten, daß es bei einer Tagung, die im katholischen Köln stattfand und die, wie vorauszusehen war, von sehr vielen Katholiken besucht wurde, nicht anders möglich war, als daß das katholische Wort von irgendwoher in die Versammlung fiel. Wie hätte die Tagung ausgesehen, wenn keine katholische Frau gesprochen hätte?*"

Insgesamt bringt dieses Protokoll zum Ausdruck, dass es den katholischen Frauenverbänden trotz aller Bedenken wichtiger war, mit Organisationen anderer konfessioneller oder politischer Prägung gemeinsam für die Interessen der Frau einzutreten, als die eigenen Positionen lediglich innerhalb des eigenen Milieus zu vertreten. Dies erklärt auch die starke Mitarbeit der Vertreterinnen der katholischen Frauenverbände am Ausstellungsteil "Frau und Pressa" in der Gesamtschau und das eher zurückhaltende Engagement dieser Verbände innerhalb der katholischen Sonderschau.

Abschließend sei noch erwähnt, dass sich im Führer durch die katholische Sonderschau der Hinweis findet, die Deutzer Abteikirche mit ihrer Kirchenmusikalischen Abteilung solle während der PRESSA regelmäßig für Konzerte und Vorträge genutzt werden: "*Praktische Vorführungen sind in kurzen Abständen (alle 14 Tage)*

---

[552] Daraus "[...] *ergibt sich die Frage, ob sie* [i.e. die kirchlichen Organisationen] *bei späteren Gelegenheiten auch als Mitträger neben den KDF zu stellen seien. Wenn es geschähe, würde man sie als in gewissen Fragen gleichgeordnet anerkennen. Darum sei Vorsicht geboten.*" (Ebd.).

[553] Letztlich war ja auch die Katholische Sonderschau von Bernhard Marschall und dem Zentralbildungsausschuss immer wieder als ein katholischer Gegenpol zu diesen anderen konfessionellen und weltanschaulichen Gruppen postuliert worden.

[554] AKDFB, 2-77-5, [Protokoll der] Besprechung über die Frauentagungen [...] (wie Anm. 551), Bl. 2.

vorgesehen und werden frühzeitig im Wochenprogramm der 'Pressa' angezeigt."[555] Über derartige Einzelvorträge in der Abteikirche außerhalb der Rahmenveranstaltungen liegen allerdings keine Nachrichten vor. Dagegen können aber drei Konzerte an diesem Ort als kirchenmusikalische Sonderveranstaltungen auf der PRESSA belegt werden: Im ersten Konzert brachte der Düsseldorfer Bach-Chor unter seinem Dirigenten Joseph Neysers Werke alt-niederländischer Meister zur Aufführung. Das zweite Konzert bestritt der gleiche Chor mit Werken aus der Zeit des Barocks und des beginnenden Opern-Schaffens. Im dritten Konzert sang der Stuttgarter Madrigalchor unter Leitung von Hugo Holle Werke moderner Komponisten der Kirchenmusik.[556]

Die Resonanz auf diese Angebote entsprach aber, folgt man den Ausführungen des Autors im Gregorius-Boten, nicht den Erwartungen: "*Die Konzerte haben nur ein kleines Publikum gehabt. Vor allem vermißte man unsere Chorleiter und Organisten. Allerdings muß man sagen, daß die Propaganda für diese Konzerte und ihr Echo in der Presse sehr schwach waren. Es ist jammerschade, daß die vielen überaus wertvollen Anregungen zum Teil so nutzlos verschleudert wurden.*"[557] Es war also in diesem Falle schwierig gewesen, für ein freies Angebot ein größeres Publikumsinteresse zu wecken. Da hatte es der organisierte Verbandskatholizismus einfacher, wenn er, wie etwa der Kolpingverein, zu einem bestimmten Anlass seine Kräfte mobilisieren musste.

Auf das Ganze betrachtet konnte das Rahmenprogramm zur Katholischen Sonderschau allerdings nicht in dem Umfang realisiert werden, wie es das Ausstellungsdirektorium des IKC ursprünglich mit dem Ziel beabsichtigt hatte, "[...] *dass auch das katholische Köln neben dem wirtschaftlichen dem Fremden bedeutsam vor Augen tritt.*" Neben besonderen Führungen durch die Kölner Kirchen und kirchlichen Veranstaltungen hatte man im Spätherbst 1927 daran gedacht, dass "[...] *eine kath. Woche für alle Organisationen stattfinden* [soll], *weiter eine Internationale kath. Arbeitertagung, eine Internationale katholische Kirchenmusikwoche und eine internationale kath. Missionswoche. Dazu kommen noch besondere Veranstaltungen im Theater, kleinere literarische und musikalische Aufführungen.*"[558] Ein solches Mammutprogramm ließ sich wohl organisatorisch nicht stemmen, so dass im IKC letztlich irgendwann in der Folgezeit die sicher richtige Entscheidung gefallen sein muss, sich vor allem auf die Internationale Katholische Woche zu fokussieren.

---

[555] Führer durch die katholische Sonderschau [...] (wie Anm. 14), S. 51.

[556] Vgl. Ernst Klusen: Die kirchenmusikalischen Sonderveranstaltungen auf der Pressa. Ein Rückblick. In: Gregorius-Bote 45(1929), S. 9-10.

[557] Ebd., S. 10.

[558] Bericht über den Stand der Arbeiten des IKC [...] (wie Anm. 184), Bl. 4.

3.4. Die Katholische Sonderschau in der zeitgenössischen Rezeption

Über die Beurteilung einzelner Aspekte der Katholischen Sonderschau, wie etwa der Lage der Ausstellungsräume in Bezug auf die Gesamtschau, die künstlerische Ausgestaltung der Räumlichkeiten und die Darbietung einzelner Ausstellungsteile wurde bereits in den vorangegangenen Abschnitten berichtet. Hier sollen nun noch ergänzend einige Stimmen zur Katholischen Sonderschau als Ganzes zusammengetragen werden, um abschließend ein Bild der zeitgenössischen Gesamtwahrnehmung zu zeichnen:

In der Selbstwahrnehmung der Organisatoren fiel das Urteil über die Katholische Sonderschau ausgesprochen positiv aus und die enormen Schwierigkeiten im Vorfeld, diese Ausstellung überhaupt zustande zu bringen, wurden verschwiegen. So hieß es in dem Bericht über die Arbeit des Zentralbildungsausschusses des Jahres 1928:

> "*Die Sommertagung im Juni 1928* [...] *hatte die Aufgabe, die Mitglieder des ZBA in die Katholische Sonderschau einzuführen und einen Überblick über die Vorbereitungsarbeiten und die fertige Ausstellung zu geben. Der ZBA hatte die Vorbereitungsarbeiten für die Katholische Sonderschau unter seinem Direktor veranlaßt und sie zunächst auch getragen. Er hatte daher einen besonderen Grund, sich über die erfolgte Durchführung der Pläne zu freuen. Direktor Marschall gab einen Überblick über die zustimmenden und auch über die ablehnenden Äußerungen zur Katholischen Sonderschau. Die Ablehnungen blieben aber sehr isoliert. Man kann fast als einstimmiges Urteil festhalten, daß die Katholische Sonderschau auf alle Besucher einen unvergeßlichen Eindruck gemacht hat.*"[559]

Ein sehr zustimmendes Gesamturteil, abgesehen von seiner Kritik an der Darbietung der Objekte des 20. Jahrhunderts[560], fällte Michael Becker, der selbst dem Zentralbildungsausschuß angehörte, in seinem Bericht in der 'Allgemeinen Rundschau': "*Hier ist eine Arbeit ungeheuer wichtiger Natur geschaffen worden, hier stellte man katholische Geistesarbeit zur Schau, wie das in diesem Umfang bis heute kaum geschehen sein dürfte.*"[561] Ein besonderes Lob erfuhr Professor Böhm, der die Raumgestaltung meisterhaft durchführte. Becker rechtfertigte in seiner Einleitung die Notwendigkeit einer katholischen Beteiligung an der PRESSA gegen Widerstände aus den eigenen Reihen[562] mit der "*immer weltoffenen Haltung*

---

[559] B[ernhard] M[arschall]: Der Zentralbildungsausschuß im Jahre 1928. In: Volkstum und Volksbildung. Neue Folge der Volkskunst 1(1929 = 17. Jg. der Volkskunst), S. 26-30; hier S. 27.

[560] Vgl. Anm. 506.

[561] Michael Becker: Der Katholizismus [...] (wie Anm. 495), S. 455.

[562] "*Es hat gute und überzeugte Katholiken gegeben, die haben sich gegen die Beteiligung unserer Weltanschauung an der Ausstellung der Pressa gewehrt, weil sie in diesem Unternehmen auf der einen Seite das Stelldichein der falschen und veräußerlichten Wortverwal-*

des Katholizismus, [...] *denn hier entscheidet sich zum großen Teil unsere katholische Gegenwartsbedeutung*" und verwehrte sich gegen den Vorwurf, hier finde eine Profanierung des Sakralen statt: "*Nur Weltfremdheit wird grundsätzliche Bedenken gegen die katholische Abteilung, einen der Glanzpunkte der ganzen Pressa, haben können.*"[563] Der katholische Schriftsteller Heinrich Ruster deutete die Zusammenstellung aus zwanzig Jahrhunderten katholischen Schrifttums in der Katholischen Sonderschau "*gewissermaßen als würdiges Vorspiel*" der benachbarten großen, in der ehemaligen Kürassierkaserne untergebrachten kulturhistorischen Abteilung der PRESSA, hob die kirchenmusikalische Abteilung und die Freihandbücherei mit ihrem lückenlosen und übersichtlichen Bestand lobend hervor und war insgesamt sehr beeindruckt von der facettenreichen und riesigen PRESSA-Ausstellung.[564]

Einen kritischen, die konzeptionelle Grundausrichtung hinterfragenden Blick warf der katholische Publizist Karl Muth in seinem Beitrag *Pressa und 'Pressenot'* in der katholischen Kulturzeitschrift 'Hochland' auf die Katholische Sonderschau.[565] Muth nahm die Ausstellung zum Anlass, sich eingehender mit der Situation des katholischen Pressewesens auseinanderzusetzen, denn: "*Auf dem Gebiet des katholischen Pressewesens ist trotz mancher Fanfarenstöße aus Anlaß der Pressa die Not größer, als es den Anschein hat. Das ist manchem von der Zunft gerade auf der 'Pressa' klar geworden.*"[566] Muth bemängelte den starken historischen Akzent der Schau, denn diese war "[...] *von dem Saal des 19. Jahrhunderts abgesehen, eine rein antiquarische und museale Angelegenheit.*"[567] Während die linksgerichtete Presse, die der Sozialdemokraten und der Sowjets, die Willenskräfte verdeutlicht hätten, die "*sich den technischen Apparat der Publizistik im weitesten Sinne dienstbar gemacht haben*", sei die Katholische Sonderschau das extremste Gegenstück zu alldem gewesen, sie habe am ruhigsten und fast ein wenig unlebendig gewirkt.[568] Muth vertrat die Auffassung, dass es das oberste Ziel einer derartigen Ausstellung sein müsse, die hinter einer Sache stehenden Ideen deutlich zu machen. Man solle also nicht vordergründig wirtschaftliche Fragen oder technische Möglichkeiten in den Mittelpunkt stellen: "*Das ist ja immer das Verhängnis von Ausstellungen, in denen geistige Leistungen veranschaulicht werden sollen, daß dabei in erster Linie das Schreibzeug und nicht das Geschriebene, das Handwerk-*

---

ter sahen oder andererseits einen Widerspruch zwischen der Ausstellungsmethode und dem sakralen Charakter vermuteten", ebd., S. 454.

[563] Ebd.

[564] Heinrich Ruster: Die Pressa Köln [...] (wie Anm. 539), S. 287.

[565] Karl Muth: Pressa und "Pressenot" [...] (wie Anm. 504).

[566] Ebd., S. 301.

[567] Ebd.

[568] Ebd., S. 300-301.

liche und nicht das Geistige faßbar wird [...]."[569] Ein in dieser Hinsicht positives Beispiel sei der Pavillon des Christian Science Monitor gewesen: "*Man mag der Sekte als solcher noch so ablehnend gegenüberstehen, zu bewundern bleibt, mit welcher Konsequenz und Abweisung aller Kompromisse sie ihren Willen zum Guten in ihrem großen journalistischen Unternehmen, dem Monitor, durchsetzt, ohne dadurch langweilig zu werden.*" Dieses Grundsätzliche hätte "[...] *so und noch viel wirksamer* [...] *in einer internationalen katholischen Presseschau herausgestellt werden können.*"[570]

Muth verstand die katholische Presse vor allem politisch-gesellschaftlich und unterschied diese von einer kirchlich oder religiös beeinflussten Presse, etwa in Gestalt der Kirchenzeitungen. Seiner Ansicht nach mangelte es dieser katholischen Presse an einer von Bevormundung freien Publizistik, getragen von unabhängigen und charaktervollen Männern. Diese Presse dürfe nicht unter unwürdigen und unzureichenden äußeren Bedingungen arbeiten, sie müsse frei sein von Gefügigkeit im Interesse des Geschäfts, sie müsse einen klaren Standpunkt vertreten, ohne ständig Gesinnungspaukerei zu betreiben und sie müsse einen weiten geistigen, auch Gegensätze und Spannungen zulassenden Raum bieten.[571] Hätte man sich, so Muth weiter, in der Katholischen Sonderschau auf die großen Formen konzentriert und hätte man eine Presseausstellung als Ausstellung von Ideen verstanden, "[...] *wie ganz anders hätte sich die innere Lebendigkeit des katholischen Kräftespiels dartun lassen.*" Durch die Darbietung sei hingegen zum Schaden einer durchschlagenden Wirkung nach außen der Eindruck einer Zersplitterung der Kräfte entstanden, "[...] *wie sie in Wirklichkeit ja auch vorhanden ist.*"[572]

Robert Grosche warf in seinem Beitrag *Pressa und Volksbildung* aus einem gänzlich anderen Blickwinkel heraus ebenfalls einen skeptischen Blick auf die Katholische Sonderschau.[573] Für ihn stand die Frage, was die PRESSA allgemein und die Katholische Sonderschau im Besonderen für die Anliegen der Volksbildung leisten könnten, im Mittelpunkt seiner Rückschau auf das große Kölner Ereignis. In seinen Ausführungen griff er dabei ausführlich auf einen Aufsatz des jungen Volksbildners und Volksbibliothekars Dr. Bernhard Rang[574] zurück, den dieser in der auf die

---

[569] Ebd., S. 300.
[570] Ebd., S. 301.
[571] Ebd., S. 302-306.
[572] Ebd., S. 301.
[573] R[obert] G[rosche]: Pressa und Volksbildung. In: Volkstum und Volksbildung. Neue Folge der Volkskunst 1(1929) S. 23-25.
[574] Dr. Bernhard Rang (1897-1976) fühlte sich zeitlebens der Büchereiarbeit durch sein volksbildnerisches und literarisches Engagement verpflichtet. Er stammte aus Greifswald und besuchte das Jesuitengymnasium in Koblenz. Nach dem Ersten Weltkrieg durchlief er zunächst eine Ausbildung zum Buchhändler in Berlin und schloss 1925 seine Studien in Berlin und Gießen mit der Germanistik als Hauptfach ab. Danach erhielt er eine Ausbildung

kommunalen Volksbüchereien hin ausgerichteten Zeitschrift 'Hefte für Büchereiwesen' publiziert hatte.[575] Grosche schenkte diesem Aufsatz eine zustimmende Beachtung und vertrat also, Rang zitierend, die Meinung, dass es noch sehr sorgfältiger und überlegter Auseinandersetzungen und Versuche bedürfe, um die Frage des Verhältnisses der Volksbildung zur Presse der Klärung näherzuführen.[576] Letztlich ging es Grosche also um die Frage, ob die Tagespresse ein geeignetes Medium für die Anliegen der Volksbildung sei und die Darbietung derselben in einer großen Ausstellung eine geeignete Form der Vermittlung dazu sei. Die PRESSA, so Grosche im Rückgriff auf Rang weiter, sei vor allem als wirtschaftspolitischer Machtausdruck zu begreifen, bei dem sich verschiedene Interessenslagen miteinander verbunden haben: "*Köln als führende westdeutsche Großstadt sucht durch den Zustrom der Fremden sein Ansehen zu befestigen und seine nationale und internationale Vormachtstellung wirksam zum Ausdruck zu bringen – Städtepolitik; das Rheinland, noch immer besetztes Gebiet, seine wirtschaftliche und kulturelle Bedeutung zu bekunden – Reichspolitik; die Wirtschaft, international wie deutsch, sich erneut unter der Flagge kultureller Interessen in den Vordergrund zu stellen – Wirtschaftspolitik.*"[577] Rang fuhr bemängelnd fort, dass die kulturellen, politischen und soziologischen Faktoren, die hinter den verschiedenen Presseerzeugnissen stünden, in der Ausstellung als unwichtig, wenn nicht sogar als unangebracht übergangen worden seien.[578]

Auch die Katholische Sonderschau war nach Rangs Auffassung von solchen Vordergründigkeiten und Äußerlichkeiten bestimmt gewesen: "*Im Saale des 20. Jahrhunderts liegen in der Katholischen Sonderschau Tausende von Sonntagsblättern. Die Naivität der Aussteller, die da glauben, durch die größten Zahlen und Auflagen den Wert ihrer Sache beweisen zu können, erscheint symptomatisch. Noch immer stellen also äußerer Betrieb, Zahlensuggestion und 'großzügige' Organisa-*

---

zum Volksbibliothekar an der Deutschen Büchereischule in Leipzig und durchlief berufliche Stationen als Volksbibliothekar in Gera, Köln (ab 1929) und Bielefeld (ab 1939). Zuletzt war er von 1953 bis zu seiner Pensionierung 1963 Direktor der während des Zweiten Weltkriegs gegründeten Stadtbücherei Bonn und unterrichtete ab 1954 an der vom Borromäusverein getragenen Bonner Bibliotheksschule als nebenamtlicher Dozent das Fach Weltliteratur. – Vgl.: Günter Röttcher: Bernhard Rang / 1897 bis 1976. In: Buch und Bibliothek 28(1976), S. 511-512. – Ders.: 35 Jahre Stadtbücherei Bonn 1943-1978. In: Mitteilungsblatt. Verband der Bibliotheken des Landes Nordrhein-Westfalen N.F. 28(1978), S. 98-103. – Hier S. 99-100. Ferner: Siegfried Schmidt: Mindestalter achtzehn und Primanerzeugnis. 75 Jahre bibliothekarische Ausbildung in Bonn. Teil 1. In: KÖB. Die Katholische öffentliche Bücherei 10(1996) H. 2, S. 1-13. Hier S. 9.

[575] Bernhard Rang: Zur Internationalen Presseausstellung in Köln. In: Hefte für Büchereiwesen 12(1928), S. 323-325.

[576] Vgl.: R[obert] G[rosche]: Pressa und Volksbildung [...] (wie Anm. 573), S. 23.

[577] Ebd., S. 24.

[578] Ebd.

tion die ideale Form, die Öffentlichkeit zu informieren und zu überzeugen, dar."[579] Insgesamt sei die PRESSA für die Anliegen der Volksbildung letztlich nutzlos gewesen: "*Der naiven Bewunderung, der unwissenden Hochschätzung dieser Art Massenbildung und Volksaufklärung muß* [...] *nachdrücklichst entgegengetreten werden.*"[580] Denn der einzelne Besucher könne durch die Ausstellung in seinen individuellen Bildungsanstrengungen nicht gefördert werden: "*Da niemand tagelang sich die ausgestellten Dinge ansehen kann, geht man hindurch, nippt da und dort (erfreut sich in der Katholischen Sonderschau z.B. an den herrlichen Bibelhandschriften und -drucken), sieht dies und jenes, eine Fülle, die leicht verwirrt, statt zu vertiefen.*"[581] Aus solchen Überlegungen heraus hatte Rang die Sinnhaftigkeit der Beteiligung der Katholiken und Protestanten an einer Ausstellung wie der PRESSA grundsätzlich hinterfragt. Diese Schau hatte für ihn "[...] *das typische Gesicht unserer chaotischen Gegenwart. Welchen Sinn hat z.B. in ihr als einer doch vorwiegend wirtschaftlichen Ausstellung eine katholische oder evangelische Sonderschau? Diese Unterordnung unter die Wirtschaftsmacht bekundet nur die Verflachung der religiösen Sphäre.*"[582]

Grosche selbst zog aus diesen Ausführungen Rangs für sich das Fazit, dass die Fragen 'Ausstellung und Volksbildung' und 'Die Katholiken und das moderne Ausstellungswesen' noch einer gründlichen Erörterung bedürften. Mahnend warnte er in dem in der Zeitschrift des Zentralbildungsausschusses publizierten Beitrag vor einer erneuten unreflektierten Beteiligung an möglichen künftigen Schauen: "*Jedenfalls scheint es uns nicht damit getan zu sein, daß man nach einer glücklichen Abwicklung der 'Pressa' die gerade durch diese Ausstellung aufgeworfenen Fragen einfach auf sich beruhen läßt und ohne Klärung all dieser Grundsatzfragen bei der nächsten Gelegenheit wieder dabei ist.*"[583]

Noch zu erwähnen ist, dass Grosche neben der ausführlichen Replik auf die Betrachtungen Bernhard Rangs einen Beitrag des Dresdner Museumsdirektors Paul Ferdinand Schmidt in der Kunstzeitschrift 'Cicerone'[584] als Beleg dafür heranzog, dass die Katholische Sonderschau "*dem Nichtkatholiken in einem gewissen Sinn*

[579] Ebd., S. 25.
[580] Ebd.
[581] Ebd., S. 24.
[582] Ebd.
[583] Ebd., S. 25.
[584] Paul Ferd[inand] Schmidt: Die Kunst auf der "Pressa". In: Der Cicerone. Halbmonatsschrift für Künstler, Kunstfreunde und Sammler 20(1928), S. 589-593. – Dr. Paul Ferdinand Schmidt (1878-1954) war ein deutscher Kunsthistoriker, Galerist und Kunstkritiker, der sich um die Etablierung der Kunst der Moderne in Deutschland verdient gemacht hat. Er war ab 1919 Direktor für neuere Kunst am Stadtmuseum Dresden und wurde 1933 unter den Nationalsozialisten in Pension geschickt. Vgl.: http://de.wikipedia.org/wiki/Paul_Ferdinand_Schmidt [zuletzt aufgerufen am 5.3.2014].

imponiert" hatte.[585] Es ist ohne Zweifel bemerkenswert, dass der scharfzüngige Schmidt, der auf der PRESSA unter dem Blickwinkel des Kunstkritikers nur selten wirklich etwas Positives fand und über etliche Ausstellungsteile vernichtende Urteile fällte[586], gerade die Katholische Sonderschau lobend hervorhob:

Schmidt stellte die Katholische Sonderschau künstlerisch ausgerechnet auf eine Stufe mit dem vielbeachteten Pavillon der Sowjetunion – "*wohl die einzige Abteilung dieses unförmlichen Unternehmens, die den Sinn der Presse von heute wahrhaft anschaulich und überwältigend darstellt*"[587] – und unterschied dabei scharf zwischen der gelungenen Präsentation der Katholischen Sonderschau dank der hervorragenden architektonischen Ausgestaltung der Räume durch Dominikus Böhm und den abzulehnenden, rückwärtsgewandten Inhalten des Dargebotenen. Fast überschwänglich bewertete Schmidt:

> "[...] *die katholische Sonderschau, seitwärts am Museumsbau ungefähr in die tote Ecke gedrängt, aber durch die künstlerische Kraft ihrer Darbietung von höchstem Rang. Die Folge der Säle, in denen die Wirksamkeit der Mission und die katholische Presse Deutschlands manifestiert wird, ist von Dominikus Böhm in einer Weise geordnet und mit ungemein geistvollen und ganz modernen Mitteln gehoben, daß man hier einen geistigen Brennpunkt der Welt erleben muß. Jeder Blick in die Bücher, Traktätchen und Zeitungen zeigt, daß es sich um totes Vergangene* [!] *handelt; die Kühnheit und aufreizende Macht der Dekoration aber überzeugt ohne weiteres von der fortwirkenden Lebenskraft dieser Ideen: So muß man Propaganda treiben; so, oder in Form der Sowjet-Abteilung, hätte die Pressa aufgemacht werden müssen. Denn Geist wird nur anschaulich in einer unzweideutigen Gestalt, die durch ihre bloße Sichtbarkeit überzeugt.*"[588]

Schmidt schloss seine kunstkritischen Darlegungen mit einer ironisch-spöttischen Bemerkung an sein wohl überwiegend kirchenfernes bürgerliches Lesepublikum aus der Kunstszene: "*Resultat: die schwierige Frage, ob wir wirklich nur noch die Wahl haben zwischen dem wirtschaftlich-politischen Kommunismus der USSR oder dem geistlichen der katholischen Kirche.*"[589]

---

[585] R[obert] G[rosche]: Pressa und Volksbildung [...] (wie Anm. 573), S. 25.

[586] So sei die kulturhistorische Abteilung der PRESSA in den Augen Schmidts "[...] *eine allzu populäre Demonstration auf der geistigen Basis von Münchner Oktoberfestbudenzauber geblieben.*" – Paul Ferd[inand] Schmidt: Die Kunst auf der "Pressa [...]" (wie Anm. 584), S. 592. – Otto Bartnings Stahlkirche ("*Evangelische Glaubensburg*") mit ihren farbigen Fenstern sei ein ehrlicher Versuch zum Neuen, der aber an künstlerischer Unzulänglichkeit gescheitert sei: "*Die Wellblechbaracken-Ästhetik dieses Gottestempels wird niemand von der Güte des sachgemäßen Bauens überzeugen, am wenigsten die wahren Freunde des Funktionalismus.*" – Ebd.

[587] Ebd., S. 593.

[588] Ebd.

[589] Ebd.

Aus ganz anderen Gründen heraus setzte sich ein anonymer (katholischer?) Autor in der protestantischen Zeitschrift 'Die christliche Welt' ausgesprochen kritisch mit der Katholischen Sonderschau auseinander.[590] Die künstlerischen Beiträge wurden allerdings auch von diesem unbekannten Verfasser lobend als Anschluss an die Moderne hervorgehoben: "*Keine Frage, daß ein energischer Wille zum Durchbruch in moderne Geistigkeit vorhanden ist! Die bauliche Gestaltung der ganzen Räume durch Professor Dominikus Böhm, die Glasdekoration von Thorn Brikker* [!] *und die beiden Statuen von Maria Eulenbruch: Christus und die Immakulata, zeigen unverkennbar eine innere Lebendigkeit, die man bisher auf künstlerischem Gebiete bei den Katholiken nicht gewohnt war, man mag sonst zu dieser Formung stehen wie man will.*"[591] Auch die Darstellungen zur Frau im 19. Jahrhundert wurden als "*wirklich repräsentativ*" eingeschätzt.[592]

Die inhaltliche Kritik in diesem Aufsatz fokussierte sich im Wesentlichen auf fünf Punkte: Es wurde erstens hinterfragt, inwieweit die ausgestellten mittelalterlichen, aus der vorkonfessionellen Zeit stammenden Kulturschätze "*konfessionelle Erzeugnisse des katholischen Volksteiles seien*"; stattdessen wurden sie vom Autor dieses Aufsatzes als "*Schöpfungen der Gesamtvölker*" angesehen.[593] Zweitens wurde ein sehr hartes Urteil über die Geistlosigkeit der zeitgenössischen katholischen Zeitschriften- und Traktätchen-Literatur gefällt: "*Ein katholischer Besucher dieses Teiles der 'Pressa' sagte, den alten Origines abwandelnd: 'Was da alles auf das Schiff Petri geladen wird! Wenn es davon nicht untergeht, dann ist das der beste Beweis seiner göttlichen Leitung.'*"[594] Drittens wurde sehr umfassend beanstandet, "[...] *daß in der Ausstellung des Obergeschosses eine der wichtigsten Mächte des heutigen katholischen Geisteslebens ganz übersehen oder unterschlagen worden ist: die kirchliche Zensur.*"[595] Viertens bezeichnete er die Darstellung der theologischen Strömungen des 19. Jahrhunderts als "*besonders amüsant*": "*Man weiß nicht, worüber man sich mehr wundern muß: über die Naivetät*[!] *wie hier mit einer souveränen Geschichtsbaumeisterei über die Tatsachen verfügt wird, oder über die Ahnungslosigkeit, in der gerade die bestgehaßten und von den 'Kirchentreuen' bis aufs Blut bekämpften Männer des 19. Jahrhunderts hier als die geistigen Führer des Katholizismus dargestellt werden.*"[596] Und fünftens wurde mit großer Ironie die Darbietung im Raum der katholischen Auslandspresse bedacht, die unter den Leitwörtern "*Veniat regnum tuum*" und "*Maison de la bonne*

---

590 [N.N.]: Kritisches zur Katholischen Sonderschau. Von einem katholischen Theologen. In: Die christliche Welt. Protestantische Halbmonatsschrift 42(1928), Sp. 806-808.
591 Ebd., Sp. 806.
592 Ebd., Sp. 808.
593 Ebd., Sp. 806.
594 Ebd., Sp. 806-807.
595 Ebd., Sp. 807.
596 Ebd., Sp. 808.

Presse" stand: "*Wenn dies Gottes Reich ist, das zu uns kommen soll, dann danken wir dafür und für die gute Presse, die es uns beschert.*"[597] Das Gesamtbild der Katholischen Sonderschau fiel in den Augen dieses Autors mithin negativ aus: "*Das ist der starke Eindruck schärfster Ablehnung, der viele Katholiken von dieser katholischen Sonderschau abhält.*"[598]

In einer umfangreichen Beurteilung der Pressa und der Evangelischen Sonderschau aus evangelischer Sicht zog Friedrich Bauer in der Zeitschrift 'Zeitwende'[599] einen interessanten Vergleich zwischen der Katholischen und der Evangelischen Sonderschau. Er kritisierte dabei ebenfalls die katholische Vereinnahmung eines gemeinsamen christlichen Erbes und unterschied zwischen der Großzügigkeit der eher rückwärtsgewandten, allzu weit das Mittelalter einbeziehenden und räumlich abgetrennten katholischen Ausstellung[600] und der gedrängten, stärker gegenwartsbezogenen, vorwärts gerichteten evangelischen Schau, die sich "*mitten im flutenden Leben der ganzen Ausstellung, gerade gegenüber dem Hause der Arbeiterpresse*" befand.[601] Im Übrigen hatte wohl auch die Evangelische Seite innerkirchlich ähnliche Legitimationsprobleme für ihre Ausstellungsbeteiligung an der PRESSA wie die Katholiken.[602]

Betrachtet man in der Zusammenschau die in den vorangegangenen Kapiteln herangezogenen Stimmen zu Einzelaspekten dieser Ausstellung und die in diesem Abschnitt dargestellten Urteile über die Katholische Sonderschau als Ganzes, so muss das vom Organisator Bernhard Marschall auf der ZBA-Tagung 1928 ausgesprochene Selbstlob des unvergesslichen Eindrucks auf alle Besucher ein wenig

---

[597] Ebd.

[598] Ebd.

[599] Friedrich Bauer: Epilog zur Pressa. In: Zeitwende. Monatsschrift 4(1928), 2. Hälfte, Juli-Dezember, S. 454-460.

[600] "*Die katholische Schau* [...] *hatte* [...] *den Vorzug, keineswegs mit dem Platz sparen zu müssen und legte in breiter Weise die Fülle des katholischen Schrifttums aus allen Jahrhunderten der christlichen Geschichte dar. Dabei fanden sich allerdings eine nicht geringe Anzahl von Werken, die aus staatlichem oder städtischem Besitz entliehen waren, und nicht mit Unrecht ist die allzu weite Einbeziehung des Mittelalters kritisiert worden. Auch wir Evangelischen zählen einen Thomas a Kempis oder einen Franziskus u.a. zu den Unseren*", ebd. S. 456.

[601] Ebd.

[602] "*Es war für die evangelische Pressewelt eine überaus schwere Entscheidung gewesen, ob man sich überhaupt an der Pressa beteiligen solle oder nicht. Es sind alle die Bedenken, die gegen jede Ausstellung mit ihrem Vergnügungspark, mit dem veräußerlichenden Scheinwesen geltend gemacht wurden und die im verstärktem Maß eine Evangelische Schau treffen, ganz gründlich erwogen worden. Es muß immer wieder darauf hingewiesen werden, daß ein Wirken in der Breite der Öffentlichkeit keineswegs auf Kosten der Tiefe gehen muß, es müßten sonst Paulus und Luther sehr oberflächliche Menschen gewesen sein*", ebd. S. 456-457.

korrigiert werden, gleichwohl es natürlich auch viel Zustimmung zur Ausstellung gab.[603] Einhellig war das Lob von allen Seiten, also auch über das Katholische Milieu hinaus, vor allem für die als modern, innovativ und symbolträchtig wahrgenommene künstlerische und innenarchitektonische Ausstattung der Räume unter der Leitung von Dominikus Böhm. Natürlich konnte dabei das eine oder andere Kunstobjekt auch auf Widerspruch stoßen. Aufgrund dieser architektonischen Glanzleistung empfand es zudem niemand als Manko, dass sich die Sonderschau in einem einst für völlig andere Zwecke errichteten, in den Grundzügen gleichförmigen, symmetrischen Baukomplex arrangieren musste.

Die Randlage des Ausstellungsgebäudes der Katholischen Sonderschau in Bezug auf die Gesamtpressa wurde verschiedentlich wahrgenommen und vermerkt, aber ebenfalls nicht als hinderlich oder störend beurteilt. Auf katholischer Seite galt sie sogar als unbedingtes Plus, da man sich auf diese Weise von dem geschäftigen, stark mit Vergnügungsangeboten durchsetzten Messebetrieb auf dem Hauptgelände fernhielt und man nicht auf einer Stufe mit den Pavillons der anderen Sonderschauen stand.

Das Urteil über die inhaltliche Akzentuierung der Katholischen Sonderschau als eine historische Kulturschau hing natürlich von der Erwartungshaltung der jeweiligen Kritiker ab: Wer mit der PRESSA vor allem eine Darstellung des Pressewesens der Gegenwart verband, musste eine solche Schwerpunktsetzung als rückwärtsgewandt und museal betrachten. Wer aus dem Blickwinkel urteilte, dass die Gesellschaft in verschiedene konfessionelle und politische Milieus zerfiel, konnte zusätzlich bemängeln, dass hier eine im Kaiserreich zeitweilig fast zu einer 'Subkultur' gewordene gesellschaftliche Gruppierung sich in der Rückschau als geistiger Urheber eines großartigen gesamtgesellschaftlichen Kulturerbes verstand. Objektiv betrachtet passte diese katholische Kulturschau jedoch recht gut in das Gesamtbild der PRESSA, die ja selbst mit einer großen kulturhistorischen Abteilung aufwartete. Und auch in der Jüdischen Sonderschau bildeten die kulturellen Leistungen des Judentums in Deutschland ein zentrales Thema. Zudem korrespondierte die kulturhistorische Akzentuierung der katholischen Sonderschau bestens mit ihrem Motto "*2000 Jahre katholisches Schrifttum*". Aus katholischer Sicht bot die Kulturschau eine hervorragende Möglichkeit, die gegenwärtige Presse- und Medienarbeit in den Kontext einer glanzvollen Vergangenheit zu stellen, in der die Kirche ein wichtiger kultureller Träger der Textüberlieferung und der Buchproduktion gewesen war.

[603] Konsul Stockys Behauptung, dass die Erinnerung an die Katholische Sonderschau einer der nachhaltigsten Eindrücke sein werde, wenn man in zehn Jahren noch von der PRESSA spreche (vgl. Anm. 283), ist natürlich als zweckgerichtete Propaganda einzuordnen.

Von den, abgesehen von der kirchenmusikalischen Abteilung, im Obergeschoß dargebotenen Ausstellungsteilen, die zeitlich näher an die Gegenwart heranreichten oder sich auf diese bezogen, wurden vor allem die Darbietungen des Schrifttums des 19. und 20. Jahrhunderts einer kritischen Beurteilung unterzogen. Dabei wurde häufig die Verschiedenartigkeit der Präsentation der katholischen Publikationen des 19. Jahrhunderts und der Gegenwart angemerkt. Die Präsentation des 19. Jahrhunderts war von einer durchdachten, die in der Auseinandersetzung mit der Zeit stehenden Geistesströmungen des Katholizismus betonenden, deutenden Konzeption geprägt. Dieser, die Verdienste des römischen Papsttums hervorhebenden Geschichtsdeutung konnte man je nach seinem eigenen Standpunkt zustimmen oder man konnte ihr widersprechen. Das Schrifttum der Gegenwart war sehr stark von dem bestimmt, was die verschiedenen katholischen Vereine und Gruppierungen, denen das IKC hier weithin das Feld überlassen hatte, geliefert hatten. Hier fehlte es an einer ordnenden Hand, ein Umstand, der auch bei verschiedenen katholischen Berichterstattern auf Widerspruch stieß. Der Gesamteindruck drängte sich auf, dass hier 'Masse' statt 'Klasse' dargeboten wurde. Die Beliebigkeit, Belanglosigkeit oder Niveaulosigkeit manch zeitgenössischen katholischen Traktätchens oder Presseerzeugnisses, das zur Einsichtnahme auslag oder in den prall gefüllten Vitrinen zur Schau gestellt wurde, fiel dabei umso mehr ins Gewicht, als dass im kulturhistorischen Teil der Katholischen Sonderschau großer Wert auf die Darbietung ausgewählter, erlesener Spitzenerzeugnisse gelegt worden war.

Andere Ausstellungsteile, die auch einen Gegenwartsbezug herstellten, wurden in den vorliegenden Berichten über die Katholische Sonderschau weitaus weniger häufig bewusst wahrgenommen und beurteilt. So waren vielleicht das kirchenmusikalische Wirken und die Missionstätigkeit der Katholischen Kirche erwartbare und selbstverständliche Handlungsfelder, die kaum Anknüpfungspunkte für eine kritische Auseinandersetzung lieferten. Auffällig ist, dass die Modernität der Freihandkonzeption der Katholischen Bücherei auf der Sonderschau in den schriftlichen Zeugnissen ebenfalls kaum eine Beachtung fand.

In das Urteil über die Katholische Sonderschau floss immer auch die Einstellung des jeweiligen Autors zum Katholizismus, so wie dieser von ihm wahrgenommen wurde, ein. Einem Protestanten fiel es weitaus schwerer, einer katholischen Ausstellung positive Seiten abzugewinnen, was vice versa natürlich ebenso galt. Dass z.B. eine von Katholiken konzipierte und gestaltete Medienschau sich kritisch-reflexiv mit der kirchlichen Zensurpraxis auseinandersetzen sollte, musste in den 20er Jahren des 20. Jahrhunderts reines Wunschdenken bleiben. Hierfür war die Zeit einfach noch nicht reif. Aber auch die innerkirchliche Positionierung eines Katholiken war bestimmend für seinen Blick auf die Katholische Sonderschau. So konnte man die Ausstellung natürlich durch die Brille eines die intensive, auf den Einzelnen bezogene Bildungsarbeit favorisierenden Volksbildners betrachten, wie es etwa Robert Grosche tat. Wer wie Karl Muth offenkundig unter der geschäftigen Vereinsmeierei vielfältiger Organisationen innerhalb des Katholischen Milieus litt und sich eine wesentlich straffere und schlagkräftigere, mit dem Begriff der 'Katholischen Aktion' umschriebene Organisationsform des Laienkatholizismus wünschte und zudem für eine niveauvolle und unabhängige katholische Presse eintrat, sah die Sonderschau wiederum mit ganz anderen Augen. Alle diese Positionen hatten ihre Berechtigung. Sie sind letztlich auch der Schlüssel zum Verständnis der unterschiedlichen und keineswegs immer nur zustimmenden Beurteilung der Katholischen Sonderschau in der zeitgenössischen Wahrnehmung.

3.5. NACHWIRKUNGEN

Am 14. Oktober 1928, abends um 18.00 Uhr, schloss nach fast fünfmonatiger Dauer die zuletzt außerordentlich publikumswirksame PRESSA endgültig ihre Tore; allein am Schlusstag hatten 150.000 Besucherinnen und Besucher die Medienschau besucht. Noch einmal gab es eine bengalische Festbeleuchtung, und ab 21.00 Uhr waren Stadt, Dom und die Rheinbrücken den ganzen Abend lang hell erleuchtet. Zu später Stunde um 23.00 Uhr verabschiedete sich die Domstadt von ihrem Großereignis mit einem finalen Feuerwerk. Bereits am Vormittag hatte die Stadt Köln zu einem abschließenden Festakt eingeladen, bei dem Oberbürgermeister Adenauer als bleibende Frucht der PRESSA die Einrichtung eines 'Internationalen zeitungswissenschaftlichen Instituts' in Aussicht stellte.[604]

Für die PRESSA als Ganzes war dieses Institut tatsächlich der sichtbarste Ertrag der internationalen Zeitungsausstellung, die als Publikumsmesse ein nicht mehr wiederholtes, singuläres Ereignis blieb. Dass das tatsächlich zunächst von der Stadt Köln als außeruniversitäre Einrichtung getragene *Forschungsinstitut für Internationales Pressewesen* von den nationalsozialistischen Machthabern 1933 gleichgeschaltet, kontrolliert und als Propagandaeinrichtung wissenschaftlich bedeutungslos wurde, war 1928 nicht vorherzusehen und steht auf einem anderen Blatt.[605]

Auch die Organisatoren der Katholischen Sonderschau um Bernhard Marschall entwickelten zunächst durchaus verschiedene Ideen, aus der Katholischen Sonderschau heraus der kirchlichen Presse- und Medienarbeit neue Impulse zu geben. Aber wie bei der PRESSA blieb es – sieht man einmal von der internationalen katholischen Rundfunkarbeit ab – bei Absichten, deren Umsetzung nicht gelang. Hinsichtlich seiner Pläne, den Ertrag der Katholischen Sonderschau längerfristig zu sichern, berichtete Marschall Anfang August 1928 Kardinal Schulte: "*Wir sind bemüht durch Führungen und Publikationen die Sonderschau nach Möglichkeit auszuwerten. Zwei wissenschaftliche Veröffentlichungen sind bereits fest geplant. Auch erwägen wir einen Weg, das mit viel Mühe zusammengeholte Material in irgendeiner Form zusammenzuhalten. Das betrifft besonders die Bücherei 'Das Katholische Buch' und die moderne Zeitschriftenschau. Ueber diese Pläne sprach ich schon vor einigen Wochen mit dem Hochwürdigsten Herrn Generalvikar Dr. Vogt. Sobald unsere Pläne greifbare Fassung gewonnen haben, werde ich Ew. Eminenz ausführlichen Bericht geben.*"[606] Gehen wir also im Folgenden detaillierter der Frage nach, was aus diesen Überlegungen geworden ist:

---

[604] Vgl.: Peter Fuchs: Pressa Köln [...] (wie Anm. 17), [S. 22-23].
[605] Vgl.: Hans-Georg Klose: Zeitungswissenschaft in Köln [...] (wie Anm. 11), S. 153-181.
[606] Schreiben von B. Marschall an Kardinal Schulte vom 2.8.1928 [...] (wie Anm. 512), Bl. 2.

Die Internationale Katholische Pressekommission, die während der katholischen Woche im Juni 1928 ins Leben gerufen worden war und die ihren Sitz in Köln haben sollte (vgl. Kap. 3.3.), ist anscheinend über das Stadium einer wohlmeinenden Absichtserklärung nicht hinausgekommen. Es finden sich keinerlei Hinweise auf ein solches Gremium in den Folgejahren. Vielleicht hatte Elisabeth Cosack vom Katholischen Deutschen Frauenbund sich 1929 einmal daran erinnert, dass die Pressearbeit irgendwie institutionalisiert und internationalisiert werden sollte und deswegen bei Bernhard Marschall beiläufig nachgefragt. Marschalls Antwort war jedenfalls klar und abschließend: "*Eine Arbeitsgemeinschaft für die Presse ist von dem Zentralbildungsausschuss noch nicht gebildet und auch nicht in Aussicht genommen. Hier liegt wohl eine Verwechslung vor.*"[607]

Anders verhielt es sich mit der Internationalisierung der Rundfunkarbeit, auf der ja mehr und mehr Bernhard Marschalls besonderes Interesse lag und die in den späten 20er Jahren einen Schwerpunkt der Aktivitäten des Zentralbildungsausschusses bildete. Hier ging von der Katholischen Woche während der Sonderschau tatsächlich die Initialzündung für einen länderübergreifenden Zusammenschluss in Form einer – ebenfalls mit ihrem Büro in Köln, also bei Bernhard Marschall, ansässigen – Internationalen Radiokommission aus. Die Arbeitsstelle firmierte fortan unter der Bezeichnung *Internationales Katholisches Rundfunkbüro (IKR)*[608] bzw. *Bureau catholique internationale de radiophonie* und entfaltete bis 1933 einige Aktivitäten:

Der Internationalen Katholischen Radiokommission gehörten anfangs im Direktorium Vertreter aus Deutschland, den Niederlanden, Belgien und Frankreich an. Neben einem Informationsaustausch über die Rundfunkarbeit in den verschiedenen Ländern – das Büro sollte hierzu Berichte sammeln und Anregungen geben – war u.a. geplant, alle drei Jahre einen Internationalen Katholischen Rundfunkkongreß abzuhalten.[609] Tatsächlich fand vom 20.-22. Juni 1929 ein erster solcher Kongress in München gemeinsam mit dem II. Internationalen Katholischen Filmkongreß

[607] AKDFB 2-5-1 Schreiben von B[ernhard] Marschall, Zentralbildungsausschuss, vom 6.8.1929 an den Katholischen Deutschen Frauenbund, Zentralstelle, Köln z.Hd. von Fräulein Dr. El[isabeth] Cosack, 1 Bl.

[608] In einem auf das Jahr 1931 zu datierenden gedruckten Flyer, mit dem der ZBA, dem zu diesem Zeitpunkt 32 katholische Reichsverbände und 16 gewählte Einzelpersönlichkeiten angehörten, um Förderer warb (AKDFB 2-5-1, ZBA, Zentralbildungsausschuss der katholischen Verbände Deutschlands, 1 Bl.) wurden unter Absatz II die Arbeitsgebiete beschrieben. Hier wurde u.a. auf drei Arbeitstagungen im Jahre 1930 verwiesen. Es folgte dann zunächst die Aufzählung der sechs bestehenden Arbeitsgruppen (*Filmarbeitsgemeinschaft der Deutschen Katholiken [FDK], Rundfunkarbeitsgemeinschaft der Deutschen Katholiken [RDK], Arbeitsgemeinschaft für Theater und Laienspiel, Arbeitsgemeinschaft für Volkshochschulwesen, Arbeitsgemeinschaft für Volksbüchereiwesen, Arbeitsgemeinschaft für Musikpflege*), ehe unter Ziffer *III. Rundfunkbüro* der Satz folgte: "*Mit dem Büro des ZBA ist auch das Internationale Katholische Rundfunkbüro (IKR) verbunden.*"

statt.[610] Auch für die Folgejahre sind Zusammenkünfte des Direktoriums und der Kommission in Lüttich (August 1930), Zürich (Juni 1931) und in Brüssel (April 1932) belegt.[611] Für Bernhard Marschall persönlich hatte sicher eine Privataudienz bei Papst Pius XI. und seinem Kardinalstaatssekretär Eugenio Pacelli (dem späteren Papst Pius XII.), bei der er u.a. das Kongreßbuch zur Münchner Rundfunktagung und die gesammelten Vorträge der Katholischen Morgenfeiern im Westdeutschen Rundfunk in Prachtbänden überreichte, einen ganz besonderen Stellenwert.[612] 1932 wurde für das Jahr 1934 ein zweiter Internationaler Katholischer Rundfunkkongreß in Rom, Wien oder Paris ins Auge gefasst.[613] Dass eine solche länderübergreifende Zusammenarbeit und ein Erfahrungsaustausch in Medienfragen mit Katholiken anderer Länder, vor allem aus Westeuropa, unter den radikal anderen politischen Vorzeichen ab 1933 zum Erliegen kam und sich weitere Planungen nicht mehr realisieren ließen, versteht sich nahezu von selbst.

Für die PRESSA als Ganzes gab es nach Abschluss der Ausstellung etliche Aktivitäten, die eine Erfassung und wissenschaftliche Erschließung des zusammengetragenen umfangreichen Ausstellungsmaterials zum Ziele hatten.[614] Auch Bernhard Marschall verfolgte, wie im Schreiben an Kardinal Schulte mitgeteilt, für die Katholische Sonderschau ähnliche Absichten.

---

[609] Vgl.: B[ernhard] M[arschall]: Internationales Katholisches Rundfunkbüro. In: Volkstum und Volksbildung. Neue Folge der Volkskunst 1(1929 = 17. Jg. der Volkskunst), S. 98-100.

[610] Vgl.: Bernhard Marschall: Bericht des ZBA [...] (wie Anm. 161), S. 317. – Das Internationale Katholische Filmbüro, welches für den Filmkongress verantwortlich zeichnete, war im Frühjahr 1928 anlässlich eines Kongresses der Internationalen Vereinigung der Katholischen Frauenverbände in Den Haag gegründet worden. – Vgl.: Nur für reife Erwachsene. Katholische Filmarbeit in der Schweiz. Hrsg. von Natalie Fritz, Charles Martig, Fabian Perlini-Pfister. Zürich: TVZ 2011. 178 S. – Hier S. 24.

[611] Zu Lüttich 1930 vgl.: B[ernhard] M[arschall]: Rundfunk-Internationale. In: Volkstum und Volksbildung. Neue Folge der Volkskunst 19(1931), S. 123-124. – Zu Zürich 1931 vgl.: B[ernhard] M[arschall]: IKR. In: Volkstum und Volksbildung. Neue Folge der Volkskunst 19(1931), S. 246-247. – Zu Brüssel 1932 vgl.: B[ernhard] M[arschall]: Internationales Katholisches Rundfunkbüro. In: Volkstum und Volksbildung. Neue Folge der Volkskunst 20(1932), S. 145-146.

[612] Vgl.: B[ernhard] M[arschall]: Rundfunk-Internationale [...] (wie Anm. 611) und Bernhard Marschall: Bericht des ZBA [...] (wie Anm. 161), S. 317. – Die Audienz muss Ende 1930 stattgefunden haben. – Außerdem traf Marschall im Vatikan mit Erzbischof Guiseppe Pizzardo (1877-1970) – zu dieser Zeit Präsident der römischen Kurie – zusammen, dem er über die katholische Rundfunkarbeit berichtete (ebd.). – Zu Pizzardo, der 1937 in den Kardinalsrang erhoben wurde vgl.: http://www.catholic-hierarchy.org/bishop/bpizzardo.html [zuletzt aufgerufen am 20.2.2014].

[613] B[ernhard] M[arschall]: Internationales Katholisches Rundfunkbüro [...] (wie Anm. 609), S. 145.

[614] Vgl.: Hans-Georg Klose: Zeitungswissenschaft in Köln [...] (wie Anm. 11), S. 153.

Unter den Abteilungsleitern für die Katholische Sonderschau bemühte sich Dr. Eduard Lange, der für das Schrifttum des 19. Jahrhunderts zuständig gewesen war, intensiv um den Erhalt seines Ausstellungsteiles. In einem Schreiben an den Kölner Oberbürgermeister bekannte er, dass er in dieser Frage schon mit dem Leiter der PRESSA, Dr. Esch, und mit Bernhard Marschall gesprochen habe. Bevor die PRESSA geschlossen werde, wolle er nun seine Anregung auch an Adenauer weitergeben:

> "*Die Darstellung des 19. Jahrhunderts in der katholischen Sonderschau dürfte als ein erster Versuch, die geistigen Grundlagen des gegenwärtigen Katholizismus historisch zu veranschaulichen, nicht ohne Wert sein, wie es auch eine liebenswürdige Überschätzung der Abteilung bedeutete, daß sie in der Kölnischen Volkszeitung im Bericht über die Eröffnungsfeier am 30. Mai zum 'Glanzstück' des Katholischen Hauses erhoben wurde. Jedenfalls möchte ich – sollte auch keinerlei Hoffnung bestehen, die Abteilung 19. Jahrhundert in ihrer gegenwärtigen Gestalt als dauernde Ausstellung zu erhalten – doch anerkennen, daß sie zu den Teilen der 'Pressa' gehört, bei denen es wünschenswert wäre, ihre geistige Substanz in modifizierter Form, sei es im teilweisen Ersatz durch anderes erreichbares Material oder auch in guten Reproduktionen, der Stadt zu bewahren.*" [615]

Adenauer fragte daraufhin bei seinem Ausstellungsleiter nach. Generaldirektor Esch antwortete ihm, "[...] *daß geplant ist, den wissenschaftlichen Inhalt der Abteilung '19. Jahrhundert' in der katholischen Abteilung literarisch zu erhalten, und zwar in dem wissenschaftlichen Werk der PRESSA, dessen Herausgabe beabsichtigt ist. Dieser Teil des wissenschaftlichen Buches gehört zum Arbeitsgebiet von Herrn Dr. Wohlers, mit dem sich Herr Dr. Lange am besten unmittelbar in Verbindung setzt.*" Und er fügte hinzu: "*Aus dem Schreiben des Herrn Dr. Lange ist nicht zu ersehen, ob er auch an die museale Erhaltung der Abteilung denkt. Ist dies der Fall, so möge er sich gleichfalls mit Herrn Dr. Wohlers in Verbindung setzen.*" [616]

Bekanntlich ist ein solches wissenschaftliches Werk zur PRESSA nie erschienen. Die Bemühungen Dr. Langes um den Erhalt seines Ausstellungsteiles liefen damit wohl ins Leere. Es scheint aber, dass er zunächst noch länger hartnäckig an seinem Ziel festhielt. So berichtete Marschall in seinem an Elisabeth Cosack vom Katholischen Deutschen Frauenbund gerichteten Brief vom 6. August 1929, also mehr als ein Dreivierteljahr nach dem Ende der Katholischen Sonderschau, dass er Herrn Dr. Lange 500,-- Reichsmark für die Katalogisierung dieser Abteilung bereitstellen könne: "*Er müsste davon aber die Hilfskraft und das Material bezahlen, und das Übrigbleibende, nach meiner Meinung RM. 300,-- könnte er als Honorar betrachten. Unsere Bibliothekarin können wir für diese Arbeit nicht mehr bereithalten; sie*

---

[615] Schreiben von Dr. Eduard Lange an Oberbürgermeister Adenauer vom 19.9.1928 [...] (wie Anm. 215), [S. 1-2].

[616] Schreiben von [Generaldirektor Dr.] Esch an Herrn Oberbürgermeister Adenauer vom 2. Oktober 1928, maschinenschriftl. 1 Bl. (HAStK 902/134/3, S. 399).

wird im Laufe dises [!] *Monats gehen.*" Marschall warb abschließend bei Frau Cosack regelrecht um Unterstützung für dieses Vorhaben: "*Ich nehme ohne weiteres an, dass Herr Dr. Lange sowie auch Sie, geehrtes Fräulein Doktor, es mit mir begrüssen würden, dass wir auf diese Weise die umfangreichen Arbeiten zur Darstellung des 19. Jahrhunderts katalogmässig festhalten und auf diese Weise die noch vorhandenen Lücken im Ausstellungskatalog beseitigen können.*" Elisabeth Cosack war hier offensichtlich ganz anderer Ansicht. Trocken vermerkte sie handschriftlich auf Marschalls Brief: "*Eine Bearbeitung kommt jetzt nicht mehr in Frage. Auch ist f. d. angegebene Summe kaum d. Bibliothekarin zu bezahlen. Cos.*"[617] Und so scheint sich dieses Vorhaben, das Material eines inhaltlich gut konzipierten und strukturierten Ausstellungsteiles bleibend zu dokumentieren, endgültig zerschlagen zu haben.

Erfolglos blieben auch die von Marschall mit großem Einsatz betriebenen Bemühungen, die während der Katholischen Sonderschau im Raum "*Das katholische Buch*" ausgestellte Bibliothek auf Dauer als Grundstock für eine Internationale katholische Präsenzbücherei in Köln zusammen zu halten oder gar fortzuführen.[618] Da die Verleger die während der Sonderschau ausgestellten Bücher jedoch als Kommissionsware zur Verfügung gestellt hatten, musste mit diesen aus Kostengründen – für einen Ankauf gab es keine Mittel – über eine geschenkweise Überlassung für einen solchen Zweck verhandelt werden: "*Herr Direktor Marschall führt zur Zeit Verhandlungen mit den katholischen Buchverlegern, die sehr aussichtsreich sind* [...]", so berichtete der sehr optimistische Konsul Stocky wenige Tage vor dem Ende der Katholischen Sonderschau in einem Brief an Kardinal Schulte.[619] "*Zuerst war daran gedacht, diese Bücherei* [...] *im alten Priesterseminar oder im jetzigen Generalvikariat, wenn es gegebenenfalls in das alte Priesterseminar umzöge, aufzustellen.*"[620] Marschall hatte sich bei diesen Überlegungen wohl von der Vorstellung leiten lassen, die gesamte Seminarbibliothek würde bei Bezug des neuen Priesterseminars in Bensberg, das damals kurz vor der Fertigstel-

---

[617] AKDFB 2-5-1 Schreiben von B[ernhard] Marschall, Zentralbildungsausschuss, vom 6.8.1929 an den Katholischen Deutschen Frauenbund [...] (wie Anm. 607).

[618] Die Bezeichnung Internationale Katholische Präsenzbücherei verwendete Marschall in einem Brief an den Kölner Domkapitular Scholl: Schreiben von B[ernhard] Marschall, Direktor des Zentralbildungsausschusses an Hochwürden Herrn Domkapitular Dr. Scholl vom 8. Mai 1929, 3. Bl. – Hier Bl. 1 (AEK CR I 8 A 1,10 Nr. 1919[I]/29). – Das Schreiben trägt den Zusatzvermerk: "*Infolge Abreise zu auswärtigen Sitzungen ausgefertigt:* [gez.] *i. A. M. Weber*".

[619] Schreiben von J[ulius] Stocky, Konsul und Verleger der Kölnischen Volkszeitung, an Seine Eminenz den Hochwürdigsten Herrn Karl Joseph Kardinal Schulte [...] (wie Anm. 275), Bl. 1.

[620] Schreiben von B[ernhard] Marschall, Direktor des Zentralbildungsausschusses an Hochwürden Herrn Domkapitular Dr. Scholl [...] (wie Anm. 618), Bl. 1-2.

lung stand und ab Ostern 1929 bezogen wurde, seinen alten Standort in den Räumen der ehemaligen Jesuitenbibliothek in der Marzellenstraße in Köln verlassen. Tatsächlich wurde aber mit 5.000 Bänden nur ein kleiner Teil der Seminarbibliothek, der vor allem die neuere theologische Literatur betraf, aus Köln verlagert. Der weitaus größte Teil der Seminarbibliothek, 60.000 Bände, blieb jedoch an Ort und Stelle und bildete den Grundstock für die im März 1929 durch Kardinal Schulte neu gegründete Erzbischöfliche Diözesanbibliothek, in die dann ein Jahr später als Depositum auch die Bestände der Kölner Dombibliothek integriert wurden.[621]

Ein großes Problem stellten aber auch die zu erwartenden Betriebskosten für eine solche Bibliothek dar: "*Für die Weiterführung der Bücherei und die Verwaltungskosten berechneten wir jährlich RM 10.000,-.*"[622] Hier war man seitens des Erzbischöflichen Generalvikariats wohl nicht bereit, diese Kosten laufend zu übernehmen. So rückte für Marschall der Bonner Borromäusverein als mögliche Alternative für die Unterbringung der Bücher aus der Sonderschau in den Blick: "*Ich sah aber keinen Ausweg, die RM 10.000,- jährlich sicher zu stellen und verhandelte deshalb mit der Zentrale des Borromäusvereins. Diese Verhandlungen sind noch nicht abgeschlossen.*"[623] Anschließend trug Marschall die Argumente vor, die seiner Ansicht nach für eine solche Bonner Lösung sprachen: "*Ich habe aber die Hoffnung, dass der Borromäusverein diese Präsenzbücherei in seiner Zentralstelle zu Bonn aufstellt und die Kosten für Weiterführung und Verwaltung übernimmt. Für den Borromäusverein bedeutet dies neben dem materiellen vor allem ein grosser ideeller Gewinn. Er wird damit weithin sichtbar zur wirklichen Zentrale des katholischen literarischen Schaffens und wächst dadurch hinein in die internationale Arbeit.*"[624]

Doch auch diese Option zerschlug sich bald. Für den auf das Volksbüchereiwesen fokussierten Borromäusverein passte eine solche Präsenzbibliothek letztlich nicht

---

[621] Zur Errichtung des Bensberger Priesterseminars und zur Gründung der Kölner Diözesanbibliothek vgl.: Das Kölner Priesterseminar im 19. und 20. Jahrhundert. Festschrift zur Feier des 250jährigen Bestehens am 29. Juni 1988. Hrsg. von Norbert Trippen. (Studien zur Kölner Kirchengeschichte; 32). Siegburg: Schmitt 1988. 366 S. – Hier insbesondere S. 16-18 u. S. 149-154. – In obsequium Christi. Gedenkausstellung des Historischen Archivs des Erzbistums Köln zum 50. Todestag von Karl Joseph Kardinal Schulte am 10. März 1991. Katalog. Köln: Historisches Archiv des Erzbistums Köln 1991. 123 S. – Hier insbesondere S. 95-97 u. s. 103-103. – Wilhelm Schönartz: Die Erzbischöfliche Diözesan- und Dombibliothek. Ihre Entstehung und Entwicklung. In: Die Erzbischöfliche Diözesan- und Dom-Bibliothek zu Köln. Festschrift zur Einweihung des Neubaus der Bibliothek am 10. November 1983. Hrsg. von Wilhelm Schönartz. Köln: Wienand 1985, S. 3-11. – Hier S. 6-8.

[622] Schreiben von B[ernhard] Marschall, Direktor des Zentralbildungsausschusses an Hochwürden Herrn Domkapitular Dr. Scholl [...] (wie Anm. 618), Bl. 1.

[623] Ebd., Bl. 2.

[624] Ebd.

in das Konzept seiner Bildungsarbeit. Zudem scheute man wohl die hohen Kosten einer Fortführung der Sammlung. Zwar hatte man 1928 in der Zentrale eine Fernleihbibliothek errichtet, in dessen großzügiger, auf rund 80.000 Bänden Bestand konzipierten Magazinanlage genügend Platz für die Übernahme der Bücherei der Katholischen Sonderschau gewesen wäre. Doch mit dieser nicht auf den Publikumsverkehr ausgerichteten Magazinbibliothek verfolgte man vorrangig das Ziel, für die Volksbüchereien vor Ort solche Bücher vorzuhalten, die man einerseits wegen ihrer 'Tendenz' nicht unbedingt für geeignet hielt, die man andererseits aufgrund ihrer literarischen Bedeutung aber nicht unbeachtet lassen wollte.[625] "*Zu meinem grössten Bedauern muss ich die Verhandlungen heute endgültig als gescheitert betrachten, wenn ich auch voll und ganz anerkenne, dass vor allem der Erzbischöfliche Stuhl und der Borromäusverein bis zum letzten Augenblick mit uns Mittel und Wege gesucht haben, den Plan doch noch zu verwirklichen. Doch die Schwierigkeiten waren zu groß*"[626], so stellte Marschall einen Monat später enttäuscht in einem an die katholischen Verleger gerichteten Schreiben fest. Und in einem Begleitbrief, durch den er den Geheimsekretär von Kardinal Schulte, Dr. Wilhelm Corsten, über dieses negative Ergebnis informierte, ließ er ebenfalls seine tiefe Enttäuschung durchblicken: "*Nun haben wir fast tausend Briefe in dieser Angelegenheit, Rundbriefe und persönliche Briefe, geschrieben und stehen nun nach vielen mündlichen Verhandlungen und Reisen meinerseits vor diesem Ergebnis.*"[627] Die vage Hoffnung, dass hier doch etwas in Fluss gekommen sei und der Borromäusverein grundsätzlich seine Bereitwilligkeit zu dem Plane, eine Katholische Bibliographie über Neuerscheinungen zu erarbeiten, ausgesprochen habe, sollte sich in der Folge ebenso als Trugschluss erweisen wie die Absicht, dass es "[...] *eine der Zukunftsaufgaben des ZBA* [...] [sei], *den Gedanken von Zeit zu Zeit wieder lebendig zu machen.*"[628]

Da in der Präsenzbibliothek der Katholischen Sonderschau von den allermeisten Titeln jeweils zwei Exemplare vorhanden gewesen waren, liefen parallel zu den Bemühungen um ihren Fortbestand[629] Anstrengungen für eine sinnvolle Verwer-

---

[625] Vgl.: Wilhelm Spael: Das Buch im Geisteskampf [...] (wie Anm. 148), S. 279-280.

[626] Rundschreiben von B[ernhard] M[arschall], Direktor des Zentralbildungsausschusses, an die katholischen Verleger, 'Hochverehrter Herr Verleger' vom 11. Juni 1929, 2 Bl. – Hier Bl. 1 (AEK CR I 8 A 1,10, ohne Nr.).

[627] Schreiben von B[ernhard] Marschall an Hochwürden Herrn Geheimsekretär Dr. [Wilhelm] Corsten, Köln, Erzbischöfliches Palais vom 12. Juni 1929, 2. Bl. (AEK CR I 8 A 1,10, ohne Nr.).

[628] Ebd.

[629] Der Bestand der Präsenzbibliothek war Anfang Mai 1929 auf 5.067 Bände beziffert worden. – [Anzahl und Wert der Bücher aus der Katholischen Bücherei der Katholischen Sonderschau]. 'I. Präsenzbücherei'. 3. V. 1929 [Anlage zum] Schreiben von B[ernhard]

tung der Dubletten. In seinem Schreiben an Domkapitular Kaspar Scholl bot Marschall diesem insgesamt 2.150 Bände für das Priesterseminar an, davon könnten 1.144 Bände geschenkweise überlassen werden und 1.006 Bände seien für RM 6.583,35 anzukaufen.[630] "*Ich konnte die vollständige kostenlose Ueberlassung leider nicht erreichen, halte aber diese Lösung noch für sehr günstig.*" Marschall rechnete vor, dass das Priesterseminar auf diese Weise Bücher im Wert von rund RM 20.000,- erwerben könnte, da die Ankaufspreise rabattierte Verlegerpreise seien und der Nennwert der geschenkten Titel RM 3.812,73 betrage. Mit diesem Ankauf ließen sich somit auf günstige Weise die Lücken an aktueller Literatur schließen, die durch die Herauslösung der Seminarbibliothek für das Priesterseminar in Bensberg in der am alten Standort verbliebenen, jetzigen Diözesanbibliothek entstanden seien: "*Von Herrn Bibliotheksdirektor Heusgen hörte ich, dass er schon eine Bibliothek im neuen Priesterseminar eingerichtet hat. Er bedauert es sehr, dass er in der Erzdiözesanbücherei die neuzeitliche Literatur nicht mehr vertreten hat. Dies wuerde durch die Uebernahme der Doubletten wieder ersetzt. Es handelt sich hierbei natürlich um Philosophica und Theologica.*"[631]

Nachdem Marschall auf dieses Schreiben hin vom Erzbischöflichen Generalvikariat gebeten worden war, eine Zusammenstellung der anzukaufenden und der geschenkweise zu überlassenen Bücher zu übersenden, geschah dies binnen weniger Tage: "*Gemäss Schreiben vom 14. Mai habe ich durch unsere Bibliothekarin anliegende Verzeichnisse der für die Bibliothek des Priesterseminars zum Ankauf angebotenen Bücher anfertigen lassen.*"[632] Die umfangreichen, als Anlage angefügten Listen, unterteilt in "*Zu kaufende Doubletten*" und "*Geschenkte Doubletten*" liegen in der im Historischen Archiv des Erzbistums Köln aufbewahrten Akte des Priesterseminars vor. Ob und inwieweit der Ankauf und die Übernahme erfolgte, kann aus dem Schriftwechsel nicht ersehen werden und könnte letztlich nur durch einen detaillierten, den Rahmen dieser Bearbeitung sprengenden Abgleich der Zusammenstellung von Marschall mit den heutigen Beständen der Diözesan- und Dombibliothek geklärt werden.[633]

Marschall, Direktor des Zentralbildungsausschusses, an Hochwürden Herrn Domkapitular Dr. Scholl [...] (wie Anm. 618), Bl. 3.

[630] Nach dieser Übersicht sollten dem Borromäusverein weitere 2.582 Bände Dubletten angeboten werden; davon konnten 1.719 geschenkweise überlassen werden (Wert: RM 6734,87) und 863 Bände standen zu einem Preis von RM 3495,30 zum Verlauf (ebd.). – Ob dieses Geschäft mit dem Borromäusverein zustande kam, ist unbekannt.

[631] Schreiben von B[ernhard] Marschall, Direktor des Zentralbildungsausschusses an Hochwürden Herrn Domkapitular Dr. Scholl [...] (wie Anm. 618), Bl. 2.

[632] Schreiben von B[ernhard] Marschall, Direktor des Zentralbildungsausschusses an das Hochwürdigste Erzbischöfliche Generalvikariat, Köln vom 23. Mai 1929, 1 Bl. nebst Anlagen (AEK CR 8 A 1,10, ohne Nr.).

Mit dem Scheitern des Planes für eine Internationale Katholische Präsenzbibliothek war aber noch nicht geklärt, was mit den Tausenden von Büchern geschehen sollte, die in der Bücherei auf der Katholischen Sonderschau zu sehen gewesen waren. Laut Vertrag mit den Verlegern mussten die Bücher für diesen Fall kostenlos an die Verlage zurückgeschickt werden. "*Für diese Rücksendung stehen uns nach Abbau der Ausstellung noch ca. RM 300,- zur Verfügung. Wir benötigen aber mindestens RM 5.000,-.*"[634] Angesichts der vielfältigen Bemühungen, nachträglich Gelder aufzutreiben und die ausstehenden Verpflichtungen zu verringern, kann durchaus bezweifelt werden, ob in der Kasse des IKC diese dreihundert Reichsmark überhaupt noch zur Verfügung standen. Denn wenige Wochen zuvor hatte Marschall beklagt, dass das finanzielle Defizit der Katholischen Sonderschau (vgl. Kap. 2.4.) noch RM 5.000,- betrüge.[635] Die Intention, durch einen geschickten Verkauf von Teilen der Katholischen Bücherei Geld in die klamme Kasse des IKC zu spülen, hatte sich also zerschlagen. Stattdessen erwiesen sich die immer noch in Köln lagernden Bücherberge als zusätzliche finanzielle Last. Aus diesem Grunde unterbreitete Marschall am 11.6.1929 den katholischen Verlegern folgenden Vorschlag, der "*auf Anraten des Herrn Verlegers Dr. F.C. Bachem*" entstanden sei: "*Gestatten Sie uns, aus Ihren geschenkten Beständen einen gewissen Prozentsatz an die hiesigen grossen katholischen Sortimente und an die Erzbischöfliche Seminarbibliothek bestmöglichst zu verkaufen bis zum Gesamtbetrage von RM 5.000,-. Den Rest der geschenkten Bücher lassen wir vorläufig, nachdem die Kartothekarbeiten abgeschlossen sind, zur Verfügung des Erzbischöflichen Stuhls in den hiesigen Aufstellungsräumen in der Albertus Magnus Akademie.*"[636] Marschall erbat eine Zustimmung der Verleger bis zum 1. Juli und stellte das Verpacken und Versenden der Bücher in Aussicht, sobald die notwendigen Verkäufe durchgeführt sind, "[...] *so dass sie im Laufe des Sommers mit dem Wiedereingang der Bücher, die zurückgesandt werden müssen, rechnen können.*"[637] Für den alternativen Fall, dass kein Einverständnis mit dem Vorschlag bestehe, stellte er in dem von etlichen Höflichkeitsfloskeln durchsetzten Brief auch die Rücksendung der schon geschenkweise überlassenen Bücher in Aussicht und kündigte zugleich die ursprünglich getroffene Vereinbarung auf: "*Wir müssten aber gegebenenfalls in Anbetracht*

[633] Eine eindeutige Beweisführung würde dabei dadurch erschwert, dass es sich bei den Büchern um bibliothekarisch nicht bearbeitete oder mit einem Vorbesitzervermerk versehene Neuware handelte.

[634] Rundschreiben von B[ernhard] M[arschall], Direktor des Zentralbildungsausschusses, an die katholischen Verleger [...] (wie Anm. 626), Bl. 1.

[635] Schreiben von B[ernhard] Marschall, Direktor des Zentralbildungsausschusses, an Hochwürden Herrn Domkapitular Dr. Scholl [...] (wie Anm. 618), Bl. 2.

[636] Rundschreiben von B[ernhard] M[arschall], Direktor des Zentralbildungsausschusses, an die katholischen Verleger [...] (wie Anm. 626), Bl. 1-2.

[637] Ebd., Bl. 2.

der oben geschilderten finanziellen Schwierigkeiten die Rücksendung auf ihre Kosten vornehmen."[638]

Einmal mehr zeugt dieses Beispiel des Ringens um den Verbleib der Bücher aus der Katholischen Bücherei von – sicher zu einem erheblichen Teil durch die prekäre finanzielle Lage des IKC (vgl. Kap. 2.4.) bedingten – Schwierigkeiten einer sachgemäßen Abwicklung der Katholischen Sonderschau nach dem Ende der Ausstellung. Wie die Verwertung der Bücher schließlich genau ablief, ist aus den vorliegenden Quellen nicht ersichtlich. Die Vermutung liegt aber nahe, dass die mit der weiteren Verwendung der Bücher der Katholischen Bücherei verbundenen Arbeiten im Laufe des August 1929 abgeschlossen waren, da ja zu diesem Zeitpunkt das Beschäftigungsverhältnis der Bibliothekarin endete.[639]

Aufs Ganze gesehen war der Verbleib der Bücher aus der Katholischen Bücherei sicherlich nur eine kleinere Teilaufgabe unter den vielfältigen nach der Katholischen Sonderschau zu erledigenden Arbeiten. Über den Verbleib des Ausstellungsmobiliars und der Kunstwerke ist im Einzelnen tatsächlich so gut wie nichts bekannt. In den Akten des Kölner Generalvikariates fand sich lediglich die Notiz, dass der Vorstand des IKC Kardinal Schulte "[...] *das Kreuz in der Missionsabteilung mit der Aufschrift 'Ich bin der Weg, die Wahrheit und das Leben' als Erinnerung an die Katholische Sonderschau der Pressa für das neue Priesterseminar zur Verfügung* [...] [stelle]."[640] Ansonsten können nur einige Vermutungen geäußert werden: Die weitere Verwendung der anderen größeren, prinzipiell mobilen Kunstobjekten, etwa der Christusplastik und der Immaculata von Maria Eulenbruch, nach Ende der Ausstellung ist unbekannt. Die raumgestalterischen, von Dominikus Böhm und anderen Künstlern der Kölner Werkschulen geschaffenen Ausstattungselemente wurden nicht aufbewahrt; auch die markante Glasrotunde Böhms war ein temporärer Einbau und gilt als verloren.[641] Gleiches müssen wir für die Wandgemälde von Hildegard Domizlaff und Hubert Schöllgen in den Räumen des 19. und 20. Jahrhunderts annehmen. Ansonsten galt es natürlich, nach dem Abbau der Ausstellung für den ordnungsgemäßen Rücktransport der zahllosen Leihgaben, seien es Druckschriften, sei es religiöse Kleinkunst oder handelte es sich um Kulturschätze wie z.B. das Gerokreuz aus dem Kölner Dom, an die stattliche Zahl der Leihgeber aus Nah und Fern zu sorgen. Zu vermuten ist, dass diese Aufgabe den für die verschiedenen Ausstellungsteile verantwortlichen Organisatoren des Direktoriums, also z.B. Professor Witte für die große kulturhistorische

---

[638] Ebd.

[639] Vgl.: Schreiben von B[ernhard] Marschall, Zentralbildungsausschuss, vom 6.8.1929 an den Katholischen Deutschen Frauenbund [...] (wie Anm. 607).

[640] Schreiben von J[ulius] Stocky [...] an Kardinal Schulte [...] (wie Anm. 275), Bl. 1.

[641] Vgl.: http://de.wikipedia.org/wiki/Liste_der_Bauwerke_von_Dominikus_B%C3%B6hm [zuletzt aufgerufen am 25.2.2014].

Abteilung, Professor Lemacher für die kirchenmusikalische Abteilung und Dr. Lange für die Präsentation katholischer Schriften des 19. Jahrhunderts, oblag.[642] Dass diese Rückführung nicht immer reibungslos verlief, wurde schon an anderer Stelle am Beispiel der zeitweilig verschwundenen Ausstellungsobjekte aus dem Mainzer Gutenberg-Museum dargelegt (vgl. Kap. 2.4.). Über Herkunft und Verbleib der zahlreichen Schauvitrinen liegen ebenfalls keine Informationen vor. Ihr einheitliches, auf die sonstige Raumausstattung abgestimmtes Erscheinungsbild legt die Vermutung nahe, dass diese eigens für die Sonderschau, vielleicht durch die Studierenden der Kölner Werkschulen, gefertigt wurden. Da die Räume der Katholischen Sonderschau ab 1932 zur Heimat des Museums Schnütgen wurden[643], spricht manches dafür, dass die Vitrinen an Ort und Stelle verblieben und später von dem unter Leitung von Professor Witte stehenden Museum für Christliche Kunst des Mittelalters nachgenutzt wurden.

Insgesamt lassen sich wohl viele Gründe dafür zusammentragen, dass die Katholische Sonderschau ohne weiterreichende Impulse für die katholische Presse und für die Medienarbeit der Katholiken in Deutschland blieb: In der Hektik der kurzfristigen, unter großem Zeitdruck stehenden Vorbereitungen hatte man das Nachher zunächst kaum im Blick. Verschiedene Ideen zur Sicherung des Ertrages der Ausstellung wurden dann während der Sonderschau entwickelt, ließen sich aber, abgesehen von der durch das im Rahmen der Internationalen Katholischen Woche gegründeten, beim Zentralbildungsausschuß in Köln angesiedelten Internationalen Katholischen Rundfunkbüro angestoßenen Vernetzung der im noch jungen Massenmedium Rundfunk engagierten Katholiken entweder nicht realisieren oder wurden erst gar nicht ernsthaft angepackt. Mangelnde professionelle Strukturen, Probleme, die Schulden der defizitären Sonderschau im Nachhinein auszugleichen, und die Vielzahl der sich in den Vordergrund drängenden notwendigen Arbeiten zur Abwicklung der Ausstellung ließen kaum Raum für weitergehende Ideen und Anstöße. Die Hauptlast der Abwicklung und der Nachbereitung der Katholischen Sonderschau lag bei Bernhard Marschall, der besonders in Finanzierungsfragen vom Zeitungsverleger Julius Stocky unterstützt wurde. Bernhard Marschall sah zudem den Schwerpunkt seiner Aktivitäten in Sachen Volksbildung eindeutig auf dem Sektor des Rundfunks. Und schließlich kam sicherlich auch noch erschwerend hinzu, dass das IKC aus dem Zentralbildungsausschuß und nicht etwa aus dem die Zeitungspresse vertretenden Augustinus-Verein heraus gegründet worden war. Denn die katholischen Vereine, die in der Volksbildung engagiert waren, standen

[642] Dieser Eindruck ergibt sich u.a. auch aus der in den Akten des Kölner Generalvikariates vorliegenden Korrespondenz. So schickten z.B. die Verlage des In- und Auslandes ihre Pakete mit den in der Katholischen Bücherei auszustellenden Büchern ausnahmslos an die Adresse des Kölner Bachem-Verlages.

[643] Vgl. Anm. 358.

der Tagespresse als Bildungsmittel im Ganzen distanziert gegenüber. So zitierte beispielsweise Robert Grosche in seinem Rückblick auf die PRESSA und auf die Katholische Sonderschau den in Fragen der Volksbildung engagierten Bibliothekar und Germanisten Bernhard Rang mit den Worten: "*Volksbildung und Presse, Faktoren, die einander entsprechen und ergänzen sollen, haben das Feld, auf dem sie arbeiten können, noch nicht gefunden. Dort wo Volksbildung wirklicher Dienst am Volk sein will, zeigt sich immer wieder, daß die Tagespresse ihr vielfach entgegenwirkt, verflacht wo sie vertiefen, auseinanderreißt, wo sie zusammenschließen will.*" [644]

Der Zentralbildungsausschuß beschäftigte sich erst drei Jahre nach der Katholischen Sonderschau auf seiner Sommertagung 1931 wieder mit dem Thema *Volksbildung und Tagespresse*, ohne dass aus diesem Anlass erkennbare Bezüge zur Ausstellung oder zur Internationalen Katholischen Woche hergestellt worden wären. Folgt man Emil Ritter, der eines der beiden Hauptreferate der Veranstaltung hielt und über diese in der Zeitschrift 'Volkstum und Volksbildung' ausführlich berichtete[645], so ging dieser weiterhin davon aus, "[...] *daß die Forderungen und Erwartungen der Volksbildung zum großen Teil an den wirtschaftlichen und kulturellen Bedingtheiten des Pressewesens scheitern* [...]".[646] Gleichzeitig konstatierte er eine gewisse Annäherung und bemühte sich um einen etwas differenzierteren Blick auf das Massenmedium Presse. Er stellte dar, dass bei anderen Massenmedien, dem Kino und dem Rundfunk, in den vergangenen Jahren ein Entwicklungsprozess eingetreten sei, der von einer rein negativen Beurteilung und Ablehnung zur Untersuchung der Bildungsmöglichkeiten und zu einer Indienstnahme für Bildungsaufgaben geführt habe. Ritter versuchte mit diesem Ansatz die Bildungsmöglichkeiten der Tagespresse zu analysieren, gleichwohl diese nicht als Bildungsmittel entstanden sei.[647] Zudem sei ein gewisses Umdenken in der Volksbildungsarbeit eingetreten, durch das die gestaltende, individuell auf den Einzelnen ausgerichtete Bildungsarbeit gegenüber der auch mit dem Einsatz von Massenmedien erfolgreich zu leistenden, allgemeiner wirkenden, verbreitenden Volksbildung an Bedeutung verloren habe.[648] Dieser Beitrag eines der Hauptakteure katholisch geprägter Bildungsarbeit in der Weimarer Zeit verdeutlicht somit insgesamt eine weiterhin von Skepsis begleitete und von Grundsatzdebatten geprägte, mühsame Annäherung der Volkbildung an das Medium Zeitung.

---

[644] Bernhard Rang in Hefte für Büchereiwesen 1928 zitiert nach R[obert] G[rosche]: Pressa und Volksbildung. [...] (wie Anm. 573), S. 23.
[645] Emil Ritter: Volksbildung und Tagespresse. In: Volkstum und Volksbildung. Neue Folge der Volkskunst 19(1931), S. 257-263.
[646] Ebd., S. 257.
[647] Vgl. ebd., S. 258.
[648] Vgl. ebd., S. 257.

Ein weiterer, eher politischer Grund für die sehr geringen Nachwirkungen der Katholischen Sonderschau ist, dass die Katholische Kirche in Deutschland nach der nationalsozialistischen Machtergreifung in ihrer Bildungs- und Medienarbeit auf den durch das Reichskonkordat geschützten kirchlichen Binnenraum zurückgeworfen und zunehmend eingeschränkt wurde. Die Arbeit des Zentralbildungsausschusses kam mehr und mehr zum Erliegen. Auf Beschluss der Bischofskonferenz wurde die Geschäftsstelle des ZBA zum 1.1.1934 nach Düsseldorf in das Canisiushaus verlegt.[649] Bernhard Marschall übernahm in Gruiten im Dekanat Mettmann eine Pfarrei und konnte sich nur noch an einzelnen Wochentagen um den ZBA kümmern. Mitte März 1934 schilderte Marschall der Generalsekretärin des KDFB offen die schwierige Situation dieser Umbruchphase:

> "*Wir hoffen bestimmt, ab 1935 in die Bischöfliche Hauptarbeitsstelle auch organisatorisch eingegliedert zu sein. Dann brauchen wir keinen eigenen Etat* [für den ZBA] *mehr. Wir helfen uns mit dem Notwendigsten und hüten in der Stille das Feuer.*
>
> *Ueber die Zusammenarbeit mit den Organisationen habe ich mir schon meine Gedanken gemacht. Wir müssen die endgültige Regelung unserer Düsseldorfer Arbeitsbasis durch den Episkopat abwarten.*
>
> *Auf unserm Büro bin ich gewöhnlich Mittwochs und Donnerstags von 11 Uhr morgens bis 8 Uhr abends.* [...] *Wir haben das ZBA-Büro gut in der Reichsstrasse untergebracht; es hat Fräulein Weber und mir mehr Mühe gemacht als wir dachten. Ebenso verlangte das Einleben in der Pfarrei mehr Kraft und Zeit als ich mir gedacht hatte. Aber wir sind in dem schönen Mühlenbachtal mit den prächtigen Menschen eine glückliche Pfarrfamilie, in deren Mittelpunkt der Altar steht. Dann erträgt man auch Schweres starkmütig.*"[650]

In der Rückschau berichtete Marschall 25 Jahre später von seinen Aktivitäten in Sachen Katholischer Bildungs- und Medienarbeit nach 1933: "*In Düsseldorf wurde durch Zusammenarbeit des ZBA und der katholischen Schulorganisation die* [Bischöfliche] *Hauptarbeitsstelle für die katholische Aktion in Deutschland gebildet, und Direktor Bernhard Marschall wurde zum ersten Film- und Rundfunkreferenten des deutschen Episkopats ernannt. Da wir in der damaligen Zeit allmählich nicht mehr arbeiten konnten, ruhte seit 1938 diese Arbeit gänzlich.*"[651]

Auf diesem Hintergrund ist zu verstehen, dass keinerlei Berührungspunkte zwischen der Katholischen Sonderschau auf der PRESSA 1928 und der großen, internationalen vatikanischen Presseausstellung *Esposizione mondiale della stampa cattolica* im Jahre 1936 erkennbar sind. Letztere fand "[...] *vom 12. Mai 1936 bis*

---

[649] Zentralbildungsausschuß. In: Kirchlicher Anzeiger für die Erzdiözese Köln 73(1933), Nr. 27 vom 1. Dezember 1933, [S. 180].

[650] Schreiben von Bernhard Marschall, Direktor des Zentralbildungsausschusses, an den Katholischen Deutschen Frauenbund, Fräulein Generalsekretärin Antonie Hopmann, vom 16. März 1934, [gez.] i.A. M. Weber, 2. Bl. (AKDFB, 2-5-1).

[651] Bernhard Marschall: Der Zentralbildungsausschuß [...] (wie Anm. 16), S. 107.

zum 31. Mai 1937 unter starker internationaler Beteiligung (63 Aussteller, meistens Länder oder Ländergruppen aus allen Kontinenten) [...] [statt]."[652] Im Unterschied zur Katholischen Sonderschau auf der PRESSA handelte es sich hier wirklich um eine internationale Ausstellung der katholischen Presse. Wirft man einen Blick in den Ausstellungsführer[653], so war in dieser Schau die katholische Presse zahlreicher europäischer Staaten mit eigenen Ausstellungbereichen vertreten (neben dem Vatikan: Italien, Spanien, Portugal, Frankreich, Schweiz, Österreich, Luxemburg, Belgien, Niederlande, Großbritannien, Irland, Tschechoslowakei, Polen und Litauen)[654]; einen deutschen Abschnitt sucht man indes vergeblich. Die deutsche Presse war auch im 1939 erschienen Berichtsband zur Ausstellung nur ganz schwach repräsentiert.[655] Als Anlass für die vatikanische Ausstellung galt das 75jährige Bestehen der 1861 gegründeten Zeitung *Osservatore Romano*. Die Idee zu dieser Schau soll, folgt man der Darstellung in der Einleitung zum Führer, zwei Jahre zuvor von Seiten der Zeitung ins Gespräch gebracht worden sein, nachdem bereits 1933 die katholische Journalisten während einer internationalen Romwallfahrt beschlossen hatten, aus Anlass des Jubiläums der Zeitung einen Kongress in der Ewigen Stadt abzuhalten.[656] Auch in seiner Eröffnungsansprache ging Papst Pius XI.[657], dessen Kardinalstaatssekretär Eugenio Pacelli einst als vatikanischer Nuntius in Deutschland die Frage sondiert hatte, ob sich der Vatikan mit einem eigenen Pavillon an der PRESSA beteiligen solle[658], mit keinem Wort auf die

---

[652] Die Weltkirche im 20. Jahrhundert. (Handbuch der Kirchengeschichte; 7). Freiburg [u.a.]: Herder 1979. 834 S.– Hier S. 419.

[653] Guida della Esposizione mondiale della stampa cattolica. Città del Vaticano: S. Michele 1936. 142 S. – Der Verf. dankt Herrn Dr. Martin Walko, Dombibliothek München-Freising, für die Bereitstellung einer Ablichtung des Ausstellungsführers, dessen italienischsprachige Ausgabe laut Karlsruher Virtuellem Katalog (KVK) in Deutschland nur in der dortigen Bibliothek nachgewiesen ist.

[654] Ebd., S. 24-25.

[655] Es wurden hier u.a. die katholische, einst der Zentrumspartei nahe stehende und inzwischen gleich geschaltete Tageszeitung *Germania*, daneben aber auch einige nationalsozialistische Propagandablätter wie der *Völkische Beobachter* erwähnt. – Vgl.: Die Weltkirche im 20. Jahrhundert [...] (wie Anm. 652), S. 419-420.

[656] "*Due anni or sono L'Osservatore Romano annunciava alla vigilia di Pasqua una Esposizione mondiale della stampa cattolica per il 1936. Infatti, durante il pellegrinaggio internazionale die giornalisti cattolici a Roma, per il Giubileo del 1933, si era deciso il 2° Congresso per celebrare il 75° anniversario de l'Osservatore Romano.*" – Guida della Esposizione mondiale [...] (wie Anm. 653), S. 11.

[657] Vgl.: 'Siamo ancora'. Allocuzione di Sua Santità Pio XI in occasione dell'inaugurazione dell'Esposizione mondiale della stampa cattolica. 12 maggio 1936. Im Internet unter: http://www.vatican.va/holy_father/pius_xi/speeches/documents/hf_p-xi_spe_19360512_siamo-ancora_it.html [zuletzt aufgerufen am 26.2.2014].

[658] Vgl. Anm. 180.

Schau am Rhein ein. Diese hätte man ja durchaus als Vorläufer zur vatikanischen Ausstellung begreifen können. Nicht einmal ein Jahrzehnt nach dem Ende der PRESSA war also die Erinnerung daran, dass in Köln schon einmal der Versuch unternommen worden war, eine internationale katholische Presseausstellung zu organisieren, bereits völlig verblasst und die Katholische Sonderschau war weithin vergessen.

4. Resümee: Die Katholische Sonderschau – Ausdruck eines modernen, selbstbewussten und gesellschaftlich vernetzten rheinischen Laienkatholizismus?

Die im Rahmen der Internationalen Presse-Ausstellung PRESSA 1928 in Köln in den Räumen der ehemaligen Deutzer Benediktinerabtei gezeigte Katholische Sonderschau stellt eine beachtliche organisatorische Leistung dar. Trotz erheblicher Anlaufschwierigkeiten, die u.a. in persönlichen Divergenzen einiger an den Vorplanungen maßgeblich beteiligter Personen und in verschiedenen konzeptionellen Überlegungen hinsichtlich der Leitidee und der inhaltlichen Ausgestaltung ihren Ausdruck fanden, trotz einer prekären Finanzsituation und größter Mühen, die erforderlichen Geldmittel einzuwerben, und trotz eines hohen Zeitdrucks, die Ausstellung termingerecht fertigzustellen, gelang es den Verantwortlichen des Internationalen Katholischen Comités um Bernhard Marschall nur wenige Tage nach der Eröffnung der PRESSA dem interessierten Publikum an einem für die katholische Kirche sehr angemessenen Ort unter dem Kerngedanken *2000 Jahre katholisches Schrifttum* einen attraktiven und bemerkenswerten eigenen, die Gesamtschau ohne Zweifel bereichernden Akzent darzubieten.

Die Katholische Sonderschau war allein schon von ihrer Größe her fast eine Ausstellung in der Ausstellung. In ihrem umfangreichen historischen Teil führte sie auch nichtkatholischen Besucherinnen und Besucher besonders durch zahlreiche kostbare Exponate die kulturhistorische Bedeutung und Leistungen der Kirche auf dem Gebiet des Schrift- und Buchwesens vor Augen. In ihrem das 19. und 20. Jahrhundert umfassenden zeitgenössischen Teil fächerte sie die aktuellen Publikationstätigkeiten im Raum der Katholischen Kirche breit auf und bot diese in einem raumarchitektonisch und künstlerisch vielseitig und modern ausgestalteten Ambiente dar. Selbstbewusst präsentierte sich hier ein die Grenzen des eigenen Milieus verlassender Katholizismus, der den Vergleich mit anderen auf der PRESSA vertretenen religiös oder weltanschaulich intendierten Sonderschauen nicht zu scheuen brauchte.

Für die Auswahl, Organisation und Darbietung der Exponate konnte innerhalb des rheinischen Katholizismus ein großer Kreis kompetenter, teils auch in staatlichen Einrichtungen tätigen bzw. mit diesen vernetzten Persönlichkeiten zur Mitarbeit an der Sonderschau gewonnen werden. Es handelte sich dabei vorwiegend um in akademischen Berufen oder kirchlichen Vereinen und Verbänden aktive Männer, Kleriker und zahlreiche Laien, oder um noch am Anfang ihrer beruflichen Karriere stehende Hochschulabsolventen. Der Anteil der aktiv mitwirkenden Frauen war gering. Die Mitwirkenden genossen bei der Vorbereitung das Wohlwollen etlicher Verantwortlicher der Verwaltung und wohl auch des katholischen Oberbürgermeisters der Stadt Köln. Seitens der Amtskirche erfuhren die Organisatoren vor allem Unterstützung durch das Erzbistum Köln als das örtlich zuständige Belegenheitsbistum.

Aus heutiger Perspektive betrachtet, war die Katholische Sonderschau für ihre Zeit fortschrittlich bzw. modern durch

- einen Gesamtansatz der Schau, der nicht – wie ursprünglich geplant – das Papsttum und die Bedeutung der Presse für die lehramtliche Verkündigung der Kirche in den Mittelpunkt rückte, sondern das Medienwirken der Kirche vor allem christologisch begründete (zentrale Christusfigur im Innenhof der Abtei, neutestamentlicher Sendungsauftrag als Begründung für die Missionstätigkeit der Kirche)
- eine sich zwar an ein breites Publikum wendende Ausstellung, die aber wissenschaftlich gegliedert und fundiert war und weitgehend auf apodiktische und volkstümlich belehrende Ausstellungsteile verzichtete
- einen starken Fokus auf die sich in Handschriften und alten Druckwerken widerspiegelnde historische Kulturleistung der katholischen Kirche richtete und auf die Vielfalt der modernen katholischen Presse, die breit aufgefächert dargeboten wurde
- eine symbolhafte Visualisierung einzelner Ausstellungsthemen bei einer insgesamt abwechslungsreichen Gestaltung der Ausstellungsräume. Dadurch erhielt die Schau einen Erlebnischarakter, der sicherlich bei vielen Besucherinnen und Besuchern einen bleibenden Eindruck hinterließ
- eine sich einer zeitgemäßen Formensprache bedienenden künstlerischen und architektonischen Ausgestaltung etlicher Ausstellungsräume durch katholische, zur damaligen Avantgarde der christlichen Kunst gehörende Künstler (Dominikus Böhm, Ella Brösch, Hildegard Domizlaff, Maria Erlenbruch, Jan Thorn-Prikker, Anton Wendling)
- eine punktuelle Einbeziehung der für die damalige Zeit neuen Medien (Rundfunkarbeit) und eine Berücksichtigung auch aktueller Entwicklungen im Bereich der katholischen Printmedien (wachsende Bedeutung der regionalen Pfarrblätter und der Kirchenzeitungen)
- eine freie, nicht bevormundende Zugänglichkeit zum katholischen Buch in einer modernen, zum Verweilen einladenden Musterbücherei mit Freihandaufstellung

Trotz einer solchen Modernität darf aber nicht übersehen werden, dass die Organisatoren und Gestalter der Katholischen Sonderschau intellektuell von Sichtweisen geprägt waren, die nicht einem heutigen Kirchenverständnis entsprechen und in Teilen auch als antimodernistisch bezeichnet werden können. Diese Zeitbedingheit der Ausstellung lässt sich z.B. an der geistesgeschichtlichen Bewertung der Aufklärung und Säkularisation, an der historischen Deutung der Entwicklung des Katholizismus in Deutschland im 19. Jahrhundert und an der Darstellung der Missionstätigkeit festmachen. Das Wirken der Kirche, auch das der Gegenwart, wurde stets als Auseinandersetzung, als Kampf (um die Seelen) im Wettstreit mit anderen Religionen, Geistesströmungen und Weltanschauungen verstanden. Dort, wo einzelnen katholischen Verbänden und Vereinen Raum für eine Selbstdarstellung eingeräumt wurde, kann deren Bindung an das katholische Milieu nicht übersehen werden. Dagegen gelang es nicht, ein Bild der Katholischen Kirche zu entwerfen, das diese zuvorderst als eine Gemeinschaft der Christgläubigen charakterisierte und das diese Gemeinschaft als gleichermaßen konstitutives wie auch bereicherndes Element einer pluralistischen, offenen Gesellschaft begriff.

Allein schon durch die Vorgabe der Organisatoren der Gesamtpressa, der konfessionellen katholischen Presse den Rahmen einer Sonderschau vorzugeben, wurde diese in einen eigenen Bereich, tendenziell also in ihr eigenes Milieu verwiesen. In der Umsetzung durchbrachen jedoch nicht nur Inhalte und Form der Darbietung diese Ausgrenzung, sondern auch das Faktum, das – wie etwa die Beispiele des Katholischen Deutschen Frauenbundes und der Kölnischen Volkszeitung zeigen – der Rahmen der Katholischen Sonderschau nicht der einzige Ort war, an denen katholische Verbände oder Verlage auf der PRESSA auftraten.

Ebenfalls der Zeit entsprechend wurde ein eurozentrisches Kirchenbild entworfen, in dem weltkirchliche Bezüge nur schwach vertreten waren. Weite Teile der Welt wurden als Missionsgebiete dargestellt. Dies galt etwa auch für Lateinamerika, obwohl die Kirche hier ja schon auf eine über 400jährige Tradition in Ländern, die ihre kolonialen Abhängigkeiten längst überwunden hatten, verweisen konnte. Im Ausstellungsraum der katholischen Auslandspresse waren wichtige katholische Länder erst gar nicht vertreten. Obwohl anfangs eine weltweite Beteiligung katholischer Verlage durchaus intendiert worden war, konnte ein solcher globaler Anspruch trotz einer weltweit agierenden Kirche in den 20er Jahren nur sehr eingeschränkt umgesetzt werden. Die Vereinsbezeichnung, die sich die Organisatoren der Katholischen Sonderschau durch die Bezeichnung *Internationales* Katholisches Comité gegeben hatten, erwies sich somit eher als ein Anspruch, als dass sie der Realität entsprach. Am deutlichsten gelang die Überwindung nationaler Grenzen in der die Ausstellung begleitenden Internationalen Katholischen Woche.

Insgesamt präsentierte das IKC die Katholische Kirche im Rahmen der Sonderschau der PRESSA mit großem Selbstbewusstsein: Stolz auf ihre kulturellen Leistungen in der Vergangenheit zurückblickend, wurde die Kirche der Gegenwart als eine vitale und erstarkte Kraft dargeboten, die ihren Glaubensangehörigen eine feste Heimat bot und ihr Licht nicht unter den Scheffel zu stellen braucht. Dieser machtvolle Katholizismus zeigte sich für die Auseinandersetzung mit anderen

Geistesströmungen gut gerüstet und brauchte diese nicht zu scheuen. Die für Jedermann offen stehende Katholische Sonderschau hatte nicht die Intention, jemand zum katholischen Glauben zu bekehren. Dennoch kann man dieser Schau aufgrund ihrer Inhalte und wegen der gewählten Präsentationsformen eine gewisse missionarische Wirkung nicht absprechen.

Man kann an dieser Stelle auch die Frage nach dem "rheinischen" Anteil stellen, der in dieser in Köln gezeigten Katholischen Sonderschau steckte. Sicherlich wäre eine solche Ausstellung damals auch in München, Hamburg oder Berlin möglich gewesen, aber es war ohne Zweifel einfacher, diese in einer katholisch geprägten rheinischen Großstadt zu organisieren und durchzuführen. Denn es bleibt festzuhalten, dass das rheinische Köln einen besonders guten Nährboden für das Gelingen einer solchen Ausstellung abgab; eben weil es hier zahlreiche katholische Persönlichkeiten vor Ort oder in der Nähe gab, die über eine entsprechende Fachkompetenz und berufliche Stellung verfügten, die intellektuell aufgeschlossen waren und die als engagierte Laien oder Kleriker bereit waren, sich quasi unentgeltlich oder nur für eine eher symbolische Bezahlung in die Katholische Sonderschau einzubringen. In Köln konnte man sich nicht nur des Wohlwollens der städtischen Verwaltung und der Stadtspitze sicher sein. Darüber hinaus gelang es den Verantwortlichen der Katholischen Sonderschau bei der Stadt eine sehr umfangreiche Unterstützung ihrer Ausstellung durch finanzielle Mittel und durch Sachleistungen auszuhandeln und sich so einen Vorteil gegenüber den Organisatoren der anderen Sonderschauen zu verschaffen.

Wie die PRESSA insgesamt, so blieb auch die Katholische Sonderschau ein glanzvoller Solitär in der Geschichte der öffentlichkeitswirksamen Präsentationen des historischen und aktuellen Presse- und Medienwesens. Die Erinnerung an dieses großartige Ereignis verblasste rasch und nachhaltig, die Kräfte waren erschöpft, eine Wiederholung war nicht angedacht, andere Themen, wie etwa der Rundfunk, drängten sich in den Vordergrund. Bereits wenige Jahre später wäre eine solche Ausstellung unter den radikal geänderten politischen Bedingungen in Deutschland nicht mehr möglich gewesen. Nachhaltige Impulse, die von der Sonderschau auf die Entwicklung der katholischen Presse- und Medienlandschaft ausgingen, sind nicht feststellbar. Auch im deutschen Nachkriegskatholizismus hat es bis heute wohl nie mehr Pläne gegeben, im Rahmen einer ähnlichen Ausstellung eine umfassende historische Bilanz und eine aktuelle Übersicht über die Indienstnahme der verschiedenen Medien durch die Kirche sowie zu ihrer Präsenz in den verschiedenen Medien geben zu wollen.

Quellen- und Literaturverzeichnis

QUELLEN

Erzbischöfliche Diözesan- und Dombibliothek Köln

KATHOLISCHE Sonderschau auf der Pressa Köln 1928. o.O. u. J. [57 ungez.] Bl., nur Ill. [Fotoalbum mit Abbildungen der Katholischen Sonderschau im Bestand der Diözesanbibliothek Köln, Signatur: Df 8].

Historisches Archiv der Stadt Köln (HAStK)

Bestand 902: Handakten des Büros Oberbürgermeisters Dr. h.c. Konrad Adenauer, 1917-1933

902/134/1: Akten betr. Ausstellung "Pressa", 1925-1928

S. 359: Schreiben von Konsul J. Stocky, Kölnische Volkszeitung an Herrn Oberbürgermeister Dr. h.c. Adenauer, z.Zt. Spiez am Thunersee, Schlosshotel Schonegg vom 8. September 1927 [maschinenschriftl., 1 Bl.]

S. 361: Schreiben von Oberbürgermeister Adenauer an Herrn Konsul Stocky vom 19. Oktober 1927 [maschinenschriftl., 1 Bl.]

S. 363f.: Schreiben von Oberarchivrat Dr. Kisky, Köln, Niederichstraße 36, Internationales Katholisches Comitée für die Pressa 1928 (I.K.C.) an Oberbürgermeister Adenauer vom 16. Okt. [19]27 [maschinenschriftl., 2. Bl.]

S. 365f.: Satzung des Internationalen Katholischen Comités für die Pressa 1928 I.K.C. Köln, den 1. Juni 1927. [2 S., gedr.]

S. 367: Schreiben von Konsul Stocky, Kölnische Volkszeitung, an Herrn Oberbürgermeister Dr. h.c. Adenauer vom 21. Oktober 1927 [maschinenschriftl., 1 Bl.]

902/134/3

S. 399: Schreiben von [Generaldirektor Dr.] Esch an Herrn Oberbürgermeister Adenauer vom 2. Oktober 1928 [maschinenschriftl. 1 Bl.]

S. 447f.: Vereinbarung zwischen der Ausstellungsleitung und dem IKC. Abschrift. [Undatiert, nach Ende November 1927, maschinenschriftl., 2 Bl.]

S. 451f.: Abschrift eines Schreibens des Internationalen Katholischen Comités für die Pressa 1928 IKC, gez. J. Stocky an Herrn Oberbürgermeister Dr. h.c. Adenauer vom 8. Oktober 1928 [maschinenschriftl., 2 Bl.]

S. 471-481: Schreiben von Konsul J. Stocky, Kölnische Volkszeitung, an Herrn Oberbürgermeister Dr. h.c. Adenauer vom 7. November 1928 [maschinenschriftl., 6 Bl.]

S 483: Aktennotiz sowie Abschrift eines Schreibens von Oberbürgermeister Dr. Adenauer an Herrn Konsul Stocky vom 15.11. [19]28 [maschinenschriftl., 1 Bl.]

Digitales Archiv (http://historischesarchivkoeln.de/de/)

Bestand 902/134

S. 111: Einnahmen und Ausgaben der Internationalen Presseausstellung Köln 1928, Stand 22. Oktober 1928 [maschinenschriftl., 1 Bl.]

Verkauf von Eintrittskarten (Tagesergebnis) am 22. Juli 1928, 1 Bl.

Historisches Archiv des Erzbistums Köln (AEK)

Bestand CR I 8 A 1,10 Priesterseminar

Nr. 1919[I]/29: Schreiben von B[ernhard] Marschall, Direktor des Zentralbildungsausschusses, an Hochwürden Herrn Domkapitular Dr. Scholl vom 8. Mai 1929 [maschinenschriftl., 3 Bl., u. Anlage] = [Anzahl und Wert der Bücher aus der Katholischen Bücherei der Katholischen Sonderschau] 'I. Präsenzbücherei'. 3. V. 1929

o.Nr.: [RUNDSCHREIBEN von] B[ernhard] M[arschall], Direktor des Zentralbildungsausschusses, an die katholischen Verleger, 'Hochverehrter Herr Verleger' vom 11. Juni 1929 [maschinenschriftl., 2 Bl.]

o.Nr.: SCHREIBEN von B[ernhard] Marschall, Direktor des Zentralbildungsausschusses, an das Hochwürdigste Erzbischöfliche Generalvikariat, Köln vom 23. Mai 1929 [maschinenschriftl., 1 Bl.]; Anlagen = Zu kaufende Doubletten [teils maschinenschriftl., teils handschriftl., 29 Bl.]; Geschenkte Doubletten [teils maschinenschriftl., teils handschriftl., 30 Bl.]

o.Nr.: SCHREIBEN von B[ernhard] Marschall an Hochwürden Herrn Geheimsekretär Dr. [Wilhelm] Corsten, Köln, Erzbischöfliches Palais vom 12. Juni 1929 [maschinenschriftl., 2 Bl.]

Bestand CR I 26,4,2 Presse

Die STADT KÖLN gibt sich die Ehre [...] [Einladungskarte der Stadt Köln an den Kölner Erzbischof Kardinal Schulte zur konstituierenden Sitzung der Internationalen Presseausstellung Köln 1928 am 20. Oktober 1926 im Sitzungssaal der Stadtverordneten des Kölner Rathauses].

Bestand CR I 27,4 Verschiedenes

Nr. 3201/27: Der Fürstbischof von Breslau an Herrn Oberarchivrat Dr. Kisky, Köln, Breslau, den 22. August 1927. Copie [maschinenschriftl. 1 Bl.]

Nr. 3220,27: [Einladungsschreiben zur Sitzung des IKC am 7.9.1927]: Internationales Katholisches Comitee für die Pressa 1928 (I.K.C.), Geschäftsstelle: Oberarchivrat Dr. Kisky Köln Niederichstr. 36 [maschinenschriftl., 1 Bl.]

Nr. 4004/27: Schreiben von Wilhelm Kisky an den Kölner Erzbischof Kardinal Schulte vom 31. Oktober 1927 [maschinenschriftl., 3 Bl.]

Nr. 1435^{I}/28: Schreiben des IKC [gez.: "Wimmer"] an den Kölner Generalvikar Dr. Vogt vom 10.4.1928 [betr. Unterstützung bei der Bereitstellung von Gebet- und Gesangbücher für die Katholische Sonderschau, maschinenschriftl., 1 Bl.]

Nr. 1442^{I}/28: [Entwurf eines Schreibens des Generalvikars] Köln, den 11.4.1928, zu senden an die nachstehenden Adressen [...] [handschriftl., 1 Bl.]

Nr. 1477^{I}/28: Schreiben von Dr. [Eduard] Lange, Leiter der Abt. 19. Jh. [des] IKC an das Kölner Generalvikariat vom 19.4.1928 mit der Bitte bei der Diözese Straßburg um Bereitstellung von Materialien aus der Diözesanbibliothek und aus dem Diözesanarchiv Straßburg für die Katholische Sonderschau [maschinenschriftl., 1 Bl.]

Nr. 1514^{I}/28: Einladungsschreiben des Kölner Oberbürgermeisters Konrad Adenauer an Kardinal Schulte zur Teilnahme an der Eröffnung der Pressa am Samstag, 12. Mai 1928, 11 Uhr und handschriftl. Entwurf eines Schreibens von Kardinal Schulte an den Kölner Oberbürgermeister Dr. Konrad Adenauer vom 13.4.1928 [betr. Fernbleiben von der Eröffnung der Pressa]

Nr. 1654^{I}/28 An die Redaktion der Köln. Volkszeitung, Köln, 25. IV. 28 [Maschinenschriftl. Entwurf eines Grußwortes von Kardinal Schulte für die Sonderausgabe Pressa Köln 1928 der Kölnischen Volkszeitung, maschinenschriftl., 2. Bl. mit handschriftl. Korrekturen]

Nr. 1662^{I}/28: Schreiben des Kölner Generalvikars Dr. Vogt an Konsul Stocky, IKC, vom 27.4.1928 [betr. Genehmigung der Bereitstellung des Heribertusschreins für die Katholische Sonderschau, maschinenschriftl., 1 Bl.]

Nr. 1884^{I}/28: [Brief eines Kölner Bürgers an das Erzbischöfliche Generalvikariat vom 14.5.1928 betr. Beflaggung der Domkirche, maschinenschriftl., 1 Bl.].

Nr. 2791^{I}/28: Schreiben von B[ernhard] Marschall an den Kölner Generalvikar Dr. Vogt vom 12.7.1928 [betr. die Gipsfiguren im Kongresssaal der Pressa, maschinenschriftl., 1 Bl.]

Nr. ad 2906^{I}/28: Schreiben von B[ernhard] Marschall an Kardinal Schulte vom 2.8.1928 [betr. Besuch der Katholischen Sonderschau durch Kardinal Schulte und Planungen zur Auswertung und wissenschaftlichen Erschließung der Sonderschau, maschinenschriftl., 2 Bl.]

Nr. G 3234/28: Schreiben von J[ulius] Stocky, Konsul und Verleger der Kölnischen Volkszeitung, an Seine Eminenz den Hochwürdigsten Herrn Karl Joseph Kardinal Schulte vom 8. Oktober 1928 [maschinenschriftl., 2 Bl.]

Nr. ad G 3234/28: Schreiben von J[ulius] Stocky, Konsul und Verleger der Kölnischen Volkszeitung, an Seine Eminenz den Hochwürdigsten Herrn Karl Joseph Kardinal Schulte vom 12. Oktober 1928 [maschinenschriftl. 1 Bl.]

Nr. G 3450/28: Schreiben von J[ulius] Stocky, Konsul und Verleger der Kölnischen Volkszeitung, an S.H. Herrn Prälat Dr. Vogt, Generalvikar, vom 7. Dezember 1928 [maschinenschriftl., 1 Bl.]

Nr. ad G 3450/28: Bericht über den Stand des Defizits am 7. Dez. 1928, [unterzeichnet von] J[ulius] Stocky, Konsul und Verleger der Kölnischen Volkszeitung [maschinenschriftl., 1 Bl.]

o.Nr., AUSSTELLUNGSPLAN. Leitgedanke: "Zwanzig Jahrhunderte katholisches Schrifttum" [maschinenschriftl., 2 Bl., undatiert, ca. Nov./Dez. 1927]

o.Nr., BERICHT über den Stand der Arbeiten des IKC Internationalen kath. Comitees für die Pressa 1928 in Köln, gez. Marschall, Direktor des Zentralbildungsausschusses [maschinenschriftl., 5 Bl., undatiert, nach dem 18.11.1927].

o.Nr., INTERNATIONALE kath. Woche in Köln vom 16.-21. Juni 1928 [Programmentwurf, undatiert = ca. 1.6.1928, maschinenschriftl, 5 Bl.]

o.Nr., INTERNATIONALE Katholische Woche in Köln vom 16. bis 21. Juni 1928. Tagesordnung [Programm, undatiert, ca. Juni 1928, gedruckt, 2 Bl.]

o.Nr., Die KATHOLISCHE Abteilung auf der Pressa 1928 [maschinenschriftl., 2 Bl., undatiert, September 1927]

o.Nr., KATHOLIZISMUS und Internationale Presse-Ausstellung in Köln 1928. [4 maschinenschriftl. Bl.] = Denkschrift des Internationalen Katholischen Comités an die Mitglieder des Zentralkomitees der Deutschen Katholiken, Kleinheubach, Bayern, den 21. August 1927, Alois Fürst von Löwenstein.

o.Nr., KOSTENANSCHLAG für die katholische Abteilung der "Pressa" [maschinenschriftl., 1 Bl. undatiert, ca. August 1927; zitiert als **Finanzplan B**]

o.Nr., KOSTENANSCHLAG für die katholische Abteilung der "Pressa 1928 in Köln" [maschinenschriftl., 1 Bl. undatiert, ca. September 1927; zitiert als **Finanzplan C**]

o.Nr., REPRÄSENTATIONSRAUM die alte Deutzer Kirche [maschinenschriftl., 11 ungez. Bl., undatiert, ca. August 1927]

o.Nr., SATZUNGEN des Internationalen Katholischen Comités für die Pressa 1928 IKC [Köln, den 1. Juni 1927, gedruckt, 2 S.]

o.Nr., SCHREIBEN von B[ernhard] Marschall an die Herren Bischöfe der Fuldaer Bischofskonferenz vom 21.9.1927 [hektographiert, 2 Bl.]

o.Nr., SCHREIBEN von B[ernhard] Marschall an den Kölner Generalvikar wg. Unterstützung bei der Bereitstellung einiger Bände aus der Sammlung Santini aus der UB Münster [undatiert, ca. Anfang Mai 1928, maschinenschriftl., 1 Bl.].

o.Nr., SCHREIBEN von Fürst Aloys zu Löwenstein an Oberarchivrat Dr. Kisky vom 21. Oktober 1927 [maschinenschriftl., 2 Bl.]

o..Nr., SCHREIBEN von J. Stocky, Internationales Katholisches Comité an Kardinal Schulte vom 1.6.1928 [betr. Beitritt zum Ehrenpräsidium der Internationalen Katholischen Woche, maschinenschriftl. 2 Bl. nebst Programmentwurf 'Internationale kath. Woche' [...])

o.Nr., SCHREIBEN von Generalvikar Dr. Vogt an Herrn Dr. Kisky vom 3.9.1927 [maschinenschriftl. 1 Bl.]

Zeitungsausschnitte

INTERNATIONALE Katholische Woche in Köln. In: Vossische Zeitung vom 4.7.1928 [Zeitungsausschnitt,1 Bl.]

[N.N.]: Der Antichrist auf der Pressa. In: Jugendführung 15(1928) Nr. 11 [Zeitungsausschnitt, 1 Bl.]

Nachlass F.W. Lohmann, 26

HEIMAT Und Welt. Köln: Kölner Görreshaus, 4 (1928), Nr. 24 vom 10.6.1928, S. [369]-384.

Die KATHOLISCHE Abteilung auf der Internationalen Presse-Ausstellung "PRESSA" Köln 1928. Skizzen von Professor Dominikus Böhm-Köln. [ca. 1928, gedr., 4 S., Ill.]

Katholischer Deutscher Frauenbund, Archiv (AKDFB)

Bestand 2-5-1 Zentralbildungsausschuß (ZBA) 1919-1934

SCHREIBEN von B[ernhard] Marschall, Zentralbildungsausschuss, vom 10. April 1927 an Generalsekretärin A[ntonie] Hopmann, Katholischer Deutscher Frauenbund [maschinenschriftl., 2.Bl.]

SCHREIBEN des Zentralbildungsausschusses an den Katholischen Deutschen Frauenbund vom 10. März 1928, gez. B[ernhard] Marschall, Direktor des Zentralbildungsausschusses [maschinenschriftl., 1. Bl.]

SCHREIBEN von B[ernhard] Marschall, Zentralbildungsausschuss, vom 6. August 1929 an den Katholischen Deutschen Frauenbund, Zentralstelle, Köln z.Hd. von Fräulein Dr. El[isabeth] Cosack [maschinenschriftl., 1 Bl.]

SCHREIBEN von Bernhard Marschall, Direktor des Zentralbildungsausschusses, an den Katholischen Deutschen Frauenbund, Fräulein Generalsekretärin Antonie Hopmann vom 16. März 1934, [gez.] i.A. M. Weber [maschinenschriftl., 2. Bl.]

SCHREIBEN des Zentralbildungsausschuss 'An die Mitglieder des ZBA' vom 24. September 1931, gez. B[ernhard] Marschall, Direktor des Zentralbildungsausschusses [maschinenschriftl., 1 Bl.]

[WERBEFLYER:] ZBA, Zentralbildungsausschuss der katholischen Verbände Deutschlands [undatiert, ca. 1931, gedruckt, 1 Bl.

Bestand 2-5-2 Zentralausschuß der kath. Verbände

EINLADUNG zur Frühjahrstagung des ZBA am Mittwoch, den 11. Mai 1927 [...], Köln, den 26. April 1927, [gez.] B. Marschall., 1 Bl. nebst Anlagen 8 Bl.; auf Bl. 4-6: Kosten-Voranschlag für die Katholische Abteilung der "Pressa" 1928 [zitiert als **Finanzplan A**]

[PROTOKOLL der] Sitzung des Zentralbildungsausschusses am 20.6.1928, [maschinenschriftl., 1 Bl.]

Bestand 2-5-5 Frauentagung in Köln, Presseberichte 1928-1931

EINLADUNG zur Tagung Kath. Frauenorganisationen am 25. Juni 1928 [gedruckt, 4 S.]

EINLADUNG zu einer deutschen Frauentagung in Köln 1928. 26., 27., 28. Juni [gedruckt, 6 S.]

[PROTOKOLL der] Besprechung über die Frauentagungen am 10. Juli 1928. 10 Uhr an der Zentralstelle des KDF. [Datum] 11.7.28 [maschinenschriftl., 3 Bl.]

SEKUNDÄRLITERATUR

ALBERT, Marcel: Ildefons Herwegen. In: Kölner Theologen. Von Rupert von Deutz bis Wilhelm Nyssen. Hrsg. von Sebastian Cüppers. Köln: Marzellen-Verl. 2004, S. 356-387.

ALLGEMEINES Künstler-Lexikon. Die Bildenden Künstler aller Völker und Zeiten. Bd. 1- . München, Leipzig: Saur 1992- .

AMTLICHER Katalog. Pressa, Internationale Presse-Ausstellung Köln 1928. – Berlin [u.a.]: Mosse 1928. 400, XII, 252 S.

BACHEM, Josef Peter: Zur Geschichte der Firma J.P.Bachem in Köln 1943-1949. Köln 1949. [10 ungez. Bl.]

BAUER, Friedrich: Epilog zur Pressa. In: Zeitwende. Monatsschrift 4(1928), 2. Hälfte, Juli-Dezember, S. 454-460.

BECHHAUS-GERST, Marianne: "Raum ohne Volk und Volk ohne Raum". Die "Koloniale Sonderschau" auf der Pressa 1928. In: Köln und der deutsche Kolonialismus. Marianne Bechhaus-Gerst u. Anna-Kathrin Horstmann (Hg.). Köln: Böhlau 2013, S. 211-214.

BECKER, Michael: Der Katholizismus auf der Pressa. In: Allgemeine Rundschau 25(1928), S. 444-445.

BECKER, Wilhelm: Der Überfall der Schweden auf Deutz im Jahre 1632. In: Rechtsrheinisches Köln. Jahrbuch für Geschichte und Landeskunde 23(1997), S. 2-44.

BIOGRAPHISCH-BIBLIOGRAPHISCHES Kirchenlexikon (BBKL). Bd. 1- . Nordhausen: Bautz 1975- .

BIOGRAPHISCHES Lexikon des KV. Teil 5. Hrsg. von Siegfried Koß und Wolfgang Löhr (Revocatio Historiae. Bd. 6). Köln: SH-Verlag 1998. 136 S.

BOMBEK, Marita: "9 wollene Fürleger". Gestickte Bildteppiche des Mittelalters im Kloster Wienhausen als "Memoria" einer höfischen Zeit. In: Flores considerationum amicorum. Festschrift für Carl August Lückerath zum 70. Geburtstag am 13. Dezember 2006. Hrsg. von Wolfgang Hasberg und Josef Schröder. Gleichen, Zürich: Muster-Schmidt-Verl. 2006, S. 15-44.

BRAUN, Johannes: Organisationsfragen der katholischen Volksbildungsarbeit. Vortrag gehalten auf der Tagung des Zentralbildungs-Ausschusses zu Paderborn im August 1920. Elberfeld [1920]. 23 S.

BRIXIUS, Viola: Der Rheinpark in Köln. Geschichte einer Gartenanlage von 1914 bis heute. Inaugural-Dissertation zur Erlangung des Doktorgrades der Philosophischen Fakultät der Universität zu Köln. Köln 2005. Bd. 1-2. 271, 232 Bl.

CHRISTUS. Zur Wiederentdeckung des Sakralen in der Moderne. Hrsg. von Anne-Marie Bonnet [u.a.]. Düsseldorf: Düsseldorf University Press 2012. 467 S.

COSACK, Elisabeth: Das katholische Haus auf der "Pressa". In: Frauenland 21(1928), S. 104-106.

DIEDERICH, Toni: Zur Geschichte des Historischen Archivs des Erzbistums Köln. In: Das Historische Archiv des Erzbistums Köln. Übersicht über seine Aufgaben, Geschichte und Bestände. (Studien zur Kölner Kirchengeschichte. Bd. 31). Siegburg: Schmitt 1998, S. 17-64.

DIEKAMP, Busso: Kirchliche Glasmalerei des 20. Jahrhunderts im Rheinland dargestellt an Beispielen aus dem Werk des Glasmalers Anton Wendling. In: Bonner Jahrbücher des Rheinischen Landesmuseums Bonn und des Rheinischen Amtes für Bodendenkmalpflege im Landschaftsverband Rheinland und des Vereins von Altertumsfreunden im Rheinlande 187(1987), S. 309-364.

DOMINIKUS Böhm. München, Zürich: Schnell u. Steiner 1962. 541 S.

DOMINIKUS Böhm: 1880-1955; [anlässlich der Ausstellung "Raum Ist Sehnsucht. Der Kirchenbaumeister Dominikus Böhm 1880-1955" vom 16. April bis 19. Juni 2005, veranstaltet vom Deutschen Architektur-Museum, Dezernat Kultur und Freizeit, Stadt Frankfurt am Main; vom 24. September bis 11. Dezember 2005 im Museum für Angewandte Kunst, Köln]. Hrsg. von Wolfgang Voigt u. Ingeborg Flagge. Tübingen, Berlin: Wasmuth 2005. 200 S.

DUST, Martin: "Unser Ja zum neuen Deutschland". Katholische Erwachsenenbildung von der Weimarer Republik zur Nazi-Diktatur. (Studien zur Bildungsreform. Bd. 49). Frankfurt a.M.: Lang 2007. 631 S.

ESTER, Karl d': Schwarz auf Weiss. Ein Leben für die Jugend, die Wissenschaft und die Presse. München: Pohl 1951. 287 S.

ESTER, Karl d': Der Traum eines Lebens. Ein deutsches Institut für internationale Presseforschung und ein Weltpressemuseum. Ein Beitrag zur Geschichte der internationalen Zeitungswissenschaft. Ingolstadt: Verl. Donau Kurier 1957. XIV, 237 S.

FELL, Margret: Mündig durch Bildung. Zur Geschichte katholischer Erwachsenenbildung in der Bundesrepublik Deutschland. (Beiträge zur Erwachsenenbildung). München: Lexika-Verl. 1983. 351 S.

FISCHER, Heinz-Dietrich: Die 'Kölnische Volkszeitung' im Jahre 1932/33. In: Communicatio Socialis 6(1973), S. 27-37.

FRÖHLINGS, J.: Die Katholiken und der Film. In: Kölnische Volkszeitung. Sonderausgabe anläßlich der Internationalen Katholischen Woche in Köln vom 16.6.1928, S. 4.

FUCHS, Peter: Pressa Köln. Rückblick nach 30 Jahren auf die 1. Internationale Presseausstellung 1928 in Köln. [Köln]: Druckhaus Deutz [1958]. 24 ungez. S.

FÜHRER durch die Katholische Sonderschau der Pressa. Im Auftrage des Internationalen katholischen Comités für die Pressa herausgegeben von Bernhard Marschall, Direktor des Zentralbildungsausschusses. Köln: Verlag des IKC 1928. 112 S., Ill.

FÜNFUNDZWANZIG Jahre Katholischer Deutscher Frauenbund. Hrsg. vom Katholischen Deutschen Frauenbund. Schriftleitung: El[isabeth] Cosack. Köln 1928. 160 S.

[FÜNFZIG] 50 Jahre Kölner Messe 1924-1974. Ausstellung, Historisches Archiv der Stadt Köln, 20. September-8. November 1974. Zusammenstellung der Ausstellung und Bearbeitung des Katalogs: Dr. Gertrud Wegener. Köln: Historisches Archiv der Stadt Köln 1974. 95 S., [8 Bl.] Ill.

FUßBROICH, Helmut: Zur Pfarrkirche St. Heribert in Köln-Deutz. Baugeschichte, ehemalige Ausstattung und Wiederaufbau – ein Nachruf. In: Jahrbuch des Kölnischen Geschichtsvereins 54(1983), S. 237-267.

GECHTER, Marianne: Zur Topographie von Deutz im Mittelalter. In: Colonia Romanica. Jahrbuch des Fördervereins Romanische Kirchen Köln e.V. 13(1998), S. 9-21.

GESCHICHTE der Erwachsenenbildung. Hrsg. von Franz Pöggeler. (Handbuch der Erwachsenenbildung. Bd. 4). Stuttgart [u.a.]: Kohlhammer 1975. 391 S.

GLAUBE und Wissen im Mittelalter. Die Kölner Dombibliothek. [Katalogbuch zur Ausstellung, Erzbischöfliches Diözesanmuseum Köln, 7. August bis 15. November 1998]. [Hrsg.: Erzbischöfliches Diözesanmuseum Köln in Zsarb. mit der Erzbischöflichen Diözesan- und Dombibliothek]. Ausstellung und Katalog: Joachim M. Plotzek, Ulrike Surmann. München: Hirmer 1998. 558 S., zahlr. Ill.

GOEGE, Thomas: Das Deutzer Rheinufer. Von der Kürassierkaserne zum Landeshaus. In: Im Mittelpunkt: Die Denkmalpflege. Jörg Schulze zum Abschied. Hrsg.: Franz Kretzschmar, Octavia Zander und Rheinischer Verein für Denkmalpflege und Landschaftsschutz. Köln: Rheinischer Verein für Denkmalpflege und Landschaftsschutz 2001, S. 20-29.

GROSCHE, Robert: Internationale Katholische Woche in Köln. In: Abendland. Deutsche Monatshefte für europäische Kultur, Politik und Wirtschaft 3(1927/28), S. 341-342.

GUIDA della Esposizione mondiale della stampa cattolica. Città del Vaticano: S. Michele 1936. 142 S.

HÄUSERMANN, Ekkhard: Konrad Adenauer und die Presse vor 1933. In: Konrad Adenauer. Oberbürgermeister von Köln. Festgabe der Stadt Köln zum 100. Geburtstag ihres Ehrenbürgers am 5. Januar 1976. Hrsg. von Hugo Stehkämper. Köln: Rheinland-Verl. 1976, S. 207-247.

HAGENDORF-NUßBAUM, Lucia: Zur Baugeschichte von Alt St. Heribert in Deutz. In: Colonia Romanica. Jahrbuch des Fördervereins Romanische Kirchen Köln e.V. 13(1998), S. 44-58.

HAITE, Dieter W.: Der achte Tag. Welthafter Fortschrittsglaube und christlicher Gottesglaube im Spannungsfeld der Weltausstellungen. (Religion in der Moderne. Bd. 18). Würzburg: Echter 2007. 491 S., Ill.

HANDSCHRIFTENCENSUS Rheinland. Erfassung mittelalterlicher Handschriften im rheinischen Landesteil von Nordrhein-Westfalen. Mit einem Inventar. Hrsg. von Günter Gattermann. Bearb. von Heinz Finger (Projektleitung) [...]. (Schriften der Universitäts- und Landesbibliothek Düsseldorf. Bd. 18). Bd. 1. Aachen (Diözesanarchiv) – Köln (Diözesan- und Dombibliothek). Wiesbaden: Reichert 1993. 780 S.

HEGEL, Eduard: Das Erzbistum Köln zwischen der Restauration des 19, Jahrhunderts und der Restauration des 20. Jahrhunderts, 1815-1962. (Geschichte des Erzbistums Köln. Bd. 5). Köln: Bachem 1987. 672 S.

HEITZER, Horstwalter: Die soziale und staatsbürgerliche Bildungs- und Schulungsarbeit des Volksvereins für das katholische Deutschland 1890-1933 – Zustimmung und Kritik im sozialen und politischen Katholizismus. In: Katholizismus, Bildung und Wissenschaft im 19. und 20. Jahrhundert. Hrsg. von Anton Rauscher. (Beiträge zur Katholizismusforschung. Reihe B: Abhandlungen). Paderborn [u.a.]: Schöningh 1987, S. 119-156.

HILDEGARD Domizlaff 1898-1987. Katalog der Ausstellung im Erzbischöflichen Diözesan-Museum Köln, 25. Januar bis 31. März 1998. Hrsg. Joachim M. Plotzek [u.a.], Katalog und Ausstellung: Ingrid Leonie Severin. (Kolumba. Bd. 3). Köln: Diözesanmuseum 1998. 94 S.

[HISTORISCHE]: Das Historische Archiv des Erzbistums Köln. Übersicht über seine Geschichte, Aufgaben und Bestände. Erstellt von den Mitarbeiterinnen und Mitarbeitern des Historischen Archivs des Erzbistums Köln. Redaktion Toni Diederich u. Ulrich Helbach. (Studien zur Kölner Kirchengeschichte. Bd. 31). Siegburg: Schmitt 1998. 504 S.

HOFMANN, Josef: Journalist in Republik, Diktatur und Besatzungszeit. Erinnerungen 1916-1947. Bearb. u. eingel. von Rudolf Morsey. (Veröffentlichungen der Kommission für Zeitgeschichte. Reihe A: Quellen, Bd. 23). Mainz: Grünewald 1977. 236 S.

IN obsequium Christi. Gedenkausstellung des Historischen Archivs des Erzbistums Köln zum 50. Todestag von Karl Joseph Kardinal Schulte am 10. März 1991. Katalog. Köln: Historisches Archiv des Erzbistums Köln 1991. 123 S.

INKUNABELKATALOG der Erzbischöflichen Diözesan- und Dombibliothek Köln. Bearb. von Rudolf Ferdinand Lenz. Hrsg. von Juan Antonio Cervelló-Margalef. Köln: Bachem 1997. XVI, 308, XIV S.

JOPPIEN, Rüdiger: Die Kölner Werkschulen 1920-1933 unter besonderer Berücksichtigung der Ära Richard Riemerschmids (1926-1931). In: Wallraf-Richartz-Jahrbuch. Westdeutsches Jahrbuch für Kunstgeschichte 43(1982), S. 247-346.

JUNG, Rudolf: Die Westdeutsche Volksbüchereischule in Köln. In: Bibliothekarisches Studium in Vergangenheit und Gegenwart. Festschrift aus Anlass des 80jährigen Bestehens der bibliothekarischen Ausbildung in Leipzig im Oktober 1994. Hrsg. von Engelbert Plassmann u. Dietmar Kummer. (Zeitschrift für Bibliothekswesen und Bibliographie. Sonderhefte. Bd. 62). Frankfurt a.M.: Klostermann 1995, S. 137-149.

KAEUFFER, Käthe: Studienfahrt der Bonner Bibliotheksschule. In: Die Bücherwelt 25 (1928), S. 377-378.

KATALOG der Jahrtausend-Ausstellung der Rheinlande in Köln. 1925. Hrsg. von W[ilhelm] Ewald und B[runo] Kuske. Köln: Dumont Schauberg 1925. XXXIX, 738, 104 S.

KISKY, Wilhelm: Der Augustinus-Verein zur Pflege der katholischen Presse von 1878 bis 1928. Festschrift zum goldenen Jubelfest. Düsseldorf: Augustinus-Verein 1928. XVIII, 256 S.

KLEINE Festschrift zum dreifachen Jubiläum. [Hrsg. und redigiert von Anton Legner.] Köln: Schnütgen-Museum 1981. 48 S.

KLÖCKNER, Michael: Das 'katholische Milieu' als historische Forschungsperspektive – mit besonderer Berücksichtigung der Rheinlande. In: Kirche und Gesellschaft im Wandel der Zeiten. Festschrift für Gabriel Adriányi zum 75. Geburtstag. Hrsg. u. eingel. von Hermann-Josef Scheidgen [u.a.]. Nordhausen: Bautz 2012, S. 145-168.

KLÖSGES, Stefan [u.a.]: 150 Jahre Kölner Domchor. In: In aeternum cantabo. Zeugnisse aus 1300 Jahren kölnischer DomMusikGeschichte. Hg. von Stefan Klösges und Eberhard Metternich. Ausstellung anlässlich des 150-jährigen Jubiläums des Kölner Domchores vom 1. November 2013 bis 7. Januar 2014 in der Erzbischöflichen Diözesan- und Dombibliothek Köln. Köln: Kölner Dommusik 2013, S. 174-236.

KLOSE, Hans-Georg: Die Kölner Pressa 1928 im Spannungsfeld von politischer Repräsentation und fachwissenschaftlicher Institutionalisierung. In: Von der Zeitungskunde zur Publizistik. Biographisch-institutionelle Stationen der deutschen Zeitungswissenschaft in der ersten Hälfte des 20. Jahrhunderts. Hrsg. von Rüdiger vom Bruch u. Otto B. Roegele. Frankfurt a.M.: Haag u. Herchen 1986, S. 197-233.

KLOSE, Hans-Georg: Zeitungswissenschaft in Köln. Ein Beitrag zur Professionalisierung der deutschen Zeitungswissenschaft in der ersten Hälfte des 20. Jahrhunderts. (Dortmunder Beiträge zur Zeitungsforschung. Bd. 45). München [u.a.]: Saur 1989. 239 S.

KLUSEN, Ernst: Die kirchenmusikalischen Sonderveranstaltungen auf der Pressa. Ein Rückblick. In: Gregorius-Bote 45(1929), S. 9-10.

KOCK, Erich: Robert Grosche. In: Kölner Theologen. Von Rupert von Deutz bis Wilhelm Nyssen. Hrsg. von Sebastian Cüppers. Köln: Marzellen-Verl. 2004, S. 412-433

Das KÖLNER Priesterseminar im 19. und 20. Jahrhundert. Festschrift zur Feier des 250jährigen Bestehens am 29. Juni 1988. Hrsg. von Norbert Trippen. (Studien zur Kölner Kirchengeschichte. Bd. 32). Siegburg: Schmitt 1988. 366 S.

KROOS, Franz: Friedrich Muckermann (1833-1946). In: Rudolf Morsey (Hrsg.): Zeitgeschichte in Lebensbildern. Aus dem deutschen Katholizismus des 20. Jahrhunderts. Band 2. Mainz 1975, S. 48-63.

KRUPPA, Hubert: Deutz. Ein Kölner Stadtteil mit großer Geschichte. Neu bearb. und aktualisiert von Carl Dietmar. Köln: Bachem 2001. 155 S.

KUCKHOFF, Nestor: In Memoriam J. Kuckhoff. In: Tricoronatum. Festschrift zur 400-Jahr-Feier des Dreikönigsgymnasiums. Köln: Kölner Universitätsverlag 1952, S. 155-158.

LEMKE, Ute: Ein Beitrag zur 'Entgiftung der öffentlichen Meinung der Welt' – Völkerbund, Presse und PRESSA. In: Die Pressa. Internationale Medienausstellung Köln 1928 und der jüdische Beitrag zum modernen Journalismus = The Pressa. International Press Exhibition Cologne 1928 and the Jewish Contribution to Modern Journalism. Hrsg. von Susanne Marten-Finnis u. Michael Nagel. Bd. 1-2. (Presse und Geschichte – Neue Beiträge. Bd. 64-65 / Die jüdische Presse – Kommunikationsgeschichte im Europäischen Raum. Bd. 12-13.) Bremen: edition lumière 2012, S. 105-117.

LILL, Georg: Westdeutsche Kirchenbaukunst. In: Die Christliche Kunst 24(1927/28), S. [256]-279.

LINNER, Maria Margarete: Lied und Singen in der konfessionellen Jugendbewegung des frühen 20. Jahrhunderts. (Beiträge zur Geschichte der Musikpädagogik. Bd. 18). Frankfurt am Main [u.a.]: Lang 2009. 209 S.

LÖNNECKER, Harald: Die Fortsetzung des Krieges mit anderen Mitteln. Die Internationale Presseausstellung PRESSA (Köln 1928) als Frontabschnitt im Kampf gegen Frankreich. In: Die Pressa. Internationale Medienausstellung Köln 1928 und der jüdische Beitrag zum modernen Journalismus = The Pressa. International Press Exhibition Cologne 1928 and the Jewish Contribution to Modern Journalism. Hrsg. von Susanne Marten-Finnis u. Michael Nagel. Bd. 1-2. (Presse und Geschichte – Neue Beiträge. Bd. 64-65 / Die jüdische Presse – Kommunikationsgeschichte im Europäischen Raum. Bd. 12-13.) Bremen: edition lumière 2012, S. 119-149.

LÜTZELER, Heinrich: Fritz Witte zum Gedächtnis. In: Vestische Zeitschrift 44(1937), S. 59-62.

MAI, Ekkehard: Düsseldorf, Köln und Aspekte rheinischer Ausstellungskultur. In: Kunst, Sport und Körper. 1926-2004, Ge So Lei. [Bd. 1, Begleitbuch zur Ausstellungsstellung]. Hrsg. von Hans Körner. Ostfildern-Ruit: Cantz 2002, S. 124-132.

MAI, Ekkehard: GESOLEI und PRESSA. Zu Programm und Architektur rheinischen Ausstellungswesens in den zwanziger Jahren. In: Rheinland-Westfalen im Industriezeitalter. Bd. 4: Zur Geschichte von Wissenschaft, Kunst und Bildung an Rhein-Ruhr nebst Resümees der Historiker- und Kunsthistoriker-Tagung in Essen vom Juni 1982. Im Auftrag des Kultusministers des Landes Nordrhein-Westfalen hrsg. von Kurt Düwell und Wolfgang Köllmann. (Beiträge zur Landesgeschichte des 19. und 20. Jahrhunderts in vier Bänden.) Wuppertal: Hammer 1985, S. 271-287.

MARSCHALL, Bernhard: Bericht des ZBA. In: Volkstum und Volksbildung. Neue Folge der Volkskunst 2(1930 = 18. Jg. der Volkskunst), S. 313-318.

M[ARSCHALL]. B[ernhard]: IKR. In: Volkstum und Volksbildung. Neue Folge der Volkskunst 19(1931), S. 246-247.

M[ARSCHALL], B[ernhard]: Internationales Katholisches Rundfunkbüro. In: Volkstum und Volksbildung. Neue Folge der Volkskunst 1(1929 = 17. Jg. der Volkskunst), S. 98-100.

M[ARSCHALL] B[ernhard]: Internationales Katholisches Rundfunkbüro. In: Volkstum und Volksbildung. Neue Folge der Volkskunst 20(1932), S. 145-146.

MARSCHALL, Bernhard: Das katholische Schrifttum auf der Pressa. In: Pressa. Kulturschau am Rhein. Hrsg. von der internationalen Presse-Ausstellung Köln 1928. Berlin: Schröder 1928, S. 115-117.

M[ARSCHALL], B[ernhard]: Rundfunk-Internationale. In: Volkstum und Volksbildung. Neue Folge der Volkskunst 19(1931), S. 123-124

MARSCHALL, Bernhard: Sinn und Aufgabe der Katholischen Sonderschau. In: Pressa-Sondernummer der Kölnischen Volkszeitung. Köln: [ca. Mai] 1928, S. 7.

M[ARSCHALL], B[ernhard]: Der ZBA im Jahre 1929. In: Volkstum und Volksbildung. Neue Folge der Volkskunst 2(1930 = 18. Jg. der Volkskunst), S. 54-56

M[ARSCHALL], B[ernhard]: Der Zentralbildungsausschuß im Jahre 1928. In: Volkstum und Volksbildung. Neue Folge der Volkskunst 1(1929 = 17. Jg. der Volkskunst), S. 26-30.

MARSCHALL, Bernhard: Zehn Jahre Zentralbildungsausschuß. In: Volkstum und Volksbildung. Neue Folge der Volkskunst 1(1929 = 17. Jg. der Volkskunst), S. 218-220.

MARSCHALL, Bernhard: Der Zentralbildungsausschuß der katholischen Verbände Deutschlands. In: Im Dienste der Erwachsenenbildung. Festgabe für Rudolf Reuter zur Vollendung seines 70. Lebensjahres am 29. Juli 1961. Hrsg. von Franz Pöggeler [u.a.]. Osnabrück: Fromm 1961, S. 106-109.

MENSCHEN des 20. Jahrhunderts. August Sander. Studienband. Hrsg. von der Photographischen Sammlung, SK Stiftung Kultur, Köln. Konzipiert von Susanne Lange; Gabriele Conrath-Scholl. Mit Beitr. von Gabriele Conrath-Scholl [u.a.] und einem Vorw. von Hans-Georg Bögner. München: Schirmer/Mosel 2001. 208 S., zahlr. Ill.

MONZEL, Heinz: Die Katholiken und der Rundfunk. In: Stimmen der Zeit 61. Jg., Bd. 120 (1931), S. 123-134.

MORSEY, Rudolf: Die Deutsche Zentrumspartei 1917-1923. (Beiträge zur Geschichte des Parlamentarismus und der politischen Parteien. Bd. 32). Düsseldorf: Droste 1966. 651 S.

MUCKERMANN, Friedrich: Im Kampf zwischen zwei Fronten. Lebenserinnerungen. Bearbeitet und eingel. von Nikolaus Junk. (Veröffentlichungen der Kommission für Zeitgeschichte. Reihe A: Quellen. Bd. 15). Mainz: Grünewald 1973. 665 S.

MUTH, Karl: Pressa und "Pressenot". Grundsätzliche Gedanken. In: Hochland 26(1928/1929) Bd. 1, S. 300-307.

NEUE deutsche Biographie. Hrsg. von der Historischen Kommission bei der Bayerischen Akademie der Wissenschaften. Bd. 1- . Berlin: Duncker u. Humblot 1953- .

NEUE Kriege zu verhindern. Natürlich nur step by step. In: Der Spiegel, 3. April 1948, S. 6-7.

NIGGEMANN, Wilhelm: Das Selbstverständnis katholischer Erwachsenenbildung bis 1933. (Beiträge zur Erwachsenenbildung. Bd. 15). Osnabrück: Fromm 1967. 384 S.

[N.N.]: Bilder von der Kölner katholischen Kulturwoche. Aufzug der Gesellenvereine. – Eine Reisedebatte und ihr Beschluß. – Der Film. – Im Kölner Dom. In: Reichspost: unabhängiges Tageblatt für das christliche Volk vom 26. Juni 1928, S. 9.

[N.N.]: Kritisches zur Katholischen Sonderschau. Von einem katholischen Theologen. In: Die christliche Welt. Protestantische Halbmonatsschrift 42(1928), Sp. 806-808.

[N.N.]: Ein Tag voll Kraft und Liebe. Kulturwille und Kulturarbeit. Eine machtvolle Kundgebung. In: Kolpingsblatt. Zeitschrift des katholischen Gesellenvereins 28(1928), Nr. 14 vom 15. Juli 1928, [S. 105]-106.

NUR für reife Erwachsene. Katholische Filmarbeit in der Schweiz. Hrsg. von Natalie Fritz, Charles Martig, Fabian Perlini-Pfister. Zürich: TVZ 2011. 178 S.

PABST, Klaus: 'Blut und Boden' auf rheinische Art. Gerhard Kallen, der Nationalsozialismus und der Westraum. In: Griff nach Westen. Die 'Westforschung' der völkisch-nationalen Wissenschaften zum nordwesteuropäischen Raum (1919-1960). Hrsg. von Burkhard Dietz [u.a.]. Bd. 1-2. (Studien zur Geschichte und Kultur Nordwesteuropas. Bd. 6). Münster: Waxmann 2003, S. [945]-978.

PAESCHKE, Berthold: Die große Kölner Presseausstellung. In: Die Christliche Kunst 25 (1928/29), S. 120-122.

PANTLE, Ulrich: Dominikus Böhm. Die Katholische Sonderschau auf der PRESSA in Köln, 1928. In: Das Münster. Zeitschrift für christliche Kunst und Kunstwissenschaft 58(2005), S. 33-37.

PETERS, Elisabeth: Kirchliche Wandmalerei im Rheinland zwischen 1920 und 1940 und das Institut für religiöse Kunst in Köln. In: Christus. Zur Wiederentdeckung des Sakralen in der Moderne. Hrsg. von Anne-Marie Bonnet [u.a.]. Düsseldorf: Düsseldorf University Press 2012, S. 157-177.

PISCHEL, Margarete: Frau und Pressa. In: Mädchenbildung auf christlicher Grundlage 24 (1928), S. 457-462.

PITTROF, Thomas: Wilhelm Spael (1894-1966): eine biobibliographische Notiz. In: Leipziger Jahrbuch für Buchgeschichte 21(2013), S. 305-315.

P[ÖGGELER], F[ranz]: Zum Geleit. In: Im Dienste der Erwachsenenbildung. Festgabe für Rudolf Reuter zur Vollendung seines 70. Lebensjahres am 29. Juli 1961. Hrsg. von Franz Pöggeler [u.a.]. Osnabrück: Fromm 1961, S. 7-10.

PRÉGARDIER, Elisabeth; Anne Mohr: Antonie Hopmann (1882-1941). Wege zum Wesentlichen. Ein Leben für Frauenbewegung und Sozialpolitik. (Zeugen der Zeitgeschichte. Bd. 1). Annweiler, Essen: Plöger 1991. 107 S.

[PRESSA]: Die Pressa. Internationale Medienausstellung Köln 1928 und der jüdische Beitrag zum modernen Journalismus = The Pressa. International Press Exhibition Cologne 1928 and the Jewish Contribution to Modern Journalism. Hrsg. von Susanne Marten-Finnis u. Michael Nagel. Bd. 1-2. (Presse und Geschichte – Neue Beiträge. Bd. 64-65 / Die jüdische Presse – Kommunikationsgeschichte im Europäischen Raum. Bd. 12-13). Bremen: edition lumière 2012. 734 S.

PRESSA. Kulturschau am Rhein. Hrsg. von der internationalen Presse-Ausstellung Köln 1928. Berlin: Schröder 1928. 167, 134 S.

RAETZ, Martina: Elisabeth Coester. Eine evangelische Glasmalerin des Expressionismus. Univ. Trier, Phil-Fak., Diss. Trier 1994. 190 S., Abb.

RANG, Bernhard: Zur Internationalen Presseausstellung in Köln. In: Hefte für Büchereiwesen 12(1928), S. 323-325.

REUTER Rudolf; Rudolf Joerden: Thekenbücherei – Freihandbücherei. Leitsätze zur Heidelberger Diskussion. In: Bücherei und Bildung 2(1949/50), S. 488-489.

RITTER, Emil: Volksbildung und Tagespresse. In: Volkstum und Volksbildung. Neue Folge der Volkskunst 19(1931), S. 257-263.

RÖTTCHER, Günter: Bernhard Rang / 1897 bis 1976. In: Buch und Bibliothek 28(1976), S. 511-512.

RÖTTCHER, Günter: 35 Jahre Stadtbücherei Bonn 1943-1978. In: Mitteilungsblatt. Verband der Bibliotheken des Landes Nordrhein-Westfalen N.F. 28(1978), S. 98-103.

RUSTER, Heinrich: Die Pressa Köln. Idee und Schau. Internationale katholische Kulturkonferenz. In: Die Bücherwelt 25(1928), S. 286-289.

RUSTER, Heinrich: Von der Internationalen katholischen Kulturwoche in der Kölner Pressa. In: Die Bücherwelt 25(1928), S. 374-375.

SACK, Birgit: Zwischen religiöser Bindung und moderner Gesellschaft. Katholische Frauenbewegung und politische Kultur in der Weimarer Republik (1918/19-1933). (Internationale Hochschulschriften; 266). Münster [u.a.]: Waxmann 1998. 519 S.

SANDER, August: Köln wie es war. [Vom 28. November 2009 bis 7. Februar 2010 zeigt das Kölnische Stadtmuseum eine Auswahl der Sammlung, ergänzt um weitere Arbeiten Sanders]. Köln: Emons 2009. 447 S., überwiegend Ill.

SCHMIDT, Paul Ferd[inand]: Die Kunst auf der "Pressa". In: Der Cicerone. Halbmonatsschrift für Künstler, Kunstfreunde und Sammler 20(1928), S. 589-593.

SCHMIDT, Peter: Friedrich Wilhelm Bäumker (1842-1905). In: Kölner Sammler und ihre Bücherkollektionen in der Universitäts- und Stadtbibliothek Köln. Gelehrte, Diplomaten, Unternehmer. Red.: Gernot Gabel u. Wolfgang Schmitz. (Schriften der Universitäts- und Stadtbibliothek Köln. Bd. 13). Köln: Universitäts- und Stadtbibliothek 2003, S. 88-97.

SCHMIDT, Siegfried: Der Bildungsbegriff in der katholischen Büchereiarbeit des Borromäusvereins in der ersten Hälfte des 20. Jahrhunderts. In: Leipziger Jahrbuch für Buchgeschichte 21(2013), S. 273-304.

SCHMIDT, Siegfried: Der Bildungsgedanke im Volksbüchereiwesen zu Beginn des 20. Jahrhunderts. In: Jahrbuch kirchliches Buch- und Bibliothekswesen NF 1(2013), S. 51-75.

SCHMIDT, Siegfried: Mindestalter achtzehn und Primanerzeugnis. 75 Jahre bibliothekarische Ausbildung in Bonn. Teil 1. In: KÖB. Die Katholische öffentliche Bücherei 10(1996) H. 2, S. 1-13.

SCHMITT, Heiner: Kirche und Film. Kirchliche Filmarbeit von ihren Anfängen bis 1945. (Schriften des Bundesarchivs. Bd. 26). Boppard: Boldt 1979. 382 S.

SCHÖNARTZ, Wilhelm: Die Erzbischöfliche Diözesan- und Dombibliothek. Ihre Entstehung und Entwicklung. In: Die Erzbischöfliche Diözesan- und Dom-Bibliothek zu Köln. Festschrift zur Einweihung des Neubaus der Bibliothek am 10. November 1983. Hrsg. von Wilhelm Schönartz. Köln: Wienand 1985, S. 3-11.

SCHREIBER, [Georg]: Die katholische Kulturarbeit des Gesellenvereins. Aus der Festrede des Prof. Schreiber (Münster), M.D.R. In: Kolpingsblatt. Zeitschrift des katholischen Gesellenvereins 28(1928), Nr. 14 vom 15. Juli 1928, S. 107.

SCHULTEN, Walter: Kostbarkeiten in Köln. Erzbischöfliches Diözesan-Museum. Katalog. (Jahresgabe des Vereins für Christliche Kunst im Erzbistum Köln und Bistum Aachen; 1979). Köln: Greven 1978. 126 S., zahlr. Ill.

SCHUMACHER-KÖHL, M.: Die deutsche Frauentagung in Köln vom 26.-28. Juni 1928. In: Mädchenbildung auf christlicher Grundlage 24(1928), S. 489-493.

SCHWARZ, Hans-Peter: Adenauer. Der Aufstieg: 1872-1952. Stuttgart: Deutsche Verlags-Anstalt 1986. 1021 S.

SCHWARZ, Hans-Peter: Adenauer. Der Staatsmann: 1952-1967. Stuttgart: Deutsche Verlags-Anstalt 1991. 1083 S.

SCHWARZ, Johannes Valentin; Stephanie Seul: Materialien zur PRESSA, Köln 12.5.-14.10. 1928. In: Die Pressa. Internationale Medienausstellung Köln 1928 und der jüdische Beitrag zum modernen Journalismus = The Pressa. International Press Exhibition Cologne 1928 and the Jewish Contribution to Modern Journalism. Hrsg. von Susanne Marten-Finnis u. Michael Nagel. Bd. 1-2. (Presse und Geschichte – Neue Beiträge. Bd. 64-65 / Die jüdische Presse – Kommunikationsgeschichte im Europäischen Raum. Bd. 12-13). Bremen: edition lumière 2012, S. 673-716.

SCHWARZ, Johannes Valentin: 'Zur Wahrung der Würde des Judentums'. Die Jüdische Sonderschau (ISOP) auf der PRESSA im Spannungsfeld der religiösen Weltanschauungsgruppen. In: Die Pressa. Internationale Medienausstellung Köln 1928 und der jüdische Beitrag zum modernen Journalismus = The Pressa. International Press Exhibition Cologne 1928 and the Jewish Contribution to Modern Journalism. Hrsg. von Susanne Marten-Finnis u. Michael Nagel. Bd. 1-2. (Presse und Geschichte – Neue Beiträge. Bd. 64-65 / Die jüdische Presse – Kommunikationsgeschichte im Europäischen Raum. Bd. 12-13). Bremen: edition lumière 2012, S. 229-280.

[SECHSZEHNTER] 16. Kursus für Leiter und Mitarbeiter von Volksbüchereien in Bonn in der Zentrale des Borromäusvereins vom 8. bis 12. Oktober 1928. In: Die Bücherwelt 25(1928), S. 379.

SEIDLER, Martin: Der Schatz von St. Heribert in Köln-Deutz. (Rheinische Kunststätten. H. 423). Neuss: Neusser Dr. und Verl. 1997. 19 S.

SEUL, Stephanie: 'Trägerin des europäischen Gemeinschaftsdenkens – lebendige Magna Charta des Friedens': Die politische Dimension der PRESSA Köln 1928 und ihr Widerhall in der zeitgenössischen deutschen und internationalen Presse. In: Die Pressa. Internationale Medienausstellung Köln 1928 und der jüdische Beitrag zum modernen Journalismus = The Pressa. International Press Exhibition Cologne 1928 and the Jewish Contribution to Modern Journalism. Hrsg. von Susanne Marten-Finnis u. Michael Nagel. Bd. 1-2. (Presse und Geschichte – Neue Beiträge. Bd. 64-65 / Die jüdische Presse – Kommunikationsgeschichte im Europäischen Raum. Bd. 12-13.) Bremen: edition lumière 2012, S. 57-104.

SICHTBAR machen. Staatliche Kunstschulen im Saarland, 1924-2004. Hrsg. von Roland Augustin u. Jo Enzweiler. Saarbrücken: Verl. St. Johann [2004]. 479 S.

SIMONS, Peter: Illustrierte Geschichte von Deutz, Kalk, Vingst und Poll. Ein Beitrag zur Geschichte des kurkölnischen Amtes Deutz. Cöln-Deutz: Nagelschmidt 1913. VIII, 436 S.

SPAEL, Wilhelm: Das Buch im Geisteskampf. 100 Jahre Borromäusverein. Bonn: Borromäusverein 1950. 403 S.

STIEG-DALTON, Margaret: Catholicism, Culture and the Arts in Germany 1880-1933. Notre Dame <Ind.>: University of Notre Dame Press 2005. 378 S.

UPHOFF, Berthold: Auf der Suche nach einem eigenen Profil. Katholische Erwachsenenbildung in der Weimarer Republik. In: Mit demokratischem Auftrag. Deutsche Erwachsenenbildung seit der Kaiserzeit. Hrsg. von Ekkehard Nuissl u. Hans Tietgens. (Theorie und Praxis der Erwachsenenbildung). Bad Heilbrunn, Klinkhardt 1995, S. 16-60.

[WELTKIRCHE]: Die Weltkirche im 20. Jahrhundert. (Handbuch der Kirchengeschichte. Bd. 7). Freiburg [u.a.] : Herder 1979. 834 S.

WIENER, Jürgen: Einführung. In: Die Gesolei und die Düsseldorfer Architektur der 20er Jahre. Hrsg. von Jürgen Wiener. Köln: Bachem 2001, S. 8-20.

[WIENHAUSENER]: Die Wienhausener Teppiche und der Schrein des Hl. Heribert. Hrsg. anläßlich der Katholischen Sonderschau der Pressa. Köln: Bachem 1928. 18 S.

WOLFF, Arnold: Der Dom zu Köln. Seine Geschichte, seine Kunstwerke. 2. Aufl. Köln: Greven 1998. 52 S.

WYNHOFF, Elisabeth: Elisabeth Coester – eine Expressionistin im Kontext religiöser Kunst der 1920er Jahre. In: Christus. Zur Wiederentdeckung des Sakralen in der Moderne. Hrsg. von Anne-Marie Bonnet [u.a.]. Düsseldorf: Düsseldorf University Press 2012, S. 335-355.

ZENTRALBILDUNGSAUSSCHUSS. In: Kirchlicher Anzeiger für die Erzdiözese Köln 73(1933), Nr. 27 vom 1. Dezember 1933, [S. 180].

INTERNETRESSOURCEN

'Siamo ancora'. Allocuzione di Sua Santità Pio XI in occasione dell'inaugurazione dell'Esposizione mondiale della stampa cattolica. 12 maggio 1936. Im Internet unter: http://www.vatican.va/holy_father/pius_xi/speeches/documents/hf_p-xi_spe_19360512_siamo-ancora_it.html [zuletzt aufgerufen am 26.2.2014].

http://anno.onb.ac.at/cgi-content/anno?aid=rpt&datum=19280624&seite=9&zoom=33

http://de.wikipedia.org/wiki/Carl_Linfert

http://de.wikipedia.org/wiki/Constantin_Meunier

http://de.wikipedia.org/wiki/Fritz_Witte

http://de.wikipedia.org/wiki/Hans_Elfgen

http://de.wikipedia.org/wiki/Hubert_Sch%C3%B6llgen

http://de.wikipedia.org/wiki/Julius_Langbehn

http://de.wikipedia.org/wiki/Liste_der_Deutschen_Katholikentage

http://de.wikipedia.org/wiki/Liste_Essener_Sakralbauten

http://de.wikipedia.org/wiki/Liste_der_Bauwerke_von_Dominikus_B%C3%B6hm

http://de.wikipedia.org/wiki/Momme_Nissen

http://de.wikipedia.org/wiki/Museum_Schn%C3%BCtgen

http://de.wikipedia.org/wiki/Paul_Ferdinand_Schmidt

http://de.wikipedia.org/wiki/Pressa

http://de.wikipedia.org/wiki/Wilhelm_Ewald

http://de.wikipedia.org/wiki/Wilhelm_Marx

http://fr.wikipedia.org/wiki/L%27Ouest-%C3%89clair

http://frauengeschichtsverein.de/frauenwiki/index.php/Edith_Wurmbach

http://hermann-schroeder.de/biografie/whoswho/lemacherheinrich.html

http://historischesarchivkoeln.de/de/dokument/1323/Best.+902+Nr.134+Einnahmen+und+Ausgaben+der+Internationalen+Pressa

http://historischesarchivkoeln.de/de/lesesaal/show/2.1.29/Best.+902+Nr.+134/1321+Verkauf+von+Eintrittskarten(Tagesergebnis)

http://www.archive.nrw.de/LAV_NRW/jsp/bestand.jsp?archivNr=185&tektId=6436

http://www.catholic-hierarchy.org/bishop/bgonval.html

http://www.catholic-hierarchy.org/bishop/bgoar.html

http://www.catholic-hierarchy.org/bishop/bpizzardo.html

http://www.die-bonn.de/weiterbildung/Archive/Meta-Archiv/personen.aspx

http://www.dioezesanbibliothek-muenster.de/index.php?cat_id=1391

http://www.duesseldorf.de/stadtarchiv/stadtgeschichte/chronik/1927.shtml

http://www.rhein-erft-geschichte.de/totenzettel/index.php?nummer=28874

http://www.rheinische-geschichte.lvr.de/persoenlichkeiten/K/Seiten/WilhelmKisky.aspx

http://www.stiftung-aufarbeitung.de/wer-war-wer-in-der-ddr-%2363%3B-1424.html

Libelli Rhenani

Schriften der Erzbischöflichen Diözesan- und Dombibliothek Köln.
Hrsg. von Heinz Finger

Bisher erschienen:

Band 1
Das Lob Gottes im Rheinland. Mittelalterliche Handschriften und alte Drucke zur Geschichte von Liturgie und Volksfrömmigkeit im Erzbistum Köln. Eine Ausstellung der Diözesan- und Dombibliothek Köln. 7. März bis 25. April 2002. – Köln 2002. 176 S., 17 Abb.

Band 2
Harald Horst: **Weltamt und Weltende bei Alexander von Roes.** Die Schriften des Kölner Kanonikers als Kontrapunkt zu mittelalterlichen Endzeiterwartungen.– Köln 2002. 126 S., 10 Abb.

Band 3
Karl Remmen: **Neuss – "die Stadt auf den sieben Hügeln" Die Entwicklung des Stadtraumes im Früh- und Hochmittelalter.** Korrelation von geomorphologischen Parametern und der Entwicklung von Nutzungsansprüchen und Raumordnungen bis in die Stauferzeit. – Köln 2003 u. 2005. 328 S., 38 Abb.

Band 4
Der Kölner Seelsorger und Theologe Kardinal Johannes Gropper. Eine Ausstellung der Diözesan- und Dombibliothek Köln zum 500. Geburtstag Groppers (24.2.1503). 25. Februar bis 30. April 2003. – Köln 2003. 230 S., 18 Abb.

Band 5
Der heilige Rosenkranz. Eine Ausstellung der Diözesan- und Dombibliothek Köln zum Rosenkranzjahr 2003, besonders zum Rosenkranzmonat Oktober und zum Jubiläum der Wahl Papst Johannes Paul II. (16.10.) 1. Oktober 2003 bis 7. Januar 2004. – Köln 2003. 164 S., 14 Abb.

Band 6
Angelika Heinricks: **Herzog Rainald II. von Geldern und seine Rolle im deutsch-englischen Bündnis zu Beginn des Hundertjährigen Krieges.** – Köln 2004. 124 S.

Band 7
Geschichte der Kirche in Japan. Eine Ausstellung der Diözesan- und Dombibliothek Köln in Zusammenarbeit mit der Sophia Universität Tokyo. **Zum 50jährigen Bestehen der Partnerschaft der Erzdiözesen Köln und Tokyo**. 30. Mai bis 10. September 2004. – Köln 2004. 354 S., 15 Abb.

Band 8
Franz Lüttgen: **Kolping auf den deutschen Katholikentagen.** – Köln 2004. 192 S., 10 Abb.

Band 9
Karl Remmen: **Das Quirinuskloster der Benediktinerinnen in Neuss im Früh- und Hochmittelalter.** – Köln 2005. 150 S., 37 Abb.

Band 10
Der Bilker Pastor Anton Josef Binterim, Seelsorger und Kirchenhistoriker im wiedererrichteten Erzbistum Köln. Eine Ausstellung der Diözesan- und Dombibliothek Köln in Zusammenarbeit mit der Pfarrgemeinde St. Martin in Düsseldorf-Bilk anlässlich der 150. Wiederkehr seines Todestages (17. Mai 1855). 1. Juni bis 5. August 2005. – Köln 2005. 326 S., 28 Abb.

Band 11
Martina Schöler: ***Ama nesciri.*** Spuren des Bibliothekars Conradus de Grunenberg (†1465/66) in der Bibliothek der Kölner Kreuzbrüder. – Köln 2005. 111 S., 17 Abb.

Band 12
Mittelalterliche Handschriften der Kölner Dombibliothek. Erstes Symposion der Diözesan- und Dombibliothek zu den Dom-Manuskripten. 26. bis 27. November 2004. Hrsg. von *Heinz Finger.* – Köln 2005. 338 S., zahlr. Abb.

Band 13
Karl Remmen: **Die Klosterlandschaft im mittelalterlichen Stadtraum Neuss.** – Köln 2005. 156 S., 55 Abb.

Band 14
Hermann-Josef Reudenbach: **Stiftspropst Alfons Bellesheim (1839-1912) und das Buch.** Ein Beitrag zur Kirchengeschichte und zur Geschichte der Buchkultur. – Köln 2006. 268 S., 3 Abb.

Band 15
Monika Isépy – Bernd Posselt: **Die Glossen zu Martianus Capella im Codex 193 der Kölner Dombibliothek.** – Köln 2010. 199 S.

Band 16
Hendrik Hülz: **Bischof Evergislus.** Ein Kölner Heiliger und seine Bedeutung in Geschichte und Gegenwart. – Köln 2006. 114 S.

Band 17
Die Anfänge der Gesellschaft Jesu und das erste Jesuitenkolleg in Köln. Eine Ausstellung der Diözesan- und Dombibliothek Köln in Zusammenarbeit mit der Deutschen Provinz der Jesuiten. Zum Ignatianischen Jahr 2006. 5. Oktober bis 15. Dezember 2006. – Köln 2006. 306 S., 27 Abb.

Band 18
Cornelia Herbers: **Die Mirakelberichte des *monasterium S. Mariae* in Gräfrath.** – Köln 2007. 124 S., 7 Abb.

Band 19
Karl Remmen: **Bruderschaften im mittelalterlichen Stadtraum von Neuss.** – Köln 2007. 210 S., 44 Abb.

Band 20
Der Kolumbapfarrer Kaspar Ulenberg und die Geschichte der Kolumbapfarre. Eine Ausstellung der Diözesan- und Dombibliothek Köln anlässlich der Neueröffnung des Diözesanmuseums "Kolumba" (14. September 2007). 5. September bis 15. Dezember 2007. – Köln 2007. 300 S., 18 Abb.

Band 21
Manuel Hagemann: **Johann von Kleve (†1368).** Der Erwerb der Grafschaft Kleve 1347. – Köln 2007. 133 S.

Band 22
Jennifer Hülsberg: **Untersuchungen zum Valkenburg-Graduale.** Codex 1001b der Diözesanbibliothek Köln. – Köln 2007. 274 S., zahlr. Abb.

Band 23
Dieter Siebert-Gasper: **Der Rennenberg-Codex.** Der Codex 149 der Kölner Dombibliothek und die Edelherren von Rennenberg im Kölner Domkapitel des 14. Jahrhunderts. – Köln 2008. 148 S., 22. Abb.

Band 24
Mittelalterliche Handschriften der Kölner Dombibliothek. Zweites Symposion der Diözesan- und Dombibliothek zu den Dom-Manuskripten. 1. bis 2. Dezember 2006. Hrsg. von *Heinz Finger.* – Köln 2008. 389 S., zahlr. Abb.

Band 25
Rheinisch – Kölnisch – Katholisch. Beiträge zur Kirchen- und Landesgeschichte sowie zur Geschichte des Buch- und Bibliothekswesens der Rheinlande. Festschrift für Heinz Finger zum 60. Geburtstag. Hrsg. von *Siegfried Schmidt.* – Köln 2008. 668 S., zahlr. Abb.

Band 26
Friedrich Spee. Priester, Mahner und Poet (1591-1635). Eine Ausstellung der Diözesan- und Dombibliothek Köln in Zusammenarbeit mit der Friedrich-Spee-Gesellschaft Düsseldorf. 11. Juni bis 9. Oktober 2008. – Köln 2008. 494 S., zahlr. Abb.

Band 27
Hans U. Krumme: **Die Säkularisation im ehemaligen Herzogtum Berg.** Darstellung der Entscheidungsprozesse, mit einer Auswahl bezüglicher Quellen. – Köln 2008. 254 S.

Band 28
Werner Wessel: **Johannes Duns Scotus.** (1265-1308). Eine Ausstellung der Diözesan- und Dombibliothek Köln anlässlich der 700. Wiederkehr seines Todestages (8.11.1308). – Köln 2008. 155 S., zahlr. Abb.

Band 29
Franz Werner Witte: **Konrad von Boppard.** Domherr, Reichsnotar, Propst (Köln, Boppard, Gemünden, Worms). – Köln 2009. 188 S., 4 Abb.

Band 30
Hendrik Breuer: **Zwischen Missionspredigt und bürgerlicher Stifterkultur.** Die spätmittelalterlichen Flügelaltäre der Dominikanerkonvente in den Hansestädten Rostock, Wismar und Lübeck. Teilbd. 1-3. – Köln 2009. Insgesamt 760 S., 113 Abb.

Band 31
Rupert von Deutz – Ein Denker zwischen den Zeiten? Internationales Symposion der Erzbischöflichen Diözesan- und Dombibliothek Köln und des Instituts für christliche Philosophie der Leopold-Franzens-Universität Innsbruck. 20. bis 22. September 2007. Hrsg. von *Heinz Finger*, *Harald Horst* und *Rainer Klotz* – Köln 2009. 258 S., 9 Abb.

Band 32
Werner Wessel: **Schätze aus der Bibliothek St. Albertus Magnus.** Eine Ausstellung der Diözesan- und Dombibliothek Köln in Zusammenarbeit mit der Dominikanerprovinz Teutonia anlässlich der Integration der Bibliothek der ehem. Ordenshochschule der Albertus-Magnus-Akademie (Walberberg) als Depositum in die Diözesan- und Dombibliothek Köln, 16. November 2009 bis 5. März 2010. – Köln 2009, 170 S., zahlr. Abb.

Band 33
Bruno Kammann: **Die Kartause St. Barbara in Köln (1334 bis 1953).** Kontinuität und Wandel. Ein Beitrag zur Kirchen- und Stadtgeschichte Kölns – Köln 2010. 571 S., zahlr. Abb.

Band 34
Mittelalterliche Handschriften der Kölner Dombibliothek. Drittes Symposion der Diözesan- und Dombibliothek zu den Dom-Manuskripten. 28. bis 29. November 2008. Hrsg. von *Heinz Finger*. – Köln 2010. 318 S., zahlr. Abb.

Band 35
Marcel Albert: **"zwecks wirksamer Verteidigung und Vertretung der katholischen Weltanschauung".** Der Katholische Akademikerverband 1913-1938/39. – Köln 2010. 124 S., 8 Abb.

Band 36
Ruth und *Hans U. Krumme:* **Abigail Steineckin – Mère Anna Maria Louisa Weißenburg.** Türkin – Ordensfrau – Künstlerin. – Köln 2010. 146 S., 21 Abb.

Band 37
Fromme Frauen als gelehrte Frauen. Bildung, Wissenschaft und Kunst im weiblichen Religiosentum des Mittelalters und der Neuzeit. Öffentliche Internationale Tagung der Diözesan- und Dombibliothek Köln 1. bis 4. April 2009. Hrsg. von *Edeltraud Klueting T.OCarm* und *Harm Klueting*. – Köln 2010. 376 S., zahlr. Abb.

Band 38
Mittelalterliche Handschriften der Kölner Dombibliothek. Viertes Symposion der Diözesan- und Dombibliothek zu den Dom-Manuskripten. 26. bis 27. November 2010. Hrsg. von *Heinz Finger* und *Harald Horst*. – Köln 2012. 356 S., zahlr. Abb.

Band 39
Peter Orth: **Beobachtungen zur *Ars Grammatica* des Codex 204 der Kölner Dombibliothek.** – Köln 2011. 112 S.

Band 40
Geschichte der Kirche in Lateinamerika. Eine Ausstellung der Diözesan- und Dombibliothek Köln. Zum 50jährigen Bestehen von Adveniat. 2. Dezember 2011 bis 20. April 2012. – Köln 2011. 507 S., zahlr. Abb.

Band 41
Bischöfe, Klöster, Universitäten und Rom. Gedenkschrift für Josef Semmler (1928-2011). Hrsg. von *Heinz Finger* und *Rudolf Hiestand*. – Köln 2012. 388 S., zahlr. Abb.

Band 42
Hans U. Krumme: **Ursulinen zu Düsseldorf (1677-1709).** Quellenlage, politische, ökonomische und spirituelle Rahmenbedingungen ihrer Etablierung in der Residenzstadt. Teilbd. 1 u. 2. – Köln 2013. Insgesamt 710 S., zahlr. Abb.

Band 43
Josef Kardinal Frings – Erzbischof von Köln. Beiträge zum Konzil. Übersetzt, erläutert und herausgegeben von *Paul Knopp*. – Köln 2012. 301 S., 11 Abb.

Band 44
Heinz Finger und *Werner Wessel:* **Heilige Kölner Bischöfe.** – 1700 Jahre Kirche von Köln. Eine Ausstellung der Diözesan- und Dombibliothek Köln zum Jubiläumsjahr 2013. 5. März bis 13. Juli 2013. – Köln 2013. 337 S., zahlr. Abb.

Band 45 (WEITERE BÄNDE ERSCHEINEN IN FORTSETZUNG)
Hans-Joachim Kracht unter Mitarbeit von *Pamela Santoni:* **Lexikon der Kardinäle 1058-2010.** In acht Bänden.

Bd. 1: Kardinäle unter Benedikt XVI. / Kardinäle 1058-2010, Buchstabe A. – Köln 2012. 485 S.

Bd. 2: Am 18.2 und 24.11.2012 kreierte Kardinäle / Kardinäle 1058-2010, Buchstabe B. – Köln 2013. 340 S.

Band 46
Karl Remmen (Bearb.): **Hieronymus Isenberg**, Pfarrer in St. Peter Rosellen bei Neuss 1626-1639: **Instructiones de omnibus Ecclesiae Rosellanae iuribus A° Dni 1640 absolutae.** – Köln 2013. 344 S., zahlr. Abb.

Band 47
Joseph Roggendorf: **Brückenbauer zwischen den Kulturen – 異文化のはさまで.** Lebenserinnerungen aus Europa und Japan 1908-1982. Aus dem Englischen übertragen und mit Anmerkungen versehen von *Manfred* und *Ingrid Baldus*. – Köln 2013.

Band 48
Hans-Ludwig Selbach: **Katholische Kirche und französische Rheinlandpolitik nach dem Ersten Weltkrieg** – Nationale, regionale und kirchliche Interessen zwischen Rhein, Saar und Ruhr (1918-1924). – Köln 2013. 657 S., 17. Abb.

Band 49
Die Orientalischen Christen. Eine unterdrückte und verfolgte Minderheit. Eine Ausstellung der Diözesan- und Dombibliothek Köln in Zusammenarbeit mit der Diözesanstelle Weltkirche / Weltmission, April bis Juli 2014. – Köln 2014. 361 S., zahlr. Abb.

Band 50
Marcel Albert: **"Als der Krieg die Ruhe der Bibliotheksarbeit gewaltsam störte".** Die Kölner Diözesan- und Dombibliothek im zweiten Weltkrieg. – Köln 2014. 128 S., 8. Abb.

Band 51
Mittelalterliche Handschriften der Kölner Dombibliothek. Fünftes Symposion der Diözesan- und Dombibliothek zu den Dom-Manuskripten. 30. November bis 1. Dezember 2012. Hrsg. von *Heinz Finger* und *Harald Horst*. – Köln 2014. 391 S., zahlr. Abb.

SERIES MINOR

Heft 1

Wolfgang Steinmann: **Das Brevier Adalberts von Sachsen in Mainz.** – Köln 2002. 38 S., 16 Abb.

Heft 2

Heinz Finger: **Die Abtei Werden als geistiges und geistliches Zentrum im Grenzraum von Rheinland und Westfalen.** – Köln 2003. 56 S.

Heft 3

Harald Horst: **Liturgie, Kirchenväter und lateinische Dichtung in Handschriften der Oberlausitz.** Zwei Codices der Pfarrei St. Wenzeslaus zu Jauernick (Diözese Görlitz). – Köln 2004. 70 S.

Heft 4

Hendrik Breuer: **Die franziskanische Immaculata-Lehre und ihre Wende unter Duns Scotus 1265/66 bis 1308.** Überlegungen zur Ikonographie des Göttinger Barfüßeraltars (1424). – Köln 2007. 62 S.

Heft 5

Letha Böhringer: **Geistliche Gemeinschaften für Frauen im mittelalterlichen Köln.** – Köln 2009. 73 S.

SONDERREIHE

Band 1

Günther Beckers: **Skizzenbücher.** Eine Ausstellung der Diözesan- und Dombibliothek Köln in Zusammenarbeit mit dem Künstlermuseum Beckers°Böll. – Köln 2008. 292 S., überw. Ill.

Band 2

René Böll: **"Doch uns ist gegeben, Auf keiner Stätte zu ruhn,"**. Eine Ausstellung der Diözesan- und Dombibliothek Köln in Zusammenarbeit mit dem Künstlermuseum Beckers°Böll. – Köln 2008. 160 S., überw. Ill.

Band 3

Günther Beckers: **Humanästhetik.** Traktat von der Würde des Menschen als einem Wesen von Schönheit, von sinnhaft, sinnlicher Wahrnehmung. – Köln 2008. 46 S.

Band 4

Gerhard Mevissen: **Zeitheftungen – Buchorte**. Eine Ausstellung des Künstlers Gerhard Mevissen in Zusammenarbeit mit der Diözesan- und Dombibliothek Köln. – Köln 2010. 338 S., überw. Ill.

Band 5

Günther Beckers: **Über die Liebe.** Traktat von der Würde der Kultur, der Würde der Transkulturalität und einer Ästhetik des Asozialen. – Köln 2013. 62 S.

Analecta Coloniensia

Jahrbuch der Diözesan- und Dombibliothek Köln
Köln 2001ff, ISSN 1861-7263

Jg. 1 (2001) 178 S.
Aus dem Inhalt: Die Kölner Dombibliothek und der gegenwärtige Stand ihrer Erschließung – John Pierpont Morgan und seine Bibliothek – Selbstverständnis und "Selbstdarstellung" der Kölner Kirche und ihrer Erzbischöfe im Mittelalter – Aachen und das Narrenschiff des Sebastian Brant – Adolph Kolping als Organisator, Ausbreitung des Gesellenvereins 1849-1852 – Rezensionen

Jg. 2 (2002) 284 S.
Aus dem Inhalt: Möglichkeiten und Grenzen einer digitalen Handschriftenbibliothek – Wissenschaftliche Bibliotheken im Spannungsfeld zwischen Benutzung und Bewahrung – Augustins Projekt einer "Christlichen Philosophie" – Peter Canisius, ein Mann des Gebetes – Düsseldorf als Wallfahrtsort – Antonius Broickwy von Königstein – Die Säkularisation im Rheinland – Die Josefsvereine – Rezensionen

Jg. 3 (2003) 272 S.
Aus dem Inhalt: Der virtuelle Katalog Theologie und Kirche (VThK) – Ein Bücherverzeichnis aus dem Kreuzherrenkloster Wickrath – Bücherzeitenzyklus von Rolf Escher – Marienverehrung in Köln und Aachen – P. Heusgen, Kirchenbibliothekar und Regionalhistoriker – Die Eigenliturgien der rheinischen (Erz-)Diözesen – Medienkrieg zur Zeit der Reformation – Religiöse Dichtung am Niederrhein – Das Erzbistum Köln und Togo – Rezensionen

Jg. 4 (2004) 404 S.
Aus dem Inhalt: Zur Geschichte von Ordensbibliotheken – Unbekannte Kölner Überlieferung der "Concordia canonum" des Cresconius – Eine liturgische Handschrift für St. Gereon – Bonner Handschrift des Sachsenspiegels – St. Martin und St. Nikolaus – Wallfahrten in der Rechtsgeschichte – Hagiographie im Rheinland – Kölner Stiftsliturgie – Goswin Nickel SJ (1582-1664) – Peter Heckers Fresken in Arnoldsweiler – Rezensionen

Jg. 5 (2005) 340 S.
Aus dem Inhalt: Historiker auf 'Schatzsuche' – Eine Cusanus-Inkunabel aus der Hohenbuscher Kreuzbrüderbibliothek – Das Exsultet und seine jüdischen Wurzeln – Zu Inthronisation und Begräbnis der Bischöfe, insbesondere der Kölner Erzbischöfe, im Mittelalter – Antike Götter und ein byzantinisches Marienlob – Bilanz des Martyrologiums des 20. Jahrhunderts – Konrad Adenauers Programm und die CDU – Rezensionen

Jg. 6 (2006) 336 S.
Aus dem Inhalt: Ein hebräisches Einbandfragment von Moshe ben Maimon – Ein Inkunabel-Brevier aus der Pfarrei St. Martin – Krankheit, Tod und Begräbnis von Erzbischof Joseph Kardinal Höffner – Das Weltgerichtsastrolabium des Bamberger Sternenmantels – Was ist am Jesuitenorden "neuzeitlich"? – Jacob Masens Übungsplatz für die gebundene Beredsamkeit – Die "Colonia" im "Land des Herrn" – Deutschlands Abkehr von Bonn – Rezensionen

Jg. 7/8 (2007/2008) 412 S.
Aus dem Inhalt: Zum Bibliotheksbestand des Albertus-Magnus-Instituts – Die Douaibibel – Biblia Sacra Polyglotta – Bestseller aus bischöflichem Besitz – Der rheinische Historiker und Bibliothekar Severin Corsten – Kreuzzugspredigt Bernhards von Clairvaux – Maria zum Weiher und St. Mechtern in Köln – Erzbischof Maximilian Friedrich und die Kultivierung der "Broiche" – Johann Friedrich Benzenberg – Anton Josef Binterim, Priester zwischen Revolution und Restauration – Einstellung der preußischen Eliten zum Rheinland – Katholiken in Deutschland und die Massenkultur der Gegenwart – Rezensionen

Jg. 9 (2009) 376 S.
Aus dem Inhalt: Übernahme der Dominikanerbibliothek von Walberberg – Digitalisierung älterer Zettelkataloge – Provenienzerfassung im Online-Katalog – Funktion und Bedeutung katholischer Kirchenbibliotheken – Entstehung und Entwicklung liturgischer Bücher – Bibelübersetzung des Bischofs Wulfila – Fragment der Schrift *De amore* des Andreas Capellanus – Gerschon ben Meir und die deutsche Talmudübersetzung – Burg Rolandseck – Des Erzbischofs Vogtei und seine Hofkapelle – Johannes von Groesbeek – Die Angelegenheiten der Klever Schustergilde – Kunst- und Archivschutz im Krieg – Rezensionen

Jg. 10/11 (2010/2011) 418 S.
Aus dem Inhalt: Die fränkische Reichsteilung nach dem Tod Pippins des Jüngeren – Der Neubau Karls des Großen: Die fränkische Reichskirche – Die Anfänge der Dominikaner und Minoriten in Köln – Albertus Magnus als Bischof von Regensburg – Nicolaus Cusanus, Sebastian Brant und die Erkelenzer Familie Wymar – Kaspar von Fürstenberg, ein kurkölnischer Amtsträger – "Frammigius Coccius Canonich deß ordelichen frey weltlichen Stiffts St. Quirini ihn Neuß" – Betrachtungen zur Geschichte des Bistums Aachen – Die Zahl der "echten Kölner" unter den Kölner Heiligen – Rezensionen

Jg. 12 (2012) 416 S.
Aus dem Inhalt: Nachtrag zu "Funktion und Bedeutung katholischer Kirchenbibliotheken" – Schicksale rheinischer Klosterbibliotheken – Winfried, Bonifatius, Köln – Die Erzbischöfe von Köln und die Grafschaft Berg vom 11. bis zur Mitte des 13. Jahrhunderts – Die Säkularisation des Kreuzherrenklosters in Ehrenstein, Hintergründe und Ereignisse – Die englischen Katholiken, das *Collegium Anglicum* in Douai und William Shakespeare – Lateinamerika und die Päpste in der frühen Neuzeit – Aus dem Rezeptbuch eines Brauweiler Mönchs – Rezensionen